Fischer / Schüler
**Rezeptur – Qualität in 7 Schritten**

Fischer / Schüler

# Rezeptur – Qualität in 7 Schritten

Ulrike Fischer, Dresden
Katrin Schüler, Dresden

Mit 55 Abbildungen und 101 Tabellen

 Checklisten, Arbeitsblätter und Fallbeispiele unter www.Online-PlusBase.de

Deutscher Apotheker Verlag

**Die Autorinnen**

**Dr. Ulrike Fischer**
7-Schritt-Methode@web.de

**Dipl.-Med.-Paed. Katrin Schüler**
7-Schritt-Methode@web.de

Alle Angaben in diesem Buch wurden sorgfältig geprüft. Dennoch können die Autorinnen und der Verlag keine Gewähr für deren Richtigkeit übernehmen.

Ein Markenzeichen kann warenzeichenrechtlich geschützt sein, auch wenn ein Hinweis auf etwa bestehende Schutzrechte fehlt.

Bibliografische Information der Deutschen Nationalbibliothek:
Die Deutsche Nationalbibliothek verzeichnet diese Publikation in der Deutschen Nationalbibliografie; detaillierte bibliografische Daten sind im Internet unter
http://dnb.d-nb.de abrufbar.

Jede Verwertung des Werkes außerhalb der Grenzen des Urheberrechtsgesetzes ist unzulässig und strafbar. Das gilt insbesondere für Übersetzungen, Nachdrucke, Mikroverfilmungen oder vergleichbare Verfahren sowie für die Speicherung in Datenverarbeitungsanlagen.

1. Auflage 2013
ISBN 978-3-7692-5602-4

© 2013 Deutscher Apotheker Verlag
Birkenwaldstraße 44, 70191 Stuttgart
www.deutscher-apotheker-verlag.de
Printed in Germany

Satz: Satz & mehr, Besigheim
Druck und Bindung: AZ Druck und Datentechnik, Berlin
Umschlaggestaltung: deblik, Berlin unter Verwendung eines Fotos von © Yanterric-Fotolia.com

## Vorwort

> Breslau, d. 5. December 1861.
> Rp. Asae foet. ℨjj,
> Spirit. Mindereri ʒjjj,
> Mucilag. G. arabici q. s.,
> ut. f. c. Aquae Meliss. ℥jjj,
> emulsio, cui adde:
> Syrup. emuls. ℥j,
> Extr. Hyoscyami ϶j.
> M. D. S. Alle Stunden einen halben Esslöffel voll.
> Für Berthold Schwarz.
> Dr. Born.

Rezepturverordnung aus Hagers Handbuch der pharmaceutischen Receptirkunst 1862

Würden Sie sich bei Betrachtung dieser Rezepturvorschrift als Mitarbeiter/in des pharmazeutischen Personals einer Apotheke fragen, welche Stoffe in welchen Mengen hier verordnet sind und vor allem wie diese Rezeptur herzustellen wäre? Genau dieser Frage widmete sich bereits im Jahre 1862 eine Buchausgabe Hagers zur „Technik der pharmaceutischen Receptur".

Das Handbuch Hagers ist ein historisches Kompendium von pharmazeutischen Tricks und Kniffen, die die Einhaltung von Hygieneregeln beschreiben, die Überprüfung der Verordnung betreffen, der Vorbereitung und der Durchführung der Herstellung dienlich sind sowie Hinweise zur Verpackung und Signierung (= Etikettierung) geben – alles natürlich dem damalig „neuesten" Stand von Wissenschaft und Technik sowie den zu dieser Zeit häufig vorkommenden Rezepturen angemessen. Und nicht nur das! Immer wieder werden der „arzneibedürftige" Kunde und der verordnende Arzt ins Blickfeld genommen: von der Entgegennahme der Verschreibung bis hin zur Übergabe des angefertigten Mittels an den Kunden oder den abholenden Boten.

Mit dem vorliegenden Praxishandbuch für die Arzneimittelherstellung in der Apotheke möchten wir uns im Jahr 2012 – also exakt 150 Jahre später – erneut genau diesem Themenspektrum in systematischer Weise zuwenden. Selbstverständlich geschieht dies unter Beachtung
- der aktuell gültigen Gesetze und Verordnungen, u. a. der novellierten Apothekenbetriebsordnung und den Regelungen der Gefahrstoffverordnung,
- der modernen Standards zur Qualitätssicherung,
- des aktuellen Ausbildungs- und Tätigkeitsprofils des pharmazeutischen Personals in Apotheken,
- der heutigen Verordnungsweise der Ärzte in Deutschland sowie
- der zurzeit verfügbaren Mittel und Möglichkeiten zur Arzneimittelherstellung in einer öffentlichen Apotheke.

Nicht zuletzt legte und legt schon damals wie auch heute der Kunde zu Recht großes Vertrauen in die Qualität der angefertigten Arzneimittel. Es ist unser besonderes Interesse, einen Beitrag zu leisten, dass die Qualität der in der Apotheke hergestellten Zubereitungen hoch ist und damit das Vertrauen von Kunden (und Ärzten) in die Kompetenz der Apotheke erhalten bleibt.

Das vorliegende Handbuch soll ein Praxishandbuch zum Lernen, Nachschlagen und Handeln sein. Es richtet sich an alle, die mit der Herstellung von Arzneimitteln in der Apotheke betraut sind bzw. sein werden: Apotheken- und Lehrpersonal sowie Schüler und Studenten, Wiedereinsteiger ebenso wie langjährig Tätige. Der Prozess der Herstellung eines Arzneimittels wird anhand der von uns entwickelten „7-Schritt-Methode" in sieben logisch aufeinanderfolgenden Schritten detailliert beschrieben. Theoretische Grundlagen sind in übersichtlichen Abschnitten aufgearbeitet. In zahlreichen Tabellen, Übersichten und Hinweiskästen wird Wissenswertes hervorgehoben, praktische Tipps geben Anregungen zur Umsetzung. Den Abschluss eines jeden Kapitels bildet eine zusammenfassende Darstellung qualitätssichernder Maßnahmen. Exemplarische Fallsituationen aus der Praxis mit der fiktiven Mitarbeiterin Cora Emsig können mithilfe der Arbeitsmaterialien aus dem Online-Plus-Angebot beleuchtet werden. Sie können in Teamschulungen, während der Ausbildung oder im Rahmen des Selbststudiums zur Vertiefung von Fach-, Methoden-, Sozial- und Personalkompetenz genutzt werden. Methodische Empfehlungen komplettieren das zum Download bereit stehende Angebot.

Das Praxishandbuch führt die zahlreichen Informationen, Empfehlungen und Handlungshilfen der Bundesapothekerkammer (BAK), der Bundesvereinigung deutscher Apothekerverbände (ABDA), des Neuen Rezeptur Formulariums (NRF) und der Gesellschaft für Dermopharmazie e. V. (GD) unter aktuellen rechtlichen Gesichtspunkten zusammen. Die entsprechenden Verweise auf die relevanten Quelltexte ermöglichen ein systematisch vertiefendes Arbeiten für eine qualitätsgesicherte Herstellung von Arzneimitteln in Apotheken. Qualitäts-Checklisten – ob zur Einhaltung von Hygienestandards, zur geforderten Plausibilitätskontrolle, der Herstellungsplanung, dem Herstellungs- und Abfüllvorgang oder der Kennzeichnung der Zubereitung – können zum Arbeiten in der täglichen Praxis herangezogen werden. Die Checklisten können ebenso handlungsleitend im Rahmen der Anwendung eines Qualitätsmanagementsystems der Apotheke sein. Vorbereitete Formatvorlagen können zur Erstellung der geforderten Herstellungsanweisung und Herstellungsdokumentation der Rezepturarzneimittel genutzt werden. Sie stehen ebenso im Online-Plus-Portal zum Download bereit.

Wir wünschen allen Nutzern des Buches und des Online-Plus-Angebots viel Erfolg beim Umsetzen neu gewonnener Erkenntnisse und Ideen. Wir würden uns freuen, wenn wir den Anstoß für einen regen fachlich-methodischen Diskurs sowohl in Aus- und Fortbildungsstätten für pharmazeutisches Personal als auch im Arbeitsteam der öffentlichen Apotheken geben können.

Dresden, im Sommer 2012

Dr. Ulrike Fischer
Dipl.-Med.-Paed. Katrin Schüler

> **Hinweis**
> Aus Gründen der besseren Lesbarkeit wurde in diesem Buch auf die konsequente Nennung beider Geschlechter verzichtet. Die – kürzere – männliche Schreibweise wird stellvertretend für beide Geschlechtsformen verwendet.

## Danksagung

Die Autorinnen möchten insbesondere ihren Familien für die Unterstützung danken. Ohne deren Geduld wäre die Erstellung des Buches (fast) unmöglich gewesen.
Des Weiteren danken die Autorinnen folgenden Personen für die Unterstützung, u. a. bei Literaturrecherche und Erstellung der Abbildungen:
- Frau Apothekerin Claudia Benedickt – Inhaberin der Hirsch-Apotheke Heidenau/Sachsen,
- den Mitarbeitern der Schulleitung und des Fachbereichs IV/Pharmazie des Beruflichen Schulzentrums für Gesundheit und Sozialwesen Dresden,
- Frau Marie Oppelt, Pretzschendorf.

Zu guter Letzt danken sie dem Deutschen Apotheker Verlag, speziell Frau Beate Riek und Frau Sandra Schroeder, für die konstruktive Zusammenarbeit.

# Inhaltsverzeichnis

| | | |
|---|---|---|
| Vorwort | | V |
| Danksagung | | VII |
| Abkürzungsverzeichnis | | XV |

**0 Einleitung** ... 1

| 0.1 | Rechtliche Vorgaben zur Rezepturherstellung in der Apotheke | 1 |
|---|---|---|
| 0.1.1 | Arzneimittelgesetz | 2 |
| 0.1.2 | Rechtsverordnungen auf Grundlage des AMG | 7 |
| 0.1.3 | Besondere Regelungen zur Herstellung von Medizinprodukten in der Apotheke | 10 |
| 0.1.4 | Herstellung von Kosmetika in der Apotheke | 13 |
| 0.1.5 | Haftungsrecht | 14 |
| 0.2 | GMP in der Apotheke | 14 |
| 0.3 | Qualitätssicherung in der Apotheke | 16 |
| 0.3.1 | Qualitätsmanagementsystem | 16 |
| 0.3.2 | Leitlinien zur Rezepturherstellung in der Apotheke | 20 |
| 0.3.3 | ZL-Ringversuche | 22 |
| 0.4 | Einführung in das Konzept der „7-Schritt-Methode" | 25 |
| 0.4.1 | Übersicht „7-Schritt-Methode" | 26 |
| 0.4.2 | Online-Plus-Angebot | 30 |

**1 Schritt 1: Hygienestandards einhalten** ... 31

| 1.1 | Mikrobiologische Qualität pharmazeutischer Zubereitungen | 31 |
|---|---|---|
| 1.1.1 | Anforderungen und Prüfung nach Ph. Eur. | 31 |
| 1.1.2 | Bedeutung von Keimen für die Arzneimittelherstellung | 34 |
| 1.2 | Grundregeln der Herstellung mikrobiologisch einwandfreier Arzneimittel | 36 |
| 1.2.1 | Begriff „Aseptische Herstellung" | 36 |
| 1.2.2 | Keimquellen in der Apotheke | 37 |
| 1.2.3 | Apothekenrelevante Hygieneaspekte bei der Herstellung von Arzneimitteln | 38 |
| 1.2.4 | Desinfektion | 46 |
| 1.3 | Wasser als Ausgangsstoff für die Rezeptur | 56 |
| 1.3.1 | Arten von Wasser | 56 |
| 1.3.2 | Herstellungsverfahren für Wasser als Ausgangsstoff | 59 |
| 1.3.3 | Aufbewahrung von Wasser als Ausgangsstoff | 62 |
| 1.3.4 | Qualitätssicherung bei der Herstellung von Wasser in der Apotheke | 64 |
| 1.3.5 | Industriell hergestelltes Wasser | 65 |

| 1.4 | Betriebsinternes Hygienekonzept | 67 |
| 1.4.1 | Leitlinien | 68 |
| 1.4.2 | Dokumentation | 69 |
| 1.4.3 | Schulung | 69 |
| 1.4.4 | Selbstinspektion und Hygienemonitoring | 70 |
| 1.5 | Zusammenfassung und Wiederholung | 71 |
| 1.6 | Cora Emsig in der Rezeptur, Teil 1 | 73 |

## 2 Schritt 2: Verordnung überprüfen .................. 74

| 2.1 | Rechtliche Grundlagen | 75 |
| 2.2 | Prüfung auf Vollständigkeit der Verordnung | 77 |
| 2.2.1 | Mengenangaben | 78 |
| 2.2.2 | Bezeichnung von Wirk- und Hilfsstoffen bzw. Grundlagen | 78 |
| 2.3 | Prüfung der Verordnung bezüglich des Therapiekonzeptes | 79 |
| 2.4 | Weitere Plausibilitätsprüfungen der verordneten Zubereitung | 84 |
| 2.4.1 | Abgabebeschränkungen | 84 |
| 2.4.2 | Inkompatibilität zwischen Wirk- bzw. Hilfsstoffen | 97 |
| 2.4.3 | Stabilität der Zubereitung | 108 |
| 2.4.4 | Qualität der Ausgangsstoffe | 115 |
| 2.5 | Standardisierte Vorschriftensammlungen | 118 |
| 2.5.1 | Vorschriftensammlungen | 119 |
| 2.5.2 | Offizinelle Grundlagen in DAB, DAC und NRF | 122 |
| 2.6 | Konservierung von Zubereitungen | 143 |
| 2.6.1 | Mikrobiologische Stabilität von Zubereitungen und Notwendigkeit der Konservierung | 143 |
| 2.6.2 | Wirkung und Wirksamkeit von Konservierungsstoffen | 146 |
| 2.6.3 | Konservierung in der Apothekenrezeptur | 148 |
| 2.7 | Haltbarkeit festlegen | 159 |
| 2.8 | Zusammenfassung und Wiederholung | 159 |
| 2.9 | Cora Emsig in der Rezeptur, Teil 2 | 161 |

## 3 Schritt 3: Herstellung planen .................. 163

| 3.1 | Arbeitsschutzmaßnahmen | 164 |
| 3.1.1 | Arbeitsschutz in der Apotheke | 164 |
| 3.1.2 | Gefährdungsbeurteilung und Arbeitsschutzmaßnahmen | 165 |
| 3.1.3 | Einstufung und Kennzeichnung von Gefahrstoffen in der Apotheke | 172 |

| | | |
|---|---|---|
| 3.2 | **Anforderungen an die Applikationsform** | **175** |
| 3.2.1 | Homogenität | 176 |
| 3.2.2 | Teilchengröße | 176 |
| 3.2.3 | Sterilität von Zubereitungen | 177 |
| 3.3 | **Galenisches Profil der Wirk- und Hilfsstoffe** | **178** |
| 3.3.1 | Löslichkeit von Wirk- und Hilfsstoffen | 179 |
| 3.3.2 | Photoinstabilität | 180 |
| 3.3.3 | Galenisches Profil von rezepturüblichen Wirk- und Hilfsstoffen in Dermatika | 181 |
| 3.4 | **Herstellungsanweisung** | **196** |
| 3.4.1 | Herstellungstechniken | 198 |
| 3.4.2 | Herstellung von halbfesten Grundlagen | 206 |
| 3.4.3 | Herstellung von wirkstoffhaltigen halbfesten Zubereitungen | 209 |
| 3.4.4 | Herstellung von flüssigen Zubereitungen | 212 |
| 3.5 | **Einwaage vorbereiten** | **214** |
| 3.5.1 | Auswahl von Waagen | 214 |
| 3.5.2 | Minimaleinwaage | 217 |
| 3.5.3 | Aufstellung und Inbetriebnahme von Waagen | 219 |
| 3.5.4 | Einstellung und Überprüfung von Waagen | 220 |
| 3.5.5 | Wägetechniken | 221 |
| 3.5.6 | Einwaagekorrektur | 223 |
| 3.6 | **Rezepturkonzentrate** | **225** |
| 3.6.1 | Lösungskonzentrate | 226 |
| 3.6.2 | Suspensionskonzentrate | 227 |
| 3.7 | **Dokumentation** | **227** |
| 3.8 | **Zusammenfassung und Wiederholung** | **229** |
| 3.9 | **Cora Emsig in der Rezeptur, Teil 3** | **230** |
| **4** | **Schritt 4: Rezeptur herstellen** | **232** |
| 4.1 | **Vorbereitende Maßnahmen** | **232** |
| 4.2 | **Praktische Aspekte der Herstellung** | **235** |
| 4.2.1 | Ordnung und Sauberkeit am Arbeitsplatz | 236 |
| 4.2.2 | Entnahme von Ausgangsstoffen aus Standgefäßen | 237 |
| 4.2.3 | Arbeitsschutzmaßnahmen | 240 |
| 4.2.4 | Einwaage | 241 |
| 4.2.5 | Praktische Hinweise zur Herstellung von halbfesten und flüssigen Zubereitungen | 243 |
| 4.3 | **Maßnahmen, die sich unmittelbar an die Herstellung anschließen** | **259** |

| | | |
|---|---|---|
| 4.4 | Dokumentation der Herstellung | 261 |
| 4.5 | Zusammenfassung und Wiederholung | 264 |
| 4.6 | Cora Emsig in der Rezeptur, Teil 4 | 265 |

## 5 Schritt 5: Kontrollen durchführen ... 267

| | | |
|---|---|---|
| 5.1 | Gesetzliche Anforderungen | 267 |
| 5.1.1 | Rezepturarzneimittel | 268 |
| 5.1.2 | Defekturarzneimittel | 269 |
| 5.2 | Methoden zur Kontrolle bei der Arzneimittelherstellung in der Apotheke | 270 |
| 5.2.1 | Mindestprüfungen | 270 |
| 5.2.2 | Beispiele für analytische Prüfungen | 273 |
| 5.3 | Dokumentation | 278 |
| 5.4 | Zusammenfassung und Wiederholung | 279 |
| 5.5 | Cora Emsig in der Rezeptur, Teil 5 | 280 |

## 6 Schritt 6: Zubereitung abfüllen ... 282

| | | |
|---|---|---|
| 6.1 | Behältnisse | 283 |
| 6.1.1 | Anforderungen an Behältnisse | 283 |
| 6.1.2 | Prüfung von Behältnissen | 285 |
| 6.1.3 | Lagerung und Verwendung von Packmitteln | 286 |
| 6.2 | Auswahl von Behältnissen | 287 |
| 6.2.1 | Grundausstattung nach Empfehlung der BAK | 287 |
| 6.2.2 | Rezepturübliche Gefäße | 288 |
| 6.2.3 | Aspekte zur Auswahl | 290 |
| 6.2.4 | Inkompatibilitäten mit Packmitteln | 294 |
| 6.2.5 | Kindergesicherte Verschlüsse | 295 |
| 6.3 | Applikations- und Dosierhilfen | 296 |
| 6.4 | Praktische Hinweise zum Abfüllen | 297 |
| 6.5 | Zusammenfassung und Wiederholung | 300 |
| 6.6 | Cora Emsig in der Rezeptur, Teil 6 | 300 |

## 7 Schritt 7: Gefäß etikettieren ... 302

| | | |
|---|---|---|
| 7.1 | Rechtliche Anforderungen | 302 |
| 7.2 | Kennzeichnung von Rezepturarzneimitteln | 303 |
| 7.2.1 | MUSS-Angaben bei der Kennzeichnung von Rezepturarzneimitteln | 303 |
| 7.2.2 | SOLL-Angaben bei der Kennzeichnung von Rezepturarzneimitteln | 306 |
| 7.2.3 | KANN-Angaben bei der Kennzeichnung von Rezepturarzneimitteln | 307 |

| | | |
|---|---|---|
| 7.3 | Kennzeichnung von Fertigarzneimitteln | 308 |
| 7.3.1 | MUSS-Angaben bei der Kennzeichnung von Fertigarzneimitteln | 308 |
| 7.3.2 | SOLL-Angaben bei der Kennzeichnung von Fertigarzneimitteln | 310 |
| 7.3.3 | KANN-Angaben bei der Kennzeichnung von Fertigarzneimitteln | 311 |
| 7.4 | Kennzeichnung von Defekturen im Standgefäß | 311 |
| 7.5 | Kennzeichnung von Medizinprodukten | 314 |
| 7.6 | Haltbarkeitsfristen | 315 |
| 7.7 | Vorbereitung der Patientenberatung | 317 |
| 7.8 | Freigabe | 319 |
| 7.9 | Zusammenfassung und Wiederholung | 320 |
| 7.10 | Cora Emsig in der Rezeptur, Teil 7 | 321 |

**Anhang** ... 323

Kleine „Bedienungsanleitung" für die Arbeitsmaterialien
des Online-Plus-Angebots ... 323
Checklisten, Arbeitsblätter, Fallbeispiele – Warum? ... 323
Inhaltsübersicht über die Materialien ... 325
Didaktisch-methodische Empfehlungen ... 328

**Quellenverzeichnis** ... 329
Literatur ... 329
Gesetze, Verordnungen, Richtlinien ... 334

**Sachregister** ... 337
**Die Autorinnen** ... 347

# Abkürzungsverzeichnis

## A
| | |
|---|---|
| ABDA | Bundesvereinigung deutscher Apothekerverbände |
| AKA | Arzneimittelkommission der Schweizer Apotheker |
| AMBtAngV | Verordnung über die Angabe von Arzneimittelbestandteilen |
| AMG | Arzneimittelgesetz |
| AMK | Arzneimittelkommission Deutscher Apotheker |
| AMVV | Arzneimittelverschreibungsverordnung |
| AMWarnV | Arzneimittel-Warnhinweisverordnung |
| AMWHV | Arzneimittel- und Wirkstoffherstellungsverordnung |
| ApBetrO | Apothekenbetriebsordnung |
| ArbSchG | Arbeitsschutzgesetz |
| AT | Augentropfen |

## B
| | |
|---|---|
| BAC | Benzalkoniumchlorid |
| BAK | Bundesapothekerkammer |
| BetrSichV | Betriebssicherheitsverordnung |
| BfArM | Bundesinstitut für Arzneimittel und Medizinprodukte |
| BfR | Bundesinstitut für Risikobewertung |
| BGB | Bürgerliches Gesetzbuch |
| BGR/GUV | Berufsgenossenschaftliche Regeln für Sicherheit und Gesundheit bei der Arbeit |
| BGW | Berufsgenossenschaft für Gesundheits- und Wohlfahrtspflege |
| BHT | Butylhydroxytoluol |
| BlindKennzV | Blindenschrift-Kennzeichnungs-Verordnung |
| BtMG | Betäubungsmittelgesetz |
| BtMVV | Betäubungsmittel-Verschreibungsverordnung |

## C
| | |
|---|---|
| CA | Celluloseacetat |
| CAB | Celluloseacetobutyrat |
| CD-ROM | Compact Disc Read-only Memory |
| ChemVerbotsV | Chemikalien-Verbotsverordnung |
| CLP | (Regulation on) Classification, Labelling and Packaging of Substances and Mixtures |
| CMC | Carboxymethylcellulose, Carmellose-Natrium |
| CMR | Kanzerogenität/Mutagenität/Reproduktionstoxizität |

## D
| | |
|---|---|
| DAB | Deutsches Arzneibuch |
| DAC | Deutscher Arzneimittel Codex |
| DDR | Deutsche Demokratische Republik |
| DIN | Deutsche Industrienorm |
| DMSO | Dimethylsulfoxid |
| DRF | Deutsche Rezeptformeln |

## E

| | |
|---|---|
| E. coli | *Escherichia coli* |
| EDO | Eindosis-Ophthiolen |
| EG | Europäische Gemeinschaft |
| EichG | Eichgesetz |
| EN | Europäische(r) Norm/Standard |
| EU | Europäische Union |
| EWG | Europäische Wirtschaftsgemeinschaft |

## F

| | |
|---|---|
| FDA | Food and Drug Administration (US-amerikanische Gesundheitsbehörde) |
| FertigPackV | Fertigpackungsverordnung |
| FFP | Filtering Facepiece (partikelfiltrierende Staubschutzmaske) |

## G

| | |
|---|---|
| GD | Gesellschaft für Dermopharmazie e. V. |
| GefStoffV | Gefahrstoffverordnung |
| GHS | Globally Harmonised System |
| GMP | Good Manufacturing Practice |

## H

| | |
|---|---|
| HAB | Homöopathisches Arzneibuch |
| HEC | Hydroxyethylcellulose |
| HLB | Hydrophilic-lipophilic-Balance |
| HPC | Hydroxypropylcellulose |
| HV | Handverkauf |

## I

| | |
|---|---|
| INCI | International Nomenclature of Cosmetic Ingredients (Internationale Nomenklatur für kosmetische Inhaltsstoffe) |
| ISO | International Organization for Standardization |

## J

| | |
|---|---|
| JP | Japanese Pharmacopoeia (Japanisches Arzneibuch) |

## K

| | |
|---|---|
| KBE | koloniebildende Einheit(en) |
| KosmetikV | Kosmetik-Verordnung |
| KS | Katrin Schüler |

## L

| | |
|---|---|
| LAF | Laminar Air Flow |

## M

| | |
|---|---|
| MC | Methylcellulose |
| MCT | Mittelkettige Triglyceride |
| MHPC | Methylhydroxypropylcellulose |

| | |
|---|---|
| MO | Marie Oppelt |
| MPG | Medizinproduktegesetz |
| MPSV | Medizinprodukte-Sicherheitsplanverordnung |
| MPV | Medizinprodukte-Verordnung |
| MPBetreibV | Medizinprodukte-Betreiberverordnung |
| MPVerschreibV | Verordnung über die Verschreibungspflicht von Medizinprodukten |
| MPVertrV | Verordnung über Vertriebswege für Medizinprodukte |
| MRSA | Methicillinresistente S. aureus |

## N
| | |
|---|---|
| NRF | Neues Rezeptur Formularium |

## O
| | |
|---|---|
| ÖAB | Österreichisches Arzneibuch |
| OTC | Oxytetracyclin |
| O/W | Öl in Wasser |

## P
| | |
|---|---|
| PCR | Polymerase Chain Reaction (Polymerase-Kettenreaktion) |
| PE(LD/HD) | Polyethylen (niedriger/hoher Dichte) |
| PharmBetrV | Betriebsverordnung für pharmazeutische Unternehmer |
| PHB | *para*-Hydroxybenzoesäure |
| Ph. Eur. | Pharmacopoea Europaea (Europäisches Arzneibuch) |
| PIC/S | Pharmaceutical Inspection Co-Operation Scheme |
| PMMA | Polymethylacrylat |
| POM | Polyoxymethylen |
| PP | Polypropylen |
| ProdHaftG | Produkthaftungsgesetz |
| PTA | Pharmazeutisch-technische(r) Assistent(in) |
| PUR | Polyurethan-Elastomere |
| PUVA | Psoralen plus UV-A |
| PVP | Polyvinylpyrrolidon |
| PVC(h/w) | Polyvinylchlorid (hart/weich) |

## Q
| | |
|---|---|
| QAV | quartäre Ammoniumverbindungen |
| QMS | Qualitätsmanagementsystem |
| q. s. | quantum satis |

## R
| | |
|---|---|
| RK | Rezepturkonzentrat |
| RKI | Robert Koch-Institut |

## S
| | |
|---|---|
| S. aureus | *Staphylococcus aureus* |
| SGB | Sozialgesetzbuch |
| SOP | Standard Operating Procedure (Standardarbeitsanweisung) |

| | |
|---|---|
| SR 90 | Standardrezepturen (der DDR) |
| StandZV | Standardzulassungsverordnung |

**T**

| | |
|---|---|
| TEA | Triethanolamin |
| TOC | Total Organic Carbon (gesamter organischer Kohlenstoff) |
| TRGS | Technische Regeln für Gefahrstoffe |
| TrinkwV | Trinkwasserverordnung |

**U**

| | |
|---|---|
| UF | Ulrike Fischer |
| UmweltHG | Umwelthaftungsgesetz |
| UpM | Umdrehungen pro Minute |
| USP | United States Pharmacopeia (US-amerikanisches Arzneibuch) |
| UV | ultraviolett |

**V**

| | |
|---|---|
| VAH | Verbund für Angewandte Hygiene e. V. |
| VerpackV | Verpackungsverordnung |

**W**

| | |
|---|---|
| WFI | Wasser für Injektionszwecke |
| W/O | Wasser in Öl |

**Z**

| | |
|---|---|
| ZAPP | Zentrum für Arzneimittelinformation und Pharmazeutische Praxis der ABDA |
| ZL | Zentrallaboratorium (Deutscher Apotheker) |

# 0 Einleitung

*„Stets suche er (der Receptarius, Anm. d. A.) in seinen Verrichtungen eine gewisse Ordnung zu beobachten und zu handhaben, die ihm mit der Länge seiner Praxis zur zweiten Natur wird und ihn bei drängender Beschäftigung vor Verwirrung, Hülflosigkeit und Irrthümern bewahrt."*
Hager (1862): Technik der pharmaceutischen Receptur – Handbuch der Receptirkunst.

| | | |
|---|---|---|
| 0.1 | Rechtliche Vorgaben zur Rezepturherstellung in der Apotheke | 1 |
| 0.2 | GMP in der Apotheke | 14 |
| 0.3 | Qualitätssicherung in der Apotheke | 16 |
| 0.4 | Einführung in das Konzept der „7-Schritt-Methode" | 25 |

Auch wenn zahlreiche Fertigarzneimittel die Therapie von Erkrankungen ermöglichen, haben die Rezepturen weiterhin eine große Bedeutung. Mit ihnen können therapeutische Lücken geschlossen werden, die entstehen, wenn Fertigarzneimittel nicht bzw. nicht in geeigneter Dosierung vorhanden sind. Auch im Fall von Unverträglichkeitsreaktionen, die durch häufig in Fertigarzneimitteln eingesetzte Wirk- oder Hilfsstoffe bei einzelnen Patienten hervorgerufen werden, macht die individuelle Anfertigung von Rezepturen in der Apotheke die Therapie erst möglich.

Nach Angaben der ABDA wurden im Jahr 2009 in Deutschlands Apotheken mehr als 16 Millionen Rezepturen zulasten der Gesetzlichen Krankenkassen hergestellt. In vielen Apotheken ist auch die Anzahl der auf Privatverordnung oder Patientenwunsch angefertigten Arzneimittel nicht unerheblich, die detaillierte Erfassung aber schwierig. Häufig werden Rezepturen zur Therapie von Hauterkrankungen von Dermatologen, Kinderärzten und Allgemeinmedizinern verordnet. Des Weiteren machen spezielle Zubereitungen wie Zytostatika und Ernährungslösungen einen wesentlichen Teil der verordneten Rezepturen aus.

## 0.1 Rechtliche Vorgaben zur Rezepturherstellung in der Apotheke

Gerade im Hinblick auf die Diskussion um die Arzneimittelversorgung per Versandhandel kann die Apotheke vor Ort mit der Rezepturherstellung eindrucksvoll Fachkompetenz und Kundenservice demonstrieren. Dafür ist es unabdingbar, einen hohen und konstanten Qualitätsstandard zu gewährleisten. Die Verpflichtung zur Sicherstellung der Qualität der in der Apotheke hergestellten Zubereitungen ergibt sich des Weiteren aus zahlreichen gesetzlichen Regelungen, die im Folgenden kurz zusammenfassend dargestellt werden sollen.

Für Rezepturen, die zulasten der Gesetzlichen Krankenversicherung verordnet und abgerechnet werden, gelten die Bestimmungen im Sozialgesetzbuch (SGB V). Hier finden sich wesentliche Festlegungen zur Verordnungsfähigkeit von in der Apotheke hergestellten Arzneimitteln und zur generellen Verpflichtung der Leistungserbringer, die Qualität der erbrachten Leistungen zu sichern und weiterzuentwickeln.

> **Sozialgesetzbuch (SGB) Fünftes Buch (V)**
> Gesetzliche Krankenversicherung
>
> **§ 70 Qualität, Humanität und Wirtschaftlichkeit**
> „(1) Die Krankenkassen und die Leistungserbringer haben eine bedarfsgerechte und gleichmäßige, dem allgemein anerkannten Stand der medizinischen Erkenntnisse entsprechende Versorgung der Versicherten zu gewährleisten. Die Versorgung der Versicherten muss ausreichend und zweckmäßig sein, darf das Maß des Notwendigen nicht überschreiten und muss in der fachlich gebotenen Qualität sowie wirtschaftlich erbracht werden.
> (2) Die Krankenkassen und die Leistungserbringer haben durch geeignete Maßnahmen auf eine humane Krankenbehandlung ihrer Versicherten hinzuwirken."
>
> **§ 135a Verpflichtung zur Qualitätssicherung**
> „(1) Die Leistungserbringer sind zur Sicherung und Weiterentwicklung der Qualität der von ihnen erbrachten Leistungen verpflichtet. Die Leistungen müssen dem jeweiligen Stand der wissenschaftlichen Erkenntnisse entsprechen und in der fachlich gebotenen Qualität erbracht werden."

Unabhängig von der Verordnungsfähigkeit der Zubereitungen gelten für die Herstellung von Arzneimitteln die Regelungen in Arzneimittelgesetz und Apothekenbetriebsordnung. Werden Medizinprodukte in der Apotheke hergestellt, sind die betreffenden Regelungen im Medizinproduktegesetz und in weiterführenden Verordnungen zu beachten. Außerdem sind unabhängig von der Art der Zubereitung die Bestimmungen des Gefahrstoffrechts zu beachten – sowohl bei der Herstellung als auch bei der Kennzeichnung. Auch Bestimmungen des Eich- und Haftungsrechts sind für die Herstellung und Abgabe von Zubereitungen in der Apotheke relevant.

> **Zusammenfassung**
> Für die Herstellung von Zubereitungen in der Apotheke relevante rechtliche Regelungen finden sich u. a.
> - im Arzneimittelgesetz (AMG) und in ergänzenden Verordnungen (insbesondere der Apothekenbetriebsordnung),
> - im Medizinproduktegesetz und in ergänzenden Verordnungen,
> - in Gesetzen und Verordnungen zum Gefahrstoffrecht (z. B. Gefahrstoffverordnung),
> - in eichrechtlichen Gesetzen und Verordnungen (z. B. Eichgesetz) sowie
> - in Gesetzen und Verordnungen zum Haftungsrecht (z. B. Bürgerliches Gesetzbuch).

## 0.1.1 Arzneimittelgesetz

Das Gesetz über den Verkehr mit Arzneimitteln (Arzneimittelgesetz – AMG) enthält grundlegende Regelungen zur Herstellung und Abgabe von Arzneimitteln. Es wurde am 24. August 1976 vom Bundesrat beschlossen und trat am 1. Januar 1978 in Kraft. Seitdem ist es mehrfach geändert und ergänzt worden. Es soll die gesetzliche Grundlage für den Schutz der Gesundheit der Bevölkerung bieten und schreibt verbindlich hohe Anforderungen an den Umgang mit Arzneimitteln durch alle am Arzneimittelverkehr Beteiligten, insbesondere Arzneimittelhersteller, Apotheker und Ärzte, vor.

Nach § 8 AMG (Verbote zum Schutz vor Täuschung) ist es „**verboten, Arzneimittel oder Wirkstoffe herzustellen oder in den Verkehr zu bringen, die durch Abweichung** von den anerkannten pharmazeutischen Regeln in ihrer Qualität nicht unerheblich gemindert sind". Hieraus ergibt sich das Verbot des Inverkehrbringens nicht einwandfreier Arzneimittel. Eine Missachtung des Verbots kann nach AMG mit einer Freiheitsstrafe von bis zu drei Jahren geahndet werden.

## Arzneibuch

### Arzneimittelgesetz
**§ 55 Arzneibuch**
„(1) Das Arzneibuch ist eine vom Bundesinstitut für Arzneimittel und Medizinprodukte im Einvernehmen mit dem Paul-Ehrlich-Institut und dem Bundesamt für Verbraucherschutz und Lebensmittelsicherheit bekannt gemachte Sammlung anerkannter pharmazeutischer Regeln über die Qualität, Prüfung, Lagerung, Abgabe und Bezeichnung von Arzneimitteln und den bei ihrer Herstellung verwendeten Stoffen. Das Arzneibuch enthält auch Regeln für die Beschaffenheit von Behältnissen und Umhüllungen. ...
(8) Bei der Herstellung von Arzneimitteln dürfen nur Stoffe und die Behältnisse und Umhüllungen, soweit sie mit den Arzneimitteln in Berührung kommen, verwendet werden und nur Darreichungsformen angefertigt werden, die den anerkannten pharmazeutischen Regeln entsprechen."

Das Arzneibuch enthält die „anerkannten pharmazeutischen Regeln", die beim Verkehr mit Arzneimitteln zu beachten sind. Es wird vom Bundesinstitut für Arzneimittel und Medizinprodukte im Einvernehmen mit dem Paul-Ehrlich-Institut und dem Bundesamt für Verbraucherschutz und Lebensmittelsicherheit bekannt gemacht und im Bundesanzeiger veröffentlicht. Es ist die Grundlage für die Herstellung und Prüfung von Arzneimitteln nach dem aktuellen Stand von Wissenschaft und Technik. Bestandteile des Arzneibuches sind das Europäische Arzneibuch (Ph. Eur.), das Deutsche Arzneibuch (DAB) und das Homöopathische Arzneibuch (HAB).

Die Ausarbeitung des Europäischen Arzneibuches erfolgt entsprechend dem Übereinkommen zur Ausarbeitung eines Europäischen Arzneibuches beim Europarat. Die Bundesrepublik Deutschland ist diesem Übereinkommen beigetreten und ist damit verpflichtet, die Monographien und anderen Texte des Europäischen Arzneibuches in national geltende Normen zu überführen.

> **Wussten Sie, dass ...**
>
> ... Änderungen im Ph. Eur. zuerst in englischer und französischer Sprache veröffentlicht werden? Damit werden Änderungen bereits vor der Veröffentlichung der amtlichen deutschen (Buch-)Ausgabe durch Bekanntmachung im Bundesanzeiger (vorläufig) anwendbar gemacht.
> Die amtliche deutsche Ausgabe ist eine Übersetzung der englischen und französischen Originalwerke. Der 8. Nachtrag der 6. Ausgabe des Ph. Eur. war als deutsche (Buch-)Ausgabe seit 1. Januar 2011 amtlich gültig, die Version 7.0 des Europäischen Arzneibuches aber bereits veröffentlicht – Bundesanzeiger am 4. November 2010 (Seite 3863).

> **Ein Blick über den Tellerrand**
> Große Anstrengungen werden unternommen, um die drei „Haupt"-Arzneibücher – Japanisches, Amerikanisches und Europäisches Arzneibuch zu harmonisieren. Zahlreiche Monographien und Prüfmethoden sind bereits vereinheitlicht.
> Unterschiede in den Arzneibüchern sind vor allem für die Arzneimittelherstellung durch die pharmazeutische Industrie von Bedeutung, da für einzelne Länder teilweise verschiedene Prüfmethoden angewendet werden müssen bzw. unterschiedliche Grenzwerte gelten.
> Ph. Eur. verweist in Kapitel 5.8. jeweils auf den Stand der Harmonisierung der Arzneibücher.

## Herstellungserlaubnis und Zulassung

Nach § 13 AMG wird für die gewerbs- oder berufsmäßige Herstellung von Arzneimitteln die Erlaubnis der zuständigen Behörde verlangt. Für die Herstellung von Arzneimitteln im Rahmen des üblichen Apothekenbetriebs entfällt für den Inhaber einer Apotheke diese Erlaubnispflicht.

Nach § 21 AMG dürfen Fertigarzneimittel „nur in den Verkehr gebracht werden, wenn sie durch die zuständige Bundesoberbehörde zugelassen sind oder wenn für sie die Kommission der Europäischen Gemeinschaften oder der Rat der Europäischen Union eine Genehmigung für das Inverkehrbringen ... erteilt hat".

Ausgenommen von der Zulassungspflicht sind „Arzneimittel, die zur Anwendung bei Menschen bestimmt sind und aufgrund nachweislich häufiger ärztlicher oder zahnärztlicher Verschreibung in den wesentlichen Herstellungsschritten in einer Apotheke in einer Menge bis zu hundert abgabefertigen Packungen an einem Tag im Rahmen des üblichen Apothekenbetriebs hergestellt werden und zur Abgabe im Rahmen der bestehenden Apothekenbetriebserlaubnis bestimmt sind ...". Für die Herstellung dieser Defekturarzneimittel finden sich wesentliche Regelungen in § 8 der Apothekenbetriebsordnung (ApBetrO).

> ■ **DEFINITION** Mit der Formulierung „Herstellung im Rahmen des üblichen Apothekenbetriebs" im Sinne des § 21 AMG wird zum Ausdruck gebracht, dass die Regelung für den üblichen Versorgungs- und Einzugsbereich einer Apotheke, also ein regional begrenztes Gebiet, gilt.

Entsprechend einem Urteil des Oberlandesgerichts München vom 23. Februar 2006 (Az: 6 U 3721/05) genügt es, wenn die ärztlichen Verschreibungen so oft erfolgen, dass die Herstellung des Mittels auf Vorrat gerechtfertigt erscheint. Unbeachtlich sei es, dass das ohne Zulassung als Defektur hergestellte Arzneimittel auch ohne ärztliche Verschreibung abgegeben wurde.

**Zusammenfassung**
Eine Zulassung für das Inverkehrbringen von Fertigarzneimitteln wird **nicht** benötigt, wenn das Arzneimittel
- zur Anwendung bei Menschen bestimmt ist,
- aufgrund nachweislich häufiger ärztlicher Verschreibung
- in den wesentlichen Herstellungsschritten in einer Apotheke
- in einer Menge bis zu 100 abgabefertigen Packungen am Tag
- im Rahmen des üblichen Apothekenbetriebs hergestellt wird und
- zur Abgabe im Rahmen der bestehenden Apothekenbetriebserlaubnis bestimmt ist.

■ **MERKE** Arzneimittel, die auf Verordnung oder Kundenwunsch im Einzelfall ad hoc als Rezeptur hergestellt werden, sind keine Fertigarzneimittel und damit von der Zulassungspflicht unberührt.

**Wussten Sie, dass ...**
... das Arzneimittelgesetz „zur Behandlung einer bedrohlichen übertragbaren Krankheit, deren Ausbreitung eine sofortige und das übliche Maß erheblich überschreitende Bereitstellung von spezifischen Arzneimitteln erforderlich macht" die Herstellung von antiviralen oder –bakteriellen Arzneimitteln unter bestimmten Umständen auch ohne Zulassung nach § 21 AMG möglich macht?
Arzneimittel mit antiviraler oder antibakterieller Wirksamkeit, die zur Anwendung bei Menschen bestimmt sind, können nach § 21 AMG Abs. 2 auch ohne Zulassung hergestellt werden, wenn
- sie „zur Behandlung einer bedrohlichen übertragbaren Krankheit (dienen), deren Ausbreitung eine sofortige und das übliche Maß erheblich überschreitende Bereitstellung von spezifischen Arzneimitteln erforderlich macht,
- aus Wirkstoffen hergestellt werden, die von den Gesundheitsbehörden des Bundes oder der Länder oder von diesen benannten Stellen für diese Zwecke bevorratet wurden" und
- die „Herstellung in einer Apotheke zur Abgabe im Rahmen der bestehenden Apothekenbetriebserlaubnis oder zur Abgabe an andere Apotheken erfolgt".

Diese Regelung ermöglicht es z. B. im Fall einer Influenza-Pandemie die benötigten Mengen an antiviralen Arzneimitteln in der Apotheke herstellen zu lassen, z. B. Oseltamivir-Lösung (NRF 31.2.).

Nach § 36 AMG kann das Bundesministerium durch Rechtsverordnung „bestimmte Arzneimittel oder Arzneimittelgruppen oder Arzneimittel in bestimmten Abgabeformen von der Pflicht zur Zulassung" freistellen. Die Nutzung dieser sogenannten **Standardzulassungen** ist entgelt- und anzeigepflichtig.

> **Hinweis**
> Bisher war es dem Apothekenleiter durch Nutzung von Standardzulassungen möglich, Fertigarzneimittel auch über den Rahmen der Defektur hinaus herzustellen.
> Mit der Änderung der Apothekenbetriebsordnung wurden die Vorschriften zur Großherstellung aufgehoben. Damit ist es für Apotheken nicht mehr möglich, ohne Herstellungserlaubnis nach § 13 AMG Arzneimittel im industriellen Maßstab herzustellen.

### Tierarzneimittel

Die Zulassungspflicht nach § 21 AMG besteht generell auch für Tierarzneimittel. Eine Ausnahme für die Herstellung in der Apotheke ist vorgesehen, wenn Arzneimittel „für Einzeltiere oder Tiere eines bestimmten Bestandes in Apotheken … hergestellt werden" und wenn „für die Behandlung ein zugelassenes Arzneimittel für die betreffende Tierart oder das betreffende Anwendungsgebiet nicht zur Verfügung steht, die notwendige arzneiliche Versorgung der Tiere sonst ernstlich gefährdet wäre und eine unmittelbare oder mittelbare Gefährdung der Gesundheit von Mensch und Tier nicht zu befürchten ist".

■ **MERKE** Die Herstellung von Tierarzneimitteln in der Apotheke ohne Zulassung nach AMG ist nur unter bestimmten Voraussetzungen zulässig.

Für die Therapie von Tieren, die der Lebensmittelgewinnung dienen, ist zu beachten, dass nur für diesen Zweck zugelassene Wirkstoffe verwendet werden dürfen (siehe Anhänge I bis II der Verordnung EWG Nr. 2377/90). Die Zuordnung der Tierarten zur Gruppe der Lebensmitteltiere erfolgt dabei grundsätzlich nicht nach dem Nutzungszweck, sondern nach der Verwendbarkeit für die menschliche Ernährung. Zu Lebensmitteltieren zählen u.a. Bienen, Geflügel (einschließlich Tauben), Fische, Wiederkäuer, Schweine, Hasen, Kaninchen und Pferde. Bei diesen Tieren kann eine Gefährdung der Gesundheit nicht ausgeschlossen werden, deshalb ist die Anwendung der Ausnahmebestimmung zur Herstellung von Tierarzneimitteln ohne Zulassung problematisch. Als mögliche „Patienten" für die Apotheke kommen somit Hunde, Katzen und andere Haustiere infrage. Weitergehende Informationen finden sich im NRF (Kapitel I.18.).

Generell ist die Rechtslage kompliziert und die Herstellung von Tierarzneimitteln in der Apotheke auf wenige Fälle begrenzt. Wie oben zitiert, dürfen Tierarzneimittel nach AMG nur dann ohne Zulassung hergestellt werden, wenn kein Arzneimittel für das betreffende Anwendungsgebiet im Verkehr ist. Diese Forderung bezieht sich nicht nur auf wirkstoffidentische Produkte, sondern auch auf analoge Arzneimittel für das Anwendungsgebiet. Aus diesem Grund ist z.B. die Herstellung einer iodhaltigen Rezeptur zur antiseptischen Behandlung schwer zu begründen.

■ **MERKE** Die Herstellung von Defekturarzneimitteln nach der sogenannten „100er-Regel" ist nach § 21 AMG nur für Humanarzneimittel – nicht für Tierarzneimittel – möglich.

> **Praxistipp**
> Auch für die Herstellung von Tierarzneimitteln ist die Nutzung von Standardzulassungen möglich, die entsprechenden Regelungen sind zu beachten. Als Standardzulassungen hergestellt werden dürfen z. B. „Ethanolhaltige Iod-Lösung ad us. vet." oder „Formaldehyd-Lösung 36 % (m/m) ad us. vet.".
> Im NRF ist „Ameisensäure für Bienen 60 %/85 % (NRF 33.2.)" als apothekenpflichtiges Tierarzneimittel aufgenommen worden. Ameisensäure 60 % ad us. vet. ist in der Verordnung über Standardzulassungen gelistet. Die Herstellung von Ameisensäure für Bienen 85 % (NRF 33.2.) darf aber nur auf tierärztliche Verordnung bei Therapienotstand erfolgen (siehe NRF).

## 0.1.2 Rechtsverordnungen auf Grundlage des AMG

Das Arzneimittelgesetz wird durch zahlreiche Verordnungen ergänzt. Verordnungen, die auf Grundlage des Arzneimittelgesetzes erlassen worden sind und für die Herstellung von Zubereitungen in der Apotheke Bedeutung haben, sind z. B.:

- Arzneimittel- und Wirkstoffherstellungsverordnung (AMWHV),
- Apothekenbetriebsordnung (ApBetrO),
- Arzneimittelverschreibungsverordnung (AMVV),
- Arzneimittel-Warnhinweisverordnung (AMWarnV) und
- Verordnung über Standardzulassungen von Arzneimitteln (StandZV).

### Arzneimittel- und Wirkstoffherstellungsverordnung (AMWHV)

Die Arzneimittel- und Wirkstoffherstellungsverordnung (AMWHV) löste am 3. November 2006 die bis dahin geltende Betriebsverordnung für pharmazeutische Unternehmer (PharmBetrV) ab. Die Verordnung beschreibt grundlegende und weitreichende Anforderungen an das Qualitätsmanagementsystems sowie die Einhaltung der GMP-Regeln, an Personal, Betriebsräume und Ausrüstungen, Hygienemaßnahmen, Lagerung und Transport von Arzneimitteln sowie an die allgemeine Dokumentation und Durchführung von Selbstinspektionen.

> **Hinweis**
> Auch für Apotheken ist die Arzneimittel- und Wirkstoffherstellungsverordnung anwendbar, wenn Tätigkeiten ausgeführt werden, die nach §§ 13 oder 72 erlaubnispflichtig sind. Eine Herstellungserlaubnis nach § 13 AMG ist aber für Apotheken nicht notwendig, solange die Arzneimittelherstellung im Rahmen des üblichen Apothekenbetriebs erfolgt. Eine Einfuhrerlaubnis nach § 72 AMG ist erforderlich, wenn Arzneimittel oder bestimmte Wirkstoffe gewerbs- oder berufsmäßig aus Ländern, die nicht Mitgliedsstaaten der Europäischen Union oder andere Vertragsstaaten des Abkommens über den Europäischen Wirtschaftsraum sind, nach Deutschland eingeführt werden.

### Apothekenbetriebsordnung (ApBetrO)

Die Verordnung über den Betrieb von Apotheken (Apothekenbetriebsordnung – ApBetrO) enthält wesentliche Regelungen für den Betrieb von öffentlichen Apotheken sowie Krankenhausapotheken. Sie wurde seit ihrem Inkrafttreten im Jahr 1987 nicht wesentlich geändert, im Jahr 2011 grundlegend überarbeitet und ist nunmehr seit dem 12. Juni 2012 in geänderter Fassung gültig.

### Wesentliche Änderungen in der ApBetrO 2012
- Zusammenführung und Ergänzungen der Begriffsbestimmungen,
- Einführung eines Qualitätsmanagementsystems inkl. Verpflichtung zur Selbstinspektion,
- Festlegung von Hygienemaßnahmen für die Herstellungsbereiche der Apotheke,
- Plausibilitätsprüfung bei der Herstellung nicht standardisierter Rezepturen,
- Erstellung einer Herstellungsanweisung und Dokumentation bei der Herstellung von Rezepturarzneimitteln,
- Prüfung von Defekturarzneimitteln,
- Veränderungen in der Kennzeichnung bei hergestellten Arzneimitteln.

Nach § 2 ApBetrO ist der **Apothekenleiter** dafür verantwortlich, dass die Apotheke unter Beachtung der geltenden Vorschriften betrieben wird. Im Falle der Vertretung des Apothekenleiters hat der mit der Vertretung beauftragte Apotheker, Apothekerassistent oder Pharmazieingenieur während der Dauer der Vertretung die Pflichten eines Apothekenleiters.

In die novellierte Verordnung wurde neu § 2a aufgenommen. Danach ist der Apothekenleiter verpflichtet, „ein **Qualitätsmanagementsystem** entsprechend Art und Umfang der pharmazeutischen Tätigkeiten zu betreiben".

**Pharmazeutische Tätigkeiten** sind entsprechend der Begriffsbestimmung in § 1a ApBetrO u. a. die Entwicklung, Herstellung, Prüfung und Abgabe von Arzneimitteln, die Prüfung von Ausgangsstoffen sowie die Abgabe apothekenpflichtiger Medizinprodukte, des Weiteren die Information und Beratung über Arzneimittel und apothekenpflichtige Medizinprodukte.

Entsprechend § 3 ApBetrO sind pharmazeutische Tätigkeiten, die von
- Personen, die sich in der Ausbildung zum Apothekerberuf befinden,
- pharmazeutisch-technischen Assistenten und Personen, die sich in der Ausbildung zum Beruf des pharmazeutisch-technischen Assistenten befinden oder
- pharmazeutischen Assistenten

ausgeführt werden, vom Apothekenleiter zu beaufsichtigen oder von diesem durch einen Apotheker beaufsichtigen zu lassen.

Apothekenhelfer, Apothekenfacharbeiter und pharmazeutisch-kaufmännische Angestellte gehören zum nichtpharmazeutischen Personal und dürfen unter Aufsicht eines Apothekers beim „Umfüllen einschließlich Abfüllen und Abpacken oder Kennzeichnen von Arzneimitteln" sowie zur Unterstützung des pharmazeutischen Personals bei der Herstellung und Prüfung von Arzneimitteln, bei der Prüfung von Ausgangsstoffen sowie zur Bedienung, Pflege und Instandhaltung der Arbeitsgeräte eingesetzt werden.

Analog zu den Regelungen in der pharmazeutischen Industrie dürfen Apothekenleiter nach § 3 ApBetrO nur Personal einsetzen, das entsprechend qualifiziert ist und über die bei den jeweiligen Tätigkeiten gebotene Sorgfalt regelmäßig unterwiesen wird.

> **MERKE** Das Apothekenpersonal – pharmazeutisches **und** nichtpharmazeutisches Personal – ist regelmäßig zu unterweisen. Die Unterweisung muss entsprechend dokumentiert werden.

### Apothekenbetriebsordnung (ApBetrO)

**§ 5 Wissenschaftliche und sonstige Hilfsmittel**
„In der Apotheke müssen vorhanden sein
1. wissenschaftliche Hilfsmittel, die zur Herstellung und Prüfung von Arzneimitteln und Ausgangsstoffen nach den anerkannten pharmazeutischen Regeln im Rahmen des Apothekenbetriebs notwendig sind, insbesondere das Arzneibuch ..."

**§ 6 Allgemeine Vorschriften über die Herstellung und Prüfung**
„Arzneimittel, die in der Apotheke hergestellt werden, müssen die nach der pharmazeutischen Wissenschaft erforderliche Qualität aufweisen. Sie sind nach den anerkannten pharmazeutischen Regeln herzustellen und zu prüfen; enthält das Arzneibuch entsprechende Regeln, sind die Arzneimittel nach diesen Regeln herzustellen und zu prüfen."

Nach der Änderung der Apothekenbetriebsordnung ist die Verpflichtung entfallen, dass Deutscher Arzneimittel-Codex und Synonym-Verzeichnis in der Apotheke vorhanden sein müssen. Es obliegt nun dem Apothekenleiter zu entscheiden, welche Literatur und andere wissenschaftliche Hilfsmittel (z. B. Datenbanken) zur Erfüllung der Aufgaben notwendig sind.

Es wird ausdrücklich darauf verwiesen, dass es zulässig ist, wenn die wissenschaftlichen Hilfsmittel in elektronischer Form verfügbar sind. Es ist damit nicht mehr notwendig, dass zahlreiche Bücher, teilweise in Form von Loseblattsammlungen, angeschafft und aktualisiert werden.

Wichtige Regelungen zur Arzneimittelherstellung im Rahmen des üblichen Apothekenbetriebs finden sich in:
- § 7 Rezepturarzneimittel,
- § 8 Defekturarzneimittel,
- § 11 Ausgangsstoffe,
- § 13 Behältnisse,
- § 14 Kennzeichnung und
- § 16 Lagerung.

Entsprechend Begriffsbestimmung in § 1a ApBetrO ist ein **Rezepturarzneimittel** ein in der Apotheke im Einzelfall auf Grundlage einer ärztlichen Verordnung „oder auf sonstige Anforderung einer einzelnen Person", meist Kundenwunsch, hergestelltes Arzneimittel. Es darf nicht im Voraus hergestellt werden.

Als **Defekturarzneimittel** können in der Apotheke Arzneimittel im Voraus hergestellt werden. Die Chargengröße ist auf hundert abgabefertige Packungen oder eine entsprechende Menge pro Tag begrenzt.

Die Arzneimittelherstellung über den Umfang der Defektur war bisher im Rahmen der **Großherstellung** nach §§ 9 und 10 ApBetrO möglich. Sie erforderte einen größeren Aufwand an Personal und Dokumentation als die Arzneimittelherstellung im Rahmen von Rezeptur oder Defektur, u. a. Apotheker als Verantwortliche für die Herstellung und Prüfung. Die Vorschriften zur Großherstellung wurden mit der neuen ApBetrO aufgehoben.

> **Hinweis**
> Mit der Änderung der Apothekenbetriebsordnung wurden Begriffsbestimmungen im neuen § 1a zusammengefasst.
> Die bisher verwendeten Begriffe „Rezeptur" und „Defektur" wurden konkretisiert. Entsprechend wurden auch die Überschriften für die Paragraphen 7 und 8 in „Rezepturarzneimittel" und „Defekturarzneimittel" umbenannt.

## 0.1.3 Besondere Regelungen zur Herstellung von Medizinprodukten in der Apotheke

Bei der Herstellung von Medizinprodukten in der Apotheke müssen die entsprechenden rechtlichen Regelungen beachtet werden. Wesentliche Festlegungen finden sich im Gesetz über Medizinprodukte (Medizinproduktegesetz – MPG). Die Grundlage dieses Gesetzes ist die EU-Richtlinie über Medizinprodukte (Richtlinie 93/42/EWG; Medizinprodukterichtlinie), die in allen Mitgliedstaaten ab 14. Juni 1998 verbindlich angewendet werden muss.

### § 3 MPG Begriffsbestimmungen

„1. **Medizinprodukte** sind alle … Stoffe und Zubereitungen aus Stoffen …, die vom Hersteller zur Anwendung für Menschen mittels ihrer Funktionen zum Zwecke

a) der Erkennung, Verhütung, Überwachung, Behandlung oder Linderung von Krankheiten,
b) der Erkennung, Überwachung, Behandlung, Linderung oder Kompensierung von Verletzungen oder Behinderungen,
c) der Untersuchung, der Ersetzung oder der Veränderung des anatomischen Aufbaus oder eines physiologischen Vorgangs oder
d) der Empfängnisregelung

zu dienen bestimmt sind und deren bestimmungsgemäße Hauptwirkung im oder am menschlichen Körper weder durch pharmakologisch oder immunologisch wirkende Mittel noch durch Metabolismus erreicht wird, deren Wirkungsweise aber durch solche Mittel unterstützt werden kann."

Weitere gesetzliche Vorschriften zur Umsetzung der EU-Richtlinie über Medizinprodukte:

- Verordnung über Medizinprodukte (Medizinprodukte-Verordnung – MPV),
- Verordnung über das Errichten, Betreiben und Anwenden von Medizinprodukten (Medizinprodukte-Betreiberverordnung – MPBetreibV),
- Verordnung über die Verschreibungspflicht von Medizinprodukten (MPVerschrV),
- Verordnung über Vertriebswege für Medizinprodukte (MPVertrV),
- Verordnung über die Erfassung, Bewertung und Abwehr von Risiken bei Medizinprodukten (Medizinprodukte-Sicherheitsplanverordnung – MPSV).

### Konformitätsbewertungsverfahren und CE-Kennzeichnung

Nach § 4 MPG ist es verboten, „Medizinprodukte in den Verkehr zu bringen … oder anzuwenden, wenn … der begründete Verdacht besteht, dass sie die Sicherheit und die Gesundheit der Patienten, der Anwender oder Dritter bei sachgemäßer Anwendung, Instandhaltung und ihrer Zweckbestimmung entsprechender Verwendung über ein nach den Erkenntnissen der medizinischen Wissenschaften vertretbares Maß hinausgehend unmittelbar oder mittelbar gefährden".

Zum Nachweis, dass von Medizinprodukten keine Gefährdung ausgeht, wird vor dem Inverkehrbringen die Prüfung im Rahmen eines Konformitätsbewertungsverfahrens gefordert. Nachdem dieses Verfahren durchgeführt worden ist, werden Medizinprodukte mit der sogenannten CE-Kennzeichnung versehen und dürfen nach § 6 MPG nur mit dieser Kennzeichnung in den Verkehr gebracht oder in Betrieb genommen werden. Ausnahmeregelungen bestehen für bestimmte Medizinprodukte, z. B. Sonderanfertigungen.

Medizinprodukte mit Ausnahme der In-vitro-Diagnostika und der aktiven implantierbaren Medizinprodukte werden vier Klassen zugeordnet (Klassen I, IIa, IIb und III). Die Klassifizierung erfolgt entsprechend Anhang IX der Medizinprodukterichtlinie. Dabei werden insbesondere die potenziellen Risiken der Medizinprodukte berücksichtigt. Je nach Risiko werden unterschiedliche Anforderungen an das Konformitätsbewertungsverfahren gestellt.

> **Wussten Sie, dass …**
> … das Inverkehrbringen von Medizinprodukten ohne die erforderliche CE-Kennzeichnung als Straftat geahndet wird?

### Medizinprodukte der Risikoklasse I
Die Konformitätsbewertungsverfahren für Produkte der Klasse I dürfen unter der alleinigen Verantwortung des Herstellers erfolgen, da das Risiko für Patienten, Anwender oder Dritte durch diese Produkte gering ist. Für diese Medizinprodukte erklärt der Hersteller, dass sie den rechtlichen Vorgaben entsprechen, erstellt die technische Dokumentation und kennzeichnet die Produkte. Es handelt sich hierbei um das Verfahren der „EG-Konformitätserklärung" entsprechend der EU-Richtlinie. Für sterile Produkte der Klasse I sind zusätzliche Verfahren anzuwenden, die die Beteiligung einer „Benannten Stelle" erfordern.

### Medizinprodukte der Risikoklassen IIa, IIb und III
Für Produkte der Klassen IIa, IIb und III und für sterile Medizinprodukte oder solche mit Messfunktion sind Konformitätsbewertungsverfahren unter Einbeziehung einer sogenannten „Benannten Stelle" vorgeschrieben.

### Herstellung von Medizinprodukten in der Apotheke
Die Herstellung in der Apotheke ist vor allem für Medizinprodukte der Klasse I relevant. Gegebenenfalls ist die Einstufung mit der zuständigen Behörde (BfArM) zu klären.

### Sonderanfertigung
Medizinprodukte nach § 3 MPG, die „nach **schriftlicher Verordnung nach spezifischen Auslegungsmerkmalen eigens angefertigt**" werden „und **zur ausschließlichen Anwendung bei einem namentlich benannten Patienten bestimmt**" sind, werden als Sonderanfertigung bezeichnet.

Im Rahmen der Sonderanfertigung ist es auch der öffentlichen Apotheke möglich, Medizinprodukte herzustellen ohne die sonst notwendigen umfangreichen Prüf-, Dokumentations- und Anzeigepflichten des Medizinproduktegesetzes einhalten zu müssen. Bei Sonderanfertigungen sind beispielsweise das Aufbringen des CE-Kennzeichens und die Anzeige bei der Behörde nicht notwendig. Allerdings muss auf Anforderung der zuständigen Behörde eine Liste der Sonderanfertigungen vorgelegt werden.

> ■ **MERKE** Die Herstellung von Medizinprodukten als Sonderanfertigung ist nur als individuelle Anfertigung für einen namentlich benannten Patienten möglich – für die Herstellung im Rahmen der Defektur bzw. zur Belieferung von Praxisbedarfsanforderungen sind die vereinfachten Regelungen nicht anwendbar.

Bei der Herstellung von Medizinprodukten sind generell die sogenannten „Grundlegenden Anforderungen" nach § 7 MPG und Anhang I der Richtlinie 93/42/EWG einzuhalten und zu dokumentieren. Diese Verpflichtung gilt nach § 12 MPG auch für Sonderanfertigungen.

Des Weiteren dürfen Sonderanfertigungen nur in den Verkehr gebracht werden, wenn das für sie vorgesehene Konformitätsbewertungsverfahren durchgeführt worden ist. Dazu ist laut § 6 Abs. 5 Medizinprodukte-Verordnung eine Konformitätserklärung auszustellen, die gemäß Anhang VIII der Richtlinie 93/42/EWG folgende Angaben enthält:
- Name und Anschrift der herstellenden Apotheke,
- Produktidentifikation,
- Patientenname inkl. Erklärung, dass das Produkt ausschließlich für diesen Patienten bestimmt ist,
- Name und Anschrift des verordnenden Arztes,
- Zusammensetzung,
- Bestätigung, dass die Grundlegenden Anforderungen eingehalten wurden.

> **Praxistipp**
> Aufgrund der gesetzlichen Regelungen zur Konformitätsbewertung ist die Herstellung von Medizinprodukten in der Apotheke recht aufwendig.
> Es sollten entsprechende NRF-Monographien genutzt werden, da diese geeignet sind, die Anforderungen an die Einzelherstellung von Medizinprodukten zu erfüllen.

### Beispiele für NRF-Monographien
- Natriumchlorid-Nasenspray/Nasentropfen 0,9 % oder 1,5 % (NRF 8.2.),
- Viskose(s) Natriumchlorid-Nasenspray/Nasentropfen 0,9 % oder 1,5 % (NRF 8.3.),
- Elektrodengel (NRF 13.1.),
- Ultraschallkontaktgel (NRF 3.2.).

> **Zusammenfassung**
> Die Herstellung von Medizinprodukten in der Apotheke im Rahmen der Sonderanfertigung ist möglich, wenn folgende Bedingungen erfüllt sind:
> - eine schriftliche Verordnung liegt vor,
> - das Medizinprodukt ist für einen namentlich benannten Patienten bestimmt und
> - die Apotheke erbringt den Nachweis, dass die Grundlegenden Anforderungen erfüllt werden, z. B. durch Herstellung nach NRF-Monographie und Erstellung der Konformitätserklärung.
>
> Verantwortlich für das Inverkehrbringen von Medizinprodukten ist nach § 5 MPG der Hersteller – der Apothekenleiter. Dieser muss auf Anforderung der zuständigen Behörde eine Liste der Sonderanfertigungen vorlegen.

## 0.1.4 Herstellung von Kosmetika in der Apotheke

Bei der Herstellung von Kosmetika ist insbesondere die Kosmetik-Verordnung (KosmetikV) zu beachten. Diese Verordnung überführt die europäische Kosmetik-Richtlinie (76/768/EWG) in nationales Recht und sieht keine Ausnahmen für die Einzelanfertigung von kosmetischen Präparaten vor.

> **MERKE** Entsprechend der Kosmetik-Verordnung ist die Apotheke bei der Herstellung von Kosmetika allen anderen Herstellern kosmetischer Mittel gleichgestellt und hat alle gesetzlichen Anforderungen zu erfüllen.
> Es gibt keine vergleichbaren Vorschriften zur vereinfachten Herstellung analog der Rezeptur- oder Defekturarzneimittelherstellung nach AMG bzw. ApBetrO oder analog zu Sonderanfertigungen nach MPG.

Entsprechend der Kosmetik-Verordnung sind bei der Herstellung von Kosmetika nur bestimmte Inhaltsstoffe zulässig. Anlage 1 der Verordnung enthält eine sehr umfangreiche Liste von Stoffen, die in Kosmetika nicht enthalten sein dürfen; Anlage 2 führt eingeschränkt zugelassene Stoffe mit Angabe von Verwendungsbeschränkungen und zulässigen Höchstmengen auf. In weiteren Anlagen finden sich zugelassene Farb- und Konservierungsstoffe sowie UV-Filter für kosmetische Mittel.

Bei der Herstellung von Kosmetika wird die Einhaltung der Regeln der „Guten Herstellungspraxis" (GMP) gefordert. Die Hersteller haben umfangreiche Kennzeichnungs-, Mitteilungs- und Berichtspflichten zu erfüllen und müssen bestimmte Dokumente bereithalten, z. B. physikalisch-chemische und mikrobiologische Spezifikationen.

Diese Vorgaben machen es für die Apotheke in der Regel unrentabel, Kosmetika nach der Kosmetik-Verordnung herzustellen. Eine Ad-hoc-Herstellung von Kosmetika in der Apotheke ist nicht möglich. Im Einzelfall sollte deshalb geprüft werden, ob ein Pflegeprodukt als Rezepturarzneimittel nach ApBetrO hergestellt werden kann.

### Industrielle Basisdermatika in Rezepturen

Von Ärzten werden oft Rezepturen verordnet, die industriell vorgefertigte Grundlagen enthalten. Diese Grundlagen können als offizinelle Grundlagen, als Fertigarzneimittel oder als Kosmetika in den Verkehr gebracht werden. Sie dürfen nur in Arzneimitteln verarbeitet werden, wenn sie die notwendige pharmazeutische Qualität haben. Bei Grundlagen, die nach der Kosmetik-Verordnung hergestellt und in den Verkehr gebracht worden sind, ist der Nachweis der pharmazeutischen Qualität in der Regel problematisch.

### 0.1.5 Haftungsrecht

Der Apothekenleiter hat als Inhaber der Betriebserlaubnis für infolge einer vorsätzlichen oder fahrlässigen Pflichtverletzung verursachte Personen- und Sachschäden einzustehen. Es gelten die Haftungsgrundsätze des **Bürgerlichen Gesetzbuches** (z. B. § 823 BGB).

Für Arzneimittel, die nach AMG zulassungspflichtig sind oder als Standardzulassung in den Verkehr gebracht werden, finden sich weiterführende Festlegungen zur Haftung für Arzneimittelschäden im Abschnitt 16 des **AMG**. Die Gefährdungshaftung nach AMG ist unabhängig davon, ob eine vorsätzliche oder fahrlässige Pflichtverletzung zugrunde liegt. Nach § 94 AMG ist ein pharmazeutischer Unternehmer verpflichtet, Vorsorge zu treffen, „dass er seinen gesetzlichen Verpflichtungen zum Ersatz von Schäden nachkommen kann". Diese Deckungsvorsorge kann z. B. durch eine Haftpflichtversicherung erbracht werden.

Für in der Apotheke hergestellte Produkte ist der Apothekenleiter nach dem **Produkthaftungsgesetz** (ProdHaftG) verpflichtet, für Personen- und Sachschäden verschuldensunabhängig einzustehen. Er haftet insbesondere für alle Fehler, die nach dem Stand von Wissenschaft und Technik zum Zeitpunkt des Inverkehrbringens zu vermeiden gewesen wären.

> **Wussten Sie, dass ...**
>
> ... der Apothekenleiter auch nach dem Umwelthaftungsgesetz (UmweltHG) haftet, wenn von seinem Betrieb Umwelteinwirkungen auf Boden, Luft und Wasser ausgehen, die in der Folge zu einem Personen- oder Sachschaden führen?

Der Apothekeninhaber kann die Haftungsrisiken, die nach BGB, ProdHG und UmweltHG entstehen, durch eine Betriebshaftpflichtversicherung abdecken. Diese Versicherung ist nicht gesetzlich vorgeschrieben, aber in den Berufsordnungen der Länderapothekerkammern verankert.

> ■ **MERKE** Der Apothekenleiter haftet nach § 278 BGB generell auch für das Fehlverhalten seiner Mitarbeiter. Er kann aber seine Mitarbeiter am Schadensersatz ganz oder teilweise beteiligen. Nach den zivilrechtlichen Grundsätzen der Haftungsteilung ist dabei das Maß des Verschuldens – leichte bis mittlere Fahrlässigkeit, grobe Fahrlässigkeit, Vorsatz – zu berücksichtigen.

## 0.2 GMP in der Apotheke

> ■ **DEFINITION** GMP = Good Manufacturing Practices („Gute Herstellungspraxis").

Die Regeln zur Guten Herstellungspraxis werden in der Arzneimittel- und Wirkstoffherstellungsverordnung verbindlich für die Herstellung von zugelassenen Fertigarzneimitteln bzw. von Arzneimitteln mit Standardzulassung anwendbar gemacht. Sie dienen der

Qualitätssicherung bei der Produktion von Arzneimitteln und Wirkstoffen und werden beispielsweise durch die Europäische Kommission, durch das Pharmaceutical Inspection Co-Operation Scheme (PIC/S) sowie durch die US-amerikanische Gesundheitsbehörde (FDA) zusammengefasst und veröffentlicht.

> **Wussten Sie, dass …**
> … für die Herstellung von Arzneimitteln im industriellen Maßstab die europäische Richtlinie 2001/83/EG gilt? Die Festlegungen dieser Richtlinie wurden z. B. durch AMG und AMWHV in deutsches Recht überführt – damit ist die Einhaltung der GMP-Anforderungen verbindlich vorgeschrieben.

**Gliederung des EU-GMP-Leitfadens**
- Kapitel 1 – Qualitätsmanagement
- Kapitel 2 – Personal
- Kapitel 3 – Räume und Einrichtungen
- Kapitel 4 – Dokumentation
- Kapitel 5 – Herstellung
- Kapitel 6 – Prüfung
- Kapitel 7 – Herstellung und Prüfung im Auftrag
- Kapitel 8 – Beschwerden und Produktrückrufe
- Kapitel 9 – Selbstinspektionen

Der EU-GMP-Leitfaden ist im europäischen Raum das wichtigste Regelwerk zur Guten Herstellungspraxis. Der Herstellung steriler Arzneimittel ist ein umfangreiches Kapitel im Anhang des Leitfadens gewidmet (Annex 1). Zur Herstellung von flüssigen und halbflüssigen Darreichungsformen sowie Salben finden sich weitergehende Regelungen im Anhang (Annex 9).

Bisher ist die Anwendung des EU-GMP-Leitfadens für die Herstellung von Arzneimitteln im Rahmen des üblichen Apothekenbetriebs nicht vorgeschrieben, was in der Gesamtheit der Forderungen – vor allem für die Herstellung von Rezepturen – praktisch nicht umsetzbar wäre. Nichtsdestotrotz sind viele der Forderungen auch für die Apotheke relevant. Die **Leitlinien der Bundesapothekerkammer** zur Herstellung nichtsteriler bzw. steriler Arzneimittel fassen die wesentlichen Forderungen, die auch auf den Kleinmaßstab der Apotheke fokussieren, zusammen.

> ■ **MERKE** Ein wesentliches Element der GMP-Regeln ist die lückenlose und nachvollziehbare Dokumentation der Herstellung und Prüfung von Arzneimitteln.
> Nach dem Motto „**Was nicht dokumentiert ist, ist auch nicht gemacht!**" dient die Dokumentation aber auch außerhalb der GMP-Regeln zu Nachweiszwecken – z. B. im Fall von Schadensersatzforderungen. Für die Herstellung von Arzneimitteln – und Medizinprodukten – in der Apotheke muss deshalb eine aussagekräftige Dokumentation vorhanden sein.

In der Apothekenbetriebsordnung ist die Einhaltung wesentlicher GMP-Regelungen für die Herstellung von Arzneimitteln in der Apotheke nun vorgeschrieben, u. a.:

- Einführung eines Qualitätsmanagementsystems (inkl. Kontrolle der Einhaltung z. B. durch Selbstinspektionen),
- regelmäßige Unterweisung des Personals,
- Herstellung und Prüfung von Rezeptur- und Defekturarzneimitteln auf Grundlage vorher erstellter und genehmigter Anweisungen und
- Dokumentation der Herstellung und Prüfung von Arzneimitteln.

Eine Übernahme in die Monographie des Europäischen Arzneibuches „Pharmaceutical preparations" wird demnächst vollzogen.

> **Ein Blick über den Tellerrand**
> Das Schweizer Arzneibuch (Pharmacopoea Helvetica) enthält ein Kapitel zu „Regeln der Guten Herstellungspraxis für Arzneimittel in kleinen Mengen". Ein weiteres Kapitel enthält Erläuterungen zu diesen Regeln. Diese Kapitel fokussieren auf die Arzneimittelherstellung in der Apotheke und bieten praxisnahe Möglichkeiten zur Umsetzung der GMP-Regeln für den Bereich der Ad-hoc-Herstellung und der Herstellung im Defekturmaßstab.
> Zur Umsetzung der GMP-Regeln wird ein Qualitätssicherungssystem gefordert, welches ausreichend dokumentiert und überwacht werden muss. Grundlegende Anforderungen sind:
> - angemessene Qualifizierung und Schulung des Personals, klare Regelung von Verantwortlichkeiten und Zuständigkeiten,
> - geeignete Räumlichkeiten und Ausrüstungen,
> - Beschreibung und Prüfung der qualitätssichernden Prozesse,
> - vollständige Herstellungsdokumentation,
> - Qualitätskontrolle bzw. -bewertung von Ausgangsstoffen und hergestellten Produkten,
> - Freigabe von Chargen erst nach Bescheinigung der erforderlichen Qualität sowie
> - geeignete Lagerung von Ausgangsstoffen, Verpackungsmaterialien und verwendungsfertigen Arzneimitteln.
>
> Weitere wesentliche Aspekte der GMP-Regeln sind die Bewertung von Abweichungen bei der Herstellung und Prüfung, die Überprüfung von Beanstandungen, die Untersuchung von Qualitätsmängeln und die Festlegung geeigneter korrigierender und vorbeugender Maßnahmen, um eine Wiederholung von Fehlern zu vermeiden.

## 0.3 Qualitätssicherung in der Apotheke

### 0.3.1 Qualitätsmanagementsystem

Ein wichtiges Instrument der Qualitätssicherung ist das Qualitätsmanagementsystem (QMS). Im Rahmen eines Qualitätsmanagementsystems werden betriebliche Abläufe festgelegt, dokumentiert sowie regelmäßig überprüft und, wenn notwendig, aktualisiert. Die Einhaltung der Vorschriften wird kontrolliert und bei Abweichung oder Verstößen entsprechend reagiert. Ein funktionierendes System gewährleistet u. a., dass Arzneimittel nach dem Stand von Wissenschaft und Technik hergestellt, geprüft und gelagert werden und sichergestellt ist, dass Verwechslungen vermieden werden.

Auch wenn in der Apothekenbetriebsordnung bisher die Einführung eines Qualitätsmanagementsystems für die Herstellung von Arzneimitteln nicht explizit gefordert war, konnte die Verpflichtung zur Qualitätssicherung in der Apotheke aus zahlreichen mitgeltenden gesetzlichen Vorgaben abgeleitet werden. Nach § 2a der novellierten Apothekenbetriebsordnung ist nun verbindlich vorgeschrieben, dass der Apothekenleiter ein „Qualitätsmanagementsystem entsprechend Art und Umfang der pharmazeutischen Tätigkeiten betreiben" muss.

### Apothekenbetriebsordnung (ApBetrO)
**§ 2a Qualitätsmanagementsystem**
„(1) Der Apothekenleiter muss ein Qualitätsmanagementsystem entsprechend Art und Umfang der pharmazeutischen Tätigkeiten betreiben. Mit dem Qualitätsmanagementsystem müssen die betrieblichen Abläufe festgelegt und dokumentiert werden. Das Qualitätsmanagementsystem muss insbesondere gewährleisten, dass die Arzneimittel nach Stand der Wissenschaft und Technik hergestellt, geprüft und gelagert werden und dass Verwechslungen vermieden werden sowie eine ausreichende Beratungsleistung erfolgt.
(2) Der Apothekenleiter hat im Rahmen des Qualitätsmanagementsystems dafür zu sorgen, dass regelmäßig Selbstinspektionen durch pharmazeutisches Personal zur Überprüfung der betrieblichen Abläufe vorgenommen werden und erforderlichenfalls Korrekturen erfolgen. Darüber hinaus sollte die Apotheke an regelmäßigen Maßnahmen zu externen Qualitätsüberprüfungen teilnehmen.
(3) Der Apothekenleiter ist dafür verantwortlich, dass die Überprüfungen und die Selbstinspektionen nach Absatz 2 sowie die daraufhin erforderlichenfalls ergriffenen Maßnahmen dokumentiert werden."

### Mustersatzung für das Qualitätsmanagementsystem der deutschen Apotheken
Die ABDA verabschiedete im Dezember 1999 die „Mustersatzung für das Qualitätsmanagementsystem der deutschen Apotheken". Die auf dieser Grundlage von den Apothekerkammern der Länder erlassenen Satzungen wiesen wesentliche Unterschiede auf. Deshalb wurden im Jahr 2008 einheitliche Grundsätze bezüglich Anforderungen an die Zertifizierungsstelle, an das Zertifizierungsverfahren und an die Auditoren festgelegt. Alle Apothekerkammern bieten jetzt die Zertifizierung eines QMS auf Basis der DIN ISO-Norm 9001 an, das aber hinsichtlich der apothekenspezifischen Elemente über die Anforderungen dieser Norm hinausgeht. Interessierte Apotheker können in ihren Betrieben das Qualitätsmanagementsystem etablieren und durch die zuständige Apothekerkammer zertifizieren lassen.

Ziel des QMS ist die Erreichung definierter Qualitätsziele. Die Grundlage bilden Handlungsanweisungen, die auf Gesetzen, Verordnungen und dem Stand der Wissenschaft und Technik beruhen. Grundsätzlich steht es dabei jeder Apotheke frei, die Handlungsanweisungen entsprechend den betrieblichen Gegebenheiten selbst zu definieren.

■ **MERKE** Apotheken haben einen staatlichen Auftrag: die Sicherstellung der ordnungsgemäßen Versorgung der Bevölkerung mit Arzneimitteln. Dieser Auftrag ist das oberste Qualitätsziel zu dessen Erreichung ein Qualitätsmanagementsystem wesentlich beiträgt.

Entsprechend § 1 der Mustersatzung für das Qualitätsmanagementsystem der deutschen Apotheken (Stand: 06/2008) gelten folgende Grundsätze. Zweck des Qualitätsmanagementsystems für Apotheken sind:
- „die Gewährleistung und kontinuierliche Verbesserung der hohen Qualität der ordnungsgemäßen Versorgung der Bevölkerung mit Arzneimitteln,
- die Sicherstellung und Verbesserung der Beratungsqualität über Arzneimittel, insbesondere in der Selbstmedikation,
- die Erhöhung der Arzneimittelsicherheit, auch unter dem Aspekt des Verbraucher- und Patientenschutzes,
- die Einführung und Weiterentwicklung der pharmazeutischen Betreuung von Patienten sowie
- die konsequente Weiterentwicklung einer fachlich hochstehenden Berufsausübung in heilberuflicher Verantwortung."

Wesentlich ist die Festlegung und Verbesserung der betriebsinternen Abläufe in der Apotheke unter Einbeziehung der Mitarbeiter. Im Rahmen des QMS wird explizit auf die Beachtung der für den Apothekenbetrieb geltenden Gesetze, Verordnungen und Richtlinien und geltender Qualitätsstandards hingewiesen. Als Qualitätsstandard werden insbesondere die Leitlinien der Bundesapothekerkammer zur Qualitätssicherung in der Apotheke benannt.

Zur Zertifizierung muss der Apothekenleiter einen entsprechenden Antrag bei der zuständigen Kammer stellen. Die Apotheke wird zertifiziert, wenn folgende Voraussetzungen nach § 4 der Mustersatzung erfüllt sind:
- das Vorhandensein eines Handbuches, das die Betriebs- und Handlungsabläufe in der Apotheke beschreibt,
- das erfolgreiche Bestehen eines von der Zertifizierungsstelle durchgeführten Audits in der Apotheke, d. h. der Auditor bestätigt, dass die Apotheke das Qualitätsmanagementsystem eingeführt hat und die im Handbuch beschriebenen Festlegungen anwendet,
- die Benennung einer verantwortlichen Person für die Aufrechterhaltung des Qualitätsmanagementsystems, die z. B. das vorgeschriebene interne Audit jährlich durchführt.

Das QMS-Zertifikat ist 3 Jahre gültig und kann auf Antrag und nach Durchführung eines wiederholten Audits entsprechend verlängert werden.

### QMS-Handbuch
Der Inhalt des Handbuches wird in der Anlage zur Mustersatzung konkretisiert. Es werden Themen und Tätigkeitsbereiche vorgegeben, zu denen Durchführung, Überprüfung sowie Maßnahmen zur Verbesserung schriftlich festzulegen sind.

Im Bereich der pharmazeutischen Tätigkeiten werden insbesondere Prozessbeschreibungen gefordert für die
- Herstellung und Prüfung von Rezeptur- und Defekturarzneimitteln,
- Prüfung und Lagerung von Ausgangsstoffen, Primärpackmitteln und Fertigarzneimitteln,
- Information und Beratung bei der Selbstmedikation sowie
- Information und Beratung bei der Abgabe von Arzneimitteln auf ärztliche Verordnung.

> **Praxistipp**
> Nutzen Sie die unter www.Online-PlusBase.de bereit gestellten Qualitäts-Checklisten zur Erstellung des QMS-Manuals für die Herstellung insbesondere nichtsteriler Arzneimittel oder die Herstellung von Augentropfen in der Apotheke.

Wenn in der Apotheke Zytostatika, Parenteralia oder Substitutionsmittel hergestellt werden, sind dazu spezifische Regelungen erforderlich. Diese Tätigkeitsbereiche sind gesondert zu beschreiben. Aspekte, die im Rahmen des Qualitätsmanagements für die Herstellung von Parenteralia zu berücksichtigen sind, wurden im § 35 ApBetrO zusammengefasst.

Weitere für die Herstellung in der Apotheke relevante Themenbereiche, die Inhalt des QMS-Handbuches sein sollen, sind u. a.:

- Handhabung von Dokumenten, Aufzeichnungen und Daten (Erstellung, Aufbewahrung, Aktualisierung, Vernichtung),
- Räumlichkeiten,
- Hygienemanagement in der Apotheke,
- Tätigkeit mit Gefahrstoffen,
- Arbeitsschutz,
- Festlegungen zur Fort- und Weiterbildung der Mitarbeiter sowie
- Durchführung von Audits bzw. Selbstinspektionen.

> **Hinweis**
> Für jede auf Grundlage der BAK-Satzung zertifizierte Apotheke ist die externe Qualitätskontrolle für Rezepturarzneimittel verpflichtend. Die erfolgreiche Durchführung, z. B. durch Teilnahme an Ringversuchen des Zentrallaboratoriums Deutscher Apotheker (ZL), muss mindestens einmal jährlich nachgewiesen werden. Nichtzertifizierte Apotheken sollten laut neuer ApBetrO ebenso an Maßnahmen der externen Qualitätskontrolle teilnehmen.

**Abb. 0.1** Qualitätssicherung in der Apotheke – Ausschnitt aus Plakat der Bundesapothekerkammer. Quelle: ABDA

### 0.3.2 Leitlinien zur Rezepturherstellung in der Apotheke
**Leitlinien der Bundesapothekerkammer**

Die Bundesapothekerkammer (BAK) leistet einen entscheidenden Beitrag zur Qualitätssicherung in Apotheken, indem sie Leitlinien für charakteristische Bereiche des Apothekenbetriebs erstellt und veröffentlicht. Diese Leitlinien werden ergänzt von ausführlichen Kommentaren und Arbeitshilfen mit dem Ziel, die Qualität der pharmazeutischen Leistungen ständig zu verbessern. Des Weiteren geben sie im Rahmen der Etablierung eines Qualitätsmanagementsystems in der Apotheke wertvolle Hilfestellung.

> ■ **MERKE** Nach NRF Kapitel I.2. sind für „die Herstellung von Arzneimitteln in der Apotheke ... die Leitlinien zur Qualitätssicherung der Bundesapothekerkammer zu beachten." Zu bedenken ist aber, dass die Leitlinien keine rechtlich bindende Wirkung haben und nicht von der heilberuflichen Verantwortung des Apothekers entbinden!

Die BAK-Leitlinien wurden seit Mai 2000 erstellt und ab 2007 neu strukturiert. Sie beinhalten nun als zentrales Dokument (1. Ebene) die eigentlichen Leitlinien mit einem Flussdiagramm; diese werden ergänzt durch ausführliche Kommentare (2. Ebene) und zahlreiche Arbeitshilfen in Form von Checklisten, Formblättern, Arbeits- und Verfahrensanweisungen sowie Anwendungsbeispielen (3. Ebene). Diese Struktur soll die Integration in ein Qualitätsmanagementhandbuch ermöglichen. Die Leitlinien werden regelmäßig überarbeitet, um die Aktualität entsprechend dem Stand der Wissenschaft und Technik zu gewährleisten. Leitlinien, Kommentare und Handlungshilfen werden auf der Internetseite der ABDA unter www.abda.de veröffentlicht.

**BAK-Leitlinien für die Arzneimittelherstellung in der Apotheke (Stand Juni 2012)**
- Leitlinie: Herstellung und Prüfung der nicht zur parenteralen Anwendung bestimmten Rezeptur- und Defekturarzneimittel
    - Kommentar zur Leitlinie „Herstellung und Prüfung der nicht zur parenteralen Anwendung bestimmten Rezeptur- und Defekturarzneimittel"
    - Arbeitshilfe: Anwendungsbeispiel „Zubereitungen zur Anwendung am Auge"
- Leitlinie (und Kommentar): Aseptische Herstellung applikationsfertiger Parenteralia mit CMR-Eigenschaften der Kategorie 1A oder 1B
- Leitlinie (und Kommentar): Herstellung und Prüfung applikationsfertiger Parenteralia ohne CMR-Eigenschaften der Kategorie 1A oder 1B
- Leitlinie (und Kommentar): Prüfung und Lagerung der Ausgangsstoffe
- Leitlinie (und Kommentar): Prüfung und Lagerung der Primärpackmittel
    - Arbeitshilfe: Prüfprotokoll Packmittel
- Leitlinie (und Kommentar): Hygienemanagement
    - Arbeitshilfe: Abfallentsorgung Musterplan
    - Arbeitshilfe: Musterplan Personalhygiene
    - Arbeitshilfe: Musterplan Raumhygiene
    - Arbeitshilfe: Hautschutz- und Händehygieneplan der BGW
    - Arbeitshilfe: Checkliste Raumhygiene
    - Arbeitshilfe: Checkliste Hygiene Rezepturherstellung.

> **Hinweis**
> Einteilung der CMR-Stoffe nach EG-CLP-Verordnung
> - Kategorie 1A: wirken beim Menschen bekanntermaßen krebserzeugend, erbgutverändernd und fortpflanzungsgefährdend
> - Kategorie 1B: hinreichende Anhaltspunkte für CMR-Eigenschaften liegen vor
> - Kategorie 2: keine ausreichenden Anhaltspunkte (CMR-Verdachtsstoffe)

**Leitlinien der Gesellschaft für Dermopharmazie e. V.**
Entsprechend ihrer Satzung hat es sich die Gesellschaft für Dermopharmazie e. V. unter anderem zur Aufgabe gemacht, die Zusammenarbeit und den Informationsaustausch „zwischen Apothekern, Ärzten und anderen Fachleuten, die sich für die wissenschaftliche und angewandte Dermopharmazie einsetzen oder in diesem Bereich tätig sind" zu fördern. Zu diesem Zweck werden u. a. Leitlinien erstellt (◻ Tab. 0.1), die Ärzten und Apothekern gemeinsame Maßstäbe für Verordnung und Herstellung von Dermatika setzen. Neben den Leitlinien der Bundesapothekerkammer geben auch die Leitlinien der Gesellschaft für Dermopharmazie e. V. praxisrelevante Empfehlungen für die Arzneimittelherstellung in der Apotheke.

Für die Apothekenrezeptur und -defektur sind vor allem die Leitlinie „Dermatologische Rezepturen" sowie der „GD-Hygieneleitfaden für Apotheken zur Herstellung von nicht sterilen pharmazeutischen Zubereitungen" relevant. Der GD-Hygieneleitfaden wurde am 19. Januar 2000 veröffentlicht und 2010 revidiert. Die Bedeutung des Leitfadens wird bekräftigt, indem die Leitlinie der BAK zum Hygienemanagement direkten Bezug darauf nimmt. Des Weiteren ist der Hygieneleitfaden im NRF enthalten (siehe NRF I.2 „Allgemeine Hinweise").

> **Praxistipp**
> Die Gesellschaft für Dermopharmazie e. V. veröffentlicht Leitlinien und weitere wertvolle Hilfen zur Arzneimittelherstellung in der Apotheke auf ihrer Internetseite unter www.gd-online.de.

Weitere wichtige Empfehlungen zur Qualitätssicherung von Rezepturen sind die von der Gesellschaft für Dermopharmazie e. V. veröffentlichten „Wirkstoffdossiers für externe dermatologische Rezepturen". Sie sollen die rationale Arzneimittelherstellung fördern, die Beurteilung von Qualität und Stabilität der Zubereitung vereinfachen und die Kommunikation zwischen Arzt und Apotheker erleichtern.

**Tab. 0.1** GD-Leitlinien zur Rezepturherstellung

| Bezeichnung der Leitlinie | Stand |
| --- | --- |
| Dermatologische Rezepturen | 20. April 2012 |
| Hygienemanagement | 1. September 2010 |
| Wirkstoffdossiers für externe dermatologische Rezepturen | 19. November 2009 |

### 0.3.3 ZL-Ringversuche

Das Zentrallaboratorium Deutscher Apotheker (ZL) bietet seit 2004 die Möglichkeit der externen Qualitätskontrolle für in der Apotheke hergestellte Arzneimittel. Dazu werden dreimal im Jahr Rezeptur-Ringversuche durchgeführt (Tab. 0.2). Teilnehmen können alle Apotheken bundesweit.

Auch wenn es bisher keine zentrale Verpflichtung zur Teilnahme an Ringversuchen gibt, empfiehlt die Bundesapothekerkammer die regelmäßige Teilnahme an den Rezeptur-Ringversuchen. Entsprechend wurde nach Beschluss auf dem Apothekertag 2005 in Köln die einmal jährliche Teilnahme an Ringversuchen als qualitätssichernde Maßnahme in die Leitlinien der Bundesapothekerkammer aufgenommen. Die Verpflichtung, durch geeignete, regelmäßig durchzuführende Maßnahmen zur internen Qualitätskontrolle die Qualität der Arzneimittel sicherzustellen, bleibt unberührt.

> ■ **MERKE** Entsprechend § 2a ApBetrO sollten Apotheken an regelmäßigen Maßnahmen zur externen Qualitätsüberprüfung teilnehmen. Die Auswahl steht dem Apotheker generell frei. Die Teilnahme an Ringversuchen ist jedoch in besonderem Maße geeignet, dieser Verpflichtung nachzukommen.

Die Teilnahme an einem Ringversuch ist für die Apotheken eine gute Gelegenheit, die Qualität der hergestellten Arzneimittel prüfen zu lassen und so auch Aufschluss über die Eignung der Herstellungsvorgänge zu bekommen sowie kritische Abläufe in wichtigen Bereichen der Rezepturherstellung zu überprüfen. Die Ringversuche sollen dazu beitragen, dass die Qualität von Rezepturarzneimitteln auf dem erforderlichen Stand erhalten bzw. weiterentwickelt werden kann.

**Ziele der ZL-Ringversuche**
- Qualitätskontrolle,
- Sensibilisierung der Apotheken gegenüber „problematischen" Rezepturen,
- Klarheit über die Qualität der Herstellungsvorgänge und der hergestellten Produkte,
- Interne Weiterentwicklung der Herstellprozesse zu deren Optimierung,
- Qualitätsnachweis gegenüber Kostenträgern, Ärzten und Kunden,
- Qualitätsnachweis im Rahmen des QMS.

Die Auswahl der Rezepturen erfolgt durch das ZL und richtet sich vor allem nach der Praxisrelevanz. Häufig werden Rezepturen hergestellt, die stark wirksame Wirkstoffe enthalten (z. B. Glucocorticoide) und/oder Probleme bei der Herstellung aufweisen. Neben Dermatika werden beispielsweise auch Kapseln mit Wirkstoffen in niedriger Dosierung hergestellt und untersucht.

**Tab. 0.2** Übersicht über die im Rahmen der ZL-Ringversuche hergestellten und geprüften Rezepturen

| Jahr | Rezeptur im ZL-Ringversuch |
|---|---|
| 2004 | Hydrophile Clobetasolpropionat-Creme 0,05 % (NRF 11.65.) |
| 2005 | Hydrophiles Metronidazol-Gel 0,75 % (NRF 11.76.)<br>Hydrophile Triamcinolonacetonid-Creme 0,1 % (NRF 11.38.)<br>Hydrochlorothiazid-Kapseln 10 mg (NRF 26.3.) |
| 2006 | Hydrophile Betamethasonvalerat-Emulsion 0,05 % (NRF 11.47.)<br>Aluminiumchlorid-Hexahydrat-Lösung 20 % in Isopropanol 70 % (V/V)<br>Clotrimazol 1 % in Wasserhaltiger Hydrophiler Salbe DAB |
| 2007 | Erythromycin 1 % in Basiscreme DAC<br>Salicylsäure 1,5 % in Isopropanol 60 % (V/V)<br>Hydrophile Hydrocortisonacetat-Creme 0,25 % (NRF 11.15.) |
| 2008 | Clotrimazol 1 % in Unguentum Cordes®<br>Coffeinkapseln 10 mg<br>Hydrophile Triamcinolonacetonid-Creme 0,1 % (NRF 11.38.) |
| 2009 | Halbfeste Zubereitung mit Betamethasonvalerat (NRF 11.47.)<br>Minoxidil-Haarspiritus 2 % in Ethanol 96 %<br>Harnstoff 7,5 % in Wasserhaltiger Hydrophiler Salbe DAB |
| 2010 | Hydrophile Clobetasolpropionat-Creme 0,05 % (NRF 11.76.)<br>Erythromycin 2,0 % in Linola® Creme<br>Spironolacton-Kapseln 5 mg (Füllstoff: Stärke) |

◘ **Tab. 0.2** Übersicht über die im Rahmen der ZL-Ringversuche hergestellten und geprüften Rezepturen (Fortsetzung)

| Jahr | Rezeptur im ZL-Ringversuch |
|---|---|
| 2011 | Metronidazol 2,0 % in Wasserhaltiger Hydrophiler Salbe DAB<br>Hydrophile Hydrocortisonacteat-Creme 0,25 % (NRF 11.15.)<br>Estradiolbenzoat-Kopfhautspiritus 0,015 % in Isopropanol 70 %<br>(mit Propylenglycol 5 %) |

Die Ringversuche werden durch das ZL in der pharmazeutischen Fachpresse, im Internet auf der Homepage des ZL (www.zentrallabor.com) und in Veröffentlichungen der Länderapothekerkammern angekündigt. Die Ankündigung enthält Informationen zur herzustellenden Arzneiform sowie Angaben zu Prüfkriterien und eine allgemeine Ablaufschilderung des Ringversuchs inklusive Informationen zu Terminen und Teilnahmegebühren. Die Apotheken melden sich daraufhin beim ZL für den Rezepturversuch an.

Die konkreten Informationen zum Ringversuch werden ca. 14 Tage vor dem Termin der Herstellung an die teilnehmenden Apotheken übermittelt. Mit der Herstellungsmitteilung erfolgen detaillierte Angaben zum Ablauf des Ringversuches, zur Zusammensetzung der Rezeptur, zu den Prüfkriterien, zum vorgegebenen Herstellungstag, zur Versandlogistik ans ZL und zum Termin für die Mitteilung des persönlichen Ergebnisses.

Da die Herstellung der Rezeptur im Rahmen des üblichen Apothekenbetriebs erfolgen soll, kann die Apotheke für die Zubereitung ein Verfahren ihrer Wahl anwenden. Damit die Qualität des in der Apotheke üblichen Herstellungsverfahrens überprüft werden kann, sollte dieses Verfahren auch im Rahmen des Ringversuches angewendet werden.

Nach der Herstellung der Rezeptur wird diese an das ZL versendet und dort nach den anerkannten pharmazeutischen Regeln geprüft. Die teilnehmenden Apotheken erhalten ein Ergebnisprotokoll mit Angabe von Prüfkriterien, Anforderungen (Spezifikationen) sowie weiteren Empfehlungen. Folgende Parameter werden geprüft:

1. Identität und Gehalt,
2. Wirkstoffverteilung (Homogenität),
3. mikrobiologische Qualität[1],
4. galenische Beschaffenheit,
5. Gleichförmigkeit der Masse,
6. Dichte,
7. pH-Wert,
8. Kennzeichnung und
9. Primärpackmittel.

Entspricht die Rezeptur den Anforderungen, bekommt die Apotheke ein Zertifikat über die erfolgreiche Teilnahme. Dabei sind die Parameter 1, 2, 4, 5 und 6 zertifikatsrelevant, beim Parameter „Kennzeichnung" muss der Wirkstoff korrekt deklariert sein. Das Zertifikat ist 12 Monate lang gültig. Bei nichtkonformen Ergebnissen wird kein Zertifikat ausgestellt.

◘ Tab. 0.3 führt Ergebnisse der ZL-Ringversuche mit den möglichen Fehlerursachen auf.

---

[1] Die Kontrolle der mikrobiologischen Qualität wird seit 2009 nur noch für ausgewählte Rezepturen angeboten.

◘ **Tab. 0.3** Ergebnisse und Fehleranalyse der ZL-Ringversuche

| Fehlerhaftes Ergebnis | Mögliche Ursache |
|---|---|
| Galenische Beschaffenheit: Pulvernester, Klümpchen, Unregelmäßigkeiten | Teilchengröße des Wirkstoff ungeeignet (Wirkstoff nicht ausreichend zerkleinert), Bestandteile der Salbengrundlage nicht richtig aufgeschmolzen, Austausch der Salbengrundlage |
| Mikrobiologische Beschaffenheit | Aqua purificata nicht frisch abgekocht, Lagerung von vorgefertigten (evtl. unkonservierten) Grundlagen |
| Identität und Gehalt: Über-, Unterdosierung, Inhomogenität | Falscher Stoff (Verwechslung), falsche Waage verwendet, falsche Einwaage, Trocknungsverlust/Gehalt nicht beachtet, ungeeignete Teilchengröße |
| Kennzeichnung | Falsche oder unvollständige Deklaration |
| Primärpackmittel | Ungeeignete Packmittel, z. B. Tuben für Emulsionen |

## 0.4 Einführung in das Konzept der „7-Schritt-Methode"

Die Ergebnisse von Ringversuchen und Kontrollen durch Länderbehörden zeigen, dass die Qualität der in der Apotheke hergestellten Zubereitungen nicht immer dem aktuellen Stand der Wissenschaft entspricht und Verbesserungen anzustreben sind. Die Ursachen dafür können vielfältig sein. Es ist oft nicht leicht, in der Vielzahl von gesetzlichen Vorschriften, Anforderungen in Arzneibüchern, Leitlinien sowie Rezepturhinweisen und sonstigen Empfehlungen zum Thema „Arzneimittelherstellung in der Apotheke" die im Einzelfall relevanten Vorschriften aufzufinden und im Kontext anzuwenden.

Mit dem Algorithmus der „7-Schritt-Methode" werden alle relevanten Aspekte erfasst und übersichtlich als Handlungsabfolge für die tägliche pharmazeutische Praxis zusammengeführt. Augenmerk wird dabei sowohl auf Hintergrundinformationen als auch auf praktische Handlungsanweisungen gelegt.

> **Hinweis**
> Die Änderungen der Apothekenbetriebsordnung betreffen auch die Herstellung von Arzneimitteln in der Apotheke. Alle aktuellen Regelungen sind entsprechend berücksichtigt.

## 0.4.1 Übersicht „7-Schritt-Methode"

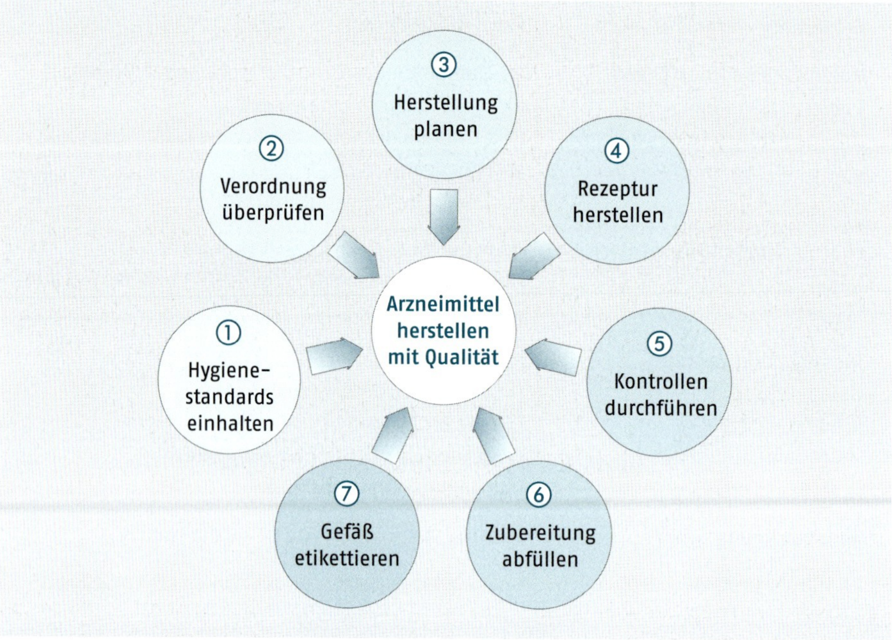

**Abb. 0.2** Handlungsabfolge 7-Schritt-Methode

Dieser allgemeine Handlungsalgorithmus (Abb. 0.2) zur qualitätsgerechten Herstellung von Zubereitungen in der Apotheke gliedert sich in:
- vorbereitende Tätigkeiten und Überlegungen (Schritte 1–3) und
- den direkten Herstellungsprozess inkl. Verpackung, Kontrolle und Kennzeichnung (Schritte 4–7).

### Ein VORWORT zum Faktor „Zeit"

Die Durchführung von 7 Schritten zur Herstellung einer Rezeptur mag auf den ersten Blick als sehr aufwendig – vor allem zeitaufwendig – erscheinen (Abb. 0.3). Vor allem die notwendigen – teilweise umfangreichen – Vorüberlegungen werden im Apothekenalltag oft dem vermeintlichen Zeitmangel „geopfert". Für die Rezepturherstellung verbleibt neben anderen Tätigkeiten wie Handverkauf, Bestellung, Pausenvertretung, Telefonaten, … oft wenig Zeit in der Tagesplanung des pharmazeutischen Personals. Überschlagsrechnungen zur Rentabilität von Rezepturarzneimitteln verstärken den „Zeitdruck".

## 0.4.1 Übersicht „7-Schritt-Methode" 27

**o Abb. 0.3** Rezepturherstellung im Zeitdruck? Foto: UF/KS

**ABER:** Das Konzept der 7 Schritte ist erstellt worden um die Herstellung qualitativ einwandfreier Arzneimitteln zu erleichtern **und** gleichzeitig rationeller zu gestalten.

Vor allem bei Rezepturen, die in gleicher oder ähnlicher Form wiederholt nachgefragt oder verordnet werden, trägt eine einmal nachvollziehbar dokumentierte Vorbereitung zur Einsparung wertvoller Zeit und zur gleichbleibenden Qualität der Zubereitungen – auch und gerade bei Herstellung durch unterschiedliche Mitarbeiter – bei.

### Schritt 1: Hygienestandards einhalten
Konkrete Anforderungen an die mikrobiologische Beschaffenheit von Arzneimitteln finden sich im Europäischen Arzneibuch. Ein funktionierendes und dokumentiertes Hygienemanagement ist die Voraussetzung für die Herstellung qualitativ einwandfreier Arzneimittel unter Einhaltung dieser Vorgaben. Detailliert betrachtet werden müssen insbesondere Aspekte der Raum- und Personalhygiene, der mikrobiologischen Reinheit von Ausgangsstoffen, der Reinigung und Desinfektion von Gefäßen, Arbeitsmaterialien und Geräten sowie Hygienemaßnahmen während der Herstellung der Zubereitung.

Die notwendigen Hygienemaßnahmen können generell unabhängig von der Herstellung einer bestimmten Rezeptur betrachtet und festgelegt werden. Zahlreiche Leitlinien und Handlungshilfen unterstützen die Apotheke bei der Etablierung und Überprüfung des Hygienekonzepts.

### Schritt 2: Verordnung überprüfen
Die Überprüfung der Verordnung vor der eigentlichen Herstellung ist ein wesentlicher Schritt, um die vielfältigen Anforderungen aus Gesetzen, Verordnungen, Arzneibuchmonographien u. a. erfüllen zu können. § 7 ApBetrO fordert explizit, dass die Verschreibung auf Irrtümer oder sonstige Bedenken geprüft werden muss und dass diese vor der Herstellung beseitigt sein müssen. Je nach Zubereitung ist dieser Schritt mehr oder weniger umfangreich, kann aber gut für wiederholte Verordnungen schriftlich vorbereitet werden.

**Verordnung überprüfen – wesentliche Aspekte**
- Kontrolle von Lesbarkeit und Vollständigkeit sowie Prüfung auf erkennbare Irrtümer,
- Prüfen des Therapiekonzeptes, vor allem in Bezug auf die verordnete Konzentration der Wirkstoffe und die Dosierung der Zubereitung sowie die Applikationsart,
- Plausibilitätsprüfung der verordneten Zubereitung inkl. Prüfung der verordneten Zubereitung bezüglich der verordneten Wirk- und Hilfsstoffe (Nutzen-Risiko-Verhältnis, Qualität, Inkompatibilitäten) sowie Einschätzung der physikalischen, chemischen und mikrobiologischen Stabilität der Zubereitung sowie die Festlegung der Haltbarkeit.

### Schritt 3: Herstellung planen

Wenn die Verordnung überprüft wurde, Herstellung und Abgabe der Rezeptur gerechtfertigt sind und alle Ausgangsstoffe in der notwendigen Qualität vorhanden und geprüft sind, kann die Herstellung der Rezeptur konkret geplant werden.

Die gründliche Planung ist eine wesentliche Vorraussetzung dafür, dass die Herstellung zügig und ohne unnötige Unterbrechungen erfolgen kann. Dazu notwendig sind u. a. Vorüberlegungen zu erforderlichen Arbeitsschutzmaßnahmen, zur Auswahl und Inbetriebnahme der geeigneten Waagen sowie zur Herstellungsanweisung inklusive notwendiger Inprozesskontrollen.

■ **MERKE** Zur Herstellung von Arzneimitteln in der Apotheke fordert die Apothekenbetriebsordnung nunmehr explizit eine schriftliche – von einem Apotheker unterschriebene – Herstellungsanweisung.

### Schritt 4: Rezeptur herstellen

Die Herstellung einer qualitativ einwandfreien Rezeptur kann nur gelingen, wenn – nach einer geeigneten und gut dokumentierten Planung – die Aufmerksamkeit des Rezeptars ganz der Rezeptur gilt. Es ist unbedingt notwendig, ausreichend Zeit einzuplanen sowie weitere Voraussetzungen zu schaffen, um ungestört arbeiten zu können. In den unvermeidbaren „Herstellungspausen" sollten aufgrund der Verwechslungsgefahr keine weiteren Rezepturen hergestellt werden!

Der Nachweis, dass die Herstellung der Zubereitung dem aktuellen Stand von Wissenschaft und Technik entsprechend erfolgt ist, kann nur durch eine nachvollziehbare Dokumentation erbracht werden. Des Weiteren ist die Dokumentation von Herstellungsparametern ein wesentlicher Schritt zur Standardisierung der Herstellung. Entsprechend beschreibt die novellierte ApBetrO für die Herstellung von Arzneimitteln konkrete Anforderungen an die Dokumentation im Herstellungsprotokoll.

### Schritt 5: Kontrollen durchführen

Entsprechend § 7 ApBetrO kann bei der Herstellung von Rezepturarzneimitteln „von einer analytischen Prüfung abgesehen werden, sofern die Qualität des Arzneimittels durch das Herstellungsverfahren, die organoleptische Prüfung des fertig gestellten Arzneimittels und, soweit vorgesehen, durch die Ergebnisse der Inprozesskontrollen gewährleistet ist." Damit ist die bisherige Festlegung, dass Rezepturarzneimittel bei Herstellung nach standardisierten und geprüften Vorschriften nicht geprüft werden müssen, nicht mehr gültig.

Besonderes Augenmerk bei der Arzneimittelherstellung wird auf die Ergebnisse der Inprozesskontrollen gerichtet. Diese sind zu dokumentieren und vom Apotheker bei der Freigabe des hergestellten Arzneimittels zu berücksichtigen.

Bei der Herstellung von Defekturarzneimitteln ist eine (analytische) Prüfung – nach vorab erstellter und genehmigter Prüfanweisung – zwingend vorgeschrieben. Es ist nicht (mehr) vertretbar, dass bei der Arzneimittelherstellung über den Einzelfall hinaus auf eine Prüfung zur Feststellung der Qualität des hergestellten Endprodukts verzichtet wird.

> **Hinweis**
> Die Apothekenbetriebsordnung schreibt die Freigabe des hergestellten Arzneimittels durch den verantwortlichen Apotheker – vor der Abgabe des Arzneimittels an den Kunden – nunmehr verbindlich vor.
> Die Freigabe der hergestellten Arzneimittel ist wesentlicher Bestandteil der Qualitätssicherung. Analog der industriellen Herstellung gilt diese Forderung nun konsequent auch für die Arzneimittelherstellung in der Apotheke.

### Schritt 6: Zubereitung abfüllen

Einen wesentlichen Beitrag zur Stabilität der Zubereitung über den Anwendungszeitraum leistet das Packmittel. Primärpackmittel für in der Apotheke hergestellte Zubereitungen müssen geeignet und geprüft sein. Bei der Auswahl sind z. B. Wechselwirkungen mit Wirk- und Hilfsstoffen, Praktikabilität der Entnahme sowie Kundenbedürfnisse zu beachten. Applikationshilfen können die Anwendercompliance entscheidend verbessern und zum Schutz der Zubereitung bei der Entnahme beitragen.

### Schritt 7: Gefäß etikettieren

Die Kennzeichnung von in der Apotheke hergestellten Zubereitungen wird von verschiedenen Rechtsvorschriften geregelt. Für die Kennzeichnung von Rezeptur- und Defekturarzneimitteln sind insbesondere die ApBetrO und das AMG zu beachten, für Medizinprodukte existieren relevante Regelungen in Medizinproduktegesetz und -verordnungen.

Innerhalb dieser Rechtsvorschriften existieren teilweise Interpretationsspielräume, die durch die Prüfbehörden der Länder sowie durch Leitlinien unterschiedlich ausgelegt werden und die eine eindeutige Umsetzung erschweren. Das Konzept fokussiert deshalb auf die Einteilung der Kennzeichnungsvorschriften und -empfehlungen in 3 Kategorien.

**Kategorisierung der Kennzeichnungsvorschriften und -empfehlungen**
- Welche Angaben müssen auf dem Etikett zu finden sein? → „MUSS"-Angaben.
- Welche Angaben sollen die gesetzlichen Vorgaben ergänzen, damit die Sicherheit für Kunden bzw. Patienten erhöht wird? → „SOLL"-Angaben.
- Welche Angaben können sinnvoll die „MUSS"- und „SOLL"-Angaben ergänzen? → „KANN"-Angaben.

In den nachfolgenden Kapiteln werden alle sieben Schritte ausführlich beschrieben. Vielfältige Hintergrundinformationen vermitteln dem Rezeptar notwendiges Basiswissen für ein qualitätsgerechtes Arbeiten bei jedem Schritt. Spezielle Detailfragen werden anhand von Praxistipps beleuchtet. Zahlreiche Tabellen ergänzen die Textpassagen und stellen wichtige Informationen im Überblick zusammen. Schritt für Schritt werden qualitätssichernde Maßnahmen übersichtlich aufgezeigt.

Da Arzneimittel, die in der Apotheke angefertigt werden, sehr häufig den Dermatika zugeordnet werden können, wird in diesem Buch vor allem die Herstellung von Arzneimitteln zur Anwendung auf Haut und Schleimhäuten thematisiert. Die Methode der 7 Schritte ist aber generell geeignet, die Qualität von in der Apotheke hergestellten Arzneimitteln sicher zu stellen – und soll unabhängig von der Art der Zubereitung eingesetzt werden.

> **Praxistipp**
> Gehen Sie mit PTA Cora Emsig auf Spurensuche. In jedem Schritt trifft die PTA bzw. das Team ihrer Apotheke auf konkrete Anforderungen, Fragen und Probleme aus der Praxis. Nehmen Sie die Fallbeispiele in Teamschulung, Ausbildung und/oder Selbststudium zu Hilfe, Ihr erworbenes Wissen zu testen, anzuwenden und vor allem auch die Bedingungen der eigenen Berufspraxis zu hinterfragen.
> Vielfältige Arbeitsmaterialien des Online-Plus-Angebots unterstützen Sie dabei!

### 0.4.2 Online-Plus-Angebot

Auf der Plattform www.Online-PlusBase.de wurden ergänzend zum Buch vielfältige Arbeitsmaterialien zusammengestellt. Sie finden die Dokumente dort im Bereich „Pharmazie". Für die erstmalige Anmeldung benötigen Sie nur Ihre E-Mail-Adresse und dieses Buch.

Die Arbeitsmaterialien können interaktiv am PC bearbeitet oder einfach als Kopiervorlage ausgedruckt werden. Dazu gehören:
- Qualitäts-Checklisten für die Schritte 1–7,
- Arbeitsmaterialien für Teamschulung, Selbststudium und Ausbildung,
- eine Formatvorlage für die geforderte Herstellungsanweisung für ein Rezepturarzneimittel sowie
- die Dokumentationsvorlage zur Herstellungsdokumentation eines Rezepturarzneimittels.

Übersichten mit wesentlichen Schwerpunkten unterstützen Sie bei der Beschäftigung mit den Fallbeispielen „Cora Emsig in der Rezeptur" und den Arbeitsmaterialien für Teamschulung/Ausbildung/Selbststudium. Hier finden sich auch Empfehlungen für die methodisch-didaktische Planung von Lernsituationen.

Die Checklisten wurden erstellt, um die Abarbeitung der 7 Schritte in der täglichen Rezepturarbeit zu erleichtern. Die Checklisten können als qualitätssicherndes Instrument auch im Rahmen eines Qualitätsmanagementsystems eingesetzt werden. Nicht nur standardisierte Rezepturen können so qualitätsgerecht hergestellt werden. Im Besonderen eignen sich die Materialien für die Herstellung von „frei komponierten" Rezepturen.

> **Praxistipp**
> Nutzen Sie die unter www.Online-PlusBase.de bereit gestellten Qualitäts-Checklisten zur Erstellung bzw. Überprüfung Ihres QMS-Handbuches!

Nähere Informationen zu den Arbeitsmaterialien und Checklisten des Online-Plus-Angebots sowie deren methodische Verwendung finden Sie im Anhang dieses Buches.

# 1 Schritt 1: Hygienestandards einhalten

*„So wie die Liebe zur Ordnung, so ist auch die Liebe zur Reinlichkeit eine Kardinaltugend eines guten Receptarius. Diese Tugend ist bei all seinen Verrichtungen eine unerlässliche."*
Hager (1862): Technik der pharmaceutischen Receptur – Handbuch der Receptirkunst.

| | | |
|---|---|---|
| 1.1 | Mikrobiologische Qualität pharmazeutischer Zubereitungen | 31 |
| 1.2 | Grundregeln der Herstellung mikrobiologisch einwandfreier Arzneimittel | 36 |
| 1.3 | Wasser als Ausgangsstoff für die Rezeptur | 56 |
| 1.4 | Betriebsinternes Hygienekonzept | 67 |
| 1.5 | Zusammenfassung und Wiederholung | 71 |
| 1.6 | Cora Emsig in der Rezeptur, Teil 1 | 73 |

Ein funktionierendes und dokumentiertes Hygienemanagement ist die Voraussetzung für die Herstellung qualitativ einwandfreier Arzneimittel unter Einhaltung der Vorgaben an die mikrobiologische Beschaffenheit von Arzneimitteln im Europäischen Arzneibuch. Entsprechend fordert § 4a ApBetrO die Festlegung, Durchführung und Dokumentation von Hygienemaßnahmen, „mit denen die mikrobiologische Qualität des jeweiligen Arzneimittels sichergestellt wird".

Die notwendigen Hygienemaßnahmen können generell unabhängig von der Herstellung einer bestimmten Rezeptur betrachtet und festgelegt werden. Zahlreiche Leitlinien und Handlungshilfen unterstützen die Apotheke bei der Etablierung und Überprüfung des Hygienekonzepts. Detailliert betrachtet werden müssen insbesondere Aspekte der Raum- und Personalhygiene, der mikrobiologischen Reinheit von Ausgangsstoffen, der Reinigung und Desinfektion von Gefäßen, Arbeitsmaterialien und Geräten sowie Hygienemaßnahmen während der Herstellung der Zubereitung.

## 1.1 Mikrobiologische Qualität pharmazeutischer Zubereitungen

### 1.1.1 Anforderungen und Prüfung nach Ph. Eur.

Konkrete Anforderungen an die mikrobiologische Qualität von Arzneimitteln finden sich im Allgemeinen Teil des Ph. Eur. (Kapitel 5.1.4 „Mikrobiologische Qualität von nicht sterilen pharmazeutischen Zubereitungen und Substanzen zur pharmazeutischen Verwendung"). Unterschieden werden die Arzneimittel je nach Anwendung der Darreichungsform. Es werden jeweils Angaben zur maximal zulässigen Gesamtzahl koloniebildender Einheiten (Gesamtkeimzahl in KBE) gemacht.

Diese Vorgaben gelten sowohl für die industrielle Herstellung als auch für die individuelle Herstellung von Arzneimitteln in der Apotheke. Auch wenn die Angaben im Ph. Eur. als Empfehlungen formuliert sind, werden sie als Standard angesehen und sind deshalb einzuhalten.

> **Hinweis**
> Aufgrund der Harmonisierung von JP, USP und Ph. Eur. wurde mit der Ausgabe 6.7 des Europäischen Arzneibuches die vormals vorgenommene Kategorisierung der Darreichungsformen nach den Anforderungen an die mikrobiologische Qualität in 4 Kategorien aufgegeben. Teilweise wurden durch die Harmonisierung auch die Anforderungen verschärft.
> Die ehemalige Kategorie 1 – „Zubereitungen, die gemäß der Monographie der entsprechenden Darreichungsform steril sein müssen, und andere Zubereitungen, die als steril gekennzeichnet sind" (und damit der Prüfung auf Sterilität entsprechen müssen) – ist nicht mehr Inhalt des Kapitels 5.1.4.

**Prüfung der Gesamtkeimzahl**

Zur Prüfung der Gesamtkeimzahl sind verschiedene Methoden möglich, die aber letztendlich alle darauf basieren, dass im Produkt befindliche Keime auf bestimmten Nährmedien zu Kolonien auswachsen. Die Kolonien sind mit dem Auge sichtbar und können ausgezählt werden. Die Keimzahl wird dann – bezogen auf die Menge der Zubereitung – als Gesamtkeimzahl angegeben.

Mit der Bestimmung der Keimzahl werden i. Allg. nur Keime erfasst, die unter Sauerstoffzufuhr leben (können) – sogenannte obligat (zwingend) oder fakultativ (freiwillig) aerobe Keime. Das Anzüchten der anaeroben Keime, die sich nur unter Sauerstoffausschluss vermehren, ist nur mit speziellen Inkubatoren möglich. Die menschliche Haut ist in etwa zu gleichen Teilen mit aeroben und anaeroben Keimen besiedelt. Anaerobe Keime befinden sich vor allem in tieferen Hautschichten und Wunden, wie z. B. *Propionibacterium acnes* in den Talgdrüsen. Die unter aeroben Bedingungen bestimmte Gesamtkeimzahl liefert aber ein ausreichendes Bild vom mikrobiologischen Status der Zubereitung. Entsprechend werden Grenzwerte für die Gesamtzahl an aeroben Mikroorganismen angegeben.

Bakterien und Pilze unterscheiden sich im morphologischen Bild, sodass mikrobiologisch geschultes Personal hier unterscheiden kann. Das ist insbesondere von Bedeutung, wenn für Bakterien und Pilze unterschiedliche Grenzwerte eingehalten werden müssen. Die gefundenen Keime können mit verschiedenen Methoden weiter differenziert werden. Eine wichtige und relativ schnell durchführbare Methode zur Unterscheidung von Bakterien ist die Gramfärbung – es erfolgt die Einteilung in grampositive und gramnegative Keime.

Im Arzneibuch werden zusätzlich zu den Grenzwerten für zulässige Keimzahlen auch bestimmte Keime angegeben, die als besonders problematisch anzusehen sind und deren Abwesenheit in Arzneimitteln deshalb explizit gefordert wird. Aus diesem Grund ist zur arzneibuchkonformen Prüfung der Zubereitungen die Bestimmung von Gattung und Art der gefundenen Keime notwendig. Zur Differenzierung können z. B. biochemische Methoden oder moderne Methoden wie die sogenannte PCR-Methode genutzt werden.

> **Ein Blick über den Tellerrand**
> Im Kapitel 2.6.13 des Ph. Eur. sind Methoden zum Nachweis spezifizierter Mikroorganismen beschrieben. Genutzt wird dabei die Eigenschaft bestimmter Mikroorganismen, auf speziellen Medien besonders gut oder nicht zu wachsen. Beispielsweise führt Agarmedium mit Mannitol und Salz zu einer Wachstumsförderung von *Staphylococcus aureus* und gleichzeitig zur Hemmung von *Escherichia coli*.

Die öffentliche Apotheke verfügt meist nicht über die Möglichkeiten, die Keimzahlbestimmung sowie die Differenzierung der gefundenen Keime durchzuführen. In klinischen Laboratorien wird die Untersuchung von Keimen, z. B. in Patientenproben, routinemäßig durchgeführt. Auch Umweltlaboratorien können mit entsprechenden Untersuchungen beauftragt werden.

■ **MERKE** Das Arzneibuch fordert in nichtsterilen Zubereitungen die Einhaltung bestimmter Grenzwerte für die Belastung mit Keimen sowie die Abwesenheit bestimmter pathogener Mikroorganismen. Die Apotheke ist zur Einhaltung dieser Anforderungen verpflichtet, aber meist nicht in der Lage, diese zu kontrollieren. Insofern haben die Kenntnis der Eigenschaften von Mikroorganismen und die Einhaltung vorbeugender Maßnahmen sehr große Bedeutung!

**Grenzwerte nach Ph. Eur.**
Nach Ph. Eur. Kapitel 5.1.4 gelten die in ◻ Tab. 1.1 aufgeführten Akzeptanzkriterien für die mikrobiologische Qualität nichtsteriler Zubereitungen.

◻ **Tab. 1.1** Grenzwerte für die Gesamtkeimzahl in Arzneimitteln (Auswahl nach Ph. Eur.)

| Anwendung der Darreichungsform | Gesamtzahl aerober Mikroorganismen (KBE/g oder KBE/ml) | Gesamtzahl an Hefen und Schimmelpilzen (KBE/g oder KBE/ml) |
|---|---|---|
| Anwendung in der Mundhöhle, am Zahnfleisch, in der Nase, am Ohr, kutane Anwendung | $10^2$ Abwesenheit von *Pseudomonas aeruginosa* und *Staphylococcus aureus* | $10^1$ Anmerkung: Grenzwert vor Harmonisierung $10^2$ |
| Rektale Anwendung | $10^3$ Abwesenheit von *Escherichia coli* | $10^2$ |
| Vaginale Anwendung | $10^2$ Abwesenheit von *Pseudomonas aeruginosa* und *Staphylococcus aureus* | $10^1$ Abwesenheit von *Candida albicans* |
| Wässrige Zubereitungen zum Einnehmen | $10^2$ Abwesenheit von *Escherichia coli* | $10^1$ Anmerkung: Grenzwert vor Harmonisierung $10^2$ |

■ **MERKE** Zu beachten ist, dass die Anforderungen über die gesamte Laufzeit des Arzneimittels gelten und nicht nur zum Zeitpunkt des Inverkehrbringens eingehalten werden sollen.

Da die Keimbelastung der **Ausgangsstoffe** wesentlich für die mikrobiologische Qualität der fertigen Zubereitung ist, dürfen nichtsterile Substanzen zur pharmazeutischen Verwendung nach Ph. Eur. maximal $10^3$ KBE Bakterien sowie $10^2$ KBE Hefen und Schimmelpilze pro Gramm oder Milliliter enthalten.

Die Ergebnisse mikrobiologischer Methoden, wie die Bestimmung der Gesamtkeimzahl in Ausgangsstoffen und Zubereitungen, schwanken stark. Die Ph. Eur. gibt konkrete Hinweise zur Interpretation der Akzeptanzkriterien für die mikrobiologische Qualität (◘ Tab. 1.2).

◘ **Tab. 1.2** Interpretation der Akzeptanzkriterien für die mikrobiologische Qualität nach Ph. Eur.

| Grenzwert in koloniebildenden Einheiten (KBE) | Maximal annehmbare Anzahl an KBE |
| --- | --- |
| $10^1$ | 20 |
| $10^2$ | 200 |
| $10^3$ | 2000 |
| usw. | |

### 1.1.2 Bedeutung von Keimen für die Arzneimittelherstellung

**Auswirkungen der mikrobiologischen Kontamination von Arzneimitteln**

Der mikrobiologische Status von Arzneimitteln ist aus verschiedenen Gründen von großer Bedeutung. Die Forderung nach Keimfreiheit für Arzneimittel zur parenteralen Anwendung ist sicherlich nicht infrage zu stellen – aber wozu die Begrenzung bei Dermatika oder Arzneimitteln zur oralen oder rektalen Anwendung?

Auch wenn Haut und Schleimhäute von Natur aus mit einer Vielzahl von Keimen besiedelt sind, ist die Begrenzung der Keimzahl aus Gründen des Produkt- und Patientenschutzes notwendig. In der folgenden Übersicht (◘ Tab. 1.3) sind Auswirkungen einer mikrobiologischen Kontamination von Arzneimitteln beispielhaft dargestellt.

◘ **Tab. 1.3** Beispiele für Auswirkungen der mikrobiologischen Kontamination von Arzneimitteln

| Im Produkt | Beim Patienten |
| --- | --- |
| ■ Trübung | ■ Entzündung |
| ■ Verfärbung | ■ Fieber |
| ■ Ausflockung | ■ allergische Reaktionen |
| ■ Geruchsbildung | ■ Tod |
| ■ Gasbildung | |
| ■ Abbau des Wirkstoffs | |
| ■ Toxinbildung | |
| ■ Geschmacksveränderung | |

■ **MERKE** Die Begrenzung der Gesamtkeimzahl in nichtsterilen Arzneimitteln ist eine wichtige Maßnahme, um Wirksamkeit, Unbedenklichkeit und Qualität der Arzneimittel sicherzustellen.

Ebenso wie bei Lebensmitteln können Keime dazu beitragen, dass Arzneimittel verderben. Das muss nicht in jedem Fall äußerlich sichtbar sein. Insbesondere bei Patienten mit vorgeschädigter Haut oder geschwächtem Immunsystem kann aber ein Arzneimittel mit unzulässig hoher Keimbelastung selbst zum Auslöser von Krankheitssymptomen werden.

**Wussten Sie, dass …**
… die Generationszeit von Bakterien – d. h. die Zeit, in der die Keime sich durch Teilen vermehren – bei optimalen Bedingungen nur 20–30 Minuten betragen kann. Es ist somit möglich, dass aus einem Keim in einer Stunde bereits 8 Keime entstehen.

### Keime, deren Abwesenheit in Arzneimitteln gefordert ist
#### Pseudomonas aeruginosa
*Pseudomonas aeruginosa* ist einer der pathogenen Vertreter aus der Gattung der Pseudomonaden. Dieser Keim ist begeißelt und damit beweglich. Er wächst unter strikt aeroben Bedingungen und ist fakultativ pathogen. Vor allem bei abwehrgeschwächten Patienten werden Erkrankungen des Atemtraktes, des Urogenitalsystems sowie Infektionen oberflächlicher Wunden wie Brandwunden und Ulzera hervorgerufen. Nicht selten führt ein lokaler Befall zu systemischen Erkrankungen wie Sepsis mit enormen Komplikationen. Die Wirkung ist auf verschiedene Exotoxine zurückzuführen. Pseudomonaden sind häufig resistent gegen Antibiotika, was die Forderung nach Abwesenheit in Arzneimitteln bekräftigt.

*Pseudomonas*-Arten sind als ausgesprochene Wasserkeime sehr anspruchslos. Sie kommen vor allem in feuchten Bereichen vor und gehen bei Trockenheit sehr rasch zugrunde. *Pseudomonas aeruginosa* kann aufgrund minimaler Nährstoffansprüche auch in nährstoffarmen Medien wie destilliertem Wasser überleben.

#### Staphylococcus aureus
Staphylokokken sind als ubiquitäre Keime praktisch überall verbreitet. Sie sind wesentlicher Bestandteil der natürlichen Flora von Haut und Schleimhäuten. Staphylokokken sind aber auch Erreger verschiedener Krankheiten mit unterschiedlichem Schweregrad (eitrige Infektionen bis schwere fieberhafte Allgemeinerkrankungen). Sie haben keine Geißeln und sind damit unbeweglich.

■ **MERKE** Die Übertragung von Staphylokokken erfolgt vor allem über Schmierinfektion, maßgeblich durch Händekontakt. Die Keime können lange auf sogenannten minderen Medien wie Holz, Linoleum, Glas oder Stein überleben.

Staphylokokkeninfektionen treten vor allem bei disponierten Patienten auf und werden häufig durch *Staphylococcus aureus* verursacht. Dieser Keim gehört zu den natürlichen Darmbewohnern und ist äußerst widerstandsfähig gegenüber Hitze und Trockenheit. Dispositionsfaktoren sind z. B. Immundefekte, Diabetes mellitus, Neurodermitis und Wunden.

Erkrankungen werden durch verschiedene Pathogenitätsfaktoren (z. B. Koagulase) sowie Toxine hervorgerufen. Enzyme, wie z. B. Kollagenase, führen bei oberflächlichen Hautinfektionen zur Ausweitung der Infektion in tiefere Hautschichten. Typisch ist die Bildung von Abszessen und Furunkeln. Staphylokokken können unter anaeroben Bedingungen thermostabile Enterotoxine bilden, welche Auslöser von Nahrungsmittelvergiftungen sein können. Das sogenannte Toxische Schocksyndrom ist eine schwerwiegende Multiorganerkrankung und wird durch ein Exotoxin hervorgerufen, welches von etwa 1 % der Staphylokokken gebildet wird.

> **Wussten Sie, dass ...**
> ... *Staphylococcus aureus* bei bis zu 50 % der Bevölkerung ohne Krankheitsanzeichen vorkommt? Bei den sogenannten Keimträgern findet man *Staphylococcus aureus* auf Haut und Schleimhäuten, z. B. im Nasenvorhof.

Problematisch ist die zunehmende Resistenzentwicklung von *Staphylococcus aureus*. Vor allem im Krankenhaus erschweren die auftretenden Multiresistenzen die antibiotische Therapie. Die sogenannten MRSA-Stämme (Methicillin-resistenter *S. aureus*) sind resistent gegen (nahezu) alle Betalactam-Antibiotika.

### Escherichia coli
*E. coli* findet sich als apathogener Keim im Darm von Säugern. Die gramnegativen begeißelten Stäbchen sind aber auch bedeutende Krankheitserreger im Urogenitaltrakt und gefährden vor allem schlecht disponierte Patienten. Die anspruchslosen Keime überdauern in Feuchtbereichen tage- bis wochenlang; die Verbreitung erfolgt durch Schmutz und Schmierinfektion.

## 1.2 Grundregeln der Herstellung mikrobiologisch einwandfreier Arzneimittel

### 1.2.1 Begriff „Aseptische Herstellung"

Unter aseptischer Herstellung von Arzneimitteln versteht man die konsequente Vermeidung der Kontamination vor und während der Herstellung des Arzneimittels. Wesentliche Aspekte der Herstellung unter aseptischen Bedingungen sind im Ph. Eur. beschrieben (Kapitel 5.1.1 „Methoden zur Herstellung steriler Zubereitungen"). Vor allem bei der Herstellung von sterilen Arzneimitteln, die nicht im Endbehältnis (z. B. durch Autoklavieren) sterilisiert werden können, kommt es auf die strikte mikrobiologische Kontrolle aller Schritte an, damit ein steriles Produkt hergestellt werden kann.

> **Hinweis**
> Da in der Apotheke i. d. R. weder die Überprüfung der Keimzahl in Zubereitungen noch der Nachweis von bestimmten Keimen möglich ist, kommt der konsequenten Vermeidung jeder Kontamination des Produktes oberste Priorität zu.

Weil in der Apotheke auch bei der Herstellung nichtsteriler Arzneimittel der konsequenten Vermeidung jeder Kontamination des Produktes oberste Priorität zukommt, sind die grundlegenden Aspekte der aseptischen Praxis generell von Bedeutung. Im Folgenden soll vor allem auf praxisrelevante Schwerpunkte der Herstellung mikrobiologisch einwandfreier Arzneimittel in der Apotheke eingegangen werden.

## 1.2.2 Keimquellen in der Apotheke

Das Vermeiden bzw. Minimieren von Keimquellen setzt voraus, dass diese bekannt sind. In der Regel benötigen Mikroorganismen Feuchtigkeit, Wärme und Nährstoffe für Wachstum und Vermehrung. Auf trockenen Oberflächen finden sich kaum Krankheitserreger. Auch Oberflächen aus Metall sind praktisch keimfrei, weil Schwermetallionen zur Blockade von Bakterienenzymen und damit zum Tod der Keime führen.

Typische Keimquellen in der Apotheke sind:
- Personal,
- feuchte Bereiche (wie z. B. Wasserbäder, Waschbecken, Schläuche und Putzlappen),
- Müll bzw. Entsorgungsbehälter,
- Ausgangsstoffe und Materialien,
- Verpackungsmaterialien.

### Feuchtigkeit

Besonders gefährdet sind Waschbecken und deren unmittelbare Umgebung. Im Abfluss eines Waschbeckens und vor allem im Siphon treten zahlreiche Stuhlkeime sowie *Pseudomonas aeruginosa* auf.

*Pseudomonas aeruginosa* kann sich sogar in destilliertem Wasser vermehren, da dieser Keim aus $CO_2$ und $NH_3$ sämtliche Aminosäuren und damit Zellproteine selbst herstellen kann. Er ist deshalb nicht auf organisches Material zum Wachstum angewiesen. Weitere Keime, die auf sogenannten minderen Medien lange verweilen können, sind vor allem *Staphylococcus aureus* aus der Gruppe der grampositiven Stäbchen und gramnegative Keime wie *Escherichia coli*, *Klebsiella*-, *Proteus*- und *Enterobacter*-Arten.

### Wärme

Ideale Temperaturen für die Vermehrung von Bakterien liegen bei etwa 32–37 °C, für Pilze bei 20–22 °C. Bei Temperaturen von weniger als 12 °C stellen viele Keime das Wachstum ein. Bei Erhöhung der Temperatur treten ab etwa 40 °C irreparable Schädigungen auf. Bei mehr als 60 °C sind die meisten Keime nicht lebensfähig und sterben in Abhängigkeit von der Dauer der Hitzeeinwirkung ab. *Staphylococcus aureus* ist dabei einer der resistentesten Keime und gilt deshalb als Indikatorkeim für thermische Desinfektionsversuche. Wurde er abgetötet, kann davon ausgegangen werden, dass auch alle anderen vegetativen Keime abgetötet worden sind.

> ■ **MERKE** Frisch demineralisiertes Wasser sollte vor der Verwendung für mind. 5 Minuten sprudelnd kochen, um möglichst alle Keime abzutöten. Da dieses Verfahren aber nicht geeignet ist, um Bakteriensporen abzutöten, ist es nicht zur Sterilisation von Wasser geeignet. So behandeltes Wasser darf deshalb nicht zur Herstellung steriler Arzneimittel (z. B. Augenarzneimittel, Parenteralia) verwendet werden.
> Wird stark mit gramnegativen Keimen belastetes Wasser mittels Hitzeeinwirkung entkeimt, kommt es zur Bildung von Endotoxinen (Pyrogenen). Aus diesem Grund darf das Wasser nicht für Zubereitungen verwendet werden, die pyrogenfrei sein müssen (z. B. Zubereitungen zum Spülen).

> **Wussten Sie, dass ...**
> ... Pseudomonaden und Listerien selbst bei Kühlschranktemperaturen noch in der Lage sind, sich zu vermehren? Auch verschiedene Arten von Schimmelpilzen wachsen bei niedrigen Temperaturen im Kühlschrank noch gut.

### Nährstoffe
Außer dem Vorhandensein von Feuchtigkeit und geeigneten Temperaturen sind die meisten Keime auf die Zufuhr von Nährstoffen angewiesen. In vielen Bereichen führen deshalb die optimale regelmäßige, sorgfältige Reinigung sowie die Entfernung von Abfall zu einer merklichen Keimzahlreduktion.

Wichtigste Keimquelle in der Apothekenrezeptur ist der Mensch. Besonders Sekrete aus Nase und Mund sowie Hautschuppen gefährden den mikrobiologischen Status des Arzneimittels.

> **Wussten Sie, dass ...**
> ... bei einmaligem Niesen etwa 10 000 bis 1 000 000 Keime in einem Umkreis von bis zu 2 Metern in die Luft geschleudert werden?

### 1.2.3 Apothekenrelevante Hygieneaspekte bei der Herstellung von Arzneimitteln

Aus den betrachteten Keimquellen lassen sich Schwerpunkte zur Reduktion der Keimzahl ableiten. Das sind insbesondere Elimination von:
- Wärme,
- Feuchtigkeit,
- Abfall, Staub und Ungeziefer.

Konkrete Maßnahmen werden im Folgenden ausgeführt.

### Personalhygiene
Der Mensch ist bei der Herstellung von Arzneimitteln das größte mikrobiologische Risiko. Das führt bei der aseptischen Herstellung von sterilen Arzneimitteln in der Industrie dazu, dass umfangreiche Kleidungs- und Schleusenkonzepte in verschiedenen Richtlinien (z. B. EU-GMP-Leitfaden) verbindlich festgelegt worden sind.

In der Apothekenrezeptur und -defektur werden vor allem nichtsterile Arzneimittel hergestellt, sodass diese strikten Vorgaben nicht notwendig sind. Nichtsdestotrotz muss durch geeignete Maßnahmen sichergestellt werden, dass die Anforderungen des Arzneibuches zum maximal zulässigen Keimgehalt der fertigen Zubereitung eingehalten werden können.

Aus diesem Grund gilt auch in der Apotheke der Personalhygiene bei der Arzneimittelherstellung besonderes Augenmerk (o Abb. 1.1). Auch wenn einige der genannten Punkte Selbstverständlichkeiten darstellen (sollten), wird hier ein Überblick über alle Maßnahmen gegeben, die bei konsequenter Anwendung dazu beitragen, dass die Keimbelastung des Arzneimittels letztendlich den Anforderungen entspricht.

### Hygienekleidung

Für die Herstellung von Arzneimitteln in der Apothekenrezeptur ist zu fordern, dass persönliche (!) Hygienekleidung zur Verfügung steht, die nur für diese Tätigkeit verwendet wird. Der sogenannte „Rezepturkittel" sollte aus Baumwolle sein und lange Ärmel haben, sodass die Arme des Herstellenden vollständig bedeckt sind.

Die Kleidung sollte so aufbewahrt werden, dass sie nicht in direkten Kontakt mit der Straßenkleidung bzw. mit im Verkauf getragener Kleidung kommt, und bei regelmäßiger Nutzung mindestens 2-mal wöchentlich gereinigt werden. Zur Reinigung ist i. d. R. die Wäsche bei mind. 60 °C mit Waschmittel ausreichend. Anschließendes Bügeln der Baumwollkittel trägt zusätzlich zur Keimreduktion bei.

### Handschuhe

Bei Arbeiten an und mit offenem Produkt ist die Bedeckung von Hautpartien der Hände zu fordern. Nach der Technischen Regel (TRGS) 540 dürfen gepuderte Latexhandschuhe nicht mehr eingesetzt werden. Es können puderfreie und allergenarme Latexhandschuhe oder andere geeignete Handschuhe verwendet werden. Die verwendeten Handschuhe müssen je nach Anforderungen an das hergestellte Arzneimittel nicht unbedingt steril sein.

Bei sonstigen Tätigkeiten, wie z. B. der Vorbereitung der Rezepturherstellung, genügt i. d. R. das Reinigen und Desinfizieren der Hände. Damit die Händereinigung und -desinfektion wirklich effektiv durchgeführt werden kann, sind Schmuck, wie Uhren und Ringe, vorher abzulegen. Auch künstliche Fingernägel sowie kleinste Risse im Nagellack behindern die optimale Händereinigung und -desinfektion und stellen zusätzliche Keimquellen dar.

Bei Verletzungen der Haut sowie bei Nagelbettentzündungen oder Nagelpilzerkrankungen ist in jedem Fall das Tragen von Handschuhen angebracht, um eine Kontamination des Arbeitsbereiches zu verhindern. Generell sollten Mitarbeiter mit Hauterkrankungen oder sonstigen ansteckenden Erkrankungen nicht in der Rezeptur beschäftigt werden, um den mikrobiologischen Status der Rezeptur nicht zu gefährden.

### Haarhaube

Auch Haare sind mit einer Vielzahl von Keimen behaftet, die zur mikrobiologischen Verunreinigung des Arzneimittels führen können – entweder direkt durch Hineinfallen eines Haares in die Rezeptur oder indirekt durch Berühren der Haare mit den Händen und anschließendes Berühren von Arbeitsmaterialien oder Produkt. Aus diesem Grund sollte bei der Herstellung von Arzneimitteln eine Haarhaube getragen werden, die alle Haare bedeckt. Da die Rezeptur ohnehin ein abgeschlossener Raum – entfernt von der Offizin der Apotheke – sein sollte, muss der ästhetische Aspekt eine deutlich untergeordnete Rolle spielen. Haarhauben gibt es als Einmalartikel in verschiedenen Größen zu beziehen. Wichtig ist die Auswahl der geeigneten Größe, um z. B. bei langen Haaren die vollständige Bedeckung zu gewährleisten bzw. bei kürzeren Haaren ein Verrutschen zu verhindern. Das Aufsetzen der Haarhaube sollte vor der Desinfektion der Hände erfolgen, ggf. muss die Desinfektion wiederholt werden.

### Bartschutz

Bei Männern ist die Bedeckung eines vorhandenen Bartes zu diskutieren und bezüglich des Risikos für eine Kontamination bei der Arzneimittelherstellung zu bewerten. Auch zur Bedeckung des Bartes werden Einmalartikel angeboten. Festlegungen zum Tragen des Bartschutzes sollten im betriebsinternen Hygienekonzept getroffen werden. In der Regel wird von einem vorhandenen Bart gesprochen, wenn die letzte Rasur mehr als einen Tag zurückliegt.

> **Ein Blick über den Tellerrand**
> Bei der Herstellung von Arzneimitteln in der pharmazeutischen Industrie ist das Bedecken eines Bartes mithilfe eines Bartschutzes für Männer die Regel.

### Mund- und Nasenschutz

Bei Arbeiten am offenen Produkt ist das Tragen eines Mund- und Nasenschutzes empfehlenswert. Dadurch werden kleine Partikel oder Tröpfchen, wie sie z. B. durch Sprechen entstehen, zurückgehalten. Zu beachten ist die Begrenzung der Tragedauer von Einmalartikeln.

Sollten spezielle Masken zum Mitarbeiterschutz notwendig sein, so wird das im Rahmen von Gefährdungsbeurteilung und Arbeitsanweisung festgelegt. Auch dabei ist zu beachten, dass es sich i. d. R. um Einmalartikel handelt, die nach personenbezogener Verwendung entsorgt werden.

Während der Arzneimittelherstellung in der Rezeptur müssen Niesen und Husten unbedingt unterbleiben, da ansonsten die mikrobiologische Qualität des Arzneimittels nicht sichergestellt werden kann. Bei einem Niesen verschleudert der Mensch etwa 10 000 bis 1 000 000 Keime in einen Umkreis von ungefähr 2 Metern. Darunter finden sich häufig auch fakultativ pathogene Keime, die zu Erkrankungen bei geschwächten Patienten führen können und deren Abwesenheit in Arzneimitteln deshalb vom Arzneibuch explizit gefordert ist (z. B. *Staphylococcus aureus*). Auch das Sprechen sollte während der Arbeiten am offenen Produkt unterbleiben. Notwendige Absprachen (z. B. zur Abstimmung bei Ablesung von Wägeergebnissen im 4-Augen-Prinzip) sollten im Voraus erfolgen.

Bezüglich des mikrobiologischen Produktschutzes sind geschlossene Systeme zur Arzneimittelherstellung empfehlenswert (z B. Unguator®, TopiTec®). Auch wenn dadurch die Expositionszeit von offenem Produkt reduziert werden kann, bleiben Arbeitsschritte, bei denen das Produkt kontaminiert werden kann (z. B. Einwaage, Einfüllen der Zubereitung in das Gefäß, Kontrolle der Zubereitung). Besondere Sorgfalt ist also auch hier notwendig. Weitere Aspekte der Herstellung von Arzneimitteln mit automatischen Rührsystemen sind in den folgenden Schritten ausgeführt.

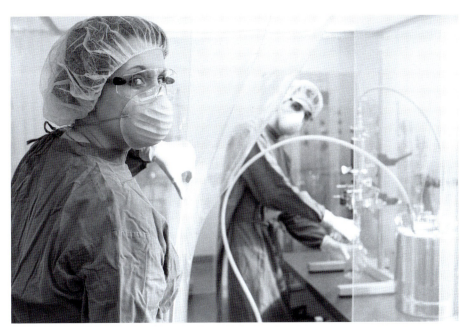

o **Abb. 1.1** Hygienekleidung. Quelle: ABDA

### Raumhygiene

Die Räume, die zur Arzneimittelherstellung genutzt werden, müssen sich ständig in einem ordentlichen und sauberen Zustand befinden. Deshalb sind regelmäßige Reinigungs- und Desinfektionsmaßnahmen notwendig. Aber auch weitere Aspekte sind zu beachten, damit Arzneimittel in einwandfreier Qualität hergestellt werden können.

Die Empfehlungen der Bundesapothekerkammer wurden im Wesentlichen in § 4 der ApBetrO übernommen. Entsprechend ist der Herstellungsbereich mindestens an 3 Seiten raumhoch von anderen Bereichen in der Apotheke, insbesondere von der Offizin, getrennt. Die Oberflächen sollen glatt und gut zu reinigen sein, damit anhaftender Schmutz keine Grundlage für Keimwachstum bietet. Weil an Teedrogen weniger strenge Anforderungen an die mikrobiologische Qualität gestellt werden, soll das Ab- und Umfüllen von Teedrogen nicht im Herstellungsbereich erfolgen. Weitere Staub erzeugende Arbeiten sowie Essen und Trinken sind im Herstellungsbereich generell zu unterlassen.

> **Hinweis**
> Auch wenn Holz aufgrund der enthaltenen Gerbsäure antimikrobielle Effekte hat, ist es zur Möblierung des Rezepturbereiches nicht geeignet. Durch seine offenporige Struktur ist es schwer zu reinigen. Insbesondere offene Regale über dem Rezepturbereich stellen den Nutzen weiterer vorbeugender Hygienemaßnahmen infrage!

Fenster und Türen bleiben vor und während der Herstellung geschlossen. Behälter zur Müllentsorgung sowie Waschbecken müssen so angeordnet sein, dass eine Kontamination der Arbeitsfläche ausgeschlossen werden kann.

> **Ein Blick über den Tellerrand**
> Krankenhausapotheken, in denen Zytostatika bzw. Parenteralia unter aseptischen Bedingungen hergestellt werden, verfügen über besonders ausgestattete Räume mit speziellen Reinraumanforderungen. Entsprechend Annex 1 zum GMP-Leitfaden (siehe Einleitung) werden Reinräume in die Klassen A bis D unterteilt. Zur Überwachung des Reinraumstatus werden insbesondere Parameter wie Keimgehalt von Oberflächen und Luft sowie Partikelgehalt der Luft gemessen.
>
> Zonen mit dem geringsten Risiko für eine Produktkontamination sind Bereiche der Reinraumklasse A – hier dürfen weder in der Luft noch auf Oberflächen Keime zu finden sein. In diesem Bereich finden aseptische Handlungen am offenen Produkt statt. Die Reinraumbereiche B bis D werden für vorbereitende Tätigkeiten genutzt.
>
> Personal und Arbeitsmaterialien sowie Ausgangsstoffe werden vom nichtklassifizierten Bereich über Schleusensysteme in die klassifizierten Bereiche gebracht. Beim Einschleusen sind umfangreiche Maßnahmen etabliert, um den Status der Reinräume aufrechtzuerhalten und die Kontamination des Endproduktes zu verhindern – z. B. Auspacken mehrfach verpackten Materials, sorgfältige und mehrfache Desinfektion von Umverpackungen, Einkleiden des Personals mit sterilisierter Kleidung, Tragen steriler Handschuhe ...

■ **MERKE** Die Arzneimittelherstellung sollte ohne Unterbrechung durchgeführt werden, bei notwendigen Unterbrechungen sind die Zwischenprodukte abzudecken. Es sollten sich nur Personen, die an der Herstellung beteiligt sind, im Rezepturbereich aufhalten.

**Ausgangsstoffe**

Die Verwendung mikrobiell einwandfreier Ausgangsstoffe ist eine weitere wesentliche Voraussetzung für die Herstellung einwandfreier Arzneimittel. Ausgangsstoffe, deren Qualität nicht den Vorgaben entspricht, müssen ggf. keimzahlvermindernden Maßnahmen unterzogen werden.

> **Wussten Sie, dass ...**
> ... nach Ph. Eur. für die mikrobiologische Qualität von Talkum je nach Einsatzzweck unterschiedliche Akzeptanzkriterien für die mikrobiologische Qualität gelten? Für Talkum zur kutanen Anwendung sind maximal $10^2$ KBE aerobe Keime pro Gramm zulässig. Wird die Substanz zur Herstellung von Oralia eingesetzt dürfen je Gramm maximal $10^3$ KBE an aeroben Keimen und $10^2$ KBE an Pilzen und Hefen enthalten sein.

Talkum entspricht oft nicht den mikrobiologischen Anforderungen an Ausgangsstoffe, sodass vor der Verwendung in der Rezeptur eine Hitzebehandlung notwendig ist. Dazu wird es in dünner Schicht ausgebreitet im Trockenschrank bei 180 °C eine Stunde lang erhitzt. Alternativ ist das Autoklavieren in einem unverschlossenen Behältnis möglich (siehe Zinkoxidschüttelmixtur DAC, NRF 11.22.).

Bei Teedrogen ist nach Ph. Eur. ein höherer Grenzwert für die Gesamtkeimzahl angegeben, d. h. für Tees ist eine stärkere Belastung im Vergleich zu anderen Arzneimitteln zulässig. Aus diesem Grund müssen die Herstellung von Teezubereitungen und die von anderen Arzneimitteln in der Apotheke räumlich voneinander getrennt erfolgen.

Für die Arzneimittelherstellung in der Apotheke ist des Weiteren von Bedeutung, das jede Kontamination der Ausgangsstoffe bei der Entnahme aus dem Vorratsgefäß vermieden wird. Es ist darauf zu achten, dass saubere Hilfsmittel (Spatel, Löffel u. a.) verwendet werden und dass die Vorratsgefäße nach der Entnahme sofort wieder verschlossen werden.

■ **MERKE** Um die Qualität der Ausgangsstoffe nicht zu gefährden, darf zu viel entnommene Substanz nicht wieder zurück in das Vorratsgefäß gegeben werden!

Die Gewinnung, Aufbewahrung und Verwendung von Wasser als Ausgangsstoff für die Arzneimittelherstellung hat für die Apotheke besondere Bedeutung und wird in ▶ Kap. 1.3 beschrieben.

### Geräte und Materialien

Weiteres Augenmerk ist auf den Keimeintrag durch Verbringen von Materialien in den Herstellungsbereich zu legen. Hier geht es vor allem um Gefäße und Materialien, die auf der Arbeitsfläche abgelegt werden und somit zur Kontamination führen können. Insbesondere von Patienten zurückgebrachte Gefäße und **Originalrezepte** dürfen nicht in den Herstellungsbereich gebracht werden.

> **Praxistipp**
> Verschreibungen sollen nicht im Original in den Rezepturbereich gelangen. Es bietet sich an, eine Kopie zu erstellen, die gleichzeitig zur Dokumentation wichtiger Herstellungsparameter genutzt werden kann.
> Als Alternative können auch Klarsichthüllen verwendet werden, die äußerlich mit Alkohol-Wasser-Mischungen desinfiziert werden können und so zur Verminderung des Keimeintrags in die Rezeptur beitragen.

Die Wiederverwendung von Abgabegefäßen ist aus hygienischen Gründen nicht erlaubt. Ausnahmeregelungen sind möglich für Glasgefäße, die für Arztpraxen wiederholt befüllt werden. Voraussetzung ist die Reinigung und Sterilisation (z. B. mit trockener Hitze bei 180 °C) der gebrauchten Gefäße vor der Wiederverwendung.

Auch für **Standgefäße** ist zu fordern, dass diese vor der Wiederverwendung gereinigt und zumindest desinfiziert werden. Zur Desinfektion eignet sich Isopropanol 70 % (V/V), welcher rückstandsfrei verdunstet. Die Gefäße müssen vor dem Befüllen unbedingt kontrolliert werden, es dürfen nur trockene Gefäße befüllt werden.

Auch **Verpackungen** von Ausgangsmaterialien sind oft mit Schmutz und Keimen belastet, weshalb sie nicht in den Herstellungsbereich gebracht werden dürfen. Besonders belastet sind Verpackungen aus Karton oder Pappe. Hier finden sich oft Sporen von Bakterien und Schimmelpilzen, die mit den in der Apotheke üblichen Reinigungs- und Desinfektionsmaßnahmen nur unzureichend beseitigt werden können. Nach Entfernung der äußeren Verpackung außerhalb des Herstellungsbereichs sind die Außenflächen der Gefäße zu reinigen und zu desinfizieren.

> ■ **MERKE** Während der Arzneimittelherstellung zu Boden gefallene Gegenstände dürfen nicht aufgehoben und auf die gereinigte und desinfizierte Arbeitsfläche abgelegt werden.

### Wasserbäder
Wasserbäder sind eine oft unterschätzte Keimquelle in der Apothekenrezeptur. Das Wasser wird bei einer für das Wachstum von Keimen sehr günstigen Temperatur vorgehalten und selten über 70 °C erwärmt. Viele Keime überleben deshalb im Wasserbad und vermehren sich zahlreich. Bei regelmäßiger Nutzung des Wasserbades ist die tägliche Reinigung inklusive Ersatz des Wassers zu empfehlen.

> **Praxistipp**
> Das Wasserbad wird in der Apotheke i. d. R. selten gebraucht, vor allem, wenn Salbengrundlagen industriell vorgefertigt bezogen werden. Es empfiehlt sich deshalb, das Wasserbad nach Nutzung zu entleeren, zu trocknen und bei Bedarf frisch zu befüllen. Zu achten ist auch auf die regelmäßige Entfernung von Staub.

### Handtücher und Putzlappen
Zur Trocknung der Hände sollen keimarme Einmalhandtücher aus Papier verwendet werden. Handtücher, die mehrmals verwendet werden, stellen eine Keimquelle und damit eine Gefährdung der Rezeptur dar und sollen aus dem Hygienebereich entfernt werden. Werden Handtücher zum Mehrfachgebrauch verwendet, sind diese nach Gebrauch in einem verschlossenen Behälter zu sammeln, der täglich geleert wird. Zur Reinigung ist i. d. R. die Wäsche bei mind. 60 °C mit Waschmittel ausreichend.

Damit Putzlappen keine riskante Keimquelle darstellen können, müssen sie täglich gereinigt werden. Sie können ebenso durch heiße Wäsche wiederaufbereitet werden. Zur Reinigung und Desinfektion von Arbeitsflächen ist die Verwendung von Einmaltüchern zu empfehlen.

> **Hinweis**
> Putzlappen sollten nur dann durch Einlegen in Desinfektionsmittellösung entkeimt werden, wenn das Desinfektionsmittel ausreichend gegen Pilze und Sporen wirksam ist. Anschließend sind die Lappen zu spülen und zu trocknen. Die Lagerung von feuchten Lappen ist unbedingt zu vermeiden.

### Waschbecken
Da Waschbecken über den Siphon mit der Kanalisation verbunden sind, findet sich in ihnen ein breites Keimspektrum inklusive einer Vielzahl an Fäkalkeimen. Die Desinfektion des Abflusses trägt kurzfristig zu einer Reduzierung der Keimzahl bei, durch die überwiegend begeißelten und damit beweglichen Stuhlkeime findet jedoch recht schnell eine Rekontamination des Siphonwassers statt.

Es ist deshalb unbedingt zu vermeiden, Geschirr oder Utensilien im Waschbecken zu lagern. Schläuche, die zum Auffangen von demineralisiertem oder destilliertem Wasser dienen, dürfen bei Nichtgebrauch nicht in das Waschbecken hängen gelassen werden.

Durch die Benutzung des Waschbeckens gelangen Mikrospritzer auf die Kleidung und die unmittelbare Umgebung. Der Herstellungsbereich sollte deshalb so weit wie möglich vom Waschbecken entfernt sein. Wo das nicht möglich ist, kann eine „Trennwand" die Arbeitsfläche schützen.

Werden in der Apotheke Geräte und Utensilien aus der Apothekenrezeptur in einer Spülmaschine gereinigt, so muss die Reinigung im sogenannten „Kampagnenbetrieb" stattfinden, d. h. Geschirr und Besteck dürfen nicht im gleichen Waschgang gereinigt werden.

**Abfallbehälter**
Auch Abfallbehälter müssen unbedingt in die Betrachtung einbezogen werden. Rezepturmüll sollte getrennt von anderem Apothekenabfall inkl. Lebensmittelabfällen gesammelt werden. Details zur Sammlung und Entsorgung von Abfällen sowie zur Reinigung und Desinfektion der Abfallbehälter müssen im betriebsinternen Hygienekonzept festgelegt werden.

Ideal sind geschlossene Behälter mit Fußpedal. Sie sind regelmäßig zu entleeren und zu reinigen bzw. zu desinfizieren. In der Regel ist die Verwendung von Einhängebeuteln zur einmaligen Verwendung, die täglich entsorgt werden, empfehlenswert. Alternativ kann die tägliche Reinigung sowie die mindestens im wöchentlichen Rhythmus durchzuführende Desinfektion festgelegt werden.

Während der Arzneimittelherstellung ist es unbedingt zu vermeiden, den Müllbehälter anzufassen. Sollte eine Berührung des Abfallbehälters oder anderer potenziell kontaminierter Oberflächen erfolgt sein, ist vor der Fortsetzung der Herstellung eine erneute Desinfektion von Händen bzw. Handschuhen notwendig.

**Kühlschrank**
Da das Keimwachstum im Kühlschrank zwar verlangsamt, aber nicht eingestellt ist, kommt auch ihm Bedeutung als mögliche Keimquelle zu. Er muss regelmäßig gereinigt werden, um einer Kontamination von Gefäßen, die später wieder in den Herstellungsbereich verbracht werden, vorzubeugen. Zur Vermeidung von Verunreinigungen und Verwechslungen sollen Arzneimittel und Lebensmittel nicht im gleichen Kühlschrank aufbewahrt werden.

**Maßnahmen zur Herstellung steriler Arzneimittel**
Bei der Herstellung steriler Arzneimittel in der Apotheke sind umfangreiche Maßnahmen notwendig, damit die mikrobiologischen Anforderungen erfüllt werden können. Wenn möglich, sollten die Zubereitungen im Endgefäß autoklaviert werden.
Die Herstellung steriler Zubereitungen unter aseptischen Bedingungen ist praktisch nur in einem speziellen Reinraum(-bereich) möglich. Der dazu notwendige Laminar-Flow-Bereich ist in den meisten Apotheken nicht vorhanden. Als mögliche Alternative kann im Einzelfall (!) die Herstellung in geschlossenen Systemen infrage kommen.
Konkrete Hinweise und Handlungsempfehlungen enthalten die relevanten BAK-Leitlinien, -Kommentare und -Arbeitshilfen:

- Leitlinie und Kommentar: „Herstellung und Prüfung der nicht zur parenteralen Anwendung bestimmten Rezeptur- und Defekturarzneimittel" sowie Arbeitshilfe „Anwendungsbeispiel Zubereitungen zur Anwendung am Auge",
- Leitlinie und Kommentar: „Aseptische Herstellung applikationsfertiger Parenteralia mit CMR-Eigenschaften der Kategorie 1A oder 1B" und
- Leitlinie und Kommentar: „Herstellung und Prüfung applikationsfertiger Parenteralia ohne CMR-Eigenschaften der Kategorie 1A oder 1B".

### 1.2.4 Desinfektion

**Anforderungen an Desinfektionsmittel**

Das aseptische Arbeiten – also die Herstellung von Arzneimitteln mit keimarmen oder sterilen Geräten und Ausgangsstoffen in keimarmem oder keimfreiem Gebiet – ist ohne Desinfektion und Sterilisation nicht möglich.

Während es bei der Sterilisation darum geht, alle vermehrungsfähigen Organismen abzutöten, ist das Ziel bei der Desinfektion vor allem, krankmachende Keime abzutöten und damit eine Infektionsübertragung zu verhindern. Je nach Abwehrlage des Patienten können aber alle Keime mehr oder weniger gefährlich werden. Deswegen ist die Unterscheidung nach der Pathogenität der abgetöteten Keime für die Praxis nicht wirklich relevant.

Zur chemischen Desinfektion werden verschiedene Verbindungen mit keimtötender Wirkung eingesetzt. Das sind vor allem chlorhaltige Verbindungen, Alkohole, Aldehyde, Phenole, quartäre Ammoniumverbindungen und Sauerstoff abspaltende Verbindungen. Zu beachten ist, dass mit einer Desinfektion i. Allg. eine wesentliche Reduktion der Ausgangskeimzahl – aber keine Keimfreiheit – erreicht wird.

An ein Desinfektionsmittel sind aus Sicht des Produkt- und Personen- sowie Umweltschutzes zahlreiche Forderungen zu stellen:

1. breites Wirkungsspektrum gegen alle Mikroorganismen (Bakterien inkl. Sporenbildner, Pilze und Viren),
2. schnelle Wirkung und damit kurze Einwirkzeit,
3. keine Wirkungsabschwächung durch unspezifische Proteine (z. B. Blut),
4. farblos und geruchlos,
5. atoxisch,
6. keine allergene oder schleimhautreizende Wirkung,
7. Materialverträglichkeit,
8. Wirtschaftlichkeit sowie
9. keine Umweltbelastung.

Kein bekanntes Desinfektionsmittel erfüllt alle diese Forderungen. Vor allem im Hinblick auf die Mitarbeitersicherheit sind Desinfektionsmittel oft nicht unproblematisch. In der Praxis muss konkret geprüft und entschieden werden, welche Forderungen unbedingt erfüllt werden müssen und wie nicht eingehaltene Forderungen wirksam gemildert werden können (z. B. durch Schutzmaßnahmen für Mitarbeiter).

## Wirksamkeit von Desinfektionsmitteln

Zu unterscheiden sind Stoffe oder Zubereitungen nach der Eigenschaft, Keime abzutöten oder lediglich im Wachstum zu hemmen. Man unterscheidet mikrobizide (Keime abtötende) und mikrobistatische (Keimwachstum hemmende) Wirkungen. Je nach Art der beeinflussten Gruppe von Mikroorganismen wird weiter unterschieden (◘ Tab. 1.4).

◘ **Tab. 1.4** Wirksamkeit von Desinfektionsmitteln

| Keimart | Keimabtötende Wirkung | Wachstumshemmende Wirkung |
| --- | --- | --- |
| Bakterien | Bakterizid | Bakteriostatisch |
| Pilze | Fungizid | Fungistatisch |
| Viren | Viruzid | Virustatisch |
| Bakteriensporen | Sporozid | – |

In der Regel wird von Desinfektionsmitteln gefordert, dass sie eine Vielzahl von Keimen abtöten können – dass sie also umfassend mikrobizid wirken. In der Praxis sind häufig Einschränkungen unvermeidlich, v. a. bei der Wirksamkeit gegen Bakteriensporen.

### Wirksamkeit gegen Bakterien
Alle verwendeten Desinfektionsmittel wirken i. d. R. ausreichend bakterizid, töten also Bakterien zuverlässig ab.

### Wirksamkeit gegen Pilze
Fungizid wirken Desinfektionsmittel, die in der Lage sind Sprosspilze (Hefen) und Schimmelpilze (z. B. *Aspergillus*-Arten) abzutöten. Oft sind zur Erreichung der fungiziden Wirkung höhere Konzentrationen bzw. längere Einwirkzeiten der Desinfektionsmittel notwendig.

Desinfektionsmittel mit eingeschränkter fungizider Wirksamkeit werden teilweise auch als levurozide Desinfektionsmittel eingestuft. Das bedeutet, dass die Wirksamkeit gegen Hefepilze nachgewiesen werden konnte, die Wirksamkeit gegen Schimmelpilze aber unzureichend ist.

### Wirksamkeit gegen Viren
Bei der Angabe der Wirksamkeit von Desinfektionsmitteln gegen Viren findet man häufig die Unterteilung in Wirksamkeit gegen behüllte und gegen unbehüllte Viren. Behüllte Viren sind z. B. Influenza-Viren. Diese sind einfacher abzutöten als unbehüllte Viren wie z. B. Hepatitis-B-Viren, Rotaviren und Noroviren.

Als viruzid darf ein Desinfektionsmittel allerdings nur dann bezeichnet werden, wenn die Wirksamkeit gegen verschiedene unbehüllte Viren nachgewiesen worden ist.

### Wirksamkeit gegen bakterielle Sporen
Als sporozid wirksam werden Desinfektionsmittel bezeichnet, die in der Lage sind, Sporen von sporenbildenden Keimen abzutöten (z. B. *Bacillus*-, *Clostridium*-Arten). Das sind vor allem chlorhaltige Desinfektionsmittel sowie peressigsäurehaltige Desinfektionsmittel. Wegen der chemischen Struktur der Stoffe und der notwendigen hohen Einsatzkonzentra-

tionen sind die Desinfektionsmittel oft toxisch oder reizend, weniger gut materialverträglich und werden von den Mitarbeitern wegen der Geruchsbelastung als unangenehm empfunden. Zu beachten ist insbesondere die korrosive Wirkung der Desinfektionsmittel.

**Wirkungsmechanismen von Desinfektionsmitteln**
Bei Bakterien und Pilzen kommt die Wirkung der Desinfektionsmittel entweder über Adsorptionseffekte an der Zelloberfläche oder durch Störungen im Zellstoffwechsel zustande (Wasserentzug, Interaktionen mit Enzymen, Auflösen der Zytoplasmamembran).

Bei Viren ist durch die kleine Oberfläche die Benetzung mit Desinfektionsmittellösung schwieriger. Weiterhin sind viele Angriffspunkte aufgrund des Fehlens eines eigenen Stoffwechsels der Viren nicht vorhanden. Desinfektionsmittel wirken bei behüllten Viren über die Inaktivierung von Rezeptoren auf der Virushülle. Da diese Rezeptoren für die Adsorption an die Wirtszelle notwendig sind, wird so die Vermehrung verhindert. Bei unbehüllten Viren wird ebenfalls über Adsorption des Desinfektionsmittels an die Oberfläche die Anbindung an die Wirtszelle gestört. Die äußere Proteinschicht der Viren ist aber deutlich widerstandsfähiger gegenüber dem Einfluss von Desinfektionsmitteln.

**Prüfung der Wirksamkeit und Auswahl von Desinfektionsmitteln**
Zur Prüfung der Wirksamkeit von Desinfektionsmitteln gibt es verschiedene international anerkannte – teilweise sehr aufwendige – Verfahren. Entsprechend diesen Verfahren werden Desinfektionsmittel von den Herstellern bzw. von unabhängigen Instituten geprüft.

Für die Auswahl von Desinfektionsmitteln für die Apothekenpraxis ist die **Desinfektionsmittel-Liste des VAH** (Verbund für Angewandte Hygiene e. V.) hilfreich. Diese Liste ist die Grundlage für die Auswahl von Desinfektionsmitteln zur Anwendung in Krankenhäusern und Praxen sowie in öffentlichen Einrichtungen und anderen Bereichen, in denen Infektionen übertragen werden können. Sie ist für registrierte Nutzer als Onlineversion unter www.vah-online.de oder als Druckausgabe erhältlich.

Eine weitere Zusammenstellung geprüfter Desinfektionsmittel, die die Auswahl in der Praxis erleichtern kann, ist die **Liste der vom Robert Koch-Institut geprüften und anerkannten Desinfektionsmittel und -verfahren** (RKI-Liste). Diese kann auf der Internetseite des Robert Koch-Instituts (unter www.rki.de) kostenlos abgerufen werden. In ihr sind (nach Wirkstoffen sortiert) verschiedene Präparate mit Wirkungsbereich (◻ Tab. 1.5) und der entsprechenden Konzentration sowie Einwirkzeit angegeben. Da die Wirksamkeit eines Desinfektionsmittels von Faktoren wie Konzentration und Einwirkzeit entscheidend abhängig ist, sind die Angaben in den jeweiligen Listen bzw. die Herstellerangaben unbedingt einzuhalten.

**Tab. 1.5** Wirkungsbereiche der vom Robert Koch-Institut geprüften und anerkannten Desinfektionsmittel und -verfahren (nach RKI-Liste)

| Kategorie | Wirksamkeit |
|---|---|
| A | Zur Abtötung von vegetativen Bakterien einschließlich Mykobakterien sowie von Pilzen einschließlich Pilzsporen geeignet |
| B | Zur Inaktivierung von Viren geeignet |
| C | Zur Abtötung von Sporen des Erregers des Milzbrandes geeignet |
| D | Zur Abtötung von Sporen der Erreger von Gasödem und Wundstarrkrampf geeignet |

Faktoren, die die Wirksamkeit von Desinfektionsmitteln beeinträchtigen, sind
- zu geringe Konzentration,
- zu geringe Einwirkzeit,
- Verschmutzung von Oberflächen, insbesondere durch Proteine oder Rückstände von Reinigungsmitteln,
- schlechte Benetzbarkeit der Oberfläche,
- Verdünnungseffekte auf feuchten Oberflächen.

### Resistenzentwicklung
Da die Angriffspunkte der Desinfektionsmittel sehr unspezifisch sind und sie bei ausreichender Konzentration und Einwirkzeit zum Absterben der Keime führen, wird bei der Anwendung von Desinfektionsmitteln i. d. R. keine Resistenzentwicklung beobachtet. Ausnahmen bilden Desinfektionsmittel mit lediglich mikrobistatischer Wirkung, die z. B. auf Haut und Schleimhäuten zu Therapiezwecken eingesetzt werden (z. B. Triclosan).

### Gruppen von Desinfektionsmitteln
Im Folgenden soll kurz auf die wichtigsten Gruppen von Desinfektionsmitteln, ihre Wirksamkeit und Anwendung eingegangen werden.

### Alkohole
Alkohole (Bsp.: Ethanol, n-Propanol, Isopropanol) werden in Konzentrationen von 50–80 % (V/V) eingesetzt und wirken bakterizid, tuberkulozid und begrenzt viruzid. Gegen behüllte Viren, wie z. B. Influenzaviren, sind sie ausreichend wirksam. Mehrwertige nichtflüchtige Alkohole, wie Propylenglycol, Glycerol, finden Verwendung als Konservierungsmittel.

> **Wussten Sie, dass …**
> … flüchtige Alkohole mit steigender Kettenlänge länger auf der Oberfläche verweilen und damit als Desinfektionsmittels wirksamer sind?
> n-Propanol ist wirksamer als Isopropanol und dieses wiederum wirksamer als Ethanol.
> n-Propanol 50 % hat etwa die gleiche Wirkung wie 60%iger Isopropanol bzw. 70%iger Ethanol.

Die Wirkung beruht auf der Koagulation von Proteinen und der Inaktivierung lebenswichtiger Enzyme. Vorraussetzung dafür ist, dass der Alkohol in die Zelle gelangt. Alkohole in konzentrierter Form führen zur Dehydratation der Bakterienzelle und zur Denaturierung der Bakterienzellwand, was das Eindringen des Alkohols in die Zelle verhindert. Nach Verdunsten des Alkohols können sich die Keime, die nur äußerlich geschädigt sind, teilen und weiter vermehren. Des Weiteren werden mit steigender Konzentration des Alkohols Sporen konserviert, weil durch Dehydratation der äußeren Schicht ein verstärkter Schutzfilm gebildet wird.

Besonders vorteilhaft ist die schnelle Wirkung der Alkohole innerhalb von 30 Sekunden. Sie sind sehr gut geeignet zur Desinfektion von Händen und Handschuhen. In den angebotenen Desinfektionsmitteln finden sich oft Kombinationen verschiedener Alkohole bzw. Kombinationen mit rückfettenden Substanzen (z. B. Sterillium® classic pure).

Alkoholische Desinfektionsmittel verdunsten rückstandsfrei und sind deshalb gut zur schnellen Flächendesinfektion geeignet. Zu beachten ist aber die begrenzte Wirksamkeit gegenüber behüllten Viren, Pilzen und Bakteriensporen. Allerdings können sie nicht zur Desinfektion von Stuhl oder Sputum verwendet werden, da Fällungsreaktionen mit unspezifischen Proteinen zum Wirkungsverlust führen können.

### Aldehyde

Aldehyde wirken bakterizid, tuberkulozid, viruzid und in ausreichender Konzentration auch fungizid sowie teilweise sporozid. Verwendung finden Desinfektionsmittel auf Aldehydbasis zur Desinfektion von Instrumenten und Oberflächen.

Häufig werden Aldehyde mit weiteren desinfizierenden Stoffen, wie z. B. quartären Ammoniumverbindungen, kombiniert. Da diese Desinfektionsmittel auch reinigende Eigenschaften haben, ist die Reinigung und Desinfektion der Oberflächen in einem Schritt möglich. Nachteilig ist, dass die Wirkstoffe auf der Oberfläche verbleiben und vor der Herstellung zumindest von produktberührenden oder produktnahen Oberflächen entfernt werden müssen.

Manche Vertreter dieser Substanzklasse, wie Formaldehyd oder Glutaraldehyd, reizen die Augen und die Schleimhäute. Infolge Denaturierung von eiweißhaltigen Verschmutzungen ist die Wirksamkeit der Desinfektionsmittel vermindert.

### Halogenverbindungen und andere Oxidationsmittel

Halogene (Chlor, Iod) und andere Oxidationsmittel (Ozon, Wasserstoffperoxid, Peressigsäure) wirken bakterizid, tuberkulozid, teilweise sporozid, fungizid und viruzid. Chlorverbindungen und Ozon werden zu Desinfektion von Wasser und Instrumenten verwendet, Iod in Form organischer Komplexe (PVP-Iod) zur Desinfektion auf Haut und Schleimhäuten.

Bei Verwendung sporozider Konzentrationen ist besonders auf Umwelt- und Sicherheitsaspekte zu achten. Elementare Halogene und Ozon wirken stark reizend auf Haut und Schleimhäute und rufen Unverträglichkeitserscheinungen hervor (z. B. mit Metallen).

### Stickstoffverbindungen

Stickstoffverbindungen, z. B. quartäre Ammoniumsalze, wirken bakterizid, tuberkulozid, fungistatisch und viruzid. Wegen ihrer Tensidwirkung werden quartäre Ammoniumsalze in desinfizierenden Seifenlösungen eingesetzt. Diese Substanzen sind jedoch gegen manche gramnegativen Bakterien wirkungslos.

### Phenol und Phenolderivate

Phenol und Phenolderivate wirken bakterizid, tuberkulozid, teilweise fungizid und teilweise viruzid, jedoch nicht sporozid. Sie sind unwirksam gegen das Hepatitis-B-Virus. Beispiele dieser Substanzklasse sind Phenol, o-Phenylphenol und p-Chlor-m-kresol. Phenol ist eines der ältesten Desinfektionsmittel. Als Karbolsäure wurde es schon um 1870 zur Hautdesinfektion eingesetzt.

■ **MERKE** Phenolhaltige Arzneimittel zur Anwendung auf der Haut und Mundschleimhaut sind als bedenklich eingestuft und dürfen nicht mehr in den Verkehr gebracht werden. Das schließt Desinfektionsmittel zur Anwendung auf Haut oder Schleimhäuten ein.

Phenolderivate werden in Desinfektionsmitteln zur Instrumentendesinfektion und zur Desinfektion von Ausscheidungen verwendet. Dabei werden meist Phenolderivate verwendet, die im Vergleich zur Karbolsäure besser mikrobizid wirksam sind und eine geringere Toxizität aufweisen.

### Empfehlungen zu Reinigung und Desinfektion in der Apothekenrezeptur

Verschiedene Keime, wie z. B. hämolysierende Streptokokken, Pneumokokken und Neisserien, gehen nach Verlassen des Wirts auch ohne Desinfektionsmaßnahmen innerhalb weniger Minuten zugrunde. Auch Viren sind oft außerhalb des Wirts wenig überlebensfähig. Des Weiteren ist die Verbreitung von auf dem Luftweg übertragbaren Erregern (Varizellen, Influenza) mit Desinfektionsmaßnahmen nur schwer zu beeinflussen.

Desinfektionsmaßnahmen in der Apotheke haben vor allem das Abtöten von Bakterien und Pilzen zum Ziel. Die Anwendung von Desinfektionsmitteln ist neben der konsequenten Vermeidung von Feuchtigkeit, Wärme und Staub sowie der Vermeidung des Einbringens von kontaminiertem Material in den Herstellungsbereich eine Maßnahme, um die mikrobiologische Qualität des Arzneimittels sicherzustellen.

### Einteilung der Desinfektionsmittel

In der Apothekenrezeptur werden Desinfektionsmittel vor allem zur Desinfektion von Händen bzw. Handschuhen sowie von Oberflächen eingesetzt. Je nach Anwendung(sgebiet) der Desinfektionsmittel wird in Fein- und Grobdesinfektionsmittel unterschieden.

#### Feindesinfektionsmittel

Feindesinfektionsmittel sind zur Anwendung am Menschen oder an empfindlichem, totem Material bestimmt. Je nach Verwendungszweck können die Desinfektionsmittel dem Arzneimittel-, dem Medizinprodukterecht oder chemikalienrechtlichen Regelungen unterliegen.

#### Grobdesinfektionsmittel

Grobdesinfektionsmittel dienen der Keimvernichtung auf unempfindlichem, totem Material. Diese können dem Medizinprodukterecht oder chemikalienrechtlichen Regelungen unterliegen.

> **■ MERKE** Desinfektionsmittel ...
> - ■ zur Anwendung auf Haut und Schleimhäuten sind **Arzneimittel** nach AMG,
> - ■ zur Raum- und Oberflächendesinfektion sind **Biozide** nach Chemikaliengesetz und
> - ■ zur Anwendung an Medizinprodukten sind **Medizinprodukte** nach MPG.

### Grundsätze zur Flächendesinfektion

Mit der regelmäßigen gründlichen Reinigung des Raumes lässt sich eine Keimreduktion um etwa 50 % erreichen, was für Flächen wie Fußboden, Wände und Türen in der Apothekenrezeptur i. d. R. ausreichend ist. Eine sporadische Totaldesinfektion der Räume einmal monatlich oder jährlich ist nicht empfehlenswert. Da die Flächen mit Straßenschuhen betreten werden, beginnen sie bereits nach kurzer Zeit wieder zu verkeimen. Im Einzelfall, z. B. bei der regelmäßigen Herstellung von sterilen Arzneimitteln kann allerdings auch die Desinfektion von Fußboden, Wänden und weiteren Flächen im Raum sinnvoll sein. Arbeitsflächen müssen dagegen regelmäßig gereinigt **und** desinfiziert werden. Art und Frequenz der Reinigungs- und Desinfektionsmaßnahmen sowie zu verwendende Mittel sollten im betriebsinternen Hygienekonzept festgelegt werden.

> **Praxistipp**
> Da Mikroorganismen durch elektrostatische Aufladung an Staubpartikeln haften, empfiehlt sich die Reinigung des Raumes am Morgen als erste Tätigkeit. Über Nacht sind die Staubpartikel zu Boden gesunken und können so am effektivsten beseitigt werden. Zu beachten ist allerdings, dass eine ausreichende Trocknungszeit eingeplant werden muss, um die Gefährdung der Mitarbeiter (Rutschgefahr) zu vermeiden.

Generell können Flächendesinfektionsmittel durch Sprühen oder durch Wischen aufgebracht werden. Beim Sprühen von Desinfektionsmittel ist zu beachten, dass durch die Aerosole die Atemwege gereizt werden können und Explosionsgefahr bestehen könnte. Das manuelle Verteilen der Desinfektionsmittellösung stellt die lückenlose Benetzung der Flächen sicher und erhöht damit die Wirksamkeit der Desinfektion. Zu beachten ist, dass die Einwirkzeit unbedingt abzuwarten ist, bevor die Oberflächen getrocknet oder mit Wasser nachgereinigt werden dürfen.

> **■ MERKE** Die Einwirkzeit des Desinfektionsmittels ist abhängig vom Wirkstoff, von der Konzentration der Wirkstoffe und von der beabsichtigten Wirkung. Vor Ablauf der Einwirkzeit dürfen die benetzten Flächen nicht getrocknet oder mit Wasser nachgereinigt werden.

Für die bakterizide Wirkung genügen in der Regel niedrigere Konzentrationen an Desinfektionsmittel und kürzere Einwirkzeiten. Ist dagegen die Abtötung von Sporenbildnern oder Schimmelpilzen notwendig, sind im Allgemeinen stärker konzentrierte Lösungen und längere Einwirkzeiten erforderlich. Ist die Fläche vor Ablauf der Einwirkzeit abgetrocknet, ist das Nachwischen mit Desinfektionsmittellösung nicht notwendig, die Wirkung der Desinfektionsmittel hält auch nach sichtbarer Abtrocknung der Flächen an.

> **Hinweis**
> Bei der Desinfektion von Fußböden ist das Betreten auch während der Einwirkzeit generell möglich. Zu beachten ist allerdings, dass das Betreten zur erneuten Kontamination der Fläche führt. Da in der Apotheke keine Keimfreiheit von Oberflächen gefordert ist, ist das i. d. R. unproblematisch.

Konzentrate zur Reinigung und Desinfektion werden nach Herstellerangaben mit Trinkwasser verdünnt und sofort verwendet. Verdünnte Desinfektionslösungen sollten nur aufbewahrt werden, wenn vom Hersteller Informationen zur Haltbarkeit der Gebrauchslösung vorliegen.

■ **MERKE** Für Oberflächen wie Fußboden, Wände und Türen in der Apothekenrezeptur ist die i. d. R. regelmäßige gründliche Reinigung des Raumes ausreichend. Arbeitsflächen müssen dagegen regelmäßig gereinigt **und** desinfiziert werden. Art und Frequenz der Reinigungs- und Desinfektionsmaßnahmen sowie zu verwendende Mittel werden im betriebsinternen Hygienekonzept festgelegt.
Produktberührende oder produktnahe Oberflächen werden unmittelbar vor der Herstellung (nochmals) desinfiziert. Alkoholische Desinfektionsmittel sind gut geeignet, da sie rückstandsfrei verdunsten und die notwendige Einwirkzeit kurz ist.

### Händereinigung und -desinfektion

Insbesondere zur Vermeidung der Übertragung von Keimen durch Schmierinfektion hat die Händedesinfektion große Bedeutung.
Bei der mikrobiellen Hautflora unterscheidet man:
- die transiente oder Kontaktflora,
- die residente Flora und
- die Infektionsflora.

**Transiente Flora:** Die transiente Flora bilden die Mikroorganismen, die sich vorübergehend auf der Hautoberfläche befinden. Sie lässt sich bis zu einem gewissen Grad durch Waschen der Hände entfernen. Durch Einreiben der trockenen Haut mit einem alkoholischen Desinfektionsmittel wird eine 100- bis etwa 500-fach höhere Wirksamkeit erreicht und eine Keimübertragung verhindert.

**Residente Flora:** Die residente Flora ist dagegen dauerhaft nachweisbar. Die Mikroorganismen besiedeln z. B. Handrücken, Handfläche und Nagelfalze. Dabei kann es sich auch – insbesondere auf geschädigter, rissiger Haut – um Krankheitserreger wie z. B. *Staphylococcus aureus, Klebsiella-, Pseudomonas-* und *Enterobacter*-Arten handeln. Im Unterschied zur transienten Flora ist die residente Flora durch Händewaschen nur wenig entfernbar. Waschen mit Seife und Wasser vermindert die Abgabe dieser Mikroorganismen nur für wenige Minuten. Durch Händedesinfektion wird eine vorübergehende Reduktion der Keimfreisetzung, jedoch keine Keimfreiheit erreicht.

**Infektionsflora:** Eine von infizierten Hauterkrankungen an den Händen stammende Infektionsflora lässt sich weder durch Waschen noch durch Desinfektion mit der erforderlichen Sicherheit entfernen.

> ■ **MERKE** Mitarbeiter mit infizierten Hauterkrankungen oder -verletzungen sollten keine Tätigkeiten in der Rezeptur ausführen bzw. mindestens durchgängig Handschuhe tragen, die regelmäßig desinfiziert werden müssen.

### Händereinigung

Vor Beginn der Arzneimittelherstellung ist eine Waschung der Hände mit Detergenzien sinnvoll. Zu beachten ist dabei, dass die Hände zügig gewaschen und abgetrocknet werden. Das Aufquellen der Haut nach langem Kontakt mit Wasser führt zur verstärkten Keimabgabe der Haut und ist deshalb zu vermeiden.

Die Benutzung eines Seifenstückes birgt die Gefahr der Keimübertragung und ist deshalb nicht geeignet. Empfehlenswert ist es, Spender mit einem geeigneten Produkt zur Reinigung der Hände in Nähe des Waschbeckens anzubringen. Nach Anbruch des Produktes ist auf die möglicherweise verringerte Verwendbarkeit zu achten. Entsprechende Angaben sind auf dem Etikett erkenntlich bzw. können beim Hersteller erfragt werden. Der Spender muss mindestens beim Wechsel des Gebindes gereinigt werden. Vom Wiederauffüllen der Spenderflaschen aus Vorratsgefäßen ist abzuraten.

### Händedesinfektion

Händedesinfektionsmittel (z.B. Sterillium® classic pure) sind zur Anwendung auf Haut und Schleimhäuten bestimmt und unterliegen als zugelassene Arzneimittel dem Arzneimittelgesetz. Sie werden üblicherweise aus Spendern dosiert, entsprechende Gebinde für den Einsatz im Spender sind im Handel. Die Bedienung des Spenders sollte mit dem Unterarm erfolgen. Des Weiteren gelten die Hinweise zur Verwendbarkeit nach Anbruch sowie zur Reinigung entsprechend.

Das Umfüllen von Händedesinfektionsmitteln aus Großgebinden fällt arzneimittelrechtlich unter den Begriff Arzneimittelherstellung. Die Produkthaftung des Herstellers geht dabei auf den „Folgehersteller" – also die Apotheke – über. Da Händedesinfektionsmittel in verbrauchsgerechten Gebindegrößen zu erhalten sind, ist das Umfüllen nicht notwendig.

Die potenzielle Gefahr der Austrocknung der Haut durch alkoholische Präparate ist bei Anwendung der Desinfektionsmittel auf der trockenen Haut ohne anschließendes Abspülen maßgeblich verringert. Die Lipide der Haut werden zwar durch Anwendung des Alkohols emulgiert, sie verbleiben aber auf der Haut. Zusätzlich tragen zugesetzte Rückfettungsmittel zur Verbesserung der Hautverträglichkeit bei.

### Vorgehensweise zur Händedesinfektion

Das Präparat soll direkt in die trockene Haut eingerieben werden. In der Regel sind 3 ml Desinfektionsmittel für beide Hände ausreichend. Nasse Hände führen zur Verdünnung der Wirkstoffe bzw. zur Notwendigkeit des Nachtrocknens, was die Wirksamkeit verringert und die Hautverträglichkeit der Produkte reduziert.

Die sogenannte Standardeinreibemethode nach EN 1500 beschreibt 6 Schritte, die konsequent verfolgt die Desinfektion der gesamten Hautfläche der Hand sicherstellt. Untersuchungen belegen, dass auch andere Methoden geeignet sind, um die optimale Benetzung aller Hautpartien der Hände zu erreichen.

> **Praxistipp**
> Vor allem die sogenannte „eigenverantwortliche Einreibemethode" gewinnt an Bedeutung. Dabei werden die Mitarbeiter angehalten – unabhängig von vorgegebenen Schritten – alle Hautflächen sorgfältig zu benetzen, ähnlich wie beim Eincremen der Hände. Besonderes Augenmerk soll auf die Desinfektion von Fingerkuppen und Daumen gelegt werden

Von verschiedenen Desinfektionsmittelherstellern werden Bildmaterialien zur Veranschaulichung der Händedesinfektion und zum Aushängen in der Apothekenrezeptur angeboten (z. B. Bode Chemie, Braun) (o Abb. 1.2).

**1. Schritt:**
Handfläche auf Handfläche
Achtung:
Inklusive Handgelenk

**2. Schritt:**
Rechte Handfläche über linkem Handrücken und linke Handfläche über rechtem Handrücken

**3. Schritt:**
Handfläche auf Handfläche mit verschränkten, gespreizten Fingern

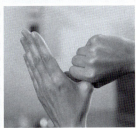

**4. Schritt:**
Außenseite der Finger auf gegenüberliegende Handflächen mit verschränkten Fingern

**5. Schritt:**
Kreisendes Reiben des rechten Daumens in der geschlossenen linken Handfläche und umgekehrt

**6. Schritt:**
Kreisendes Reiben hin und her mit geschlossenen Fingerkuppen der rechten Hand in der linken Handfläche und umgekehrt

Desinfektionsmittel in die trockenen Hände geben. Nach dem oben aufgeführten Verfahren das Produkt 30 Sek. in die Hände bis zu den Handgelenken kräftig einreiben. Die Bewegungen jedes Schrittes fünfmal durchführen. Nach Beendigung des 6. Schrittes werden einzelne Schritte bis zur angegebenen Einreibedauer wiederholt. Darauf achten, dass die Hände die gesamte Einreibezeit feucht bleiben. Im Bedarfsfall erneut Händedesinfektionsmittel nehmen.

o **Abb. 1.2** Standardeinreibemethode zur Händedesinfektion nach EN 1500

> **Praxistipp**
> Von verschiedenen Herstellern (z. B. Bode Chemie) werden Fluoreszenzmarker angeboten. Diese werden dem Händedesinfektionsmittel zugesetzt. Nach dem Einreiben der Hände kann die (lückenlose) Benetzung mittels UV-Lampe kontrolliert werden. Diese Methode eignet sich besonders zur Schulung neuer Mitarbeiter, aber auch für „vermeintlich routinierte" Mitarbeiter ist die regelmäßige Überprüfung sinnvoll.

Zeitpunkt der Händedesinfektion
Eine Händedesinfektion sollte mindestens vor Beginn der Arzneimittelherstellung erfolgen und etwa alle 30 Minuten wiederholt werden, da der keimarme Zustand der Hände nicht anhält. Keime gelangen aus tieferen Hautschichten an die Oberfläche, die Handhabung nicht keimfreier Geräte und Materialien führt zur erneuten Kontamination der Haut.

Des Weiteren sollte die Desinfektion der Hände immer dann wiederholt werden, wenn (potenziell) kontaminierte Gegenstände berührt worden sind (z. B. Haare, Abfalleimer). Auch nach Unterbrechungen der Herstellung ist die erneute Händedesinfektion notwendig.

Hautpflege
Um Mikrorisse in der Haut und damit potenziell der Bildung einer Infektionsflora vorzubeugen, ist die regelmäßige Pflege der Haut unbedingt notwendig. Empfehlenswert ist das Einreiben einer Pflegelotion nach Beendigung der Arbeiten. Keinesfalls dürfen die Hände vor der Anwendung des Desinfektionsmittels eingecremt werden, da Bestandteile der Lotion die Wirksamkeit des Desinfektionsmittels verringern können. Die Hersteller von Händedesinfektionsmitteln bieten häufig auch geeignete Pflegeprodukte an.

## 1.3 Wasser als Ausgangsstoff für die Rezeptur

### 1.3.1 Arten von Wasser

Wasser ist ein Ausgangsstoff, der oft einen großen Anteil an der fertigen Rezeptur ausmacht und damit die mikrobiologische Qualität der Zubereitung entscheidend mitbestimmt. Da Wasser essenziell für die Vermehrung von Mikroorganismen ist, kommt der einwandfreien Herstellung und Verwendung von Wasser bei der Arzneimittelherstellung große Bedeutung zu.

**Trinkwasser**
Trinkwasser ist nach der Trinkwasserverordnung „Wasser für den menschlichen Gebrauch". Es ist vorgesehen zum Trinken, zum Kochen, zur Zubereitung von Speisen und Getränken sowie zu verschiedenen häuslichen Zwecken wie der Körperreinigung oder der Reinigung von Gegenständen, die mit Lebensmitteln in Berührung kommen.

Trinkwasser wird regelmäßig kontrolliert. Es dürfen keine Krankheitserreger in Konzentrationen enthalten sein, „die eine Gesundheitsschädigung besorgen lassen". Neben dem Verweis auf die Definition von Krankheitserregern im Infektionsschutzgesetz wird in der Trinkwasserverordnung konkret die **Abwesenheit** von *Escherichia coli* und **Enterokokken** gefordert.

> **Wussten Sie, dass ...**
> ... die Koloniezahl in Trinkwasser entsprechend Anlage 3 der Trinkwasserverordnung auf anormale Veränderungen geprüft wird? Als Grenzwert für die Keimzahl am Zapfhahn des Verbrauchers sind 100 koloniebildende Einheiten (KBE) pro ml angegeben.

Für die Arzneimittelherstellung kommt Trinkwasser aufgrund der unbekannten und möglicherweise schwankenden mikrobiologischen und in Abhängigkeit vom Rohrleitungssystem auch wechselnden chemischen Qualität direkt an der Entnahmestelle im Allgemeinen nicht infrage. Es wird eingesetzt zur Herstellung von **Wasser für pharmazeutische Zwecke** und zur Rekonstitution von **Antibiotika-Trockensäften**.

Die konkrete Vorgabe des DAB 1996 „Unter ‚Wasser' ist, falls nichts anderes angegeben, ‚Gereinigtes Wasser (Aqua purificata)' zu verstehen", findet man in den aktuell geltenden Arzneibüchern nicht mehr. Aber die generelle Verpflichtung nach ApBetrO, nur Ausgangsstoffe zu verwenden, die die erforderliche Qualität aufweisen und die nach den anerkannten pharmazeutischen Regeln hergestellt und geprüft worden sind, verweist klar auf die Verwendung der im Arzneibuch beschriebenen Wasserqualitäten.

## Apothekenbetriebsordnung (ApBetrO)
### § 6 Allgemeine Vorschriften über die Herstellung und Prüfung
„(1) Arzneimittel, die in der Apotheke hergestellt werden, müssen die nach der pharmazeutischen Wissenschaft erforderliche Qualität aufweisen. Sie sind nach den anerkannten pharmazeutischen Regeln herzustellen und zu prüfen; enthält das Arzneibuch entsprechende Regeln, sind die Arzneimittel nach diesen Regeln herzustellen und zu prüfen."

### § 11 Ausgangsstoffe
„(1) Zur Herstellung von Arzneimitteln dürfen nur Ausgangsstoffe verwendet werden, deren ordnungsgemäße Qualität festgestellt ist. ...
(2) Werden Ausgangsstoffe bezogen, deren Qualität durch ein Prüfzertifikat nach § 6 Abs. 3 nachgewiesen ist, ist in der Apotheke mindestens die Identität festzustellen. Die Verantwortung des Apothekenleiters für die ordnungsgemäße Qualität der Ausgangsstoffe bleibt unberührt. Über die in der Apotheke durchgeführten Prüfungen sind Aufzeichnungen mit Namenszeichen des prüfenden oder die Prüfung beaufsichtigenden Apothekers zu machen."

Wasser für pharmazeutische Zwecke findet man im Europäischen Arzneibuch (Ph. Eur.) in folgenden drei Monographien:
- „Gereinigtes Wasser",
- „Hochgereinigtes Wasser" und
- „Wasser für Injektionszwecke".

Im Arzneibuch sind die Anforderungen an Herstellung und Kontrolle konkret beschrieben. Unterschieden wird jeweils zwischen Wasser, welches in Behältnisse abgefüllt wird und Wasser, das als Bulk gelagert bzw. in den Verkehr gebracht wird.

> **Wussten Sie, dass …**
> … mit der Ausgabe 7.4 des Europäischen Arzneibuches eine weitere Monographie – Wasser zur Herstellung von Extracten (Aqua ad extractespraeparandas) – aufgenommen wurde?
> Dieses Wasser entspricht der Monographie von Gereinigtem Wasser oder ist Wasser zum menschlichen Verzehr entsprechend der europäischen Directive 98/83/EC (Trinkwasser).

### Gereinigtes Wasser

Gereinigtes Wasser (Aqua purificata) Ph. Eur. wird zur Herstellung von Arzneimitteln eingesetzt, die weder steril noch pyrogenfrei sein müssen. Das trifft für den Großteil der in der Apotheke hergestellten Arzneimittel zu, vor allem Dermatika und Oralia.

Es kann durch **Destillation**, unter **Verwendung von Ionenaustauschern** oder durch **Umkehrosmose** bzw. nach einer anderen geeigneten Methode aus Trinkwasser hergestellt werden.

Die Reinheitsanforderungen sind festgelegt in den Ph. Eur.-Monographien
- „Gereinigtes Wasser als Bulk" und
- „In Behältnissen abgefülltes Gereinigtes Wasser".

Pro ml Wasser dürfen maximal 100 aerobe Keime vorhanden sein. Des Weiteren werden als Prüfkriterien während der Herstellung die Leitfähigkeit und die Höhe des gesamten organischen Kohlenstoffgehalts im Wasser bestimmt. Letzteres wird auch als TOC- („total organic carbon"-)Wert bezeichnet und ist ein Maß für den Gehalt an organischen Bestandteilen im Wasser. Weitere Tests sind als Reinheitsprüfungen im Arzneibuch beschrieben.

> **Hinweis**
> Während der Gewinnung und Lagerung von Wasser in der Apotheke ist durch geeignete Maßnahmen sicherzustellen, dass das Wachstum von Mikroorganismen verhindert wird.

### Wasser für Injektionszwecke

Zur Herstellung steriler Arzneimittel muss Wasser für Injektionszwecke (Aqua ad injectabilia) Ph. Eur. verwendet werden.
Das sind insbesondere:
- Arzneimittel zur parenteralen Anwendung,
- Arzneimittel zur Instillation und ggf. zur Inhalation,
- Arzneimittel zur Anwendung am Auge und
- Arzneimittel, die als steril gekennzeichnet werden, z. B. Arzneimittel, die zur Anwendung auf großen offenen Wunden bestimmt sind.

Für die Herstellung von Wasser für Injektionszwecke sieht das Arzneibuch ausschließlich die **Gewinnung durch Destillation** aus Trinkwasser oder Gereinigtem Wasser vor. Dazu sind besondere Anforderungen an die Apparatur beschrieben.

In Wasser für Injektionszwecke als Bulk ist eine Gesamtkeimzahl von maximal 10 aeroben Keimen pro 100 ml zulässig. Des Weiteren ist die Prüfung auf Endotoxin, die Prüfung auf Leitfähigkeit und die Prüfung auf TOC vorgeschrieben. Die Lagerung und Verteilung von Wasser für Injektionszwecke als Bulk muss unter Bedingungen erfolgen, die ein Wachstum von Mikroorganismen verhindern und jede weitere Kontamination ausschließen.

Sterilisiertes Wasser für Injektionszwecke wird in Behältnissen wie z. B. Ampullen abgefüllt und autoklaviert. Es besteht die Forderung der Abwesenheit von vermehrungsfähigen Keimen – Prüfung auf Sterilität. Weitere Reinheitsprüfungen sind im Arzneibuch beschrieben.

### Hochgereinigtes Wasser

Hochgereinigtes Wasser (Aqua valde purificata) Ph. Eur. muss nicht durch Destillation gewonnen werden. In den Reinheitsforderungen unterscheidet sich Hochgereinigtes Wasser nicht wesentlich von frisch destilliertem Wasser für Injektionszwecke. Es ist für die Herstellung von Arzneimitteln vorgesehen, für die Wasser von hoher biologischer Qualität, aber nicht Wasser für Injektionszwecke benötigt wird. Für die Arzneimittelherstellung in der Apotheke ist Hochgereinigtes Wasser nicht notwendig.

> **Ein Blick über den Tellerrand**
> Bei der industriellen Arzneimittelherstellung kommt als Verwendung für Hochgereinigtes Wasser z. B. der letzte Spülschritt bei Gefäßen für die parenterale Anwendung infrage, dem sich dann die Heißluftsterilisation anschließt.

## 1.3.2 Herstellungsverfahren für Wasser als Ausgangsstoff

Für die Herstellung von Wasser für pharmazeutische Zwecke in der Apotheke haben vor allem die Gewinnung durch Destillation und die Gewinnung mithilfe von Ionenaustauschern Bedeutung.

### Ionenaustauscher

Bei diesem Verfahren wird Trinkwasser durch ein Bett von Ionenaustauscherharzen geleitet und dadurch demineralisiert. Organische Bestandteile, Keime und Pyrogene werden allerdings nicht entfernt. Dem Vorteil der schnellen Gewinnung stehen Einschränkungen beim mikrobiologischen Status des gewonnenen Wassers als Nachteil gegenüber.

Der Grad der Verkeimung des mit Ionenaustauschern gewonnenen Wassers ist dabei abhängig von Faktoren wie Trinkwasserqualität, Temperatur, Durchlaufgeschwindigkeit sowie Nutzungsdauer und -häufigkeit der Ionenaustauscherpatrone.

> **Wussten Sie, dass …**
> … Ionenaustauscherharze als organische Substanzen von Mikroorganismen verstoffwechselt werden und es dadurch zur mikrobiologischen Belastung des demineralisierten Wassers kommt?

Des Weiteren tritt häufig Keim- bzw. Algenwachstum in den zu- und ableitenden Kunststoffschläuchen ein, was zusätzlich zu einer Keimbelastung des gewonnenen Wassers führt.

Es ist also davon auszugehen, dass mit Ionenaustauschern demineralisiertes Wasser die Anforderungen des Arzneibuches an die mikrobiologische Qualität von Gereinigtem Wasser nicht erfüllt. Das demineralisierte Wasser muss deshalb vor der Verwendung für die Arzneimittelherstellung unbedingt keimmindernden Maßnahmen unterzogen werden. In der Apothekenpraxis kommen dafür vor allem zwei Verfahren zur Anwendung:

- Aufkochen, mindestens 5 Minuten sieden und anschließend abkühlen in einem abgedecktem Gefäß aus Glas bzw.
- Filtration durch Bakterien zurückhaltende Filter mit einer Porenweite von 0,22 µm (Sterilfilter – können direkt an den Abfluss-Schlauch des Ionenaustauschers angeschlossen werden).

Da vor allem Wasser, das direkt nach Betriebpausen der Anlage gewonnen wird, stark mit Keimen belastet ist, soll dieses extra aufgefangen und nicht für die Herstellung von Gereinigtem Wasser verwendet werden.

> ■ **MERKE** Die Verwendung eines Ionenaustauschers ist nicht zur Gewinnung von mikrobiologisch einwandfreiem Aqua purificata geeignet. An die Demineralisierung müssen sich unbedingt standardisierte Maßnahmen zur Keimreduktion anschließen.

Bei der Verwendung von Sterilfiltern zur Entkeimungsfiltration des Wassers ist zu beachten, dass diese Filter regelmäßig gewechselt werden müssen. Sonst kann es zu einem „Durchwachsen" von Keimen durch die Filtermembran kommen.

> **Praxistipp**
> Nach den Empfehlungen der Arzneimittelkommission der Schweizer Apotheker (AKA) sollen Einwegsterilfilter am Ionenaustauscher nicht länger als 24 Stunden verwendet und dann ersetzt werden. Bei der Verwendung von Mehrwegsterilfiltern wird empfohlen, diese mindestens wöchentlich zu autoklavieren bzw. zu ersetzen.

Um die Integrität der Filtermembran zu testen, kann der sogenannte Blasendrucktest (o Abb. 1.3), der auch als **Bubble-Point-Test** oder Druckhaltetest bezeichnet wird, verwendet werden. Er ist im NRF-Kapitel I.8. „Zubereitung zur Anwendung am Auge" beschrieben. Ein intakter Sterilfilter muss 3 bar Druck aushalten. Zum Test wird eine Injektionsspritze mit bis zur 10-ml-Markierung herausgezogenem Kolben an die eine Seite des Filters aufgesteckt, an die andere Seite eine Injektionsnadel. Die Injektionsnadel wird in ein Becherglas mit Wasser eingetaucht und der Kolben der Spitze heruntergedrückt (a). Luftblasen dürfen im Wasser frühestens herausperlen, wenn die Spritze bis auf ein Volumen von 2 ml zusammengepresst wurde (b). Sind bereits vorher Luftblasen sichtbar, ist die Filtermembran beschädigt und der Filter ist zur Entkeimungsfiltration nicht geeignet.

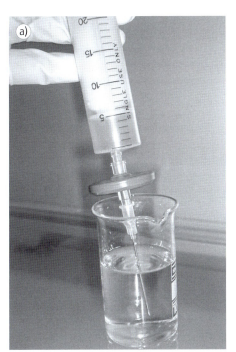 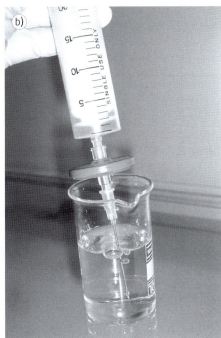

**Abb. 1.3** Bubble-Point-Test zur Überprüfung der Filterintegrität von Sterilfiltern. Foto: KS

**Destillation**

Bei der Destillation (**Abb. 1.4**) wird Wasser verdampft und anschließend durch Kühlung kondensiert und aufgefangen. Sowohl Mineralien als auch organische Stoffe, die im Trinkwasser enthalten sind, bleiben zurück. Frisch destilliertes Wasser erfüllt die Anforderungen des Arzneibuches auch bezüglich der Keimzahl, unter der Vorraussetzung, dass eine Verkeimung (z. B. durch ableitende Schläuche oder durch das Auffanggefäß) verhindert wird. Das Abkochen vor der Verwendung ist dann nicht notwendig.

Besonders zu beachten ist, dass Schläuche, die bei Stillstand der Apparatur im Waschbecken hängen, durch Keime aus dem Siphon des Waschbeckens stark verkeimt sein können. Aber auch Schläuche, die feucht und zusammengerollt gelagert werden, bergen das Risiko, dass Keimwachstum die Qualität des gewonnenen Wassers beeinträchtigt. Empfehlenswert ist die Verwendung kurzer, durchsichtiger Silikonschläuche, die sorgfältig getrocknet und häufig ausgewechselt werden.

Des Weiteren ist auf die ausreichende räumliche Trennung von ableitenden Kühlschläuchen und Auffanggefäßen zu achten. Spritzer von Kühlwasser könnten in das Auffanggefäß gelangen und das destillierte Wasser verunreinigen.

**o Abb. 1.4** Destille zur Gewinnung von Gereinigtem Wasser. Foto: KS

**Praxistipp**
Fragen Sie ihren Gerätehersteller nach Überleitungsaufsätzen mit Absperrhahn für den Destillenauslauf. Eine (Re-)Kontamination während der Betriebspause kann somit verhindert werden.

### 1.3.3 Aufbewahrung von Wasser als Ausgangsstoff

Die Aufbewahrung von Wasser für pharmazeutische Zwecke muss unter Bedingungen erfolgen, die jede Kontamination und das Wachstum von Mikroorganismen wirksam verhindern.

Typische **Wasserkeime** sind vor allem gramnegative Keime wie Pseudomonas-, Entero-, Flavo-, Chromo- und Acinetobakterien. Sie zeichnen sich durch ein großes Anpassungsvermögen an extreme Umgebungsbedingungen aus. Sie sind über einen weiten Temperaturbereich lebensfähig und haben minimale Nährstoffansprüche: $CO_2$ im Wasser und $NH_3$ aus der Luft sind die wichtigsten Baustoffe. Sie können deshalb in so nährstoffarmen Medien wie destilliertem Wasser überleben.

Des Weiteren bilden sich vor allem an rauen oder porösen Materialien sogenannte **Biofilme**. Das sind Ansammlungen von Bakterien, Pilzen und weiteren Organismen an Oberflächen, z. B. von Rohrleitungen, Schläuchen, Behältern, Armaturen, Ionenaustauschern, Aktivkohlefiltern und Filtrationsmembranen. Biofilme sind problematisch, weil sie **durch Abspülen nicht zu entfernen** sind und weil Keime im Biofilm besonders gut geschützt sind. Sie überleben dadurch die Einwirkung von hohen Temperaturen oder Desinfektionsmitteln besser.

Die Verhinderung des Keimwachstums und der Bildung von Biofilmen ist möglich, wenn konsequent Feuchtigkeit vermieden wird. Unter trockenen Bedingungen ist das Wachstum der Wasserkeime stark eingeschränkt. Des Weiteren werden sie bei Temperaturen von 70 °C abgetötet.

**Gefäße**
Als Gefäße zur Lagerung von Wasser für die Arzneimittelherstellung sind Glasgefäße mit Schliffstopfen empfehlenswert. Diese lassen sich leicht reinigen und sterilisieren bzw. desinfizieren. Alternativ kommen Glasflaschen mit Schraubverschluss infrage. Hier ist aber besonderes Augenmerk auf die effiziente Reinigung aller Teile zu legen. Glasgefäße zur Aufbewahrung von Wasser sollten sterilisiert oder mindestens mit Alkohol desinfiziert werden, das Ausspülen mit heißem Wasser bzw. die Reinigung mit Spülmittel genügen nicht.

> **Hinweis**
> Zu beachten ist auch, dass zur Aufbewahrung von Wasser in der Apothekenrezeptur keine dunklen Gefäße verwendet werden dürfen, da sich eine Verkeimung bzw. die Bildung eines Biofilms in ihnen nicht gut erkennen lässt (o Abb. 1.5).

Gefäße mit rauen Oberflächen (wie PVC, Silikon, Gummi) verkeimen leicht und sind schlecht zu reinigen, weshalb sie für die Lagerung von Wasser nicht verwendet werden sollen.

**Verwendbarkeitsfrist**
Gereinigtes Wasser und Wasser für Injektionszwecke als Bulk sollen **maximal 24 Stunden** bei Raumtemperatur in geschlossenen Vorratsgefäßen aufbewahrt werden. Die Gefäße sind mit Datum und Uhrzeit der Herstellung zu kennzeichnen. Das Wasser soll bereits in den Aufbewahrungsgefäßen aufgefangen werden; ein Umfüllen ist nicht empfehlenswert, weil dieser Schritt ein Kontaminationsrisiko darstellt. Alternativ zur Kennzeichnung der Gefäße mit der Uhrzeit der Herstellung kann auch die Festlegung getroffen werden, dass das Wasser nur am Anbruchs- bzw. Gewinnungstag verwendet werden darf. Es genügt dann die Kennzeichnung des Datums auf dem Aufbewahrungsgefäß.

Bei tieferen Temperaturen ist die Vermehrung von Keimen stark eingeschränkt. In der Literatur finden sich dementsprechend Empfehlungen zur Verwendbarkeit von Wasser bei Kühllagerung bis zu 1 Woche. Diese Angaben sind angelehnt an die Empfehlung des NRF zur Verwendbarkeit von nichtkonservierten wasserhaltigen Zubereitungen (NRF I.4.).

Zu beachten ist allerdings, dass das Keimwachstum bei Kühlschranktemperatur nicht gänzlich eingestellt ist und insbesondere Wasserkeime teilweise auch bei niedrigen Temperaturen vermehrungsfähig sind. Das trifft vor allem zu, wenn im Kühlschrank Temperaturen an der Obergrenze des zulässigen Bereichs von 2–8 °C vorherrschen.

**Abb. 1.5** a) Ungeeignetes Vorratsgefäß, b) Geeignetes Vorratsgefäß. Fotos: KS

■ **MERKE** Es ist empfehlenswert, die Haltbarkeit des Ausgangsstoffes Wasser auch bei Lagerung im Kühlschrank auf 24 Stunden zu begrenzen.

Die Wiederaufbereitung von Wasser, welches länger als 24 Stunden aufbewahrt worden ist, z. B. durch wiederholtes Aufkochen, ist nicht unproblematisch. Die Reduktion der Keimzahl ist von der Ausgangkeimzahl abhängig. Zwar können die Anforderungen des Arzneibuches die Keimzahl betreffend meist erfüllt werden, abgestorbene Keime führen aber zu einer Erhöhung des Gehalts an organischem Kohlenstoff. Die Erhöhung des Gehalts an TOC führt wiederum zu einem verbesserten Nährstoffangebot im Wasser und trägt damit zu verstärktem Keimwachstum bei. Eine Überprüfung der Einhaltung der Grenzwerte ist hier zu fordern, was aber in der Apotheke schwer zu realisieren ist. Aus diesem Grund empfiehlt sich die tägliche Herstellung der benötigten Menge an Wasser und Begrenzung der Aufbewahrung für maximal 24 Stunden.

### 1.3.4 Qualitätssicherung bei der Herstellung von Wasser in der Apotheke

Bei der Herstellung von Wasser für die Arzneimittelherstellung werden im Arzneibuch die schon beschriebenen **Inprozesskontrollen** gefordert. Für Gereinigtes Wasser ist das die Bestimmung der Keimzahl, des Gehalts an gesamtem organischen Kohlenstoff und der Leitfähigkeit. Für Wasser für Injektionszwecke ist weiterhin nachzuweisen, dass der Grenzwert für den Gehalt an Endotoxin eingehalten wird.

Bei der Herstellung von Gereinigtem Wasser mittels Ionenaustauschern ist die Anlage mit einer Messzelle zur Leitfähigkeitsmessung ausgestattet. Die Leitfähigkeitsmessung dient dabei vor allem der Überprüfung des Leistungszustandes der Anlage und gibt Hinweise darauf, wann das Ionenaustauscherharz ersetzt werden muss.

Generell sind die Prüfungen des Arzneibuches verbindliche Forderungen, welche aber für den Apothekenbetrieb kaum zu realisieren sind. Nach der Interpretation im NRF-Rezepturhinweis „Wasser für die rezepturmäßige Herstellung" wird in der Apotheke Wasser zum pharmazeutischen Gebrauch in der Regel frisch hergestellt und am selben Arbeitstag verbraucht. Es wird demzufolge nicht gelagert, sondern ist unmittelbar nach vorschriftsmäßiger Herstellung bereits „in Verwendung". Demgegenüber ist im Arzneibuch von „Herstellung und nachfolgender Lagerung" die Rede. In diesem Sinne wird die Verpflichtung zur Notwendigkeit von Inprozesskontrollen im NRF-Rezepturhinweis relativiert.

Nichtsdestotrotz muss mit den verwendeten Herstellungsverfahren sichergestellt werden, dass die Qualität des Wassers den Anforderungen des Arzneibuches entspricht, auch wenn im Einzelfall keine Prüfung durchgeführt wird. Das setzt voraus, dass nach geprüften Verfahren gearbeitet wird, die schriftlich festgelegt wurden.

■ **MERKE** Um die Qualität des Wassers als Ausgangsstoff in der Apotheke sicherzustellen, ist die Erstellung einer Standardarbeitsanweisung unerlässlich.

Die Forderung nach einer **Standardarbeitsanweisung** für die Herstellung und Aufbewahrung von Wasser für die rezeptur- und defekturmäßige Herstellung von Arzneimitteln in der Apotheke findet sich z. B. in den Leitlinien der Bundesapothekerkammer zur Qualitätssicherung sowie in den Leitlinien der Gesellschaft für Dermopharmazie zur Arzneimittelherstellung.

■ **DEFINITION** „**Validierung** ist das Erbringen eines dokumentierten Nachweises, der mit hoher Sicherheit belegt, dass durch einen spezifischen Prozess oder ein Standardarbeitsverfahren ein Arzneimittel hergestellt und geprüft wird, das den vorher festgelegten Qualitätsmerkmalen entspricht." (§ 1a ApBetrO)

Zur Herstellung von Wasser für Injektionszwecke und Hochgereinigtem Wasser wird im Arzneibuch die Validierung des Verfahrens gefordert. Eine Validierung des Verfahrens beinhaltet umfangreiche Kontrollen und ist deshalb für die öffentliche Apotheke kaum zu leisten. Die novellierte Apothekenbetriebsordnung sieht – nicht mehr – vor, dass in der Apotheke die notwendigen Geräte zur Herstellung Wasser für Injektionszwecke vorhanden sein müssen.

## 1.3.5 Industriell hergestelltes Wasser

Alternativ zur Herstellung von Wasser als Ausgangsstoff in der Apotheke kommt der Bezug von industriell hergestelltem Wasser für pharmazeutische Zwecke in Betracht. Gereinigtes Wasser wird unter Entkeimungsfiltration – teilweise in Kombination mit einer UV-Bestrahlung – in Kunststoffbehältnisse abgepackt und in unterschiedlichen Mengen angeboten. Auch „sterilisiertes Wasser für Injektionszwecke" ist für die Apotheke erhältlich, es wird in unterschiedlichen Mengen und Behältnissen aus Kunststoff oder aus Glas angeboten.

Gereinigtes Wasser im Bulk, das in großen Gebinden geliefert wird, entspricht zum Zeitpunkt der Abfüllung den Vorgaben des Arzneibuches. Es wird als Ausgangsstoff mit einem **Analysenzertifikat** geliefert (z. B. Fa. Hedinger) und muss vor der Verwendung abgekocht oder filtriert werden. Bei der Entnahme aus dem Gefäß besteht die Gefahr der

Kontamination des Vorrats. Deshalb sollte die Gebindegröße dem täglichen Bedarf angemessen sein, da die wiederholte Aufbereitung die schon geschilderten Probleme birgt.

Industriell abgefülltes und sterilisiertes Wasser für Injektionszwecke wird als **Fertigarzneimittel** in den Verkehr gebracht. Da in der Apotheke i. d. R. Wasser für Injektionszwecke seltener und meist in kleinen Mengen benötigt wird, empfiehlt sich der Bezug des Wassers in den benötigten Mengen, z. B. in Infusionsflaschen oder Ampullen. Bei einer Herstellung aus Fertigarzneimitteln entfällt die sonst notwendige Prüfung des Ausgangsstoffes und wird durch die nach ApBetrO vorgeschriebene regelmäßige Fertigarzneimittelprüfung ersetzt.

> **Praxistipp**
> Auch zur Herstellung nichtsteriler Arzneimittel bietet sich die Verwendung von Wasser für Injektionszwecke in Ampullen an, wenn nur kleinere Mengen benötigt werden.

Die Entnahme des Reinstwassers aus Infusionsflaschen oder Stechampullen erfolgt mit steriler Nadel und Spritze. Vor dem Durchstechen ist der Gummistopfen mit Alkohol, z. B. Isopropanol 70 % (V/V), zu desinfizieren. Die Nadel ist nach der Entnahme zu entfernen – für eine wiederholte Entnahme ist eine neue sterile Nadel notwendig. Zu beachten ist auch hier eine maximale Haltbarkeit nach Anbruch von 24 Stunden.

▫ Tab. 1.6 fasst qualitätssichernde Maßnahmen bei der Herstellung und Aufbewahrung von Wasser für die Rezeptur zusammen.

▫ **Tab. 1.6** Qualitätssichernde Maßnahmen bei der Herstellung und Aufbewahrung von Wasser für die Rezeptur

| Schwerpunkte | Maßnahmen |
| --- | --- |
| Herstellungsanlagen | ▪ Längere Betriebspausen der Wasser-Herstellungsanlage vermeiden;<br>▪ nach längeren Betriebspausen der Herstellungsanlage ausreichenden Vorlauf verwerfen;<br>▪ regelmäßige Pflege (Reinigung, Entkalkung) und Wartung der Herstellungsanlage;<br>▪ vor Beginn jeder Destillation Apparatur ausdämpfen, z. B. durch kontrolliertes Aufheizen des Wassers ohne Kühlung;<br>▪ kurze, durchsichtige Schläuche verwenden; trocken aufbewahren, regelmäßig wechseln;<br>▪ Dokumentation von Entkalkungs- und Reinigungsmaßnahmen laut Betriebsanleitung;<br>▪ regelmäßiger Wechsel des Sterilfilters am Ionenaustauscher. |
| Gefäße | ▪ Desinfiziertes oder sterilisiertes Auffanggefäß verwenden;<br>▪ Aufbewahrung des Wassers im Auffanggefäß oder im Herstellungsgefäß, kein Umfüllen in ein Vorratsgefäß. |

◘ **Tab. 1.6** Qualitätssichernde Maßnahmen bei der Herstellung und Aufbewahrung von Wasser für die Rezeptur (Fortsetzung)

| Schwerpunkte | Maßnahmen |
|---|---|
| Lagerung | ▪ Aufbewahrung von Wasser nach Herstellung bzw. Anbruch maximal 24 Stunden;<br>▪ Aufkochen oder Entkeimungsfiltration vor Verwendung (Ausnahme: frisch destilliertes Wasser). |
| Entnahme | ▪ Aus Vorratsgefäßen: frei gießen, keine Verwendung von Pipetten o. Ä. bei der Entnahme, dicht verschließen;<br>▪ vor dem Durchstechen ist der Gummistopfen der Stechampullen/Infusionsflaschen mit Alkohol (z. B. Isopropanol 70 % V/V) zu desinfizieren und stets eine neue sterile Spritze verwenden. |
| Qualitäts-sicherung | ▪ Schriftliche Standardarbeitsanweisung (SOP);<br>▪ regelmäßige externe Qualitätskontrolle zum Nachweis der Produktqualität und Bestätigung der Herstellungsmethode. |

## 1.4 Betriebsinternes Hygienekonzept

### Apothekenbetriebsordnung (ApBetrO)
**§ 4 Beschaffenheit, Größe und Einrichtung der Apothekenbetriebsräume**
„(1) Die Betriebsräume müssen nach Art, Größe, Zahl, Lage und Einrichtung geeignet sein, einen ordnungsgemäßen Apothekenbetrieb, insbesondere die einwandfreie Entwicklung, Herstellung, Prüfung, Lagerung, Verpackung sowie eine ordnungsgemäße Abgabe von Arzneimitteln ... zu gewährleisten.
Die Betriebsräume sind ... in einwandfreiem baulichen und hygienischen Zustand zu halten ...
(7) Die Apotheke muss so mit Geräten ausgestattet sein, dass Arzneimittel insbesondere in den Darreichungsformen
1. Lösungen, Suspensionen, Emulsionen,
2. Salben, Cremes, Gele, Pasten,
3. Kapseln, Pulver,
4. Drogenmischungen sowie
5. Zäpfchen und Ovula
ordnungsgemäß hergestellt werden können.
Die Herstellung steriler Arzneimittel muss möglich sein, soweit es sich nicht um Arzneimittel zur parenteralen Anwendung handelt."

Generell ist der Apothekenleiter dafür verantwortlich, dass die Apotheke unter Beachtung der geltenden Vorschriften betrieben wird. Das schließt die Verantwortung für die Herstellung qualitativ einwandfreier Arzneimittel ein. Mit der Durchführung und Kontrolle von Aufgaben bei der Arzneimittelherstellung und -prüfung können geeignete Mitarbeiter beauftragt werden. Empfehlenswert ist dabei die schriftliche Festlegung von Aufgaben und Verantwortlichkeiten der einzelnen Mitarbeiter.

Da sich Arzneimittel nur einwandfrei herstellen lassen, wenn sich der Herstellungsbereich in einem einwandfreiem hygienischen Zustand befindet, hat das Hygienemanagement wesentliche Bedeutung. Jede Apotheke sollte auf Grundlage der spezifischen Gegebenheiten notwendige und geeignete Maßnahmen im Rahmen des betriebsinternen Hygienekonzepts festlegen. Als Grundlage für die Erstellung des Konzepts können Mustervorlagen, z. B. als Anhang zu den Leitlinien, wertvolle Hilfestellung bieten.

> **Hinweis**
> In § 4a ApBetrO wird die bisher schon enthaltene Forderung nach einem einwandfreien hygienischen Zustand der Apothekenbetriebsräume konkretisiert. Zur Sicherstellung der mikrobiologischen Qualität von Arzneimitteln sind bei der Herstellung geeignete Maßnahmen für Personal und Betriebsräume zwingend vorgeschrieben. Ein Hygieneplan ist zu erstellen. Die Durchführung der Maßnahmen ist entsprechend zu protokollieren und zu kontrollieren.

### 1.4.1 Leitlinien

In der BAK-Leitlinie „Hygienemanagement" sowie im GD-Hygieneleitfaden wird die Erstellung eines betriebsspezifischen Hygienekonzepts gefordert. Diese Leitlinien haben empfehlenden und orientierenden Charakter. Sie weisen auf Schwerpunkte hin, die für die Herstellung mikrobiell einwandfreier Produkte zu betrachten sind. In Abhängigkeit von den Gegebenheiten in der Apotheke müssen die Umsetzung geprüft und geeignete Maßnahmen festgelegt werden.

#### GD-Leitlinie

Der „GD-Hygieneleitfaden für Apotheken zur Herstellung von nicht sterilen pharmazeutischen Zubereitungen" ist ausdrücklich auf die Herstellung von nichtsterilen Arzneimitteln ausgerichtet. Im Punkt Geltungsbereich wird darauf verwiesen, dass für die Herstellung steriler Arzneimittel weitergehende Maßnahmen notwendig sind.

#### BAK-Leitlinien

Generelle Vorgaben zu den Hygienemaßnahmen bei der Arzneimittelherstellung in der Apotheke finden sich auch in der überarbeiteten Leitlinie der Bundesapothekerkammer „Herstellung und Prüfung der nicht zur parenteralen Anwendung bestimmten Rezeptur- und Defekturarzneimittel". Konkrete Hinweise zur Umsetzung enthalten die Anwendungsbeispiele zu den Leitlinien, die nach der überarbeiteten Struktur der Leitlinien für konkrete Praxissituationen erstellt worden sind, z. B. „Zubereitungen zur Anwendung am Auge".

In der BAK-Leitlinie „Hygienemanagement" werden nicht nur Empfehlungen zum Hygienekonzept in der Apotheke gemacht, sondern das Hygienemanagement an sich betrachtet. Das beginnt bei der Aufnahme des Ist-Zustandes und geht über die Ermittlung des Soll-Zustandes bis hin zur Planung der notwendigen Maßnahmen zur Verbesserung des Hygienestatus. Weitere ausgeführte Punkte sind die Erstellung der Hygieneanweisung, die Schulung der Mitarbeiter inkl. des mit Reinigungsaufgaben betrauten Personals sowie der Durchführung und Dokumentation der Hygienemaßnahmen.

## 1.4.2 Dokumentation

Wichtige Arbeitsanweisungen müssen in der Apotheke betriebsspezifisch erstellt werden. Folgende **Standardarbeitsanweisungen** zum Hygienemanagement werden in den Leitlinien konkret gefordert:

- Reinigungs- und Hygieneplan,
- Festlegung von Maßnahmen zur Personalhygiene sowie
- Arbeitsanweisung zum Umgang mit Wasser für pharmazeutische Zwecke.

■ **MERKE** Entsprechend § 4a ApBetrO ist ein Hygieneplan zu erstellen sowie die Durchführung der Maßnahmen zu protokollieren. Des Weiteren sind „Festlegungen über hygienisches Verhalten am Arbeitsplatz und zur Schutzkleidung des Personals" zu treffen.

Inhalt und Struktur der Dokumente kann nach den Erfordernissen angepasst werden. So kann es sinnvoll sein, Maßnahmen zur Reinigung und Desinfektion bestimmter Geräte in eine Arbeitsanweisung zum Umgang mit dem Gerät zu integrieren (z. B. Betriebsanweisung zur Herstellung von Dermatika mit Unguator® oder TopiTec®).

Zur Kontrolle der festgelegten Maßnahmen eignen sich **Checklisten** oder Formblätter, in denen die Durchführenden fortlaufend protokollieren (z. B. Raumreinigung, Reinigung und Wartung der Wasseraufbereitungsanlage, Reinigung der Wasserbäder etc.). Entsprechende Mustervorlagen sind von der Bundesapothekerkammer erstellt worden und können betriebsspezifisch angepasst werden.

> **Hinweis**
> Für die Herstellung steriler Arzneimittel ist die Erstellung einer Standardarbeitsanweisung von besonderer Bedeutung, da diese Arzneimittel von vielen Apotheken sehr selten hergestellt werden, jede Apotheke nach ApBetrO aber generell zur Herstellung von sterilen Arzneimitteln in der Lage sein muss und im Bedarfsfall zur unverzüglichen Belieferung der Verschreibung sowie zur Herstellung und Abgabe einwandfreier Arzneimittel verpflichtet ist. Entsprechend sollte das betriebsspezifische Hygienekonzept auch Regelungen zur Herstellung z. B. von Augenarzneimitteln beinhalten.

## 1.4.3 Schulung

Um die Einhaltung des Hygienekonzepts zu gewährleisten, ist die regelmäßige Schulung der Mitarbeiter notwendig. Die GD-Leitlinie gibt konkrete Empfehlungen zu den Schulungsinhalten:

- Wiederholung und Festigung der Grundkenntnisse sowie
- Veränderungen durch technische Entwicklung.

Neue Mitarbeiter sind mit dem Hygienekonzept vor Aufnahme der Tätigkeit vertraut zu machen. Für alle im Herstellungsbereich der Apotheke tätigen Mitarbeiter sollte die Schulung zum Hygienekonzept mindestens einmal jährlich wiederholt werden. Das betrifft nicht nur pharmazeutisches Personal sondern schließt die mit der Reinigung betrauten Mitarbeiter ausdrücklich mit ein. Besonders sorgfältig sollte die Schulung auch für Reinigungspersonal externer Servicefirmen durchgeführt und kontrolliert werden.

> **Praxistipp**
> Nutzen Sie das zu diesem Buch verfügbare Online-Plus-Angebot für die nächste Teamschulung. Es stehen Checklisten und Arbeitsmaterialien zur interaktiven Bearbeitung bzw. als Kopiervorlagen zur Verfügung.

Insbesondere dann, wenn sich grundlegende Änderungen im Hygienekonzept ergeben (z. B. durch Anschaffung geschlossener Systeme für die Apothekenrezeptur), kann die Notwendigkeit zusätzlicher Schulungen bestehen.

■ **MERKE** Entsprechend der GMP-Regel „Nur was dokumentiert ist, ist auch gemacht!", ist jede durchgeführte Schulung von den Teilnehmern schriftlich zu bestätigen!

### 1.4.4 Selbstinspektion und Hygienemonitoring

In § 2a ApBetrO ist die regelmäßige Selbstinspektion zur Überprüfung der betrieblichen Abläufe durch pharmazeutisches Personal vorgeschrieben. Entsprechend GD-Leitlinie wird empfohlen, das Hygienekonzept der Apotheke mindestens einmal jährlich zu prüfen und die Umsetzung zu kontrollieren. Zur Selbstinspektion kann eine Checkliste genutzt werden, die als Anlage zur GD-Leitlinie veröffentlicht worden ist.

Weiterhin wird empfohlen, den Erfolg der Hygienemaßnahmen durch mikrobiologische Untersuchungen nachzuweisen. Die Bundesapothekerkammer gibt dazu in ihrer Leitlinie zum Hygienemanagement im Punkt IX „Kontrolle und Überwachung" konkretere Empfehlungen.

**Empfehlung der BAK (aus Kommentar zur Leitlinie „Hygienemanagement")**
„Um die Qualität und den Erfolg der durchgeführten Hygienemaßnahmen zu überprüfen und nachzuweisen, empfiehlt es sich, den Produktstatus wesentlicher bzw. kritischer Arzneiformen in einem mikrobiologischen Laboratorium kontrollieren zu lassen. Darüber hinaus bietet sich die Teilnahme an Ringversuchen an ..."

Die vom Zentrallaboratorium Deutscher Apotheker durchgeführten Rezeptur-Ringversuche geben die Möglichkeit, Rezepturarzneimittel auf Einhaltung der mikrobiologischen Grenzwerte prüfen zu lassen und dienen damit indirekt der Kontrolle des einwandfreien hygienischen Zustands von Betriebsräumen und Personal.

## 1.5 Zusammenfassung und Wiederholung

◻ Tab. 1.7 Qualitätssicherung im Schritt 1: Hygienestandards einhalten

| Schwerpunkte | Maßnahmen |
|---|---|
| Personalhygiene | ▪ Verbot der Arzneimittelherstellung für Mitarbeiter mit ansteckenden Krankheiten oder offenen Verletzungen der Haut an unbedeckten Körperstellen (bzw. mind. Festlegung zum Tragen von Handschuhen bei offenen Verletzungen der Hände);<br>▪ Reinigung und Desinfektion der Hände unmittelbar vor der Arzneimittelherstellung und nach Arbeitsunterbrechung sowie nach Berühren potenziell kontaminierter Flächen oder Gegenstände;<br>▪ Verwendung von Spendern mit hautschonender Waschlotion und Desinfektionsmittellösung sowie Pflege der Hände nach Abschluss der Arbeiten;<br>▪ Verwendung von Einmalhandtüchern aus Papier bzw. Reinigung der Handtücher nach Gebrauch;<br>▪ Tragen von Hygienekleidung (langer sauberer Kittel, Haarhaube, Bartschutz, Mund- und Nasenschutz, Handschuhe), Festlegung zur Wechselfrequenz, Reinigung und Aufbewahrung;<br>▪ Vermeiden von Niesen, Husten, Sprechen während der Herstellung;<br>▪ keine Berührung des Produktes mit den Händen. |
| Raumhygiene | ▪ Räumliche Abtrennung des Herstellungsbereichs (bzw. mind. an 3 Seiten raumhoch von Offizin abgetrennter Arbeitsplatz);<br>▪ Sicherstellung, dass Herstellungsbereich ständig in ordentlichem, sauberem Zustand;<br>▪ Wände, Decken, Fußböden und Arbeitsflächen mit glatten, leicht zu reinigenden Oberflächen;<br>▪ Zutrittsbeschränkung für den Herstellungsbereich;<br>▪ Verbot der Lagerung und Bearbeitung von Lebensmitteln;<br>▪ Beachtung der notwendigen Konzentration und Einwirkzeit bei Einsatz von Desinfektionsmitteln;<br>▪ Einrichtung eines gesonderten Arbeitsplatzes für Lagerung und Bearbeitung von Teedrogen sowie für weitere stauberzeugende Tätigkeiten. |
| Ausgangsstoffe | ▪ Bezug mikrobiell einwandfreier Ausgangsstoffe oder Festlegung von Maßnahmen zur Keimzahlminderung;<br>▪ Entfernen von Sekundärverpackungen vor dem Einbringen in den Herstellungsbereich;<br>▪ Reinigung und Desinfektion von Primärverpackungen vor dem Einbringen in den Herstellungsbereich;<br>▪ Vermeidung von Kontamination bei Entnahme aus dem Vorratsgefäß, Vorratsgefäße schließen; |

**Tab. 1.7** Qualitätssicherung im Schritt 1: Hygienestandards einhalten (Fortsetzung)

| Schwerpunkte | Maßnahmen |
|---|---|
| | ■ Reinigung, Desinfektion bzw. Sterilisation wiederverwendbarer Standgefäße;<br>■ Festlegung zu Gewinnung, Aufbewahrung und Lagerung von Wasser;<br>■ keine Wiederverwendung von Abgabegefäßen. |
| Geräte und Materialien | ■ Ausschließlich zweckentsprechender Einsatz von Geräten;<br>■ im Herstellungsbereich nur Aufbewahrung der notwendigen Geräte;<br>■ Desinfektion produktberührender sowie produktnaher Oberflächen unmittelbar vor Herstellung bzw. vor Gebrauch (evtl. Einsatz sterilisierter Geräte);<br>■ Erstellung spezifischer Reinigungsvorschriften für Maschinen und Geräte (inkl. Waagen und Wasserbäder);<br>■ keine Originalrezepte im Herstellungsbereich. |
| Wasserbäder, Handtücher, Putzlappen, Waschbecken, Abfallbehälter, Kühlschrank | ■ Regelmäßige Reinigung und Entleerung von Wasserbädern;<br>■ Verwendung von Einmalhandtüchern aus Papier bzw. Reinigung der Handtücher nach Gebrauch;<br>■ tägliche Reinigung der Putzlappen;<br>■ räumliche Trennung des Waschbeckens vom Herstellungsbereich;<br>■ keine Aufbewahrung von Utensilien im Waschbecken;<br>■ Sammlung von Abfällen in geeigneten geschlossenen Behältern; Verwendung von Einhängebeuteln zur einmaligen Verwendung bzw. Festlegungen zur Reinigung und Desinfektion;<br>■ Vermeiden des Berührens der Abfallbehälters während der Herstellung;<br>■ getrennte Aufbewahrung von Lebensmitteln und Arzneimitteln in verschiedenen Kühlschränken;<br>■ regelmäßige Reinigung des Kühlschranks. |
| Herstellung | ■ Herstellung möglichst zügig und ohne Unterbrechung;<br>■ Abdeckung offener (Zwischen-)Produkte;<br>■ Herstellung möglichst in geschlossenen Systemen. |
| Qualitätssicherung | ■ Erstellung von Standardarbeitsanweisungen und Schulung der Mitarbeiter;<br>■ Dokumentation und Kontrolle durchgeführter Hygienemaßnahmen;<br>■ mindestens jährliche Selbstinspektion;<br>■ Hygienemonitoring. |

## 1.6 Cora Emsig in der Rezeptur, Teil 1

PTA Cora Emsig nimmt in ihrer Nachmittagsschicht eine Rezepturverordnung einer Stammkundin entgegen. Vom Arzt wurde zum wiederholten Mal „Künstlicher Speichel[1] 500 ml" zur Therapie der Mundtrockenheit verordnet. Stets stellt die Apotheke die Rezeptur frisch her.

„Zum Glück besitzt unsere Apotheke eine leistungsfähige Destille, die 2 Liter destilliertes Wasser pro Stunde produzieren kann", denkt Frau Emsig. Sie bittet die Kundin um einen kleinen Augenblick Geduld, ehe das Beratungsgespräch fortgesetzt werden kann. Direkt aus dem Handverkauf kommend schaltet sie fix das Gerät ein und stellt sogleich ein Abgabegefäß unter den Auslaufhahn, in das es schnell hineinzutröpfeln beginnt.

Zurückgekehrt in der Offizin berät Frau Emsig die Kundin noch kurz über begleitende Maßnahmen zur Behandlung einer Mundtrockenheit und vereinbart die schnelle Fertigstellung der Rezeptur. Die Kundin solle in einer ½ Stunde wiederkommen, dann sei die Rezeptur fertig. Sogleich nach der Verabschiedung der Kundin macht sich Frau Emsig in der Rezeptur an die Arbeit.

Ihre Laune ist bestens, denn bereits nach 15 Minuten ist das Gefäß mit sauberem Wasser zur Hälfte gefüllt. „Super Sache", versichert sie sich selbst noch einmal und beginnt mit der Rezepturherstellung, damit sie der Kundin die Zubereitung auch pünktlich übergeben kann.

→ **Nehmen Sie diese Praxissituation unter die Lupe und finden Sie die Punkte, über die Cora Emsig und die Mitarbeiter dieser Apotheke noch einmal nachdenken sollten.**

→ **Aber nicht nur Sie, das ganze Team ist hier gefragt!**

---

**Praxistipp**

Nutzen Sie zur Bearbeitung auch die Materialien des Online-Plus-Angebots! Es enthält für alle 7 Schritte:
- **Qualitäts-Checklisten** sowie
- **Arbeitsmaterial für Teamschulung, Selbststudium und Ausbildung**

und für die Fertigung eines Rezepturarzneimittels die
- **Formatvorlage zur Erstellung einer Herstellungsanweisung** sowie eine
- **Dokumentationsvorlage zur Herstellungsdokumentation.**

Sie finden die Dokumente auf www.Online-PlusBase.de im Bereich „Pharmazie". Für die erstmalige Anmeldung benötigen Sie Ihre E-Mail-Adresse und dieses Buch.

---

[1] Zusammensetzung für 100 g: Kaliumchlorid 0,12 g, Natriumchlorid 0,085 g, Natriummonohydrogenphosphat-Dodecahydrat 0,25 g; Calciumchlorid-0,15 %-/Magnesiumchlorid-0,05 %-Lösung 10,0 g; Sorbinsäure 0,1 g; Carmellose-Natrium 400 0,5 g; Sorbitol-Lösung 70 % 4,3 g; Gereinigtes Wasser q. s.

# 2 Schritt 2: Verordnung überprüfen

*„Findet der Receptarius auf dem Recepte Undeutlichkeit, Mangel an Gewichtsbezeichnung etc. so verschliesst er das Recept mit der gehörigen Anfrage versehen in ein Couvert und schickt es dem Arzt zur Rekognition zurück. … Da sehr viele Aerzte über Erinnerungen jener Art ungehalten erscheinen, so ist es jederzeit rathsam, der schriftlichen Erinnerung den Anstrich geschäftlicher Nothwendigkeit zu geben und sie lateinisch abzufassen."*
Hager (1862): Technik der pharmaceutischen Receptur – Handbuch der Receptirkunst.

| | |
|---|---|
| 2.1 Rechtliche Grundlagen | 75 |
| 2.2 Prüfung auf Vollständigkeit der Verordnung | 77 |
| 2.3 Prüfung der Verordnung bezüglich des Therapiekonzeptes | 79 |
| 2.4 Weitere Plausibilitätsprüfungen der verordneten Zubereitung | 84 |
| 2.5 Standardisierte Vorschriftensammlungen | 118 |
| 2.6 Konservierung von Zubereitungen | 143 |
| 2.7 Haltbarkeit festlegen | 159 |
| 2.8 Zusammenfassung und Wiederholung | 159 |
| 2.9 Cora Emsig in der Rezeptur, Teil 2 | 161 |

Insbesondere dann, wenn ein zugelassenes Fertigarzneimittel nicht verfügbar ist, ermöglicht die Herstellung einer Individualrezeptur in der Apotheke die effiziente Therapie. Aus diesem Grund werden nach wie vor in deutschen Apotheken zahlreiche Rezeptur- und Defekturarzneimittel hergestellt. Dabei hat der Apothekenleiter die Verantwortung für die Qualität des in seiner Apotheke hergestellten und in den Verkehr gebrachten Produktes.

Um die Qualität des Produktes sicherzustellen, ist es unbedingt notwendig, zahlreiche theoretische Prüfungen der Rezepturvorschrift durchzuführen und diese Vorüberlegungen schriftlich festzuhalten. Bei Problemen sollten mögliche Lösungsvorschläge mit dem Arzt besprochen und Entscheidungen ebenfalls dokumentiert werden. Diese Dokumentation dient der Apotheke zur Nachvollziehbarkeit und hilft im Wiederholungsfall, wertvolle Zeit zu sparen. Des Weiteren kann sie als Nachweis der Klärung im Haftungsfall bzw. bei Rückfragen der Krankenkassen hilfreich sein. Die Dokumentation der Rücksprache auf dem Rezept ist dazu i. d. R. nicht ausreichend.

Empfehlenswert ist eine schriftliche Vereinbarung mit Ärzten über wesentliche Punkte der Rezepturverordnung und -herstellung, z. B. Konservierung. Absprachen im Einzelfall können so zwar nicht vermieden, aber auf das notwendige Maß beschränkt werden.

■ **MERKE** Auch für in der Apotheke hergestellte Arzneimittel gelten die Grundanforderungen, die an Arzneimittel generell zu stellen sind:
- Wirksamkeit,
- Unbedenklichkeit und
- pharmazeutische Qualität.

> **Hinweis**
> Der Entwurf zur novellierten Apothekenbetriebsordnung sah für die Herstellung von Rezepturarzneimitteln die grundsätzliche Verwendung standardisierter Herstellungsvorschriften vor – in den gültigen Text der Verordnung wurde dieser Passus nicht übernommen. Auch für die Herstellung von **Defekturarzneimitteln** weist die Verordnung nicht explizit darauf hin, dass standardisierte Herstellungsvorschriften zu verwenden sind. Die Standardisierung von Prozessen ist jedoch stets eine wesentliche Basis eines QM-Systems.

Auch wenn im Folgenden bestimmte Vorüberlegungen auf die Herstellung von Rezepturarzneimitteln fokussieren, können und sollten die Hinweise für die Herstellung von Defekturarzneimitteln entsprechend berücksichtigt werden.

## 2.1 Rechtliche Grundlagen

Die Überprüfung der Verordnung vor der eigentlichen Herstellung ist ein wesentlicher Schritt, um die Wirksamkeit, Unbedenklichkeit und Qualität der Zubereitung sicherzustellen. Die Forderung der sogenannten Plausibilitätsprüfung ergibt sich explizit aus § 7 ApBetrO.

### Apothekenbetriebsordnung (ApBetrO)
**§ 7 Rezepturarzneimittel**
„(1) … Enthält eine Verschreibung einen erkennbaren Irrtum, ist sie unleserlich oder ergeben sich sonstige Bedenken, so darf das Arzneimittel nicht hergestellt werden, bevor die Unklarheit beseitigt ist. …
(1a) Ein Rezepturarzneimittel ist nach einer vorher erstellten schriftlichen Herstellungsanweisung herzustellen, die von einem Apotheker … der Apotheke zu unterschreiben ist. Die Herstellungsanweisung muss mindestens Festlegungen treffen …
2. zur Plausibilitätsprüfung …
(1b) Die Anforderung über die Herstellung eines Rezepturarzneimittels ist von einem Apotheker nach pharmazeutischen Gesichtspunkten zu beurteilen (Plausibilitätsprüfung). Die Plausibilitätsprüfung muss insbesondere Folgendes berücksichtigen:
1. die Dosierung,
2. die Applikationsart,
3. die Art, Menge und Kompatibilität der Ausgangsstoffe untereinander sowie deren gleichbleibende Qualität in dem fertig hergestellten Rezepturarzneimittel über dessen Haltbarkeitszeitraum, sowie
4. die Haltbarkeit des Rezepturarzneimittels."

Um den Forderungen nach § 7 ApBetrO nachzukommen, muss im Rahmen der Überprüfung der Verordnung beurteilt werden, ob
1. die Verordnung leserlich und vollständig ist,
2. erkennbare Irrtümer ausgeschlossen sind,
3. die Dosierung der Arznei- und Hilfsstoffe sowie der Zubereitung therapeutisch üblich ist,
4. die Applikationsart plausibel ist,

5. die Kompatibilität und die Haltbarkeit der Rezepturbestandteile gegeben ist,
6. die Rezeptur mit der geforderten Qualität hergestellt werden kann und
7. die Qualität über den Anwendungszeitraum gewährleistet ist.

Aus den genannten Punkten ergeben sich weitere Fragen, die zu klären sind, bevor das Rezepturarzneimittel hergestellt werden darf. So kann die Frage nach der therapeutisch üblichen Konzentration der Arzneistoffe häufig nur dann beantwortet werden, wenn das Therapiekonzept – Indikation sowie Gebrauchsanweisung – bekannt sind. Bei verschiedenen Arzneistoffen, wie Salicylsäure und Dithranol, unterscheiden sich die therapeutisch üblichen Konzentrationen danach, ob es sich um die Anwendung auf einem klein- oder großflächigen Areal handelt bzw. ob das Arzneimittel zu Beginn der Therapie oder zur andauernden Behandlung eingesetzt werden soll.

■ **MERKE** Die Frage, ob der Arzneistoff in einer Rezeptur in therapeutisch üblicher Konzentration verordnet worden ist, kann meist nur beantwortet werden, wenn das Therapiekonzept bekannt ist.

Zu Herstellung der Rezeptur in der nach Arzneibuch geforderten Qualität sind weitere Fragen zu klären wie „Sind geprüfte Ausgangsstoffe vorhanden?" bzw. „Dürfen die verordneten Stoffe überhaupt in Rezepturen eingesetzt werden?"

Wie die Beseitigung der Unklarheiten im Einzelfall zu erfolgen hat, ist in der Apothekenbetriebsordnung nicht explizit beschrieben – insbesondere ist nicht vorgeschrieben, dass in jedem Fall der verordnende Arzt zu kontaktieren ist. Es kommen also neben der Rücksprache mit dem Arzt weitere Möglichkeiten zur Klärung infrage. Bei fehlenden Angaben zur Anwendung bietet sich zuerst die Nachfrage beim Patienten an. Wenn sich herausstellt, dass der Patient nicht oder unzureichend informiert ist bzw. wenn Zweifel am Informationsstand des Patienten aufkommen, ist aber unbedingt die Abklärung mit dem Arzt anzuraten.

Weitere Unklarheiten (wie die Verordnung von Arzneistoffen mit negativer Nutzen-Risiko-Bewertung oder die Zusammenstellung inkompatibler Wirkstoffe) erfordern i. d. R. ein Gespräch mit dem verordnenden Arzt. Hierbei ist zu beachten, dass der Therapiefreiheit des Arztes die Verpflichtung des Apothekers gegenübersteht, nur qualitativ einwandfreie Arzneimittel abzugeben. Im Zweifelsfall muss also eine – dokumentierte (!) – Klärung durch Arzt und Apotheker stattfinden. Die Dokumentationsmaterialien sowie die Arbeitshilfen des NRF (Kapitel I.5. bzw. dem NRF beiliegende CD-ROM) können zur Kommunikation mit dem Arzt verwendet werden.

■ **MERKE** Eine Grundvoraussetzung für die Anfertigung einer Rezeptur ist die pharmazeutische Qualität. Wenn diese nicht sichergestellt werden kann, darf das Arzneimittel nicht angefertigt werden!

Da das Arzneimittelgesetz die höherrangige Norm ist, hat es Vorrang vor den Festlegungen in der Apothekenbetriebsordnung. Die Apotheke ist demnach verpflichtet, die Abgabe von Arzneimitteln abzulehnen, deren Qualität nicht sichergestellt werden kann – auch wenn damit entgegen § 17 ApBetrO gehandelt wird und ärztliche Verschreibungen nicht beliefert werden.

**Eine Rezeptur darf insbesondere dann nicht hergestellt werden, wenn eine der folgenden Situationen vorliegt:**
- Es liegt eine veröffentlichte Stellungnahme einer zuständigen Zulassungsbehörde vor, die das Rezepturarzneimittel als bedenklich nach § 5 AMG einstuft.
- Es liegen für einen oder mehrere Bestandteile der Zubereitung weder Prüfvorschrift noch Prüfzertifikat nach § 6 ApBetrO vor.
- Die Zulassung eines Fertigarzneimittels mit den betreffenden Wirk- oder Hilfsstoffen wurde widerrufen oder ruht aufgrund von ungeklärten Risiken.
- Die (verordnete) Kombination von Wirk- und Hilfsstoffen weist Unverträglichkeiten auf, welche die Qualität der Zubereitung unzulässig beeinträchtigen.
- Es bestehen Irrtümer oder sonstige Bedenken (z. B. bei hoher Wirkstoffkonzentration), die nicht geklärt werden können.

Die Beurteilung der Plausibilität einer Rezepturverordnung obliegt dem Apotheker. Wichtige Vorarbeit kann aber das in der Apotheke beschäftigte Personal leisten. Die endgültige Bewertung sowie die Festlegung der Herstellungsanweisung muss entsprechend ApBetrO vom Apotheker vorgenommen werden. Entsprechend ApBetrO kann die Herstellungsanweisung auch durch eine „zur Vertretung berechtigte(n) Person" genehmigt werden. Für Defekturarzneimittel gilt die Forderung nach Unterschrift durch einen Apotheker ohne Ausnahme.

> **Praxistipp**
> Mit der Qualitäts-Checkliste aus dem Online-Plus-Angebot können Sie Schritt für Schritt die Verordnung überprüfen und zur Dokumentation dieser Überprüfung nutzen.

## 2.2 Prüfung auf Vollständigkeit der Verordnung

Wenn verschreibungspflichtige Arzneimittel verordnet worden sind, ist die Verordnung zunächst auf Einhaltung der Arzneimittelverschreibungsverordnung zu prüfen. Insbesondere die geforderte Gebrauchsanweisung hat sowohl für die weitere Prüfung der Verordnung als auch für die Beratung des Anwenders entscheidende Bedeutung.

Zur Abgabe apothekenpflichtiger Arzneimittel ist das Vorliegen einer Verordnung nicht verpflichtend. Nichtsdestotrotz ist die Plausibilitätsprüfung nach ApBetrO auch für diese Zubereitungen durchzuführen. Im Folgenden werden wesentliche Punkte zur Prüfung der Verordnung aufgeführt, die sowohl für verschreibungspflichtige als auch für nichtverschreibungspflichtige Zubereitungen zu beachten sind.

**Aspekte zur Prüfung auf Vollständigkeit der Verordnung**
- Ist die Verordnung leserlich?
- Enthält die Verordnung Wirkstoffe und Hilfsstoffe sowie die erforderlichen Mengenangaben?
- Sind die Wirk- und Hilfsstoffe bzw. Grundlagen eindeutig bezeichnet?
- Ist die Gebrauchsanweisung bekannt?

Auch wenn Verschreibungen mittlerweile oft mit dem Computer ausgestellt sind und dann die Leserlichkeit kein Problem darstellen sollte, werden auch handschriftlich ausgestellte Rezepte in der Apotheke vorgelegt. Mitunter haben die Verordner eine sehr „ausgeprägte" Handschrift, die nicht immer einfach zu lesen ist. Insbesondere „Schrifthaken" müssen beachtet werden. Bei Mengenangaben können diese „Schrifthaken" den Unterschied zwischen „aa" und „aa ad" ausmachen und damit einen entscheidenden Einfluss auf die Konzentration von Wirkstoffen in der Zubereitung haben. Grundlagen sind bei (fast) gleicher Bezeichnung („Nichtionische hydrophile Creme SR DAC" oder „Nichtionische hydrophile Creme DAB" bzw. „Linimentum aquosum" oder „Linimentum aquosum N") unterschiedlich zusammengesetzt; ein „Schrifthaken" kann die Verwechslung von ionischen und nichtionischen Grundlagen verursachen.

### 2.2.1 Mengenangaben

Mengenangaben sind generell nur vollständig mit einer entsprechenden Einheit. Üblicherweise werden Rezepturbestandteile in g bzw. mg oder ml angegeben. Im DAB werden die Mengen der Bestandteile von Zubereitungen in Teilen angegeben. Wenn nichts anderes angegeben ist, sind damit Masseteile gemeint. Wenn eine Verordnung Mengenangaben ohne Einheiten enthält und keine Rücksprache mit dem verschreibenden Arzt möglich ist, muss im Einzelfall sorgfältig geprüft werden, ob die Verwendung von Masseteilen gerechtfertigt ist.

**Bedeutung älterer Mengenangaben**
„aa" bedeutet „zu gleichen Teilen"
„aa ad" bedeutet „zu gleichen Teilen auf"

Alkohole wie Ethanol oder Isopropanol werden üblicherweise mit Mengen in Volumenanteilen (V/V) verordnet. Bei Nystatin, Neomycinsulfat o. Ä. wird die Menge in wirksamen Einheiten (I. E.) angegeben.

### 2.2.2 Bezeichnung von Wirk- und Hilfsstoffen bzw. Grundlagen

Grundlagen sind teilweise mit gleicher oder ähnlicher Bezeichnung, aber mit unterschiedlicher Zusammensetzung in verschiedenen Rezeptursammlungen beschrieben. Insbesondere bei Verwendung von Abkürzungen ist zu prüfen, ob die Grundlage eindeutig bezeichnet ist (z. B. Wasserhaltige Wollwachsalkoholsalben SR DAC oder DAB).

**Apothekenbetriebsordnung (ApBetrO)**
**§ 7 Rezepturarzneimittel**
„(1) ... Andere als die in der Verschreibung genannten Ausgangsstoffe dürfen ohne Zustimmung des Verschreibenden bei der Herstellung nicht verwendet werden. Dies gilt nicht für Ausgangsstoffe, sofern sie keine eigene arzneiliche Wirkung haben und die arzneiliche Wirkung nicht nachteilig beeinflussen können. ..."

Insbesondere bei Glucocorticoiden, aber auch bei weiteren Wirkstoffen (z. B. Hormonen) werden je nach Anwendungszweck Ester oder Salze eingesetzt. Dabei ist zu beachten, dass bei Verwendung einer ungeeigneten Form die Wirkung vermindert sein kann bzw. auch gänzlich ausbleiben kann. Die Verwendung eines „falschen" Wirkstoffs ist ein grober Fehler und führt dazu, dass die Rezeptur nicht die entsprechende Qualität aufweist. Die Prüfung der korrekten Auswahl des Arzneistoffs ist somit ein wesentlicher Punkt bei der Plausibilitätskontrolle von Rezepturverordnungen.

**NRF-Rezepturhinweis: „Triamcinolonderivate zur Anwendung auf der Haut"**
„… Bei lokaler Anwendung auf der Haut ist das lipophilere Triamcinolonacetonid zehnmal wirksamer als das hydrophilere Triamcinolon. Bei systemischer Applikation sind Triamcinolon und seine Derivate dagegen etwa gleich wirksam. … Dies ist in gleicher Weise für das analoge Wirkstoffpaar Fluocinolon/Fluocinolonacetonid dokumentiert.
Bei kutaner Anwendung muss deshalb im Allgemeinen Triamcinolonacetonid rezeptiert werden. Das ebenfalls als Rezeptursubstanz erhältliche Triamcinolon ist allenfalls zur Anwendung auf Schleimhäuten sinnvoll. …"

Auch bei der Verordnung von betamethasonhaltigen Rezepturen ist die Verordnung sorgfältig darauf hin zu prüfen, ob Irrtümer über den zu verwendenden Ausgangsstoff ausgeschlossen sind. Betamethason und Betamethason-21-valerat sind bei kutaner Anwendung praktisch unwirksam. Zur Anwendung auf der Haut kommen Betamethason-17-valerat und Betamethasondipropionat infrage. Betamethasondipropionat ist vergleichbar mit Betamethason-17-valerat und in zahlreichen Fertigarzneimitteln enthalten (z. B. Betadermic®, Diprogenta®, Lotricomb®). Betamethason-17-valerat ist der im NRF verwendete Wirkstoff.

▪ **MERKE** Eine Verschreibung von Betamethason für die kutane Anwendung ist nicht plausibel und erfordert die Klärung durch die Apotheke.

## 2.3 Prüfung der Verordnung bezüglich des Therapiekonzeptes

Die Kenntnis des Therapiekonzeptes ist zur Beurteilung der Rezeptur und zur Beratung des Kunden aus verschiedenen Gründen notwendig. Für den Therapieerfolg ist zum einen die Konzentration der Wirkstoffe wesentlich. Für häufig in der Rezeptur verwendete Wirkstoffe sind therapeutische Normdosen bzw. obere Richtkonzentrationen publiziert. Je nach Wirkstoff können sich diese Angaben nach Indikation, Anwendungsdauer oder Größe des behandelten Hautareals deutlich unterscheiden. Um hier der Verpflichtung zur Prüfung der Verordnung nachkommen zu können, ist die Kenntnis des Therapiekonzeptes notwendig. Auch zur Beurteilung der Abgabemenge und zur Auswahl eines geeigneten Abgabegefäßes evtl. mit Applikationshilfen muss die Apotheke über Anwendungsart und Dauer der Therapie informiert sein. Die Apotheke kann ihrer Verpflichtung zur Information und Beratung der Kunden nur entsprechend nachkommen, wenn alle relevanten Informationen vorliegen.

▪ **DEFINITION** Unter dem Begriff **Therapiekonzept** werden alle Informationen zusammengefasst, die zur Bewertung der Rezeptur und zur Beratung des Kunden in der Apotheke unerlässlich sind – insbesondere sind das detaillierte Angaben zu Indikation, Applikationsart und Therapiedauer.

> **Praxistipp**
> Die Verordnung über ein verschreibungspflichtiges Arzneimittel muss gemäß Arzneimittelverschreibungsverordnung eine Gebrauchsanweisung enthalten. Damit ist das Rezept eine wesentliche Quelle für Informationen zum Therapiekonzept.
> Auch für die Plausibilitätsprüfung einer nichtverschreibungspflichtigen Zubereitung ist die Gebrauchsanweisung wichtig. Notwendige Informationen werden deshalb bei Arzt und/oder Kunde eingeholt.
> Des Weiteren enthalten aktuelle standardisierte Vorschriften zur Arzneimittelherstellung (z. B. NRF, DAC, DAB oder die Standardzulassungen) Angaben zur Durchführung der Arzneimitteltherapie.

Auf der Grundlage der Kenntnisse zum Therapiekonzept kann die Verordnung geprüft werden. Die folgenden Punkte sind insbesondere zu beurteilen.

- Ist die verordnete Menge ausreichend bzw. sinnvoll bemessen für die Therapie (evtl. bis zum nächsten Arztbesuch)?
- Ist die Konzentration der Wirkstoffe plausibel (nicht zu hoch, aber auch nicht zu niedrig)?
- Ist die Grundlage geeignet zur Therapie der Erkrankungen (vor allem bei Hauterkrankungen)?
- Sind Besonderheiten bei der Applikation zu berücksichtigen (z. B. Notwendigkeit von Applikationshilfen)?

Die Prüfung der Wirkstoffkonzentration hat besondere Bedeutung bei der Herstellung von Arzneimitteln mit stark wirksamen Arzneistoffen, wie z. B. Glucocorticoiden. Auch bei der Anwendung von Dermatika kann eine Überdosierung schwere Nebenwirkungen hervorrufen. Fälle von dramatischen Nebenwirkungen, die durch Anwendung von Rezepturen mit stark überhöhter Dosierung an Glucocorticoiden hervorgerufen wurden, sind bekannt.

In ◘ Tab. 2.1 findet sich eine Übersicht über die therapeutisch üblichen Konzentrationen häufig verordneter Arzneistoffe in Dermatika. Die Informationen sind den „Wirkstoffdossiers für externe dermatologische Rezepturen" der Gesellschaft für Dermopharmazie e. V. sowie dem NRF entnommen.

Eine weitere Informationsquelle ist das Buch „Normdosen gebräuchlicher Arzneistoffe und Drogen" (Haffner). Hier findet sich eine Vielzahl von Wirkstoffen mit Angabe der in der Therapie üblichen Dosierungen. Enthalten sind auch Arzneistoffe zur kutanen Anwendung oder zur Anwendung auf Schleimhäuten. Zu beachten ist, dass bei der regelmäßigen Aktualisierung alte (obsolete) Arzneistoffe bewusst nicht entfernt werden.

> ■ **MERKE** Auch wenn das Buch „Normdosen gebräuchlicher Arzneistoffe und Drogen" eine wichtige Orientierungshilfe bei der Prüfung der Wirkstoffkonzentration ist, darf das Auffinden von Stoffen in der Liste nicht als Indiz für die Sinnhaftigkeit der Therapie interpretiert werden!

**Therapeutische Konzentration:** Als therapeutische Konzentration wird der in der Dermatologie übliche Konzentrationsbereich z. B. in den GD-Wirkstoffdossiers angegeben.

**Obere therapeutische Richtkonzentration:** Im NRF (Kapitel I.6.5.) werden obere therapeutische Konzentrationen für verschiedene Wirkstoffe angegeben. Diese Angaben werden auf Wunsch und in Abstimmung mit der Kommission Magistrale Rezepturen der Deutschen Dermatologischen Gesellschaft veröffentlicht und sollen zum Hinterfragen zu hoher Dosierungen in der Verordnung führen.

Die Angaben entsprechen dem anerkannten Stand der pharmazeutischen Wissenschaften. Sie sind nicht unmittelbar rechtsverbindlich, dennoch soll eine Überschreitung therapeutisch begründet sein. Der Arzt kann seine Absicht durch einen Vermerk, z. B. in Form eines Ausrufezeichens, auf der Verordnung kenntlich machen. Ansonsten soll die Apotheke vor der Herstellung mit dem Arzt Rücksprache nehmen.

> ■ **MERKE** Die in den GD-Wirkstoffdossiers und im NRF angegebenen oberen Richtkonzentrationen haben normativen Charakter. Eine Überschreitung ist als Unklarheit im Sinne der ApBetrO zu werten und vor der Herstellung der Rezeptur abzuklären.

◘ **Tab. 2.1** Therapeutische Konzentrationen und obere Richtkonzentrationen für Wirkstoffe in Dermatika. (Aus GD-Wirkstoffdosiers und NRF)

| Wirkstoff | Therapeutische Konzentration | Obere Richtkonzentration |
|---|---|---|
| Betamethasondipropionat | – | 0,1 % |
| Betamethason-17-valerat | 0,05–0,1 % in Salben, Cremes, Lösungen, Haftpasten zur Anwendung auf Haut und Schleimhaut | 0,15 % |
| Capsaicin | – | zu Therapiebeginn 0,025 %, Verlauf der Behandlung 1,0 % |
| Chloramphenicol | 0,25–1 % (2 %) in hydrophilen Cremes und Lösungen | – |
| Chlorhexidindigluconat, -diacetat | 0,1–1 % | – |
| Clioquinol | 0,5–3 % in Cremes, Salben, Pasten und Schüttelmixturen, in Pudern bis 25 % | 3 % |
| Clobetasolpropionat | – | 0,05 % |
| Clotrimazol | 1 % und 2 % in Cremes, Salben, Pasten, Lösungen | – |
| Dexamethason | 0,01–0,05 % in Salben, Cremes, Lösungen | 0,05 % |
| Dithranol | 0,05–3 % in Cremes, Salben, Pasten und Lösungen | zu Behandlungsbeginn: 0,1 %, bei Weiterbehandlung: 3,0 % |
| Erythromycin | 0,5–4 % in Cremes, Gelen, alkoholischen Lösungen | – |

◘ **Tab. 2.1** Therapeutische Konzentrationen und obere Richtkonzentrationen für Wirkstoffe in Dermatika. (Aus GD-Wirkstoffdosiers und NRF) (Fortsetzung)

| Wirkstoff | Therapeutische Konzentration | Obere Richtkonzentration |
|---|---|---|
| Estradiol/-benzoat | – | 0,015 % |
| Estriol | – | 0,1 % |
| Fuchsin (kleinflächig) | – | 0,5 % |
| Gentamicinsulfat[1] | 0,1–0,2 % | 0,2 % |
| Hydrochinon | – | 3,0 % |
| Hydrocortison | 0,25–1 % in Salben, Cremes, Hautemulsionen, Lösungen | – |
| Kaliumpermanganat (anwendungsfertige Lösung) | – | 0,001 % |
| Methoxsalen | PUVA-Creme-Therapie: 0,0006–0,005 % PUVA-Bad-Therapie: 0,5–1,0 mg/L Badewasser | 0,005 % |
| Methylrosaniliniumchlorid | – | 0,5 % (kleinflächig) |
| Metronidazol | 0,5–2 % in Cremes, Gelen, Lösungen | 3,0 % |
| Miconazolnitrat | 1–2 % | – |
| Minoxidil | 2–5 % | 5,0 % |
| Polidocanol 600 | 3–5 % in Cremes, 3–10 % in abwaschbaren Ölen und Ölbädern | – |
| Prednisolon | 0,1–0,5 % in Salben, Cremes, Hautemulsionen, Lösungen | – |
| Salicylsäure | 1–20 % in Salben, Cremes, Lösungen, Kopfölen, Schälpasten | 3 % (für die großflächige Anwendung) |
| Steinkohlenteer | – | 10 % |
| Steinkohlenteerlösung | 1–20 % in Salben, Cremes, Gelen, 5–10 % in Tinkturen und 0,5–3 % als abwaschbare Zubereitung zur Anwendung auf der Kopfhaut | 20 % |
| Testosteron/-propionat | – | 2,0 % |

◘ **Tab. 2.1** Therapeutische Konzentrationen und obere Richtkonzentrationen für Wirkstoffe in Dermatika. (Aus GD-Wirkstoffdosiers und NRF) (Fortsetzung)

| Wirkstoff | Therapeutische Konzentration | Obere Richtkonzentration |
|---|---|---|
| Tretinoin | 0,01–0,1 % in Salben, Cremes, Hydrogelen, alkoholischen Lösungen und Haftpasten | 0,1 % |
| Triamcinolon-acetonid | 0,025–0,1 % in Salben, Cremes, Hydrogelen, Haftpasten zur Anwendung auf Haut und Schleimhaut, 0,2 % in alkoholischen Lösungen | 0,1 % |
| Triclosan | 1–3 % (1./2. Lebensjahr: 1–1,5 %, Vorschulalter: 1–2 %, ab 6 Jahre: 2 %) | 3,0 % |
| Zinkoxid | 5–60 % | – |

[1] Gentamicin ist ein Reserveantibiotikum für die systemische Anwendung und wird nicht für Rezepturen zur kutanen Anwendung empfohlen. Das NRF enthält deshalb keine Vorschriften für gentamicinsulfathaltige Externa.

### Besondere Therapiekonzepte

Bestimmte Wirkstoffe werden im Rahmen spezieller Konzepte angewendet. Die Kenntnis dieser Anwendungsgebiete ist zur Bewertung der Rezeptur und zur Information der Patienten wichtig.

- Extern anzuwendende Glucocorticoide werden in der Regel als Kurzzeittherapie angewendet. Zu Behandlungsbeginn werden entsprechende Zubereitungen ein- bis dreimal täglich dünn aufgetragen, die Fortsetzung der Therapie erfolgt als **Intervalltherapie** (im Wechsel mit wirkstofffreien Grundlagen) oder als **Stufentherapie**.
- Methoxsalen wird im Rahmen der **PUVA-Therapie** bei Psoriasis eingesetzt. Nach der Anwendung der Zubereitung (Creme, Bad) auf den betroffenen Hautarealen erfolgt die Behandlung mit UVA-Strahlung.

Ergibt die Prüfung der Verordnung, dass die Wirkstoffe nicht in den publizierten therapeutisch üblichen Konzentrationen eingesetzt werden sollen, muss diese Unklarheit durch Rücksprache mit dem Arzt beseitigt werden. Bestätigt der Arzt die Verordnung, so ist das entsprechend zu dokumentieren. Alternativ kann der Arzt bereits bei der Verordnung einen entsprechenden Vermerk auf dem Rezept vornehmen, eine Rückfrage erübrigt sich dann. Besonderes Fingerspitzengefühl ist gefragt, wenn Unklarheiten darüber bestehen, ob die Rezeptur für das Anwendungsgebiet bzw. das gewünschte Therapieziel geeignet ist.

> ■ **DEFINITION** Unter **Off-Label-Use** versteht man die Verordnung von Fertigarzneimitteln ausnahmsweise und unter strengen Voraussetzungen bei Indikationen, die über die zugelassenen Anwendungsgebiete hinausgehen (siehe NRF Kapitel I.5.).

Die Verordnung von Fertigarzneimitteln im Rahmen des Off-Label-Use ist aufgrund der Therapiefreiheit des Arztes im Einzelfall generell möglich, spielt allerdings für Rezepturen keine Rolle, da bei der individuellen Arzneimittelherstellung keine Zulassung nach § 21 AMG mit Angabe von Anwendungsgebieten notwendig ist. Im NRF werden Anwendungsgebiete nur in allgemeiner Form oder beispielhaft angegeben. Die Angabe ist aber nicht vollständig. Die Anwendung von Rezepturarzneimitteln bei weiteren als den angegebenen Indikationen ist daher möglich.

Trotzdem besteht für die Apotheke die Verpflichtung, Unklarheiten auszuräumen und bei Bedenken über die Eignung des Arzneimittels, z. B. bei scheinbar nicht geeigneten Grundlagen, mit dem Arzt Rücksprache zu halten.

> ■ **MERKE** Die Apotheke ist generell nicht berechtigt, in die ärztliche Therapie einzugreifen bzw. die ärztliche Therapiefreiheit einzuschränken. Das gilt, solange aus qualitativer Sicht keine Aspekte gegen die Herstellung und Abgabe des Arzneimittels sprechen. Kann das verordnete Arzneimittel nicht in der erforderlichen Qualität hergestellt werden bzw. gibt es weitere Aspekte, die die Abgabe verbieten (z. B. Bedenklichkeit des Arzneimittels), so muss die Apotheke die Herstellung ablehnen!

## 2.4 Weitere Plausibilitätsprüfungen der verordneten Zubereitung

Wenn die Verordnung vollständig und leserlich vorliegt und wenn die verordneten Wirkstoffe in therapeutisch üblichen Konzentrationen eingesetzt werden sollen, ist des Weiteren zu prüfen, ob die Rezeptur wie verordnet hergestellt werden kann. Zu prüfende Aspekte sind im Folgenden beschrieben.

- Sind bedenkliche Stoffe oder Stoffe mit negativer Nutzen-Risiko-Bewertung enthalten?
- Kann die Rezeptur in der geforderten Qualität hergestellt werden oder gibt es Unverträglichkeiten zwischen den Inhaltsstoffen?
- Ist die Rezeptur zumindest über den Anwendungszeitraum chemisch, physikalisch und mikrobiologisch stabil?
- Sind alle notwendigen Bestandteile in der geforderten Qualität vorhanden?

### 2.4.1 Abgabebeschränkungen

**Bedenklichkeit nach § 5 AMG**

Arzneimittel, die bedenkliche Stoffe enthalten, dürfen nach § 5 AMG nicht abgegeben oder angewendet werden. Bei Anwendbarkeit von § 5 AMG gilt die Verpflichtung nach § 17 ApBetrO zur unverzüglichen Belieferung von ärztlichen Verschreibungen nicht. Dem steht auch die Therapiefreiheit des Arztes **nicht** entgegen.

### Arzneimittelgesetz (AMG)
#### § 5 Verbot bedenklicher Arzneimittel
„(1) Es ist verboten, bedenkliche Arzneimittel in den Verkehr zu bringen oder bei einem anderen Menschen anzuwenden.
(2) Bedenklich sind Arzneimittel, bei denen nach dem jeweiligen Stand der wissenschaftlichen Erkenntnisse der begründete Verdacht besteht, dass sie bei bestimmungsgemäßem Gebrauch schädliche Wirkungen haben, die über ein nach den Erkenntnissen der medizinischen Wissenschaft vertretbares Maß hinausgehen."

Das Arzneimittelgesetz enthält keine Aufstellung der Stoffe oder Zubereitungen, die als bedenklich anzusehen sind. Da die Einschätzung der Bedenklichkeit auf wissenschaftlichen Kriterien beruht und neue Erkenntnisse zur Einstufung bisher verwendeter Arzneistoffe als bedenklich führen können bzw. die Einstufung von den Gegebenheiten des Einzelfalls abhängen können, ist eine gesetzliche Festlegung im Sinne des Verbraucherschutzes nicht ausreichend und praktikabel.

### AMK-Liste der bedenklichen Stoffe und Zubereitungen
Stoffe, die in jedem Fall als bedenklich anzusehen sind, werden durch die Arzneimittelkommission der Deutschen Apotheker (AMK) veröffentlicht. Die AMK-Liste wurde im August 2001 erstmals bekannt gemacht und seither mehrfach aktualisiert. Auch wenn der AMK die gesetzliche Legitimation für eine verbindliche Festlegung von bedenklichen Rezepturgrundstoffen fehlt, wurde die Stellungnahme durch das Bundesinstitut für Arzneimittel und Medizinprodukte sowie die Arzneimittelkommission der deutschen Ärzteschaft zustimmend zur Kenntnis genommen.

In die AMK-Liste der Stoffe und Drogen, die in Rezepturen unter den genannten Bedingungen als bedenklich gelten und nicht abgegeben werden dürfen, wurden Stoffe beziehungsweise Zubereitungen aufgenommen, die eine der folgenden Bedingungen erfüllen.
- Es liegt eine Stellungnahme des Bundesinstituts für Arzneimittel und Medizinprodukte beziehungsweise des Paul-Ehrlich-Instituts vor, die das fragliche Arzneimittel als bedenklich einstuft.
- Die Zulassung eines entsprechenden Fertigarzneimittels wurde widerrufen oder ruht.
- Es liegt eine Aufbereitungsmonographie vor, der zufolge die Anwendung aufgrund von Risiken bedenklich beziehungsweise nicht vertretbar ist.
- Es gab häufige Nachfragen bei der Geschäftsstelle der AMK, dem NRF und dem ZAPP (Zentrum für Arzneimittelinformation und Pharmazeutische Praxis der ABDA) und der Stoff oder die Zubereitung muss aufgrund von Angaben in der wissenschaftlichen Literatur eindeutig als bedenklich angesehen werden.

Zu beachten ist, dass nur Stoffe in die Liste aufgenommen wurden, bei denen eine gewisse Wahrscheinlichkeit besteht, dass sie in einer Rezeptur verordnet oder nachgefragt werden. Es sind nur Stoffe enthalten, die in Humanarzneimitteln Bedeutung haben können. Die Liste der AMK listet des Weiteren keine Rezepturgrundstoffe auf, deren Anwendung sich verbietet, weil die pharmazeutische Qualität nicht sichergestellt werden kann.

■ **MERKE** Aus dem Fehlen von Stoffen in der AMK-Liste der bedenklichen Stoffe darf nicht geschlossen werden, dass sie in Rezepturen verarbeitet und abgegeben werden dürfen. Diese Liste kann unvollständig sein, da sich der Stand der Wissenschaft ändert und die Bedenklichkeit einer Rezeptur teilweise nur aufgrund einer individuellen Nutzen-Risiko-Abwägung beurteilt werden kann.
Es ist die Verantwortung des Apothekers, jede Rezeptur vor der Anfertigung auf Plausibilität zu prüfen, damit das verfolgte Therapieziel ohne unvertretbare Risiken für den Patienten erreicht werden kann.

**Wussten Sie, dass ...**
... Arnikatinktur zu innerlichen Anwendung als bedenklich eingestuft wurde und damit die Abgabe zur Einnahme verboten ist?
Grund: Sesquiterpenlactone vom Helenalin-Typ können Dyspnoe, Tachykardie und Kollaps sowie Gastroenteritis hervorrufen.

▫ Tab. 2.2 enthält Beispiele aus der Liste der bedenklichen Stoffe und Rezepturen der AMK, die bei der Herstellung von Dermatika in der Apotheke von Bedeutung sein könnten. Die vollständige Liste ist z. B. in der pharmazeutischen Fachpresse und im NRF Kapitel I.5. veröffentlicht.

▫ **Tab. 2.2** Auswahl bedenklicher Stoffe mit Bedeutung für die Herstellung von Dermatika in der Apotheke (Quelle: AMK-Liste, Stand Februar 2011)

| Stoffe/Rezepturen | Begründung | Quelle |
| --- | --- | --- |
| Aliphatische Amine (Di- und Triethanolamin) | Unvermeidliche Nitrosaminbildung (kanzerogene Wirkung) | Pharm. Ztg. Nr. 1/2 vom 9.1.1986, Seite 43, und Nr. 39 vom 24.9.1987, Seite 2375 |
| Benzol | Knochenmarkstoxizität, Kanzerogenität | Angaben in der Fachliteratur |
| Borsäure (mit Ausnahme von Homöopathika, Mineralwässern und Puffern in Augentropfen) | Zulassungswiderruf | Pharm. Ztg. Nr. 47 vom 25.11.1999, Seite 8 |
| Bufexamac | Risiko schwerer Kontaktallergien | Zulassungswiderruf, Pharm. Ztg. 155 (2010) Seite 119 |
| Chloroform | Kanzerogene, hepato- und nephrotoxische Wirkung | Pharm. Ztg. Nr. 50 vom 10.12.1981, Seite 2616 |
| Crotonöl | Hoch toxisch, stark hautreizend, kokarzinogen | Angaben in der Fachliteratur |

◘ **Tab. 2.2** Auswahl bedenklicher Stoffe mit Bedeutung für die Herstellung von Dermatika in der Apotheke (Quelle: AMK-Liste, Stand Februar 2011) (Fortsetzung)

| Stoffe/Rezepturen | Begründung | Quelle |
|---|---|---|
| Formaldehyd in Konzentrationen über 0,2 % (mit Ausnahme von zahnärztlichen Arzneimitteln), kein Einsatz in Gynäkologika | Schleimhautreizende, allergene Wirkung, mögliches Kanzerogen | Pharm. Ztg. Nr. 6 vom 6.2.1986, Seite 290 |
| Hydrazin | Krampfgift, karzinogen, hautschädigend, neuro-, hepato- und pneumotoxisch | Angaben in der Fachliteratur |
| Krappwurzel – Radix Rubiae tinctorum (ausgenommen homöopathische Zubereitungen) | Kanzerogene Wirkung | Zulassungswiderruf, Pharm. Ztg. 138 (1993) Seite 834 |
| Naphthalin (ausgenommen homöopathischen Zubereitungen ab D4) | Hämolytische Anämie, Methämoglobinbildung, tödliche Vergiftungen bei Kindern durch Inhalation und topische Anwendung | Angaben in der Fachliteratur |
| 2-Naphthol | Starke Nephrotoxizität, auch bei äußerlicher Anwendung | Angaben in der Fachliteratur |
| Phenolhaltige Arzneimittel zur Anwendung auf der Haut und Mundschleimhaut | Negativmonographie | Pharm. Ztg. Nr. 46 vom 13.11.1997, Seite 9 und Nr. 50 vom 10.12.1998, Seite 8 |
| Quecksilber(I)-chlorid, Quecksilber(II)-oxid | Mutagenität, Teratogenität, neuro- und nephrotoxische Wirkungen | Aufbereitungsmonographie |

> **Ein Blick über den Tellerrand**
>
> Formaldehyd kommt als Stoffwechselprodukt in allen Körperzellen vor. Die Konzentration an Formaldehyd ohne Exposition beträgt etwa 2,6 µg/g Blut.
>
> Es wird bei der Herstellung von Impfstoffen seit mehr als 60 Jahren als Inaktivierungsmittel eingesetzt. Im Produktionsprozess wird das Inaktivierungsmittel soweit abgereichert, dass die Grenzwerte nach Arzneibuch (z. B. 0,2 g/L für Influenza-Spaltimpfstoff) meist deutlich unterschritten werden können. Schädliche Wirkungen von Formaldehyd auf den Menschen sind bei Anwendung der Impfstoffe bisher nicht bekannt.
>
> Die kanzerogene Wirkung von Formaldehyd kann vor allem bei inhalativer Anwendung nicht ausgeschlossen werden, es wird jedoch von einer konzentrationsabhängigen Wirkung ausgegangen.

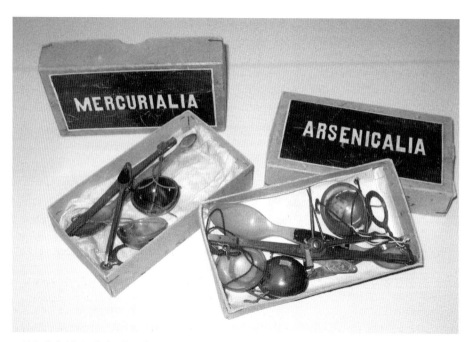

**Abb. 2.1** Historische Handwaagen zur Herstellung von Mercuralia und Arsenicalia. Foto: UF/KS

Im Folgenden soll kurz auf Stoffe aus der Liste der bedenklichen Stoffe eingegangen werden, die in Dermatika eingesetzt wurden und die möglicherweise heute noch zur Anwendung auf Haut und Schleimhäuten nachgefragt werden.

**Borsäure:** Borsäure war aufgrund ihrer antimikrobiellen Eigenschaften früher ein üblicher Rezepturbestandteil, z. B. in Salben zur Anwendung auf der Haut und auf Schleimhäuten. Teilweise wird heute noch in der Apotheke nach der sogenannten „Wittmaackschen Salbe" (Nasensalbe) gefragt.

> **Wussten Sie, dass …**
> … Borsäure und Borax natürlicher Bestandteil von Lebensmitteln insbesondere pflanzlichen Ursprungs sind und als Konservierungsstoffe in echtem Kaviar (Störrogen) zugelassen sind? Sie werden als Zusatzstoff E 284 bzw. E 285 gekennzeichnet.
> Des Weiteren darf Borax auch in Kosmetika (mit Ausnahme von kosmetischen Pflegemitteln für Kinder unter drei Jahren), Glasuren, Gläsern und als Flammschutzausrüstung für Textilien und Geräte eingesetzt werden.

Borsäurehaltige Arzneimittel sind als bedenklich eingestuft und dürfen nicht hergestellt und abgegeben werden. Bereits 1984 wurde die Zulassung entsprechender Fertigarzneimittel widerrufen. Ausgenommen von dem Verbot sind Borsäure und deren Salze, insbesondere Natriumtetraborat (Synonym: Borax), u. a. als Bestandteile von Augenarzneimitteln. In diesen Rezepturen werden Borsäure und deren Salze z. B. als Isotonisierungszusatz verwendet.

Entsprechend einer Stellungnahme des Bundesinstitutes für gesundheitlichen Verbraucherschutz und Veterinärmedizin vom 1. Februar 1995 hat Borsäure ein auffälliges toxisches Potenzial. Grundlage dieser Einschätzung sind Untersuchungen zur Reproduktionstoxizität bei verschiedenen Versuchstierspezies wie Hunden, Ratten und Mäusen. Relevante Anhaltspunkte für ein allergenes, mutagenes und kanzerogenes Potenzial existieren dagegen nicht.

**Beispiele für bedenkliche Rezepturarzneimittel**
- Borwasser und Borsalbe (nach Ph. Helv. 8 bzw. DAB 8),
- „Kochsche Handsalbe" und andere natriumtetraborathaltige Salben und Cremes,
- Solutio Castellani DRF,
- Nasentropfen oder Blasenspüllösungen mit boraxhaltigem Silbereiweiß-Acetyltannat DAC (Targesin®),
- Natriumtetraborat und/oder Borsäure enthaltende Schnupfpulver-Rezepturen, Ohrentropfen (z. B. zur Lösung von Ohrenschmalzpfropfen),
- borsäurehaltige Mund- oder Rachenpinselungen (vereinfachte Castellani-Rezeptur),
- „Willesche Lösung" – Vaginaltherapeutikum (mit Borax, Phenol und Formaldehyd).

Boraxhaltiges Silbereiweiß-Acetyltannat DAC enthält boraxhaltige Stabilisatoren und wird als Schleimhautantiseptikum zur Behandlung von Konjunktividen in Normkonzentrationen von 1–5 % eingesetzt. Die Substanz darf nur am Auge verwendet werden. Boraxfreie Alternativen sind in ◘ Tab. 2.3 zusammengestellt.

◘ **Tab. 2.3** Silbereiweißhaltige Zubereitungen im DAC (Stand 2011)

| Monographie | Anwendung | Bemerkung |
|---|---|---|
| Silbereiweiß | Schleimhautantiseptikum, zur Behandlung von Konjunktividen; Normkonzentration: 1–2%ig in Lösungen, 2–10%ig in Salben zur äußerlichen Anwendung, 5%ig in Augentropfen | Inkompatibilität: Aluminiumsalze, Gerbstoffe |
| Boraxfreies Silbereiweiß-Acetyltannat | Schleimhautantiseptikum; Normkonzentration: 1–5%ig in Nasentropfen | Inkompatibilität: Aluminiumsalze, Gerbstoffe |

Bezüglich der Anwendung von Augentropfen mit Borsäure und/oder Borax bei Säuglingen und Kleinkindern ist die Bundesoberbehörde durch die Arzneimittelkommission der Deutschen Apotheker angeregt worden, eine Klarstellung zur (Un-)Bedenklichkeit zu veröffentlichen. Es wird empfohlen, bis zu einer entsprechenden AMK-Meldung bei der Herstellung von Augentropfen für die Anwendung bei Säuglingen und Kleinkindern auf Borsäure und Borax zu verzichten. Als Alternativen zu borsäure- bzw. boraxhaltigen Arzneimitteln bietet das NRF vielfältige Möglichkeiten.

**Crotonöl:** Crotonöl wurde aufgrund seiner hautreizenden Wirkung früher zum sogenannten Baunscheidtieren eingesetzt. Diesem Therapieverfahren lag die obsolete volksmedizinische Vorstellung der Säftelehre zugrunde, dass durch das Ausleiten „übler Säfte" zahlreiche Leiden behandelt werden können. Mit Crotonöl und weiteren hautreizenden Substanzen (wie Seidelbast-Urtinktur und Giftefeu-Urtinktur) wurden dazu künstlich eitrige Pickel erzeugt.

> **Wussten Sie, dass ...**
> ... zum Baunscheidtieren ein nach seinem Erfinder Carl Baunscheidt (1809–1873) benanntes Baunscheidtiergerät („Lebenswecker") eingesetzt wurde?
> Dieses Gerät war ein mit einem Federmechanismus versehener Schnapper mit zahlreichen Nadeln, mit dem die Haut oberflächlich gestichelt wurde, ohne dass Blut austreten sollte.

Neben der Hautreizung mit entsprechenden Ölen und Nadeln wurden auch Baunscheidtierpasten eingesetzt, die z. B. Crotonöl, Lorbeeröl, Cantharidentinktur oder -pulver, Ameisensäure, Cayennepfeffer, grob gepulverten Marmorstein, Kaliumantimonyltartrat (Brechweinstein) und Weißes Vaselin enthielten.

**Phenol:** Phenol wurde vor allem wegen seiner antimikrobiellen und juckreizstillenden Wirkung u. a. als Aknetherapeutikum eingesetzt. Als arzneilich wirksamer Bestandteil in Dermatika ist es aufgrund einer Negativmonographie in die Liste der AMK aufgenommen worden. Diese Monographien wurden im Rahmen der Nachzulassung vom ehemaligen Bundesgesundheitsamt (jetzt Bundesinstitut für Arzneimittel und Medizinprodukte – BfArM) erarbeitet. Für Phenol wurde bei der Aufarbeitung des vorhandenen wissenschaftlichen Datenmaterials festgestellt, dass das Nutzen-Risiko-Verhältnis, z. B. wegen der möglichen kanzerogenen Wirkung, die Anwendung auf der Haut und Mundschleimhaut nicht (mehr) rechtfertigt.

> **Wussten Sie, dass ...**
> ... bei Anwendung von Phenol in Konzentrationen von mehr als 3 % Gewebeschäden auftreten und das diese Wirkung bei der Therapie von Hämorrhoiden mit Phenol-Erdnussöl-Injektionslösung 5 % (NRF 5.3.) therapeutisch genutzt wird?

Auch für das strukturell verwandte Resorcin liegt eine Aufbereitungsmonographie mit negativer Nutzen-Risiko-Bewertung vor; eine Aufnahme der Substanz in die Liste der bedenklichen Stoffe erfolgte aber bislang nicht.

**Quecksilbersalze und -verbindungen:** Quecksilbersalze und -verbindungen wurden wegen ihrer antimikrobiellen Wirkungen in Salben eingesetzt. Entsprechende Rezepturen finden sich in alten Arzneibüchern.

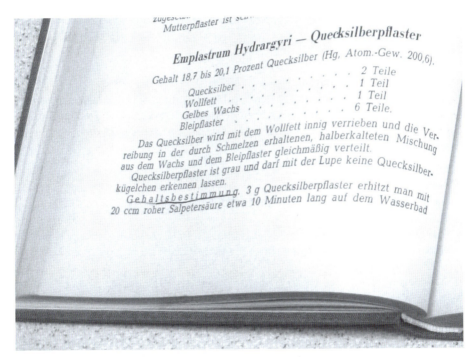

**○ Abb. 2.2** Beispiel für Rezeptur aus DAB 6 (Neudruck 1953). Foto: UF/KS

Quecksilber und seine Verbindungen sind toxikologisch generell problematisch. Schwerste Schädigungen des Zentralnervensystems, zum Teil irreversible Seh- und Hörstörungen sind die Folgen einer Vergiftung.

Quecksilberhaltige Verbindungen werden heute praktisch nur noch in Augenarzneimitteln und Impfstoffen als Konservierungsstoffe verwendet. Bei den hierbei verwendeten Dosen bei einmaliger oder kurzfristiger Anwendung sind Vergiftungserscheinungen nicht zu befürchten. Dennoch wird auch bei diesen Arzneimitteln durch Abpackung in Einzeldosenbehältnissen die Notwendigkeit der zusätzlichen Konservierung vermieden, sodass sich z. B. in der Roten Liste 2012 keine Impfstoffe und nur ein Beispiel für Ophthalmika mit Thiomersal als Konservierungsstoff finden. Thiomersal-Stammlösung 0,02 % (NRF S.4.) wird für die im NRF monographierten Augenarzneimittel als Standardkonservierungsmittel eingesetzt.

■ **MERKE** Thiomersal ist eine organische Quecksilberverbindung und deshalb nicht als bedenklich eingestuft. Aufgrund der Toxizität von Quecksilberverbindungen sollte aber die Verwendung zur Konservierung generell sorgfältig geprüft und Alternativen bevorzugt werden. Die Anwendung quecksilberhaltiger Konservierungsmittel in Dermatika dürfte kaum noch vertretbar sein.

**Triethanolamin:** Neben zahlreichen Wirkstoffen können auch Hilfsstoffe als bedenklich anzusehen sein. Triethanolamin (Synonyme: Trolamin, 2,2',2''-Nitrilotriethanol, TEA, Tricolamin) wurde als organische Base zur Salzbildung für Emulgatoren (Stearatseifen), Verdickungsmittel (Carbomere) und Wirkstoffe verwendet und ist wegen der Gefahr der Kontamination mit kanzerogenen Nitrosaminen als Bestandteil in Arzneimittelrezepturen als bedenklich anzusehen. Der Ersatz von Triethanolamin gegen Trometamol ist meist problemlos möglich.

**Arzneimittel, deren Zulassung widerrufen wurde**
Nach § 30 AMG dürfen Arzneimittel, deren Zulassung ruht oder widerrufen wurde, nicht in den Verkehr gebracht werden. Nach übereinstimmender Auffassung der Arzneimittelbehörden betrifft dieses Verbot auch die Abgabe analoger individueller Rezepturen mit den betreffenden Arzneistoffen.

**Bufexamac-haltige Arzneimittel:** Bufexamac wurde als nichtsteroidales Antiphlogistikum zur topischen Anwendung bei atopischen und chronischen Ekzemen sowie in Hämorrhoidenzäpfchen eingesetzt. Im Mai 2010 wurden alle Zulassungen Bufexamac-haltiger Arzneimittel durch das BfArM mit sofortiger Wirkung widerrufen. Der Grund für die Entscheidung war der unzureichende Nachweis der Wirksamkeit bei gleichzeitig belegtem Risiko schwerer Kontaktallergien. Damit verbietet sich auch die rezepturmäßige Herstellung in der Apotheke.

Bufexamac wurde entsprechend in die AMK-Liste der bedenklichen Stoffe aufgenommen.

## Nutzen-Risiko-Verhältnis von Wirk- und Hilfsstoffen

### Nachzulassung von Arzneimitteln
„Bei der Nachzulassung handelt es sich um die nachträgliche Erteilung einer förmlichen Zulassung für Arzneimittel, die bereits vor dem Inkrafttreten des Arzneimittelgesetzes im Jahr 1978 in Deutschland auf dem Markt waren und für die daher der in diesem Gesetz geforderte Nachweis von Wirksamkeit, Unbedenklichkeit und pharmazeutischer Qualität noch nicht erbracht war." (Quelle: www.bfarm.de, Pressemitteilung vom 9. Januar 2004)

Im Rahmen der Nachzulassung von Arzneimitteln wurden vom ehemaligen Bundesgesundheitsamt (jetzt Bundesinstitut für Arzneimittel und Medizinprodukte – BfArM) Sachverständigenkommissionen berufen, die das wissenschaftliche Erkenntnismaterial für die Beurteilung von Wirksamkeit und Unbedenklichkeit zahlreicher Arzneistoffe und Drogen aufbereitet und bewertet haben. Die Ergebnisse wurden als Aufbereitungsmonographien im Bundesanzeiger publiziert und stellten eine wesentliche Grundlage für die Erteilung der Nachzulassung dar.

Für die Untersuchung und Bewertung der Dermatikawirkstoffe war die Kommission B7 (Dermatologie, Hämatologie) zuständig. Sie hat von 1985 bis 1994 73 Monographien und 22 Monographienentwürfe erarbeitet. Allerdings wurden zahlreiche Wirkstoffe von der Kommission nicht bearbeitet.

Im Folgenden findet sich eine Aufstellung der Negativmonographien für Dermatikawirkstoffe (◘ Tab. 2.4). Für diese Wirkstoffe wurde festgestellt, dass die möglichen Risiken den Nutzen für die Therapie überwiegen bzw. dass die Nachweise der Wirksamkeit unzureichend sind und das Nutzen-Risiko-Verhältnis damit nicht abschließend beurteilt werden kann.

**Tab. 2.4** Negativmonographien für Dermatikawirkstoffe. (Aus Garbe/Reimann 2005)

| Veröffentlichte Monographien | Vorveröffentlichte Monographien |
|---|---|
| - Butanol | - Ammoniumsulfobitol |
| - Cadmiumsulfid | - Hexachlorophen |
| - Chlorcarvacrol | - Steinkohlenteerdestillat |
| - Chlorquinaldol | |
| - Dichlorophen | |
| - Dimethylphthalat | |
| - Ethylcrotonanilid | |
| - Fumarsäure und Derivate | |
| - Guajazulen | |
| - Phenol | |
| - Resorcin | |
| - Schwefel | |
| - Sulfonamide, topisch | |
| - Triphenylantimon(V)-Sulfid | |
| - Undecylensäure und Derivate | |

Die Bewertung der Kommission stellt auch heute noch eine wichtige Grundlage zur Beurteilung von Wirkstoffen und Rezepturen dar. Allerdings muss beachtet werden, dass die Monographien nach ihrer Erstellung nicht aktualisiert wurden und werden und dass teilweise neue Erkenntnisse zu einer Relativierung der Bewertung führen können. Im Einzelfall ist also zu prüfen, ob die in den Monographien zugrunde gelegten Informationen dem aktuellen Stand entsprechen und damit die Bewertung noch gültig ist.

**Negativmonographie Schwefel**
Für Schwefel wurde eine Negativmonographie für die Hauttherapie im Humanbereich publiziert. Die Bewertung der Aufbereitungskommission hat aber zu zahlreichen Diskussionen und zur Relativierung der Negativmonographie geführt. Entsprechend NRF-Rezepturhinweis Schwefel: „ ... können äußerlich anzuwendende Schwefelrezepturen beliefert werden, wenn der verschreibende Arzt über die Problematik informiert ist."

Liegt für verordnete Rezepturbestandteile keine Bewertung vor (z. B. in Form einer Aufbereitungsmonographie), ist in jedem Fall die Einzelfallprüfung in der Apotheke notwendig. Aktuelle Informationen werden in der pharmazeutischen Fachpresse veröffentlicht.

AMK und NRF schlagen folgende **Vorgehensweise** bei der Verordnung von Stoffen mit negativem Nutzen-Risiko-Verhältnis vor.
1. Die Apotheke sollte Rücksprache mit dem verordnenden Arzt halten und ihn über die Bewertung informieren. Im Gespräch mit dem Arzt sollten zunächst therapeutische Alternativen vorgeschlagen und diskutiert werden.
2. Besteht der Arzt auf der Verordnung, sollte vom Arzt eine klare Gebrauchsanweisung – Art der Anwendung und zeitliche Begrenzung – vorgegeben werden.
3. Der Arzt muss wissen, dass er einen individuellen Heilversuch vornimmt und sollte den Patienten möglichst schriftlich hierüber unmissverständlich aufklären.

**Abgabe von Stoffe mit negativer Nutzen-Risiko-Bewertung:** Aufgrund der individuellen Nutzen-Risiko-Abschätzung durch den Arzt ist im Einzelfall eine Abgabe auf Verschreibung möglich. Eine Abgabe ohne ärztliche Verschreibung sowie Herstellung im Voraus sind nach AMK nicht erlaubt.

Rücksprache und Information sollten unbedingt dokumentiert werden. Entsprechend den Empfehlungen des NRF sollte der Arzt eine schriftliche Begründung über seine individuell abweichende Nutzen-Risiko-Beurteilung geben.

> **Praxistipp**
> Ein Vordruck zur Dokumentation findet sich im NRF-Kapitel I.5.-1 und auf der dem NRF beiliegenden CD-ROM. Er kann in der Apotheke erstellt und dem Arzt zur Kenntnis gegeben werden (in Kopie, per E-Mail, per Fax).

Weitere Bedenken können entstehen aufgrund von Mitteilungen über Risiken in der Literatur oder aufgrund unzureichender Daten über den Stoff oder die Stoffkombination, die verordnete Dosierung bzw. die Anwendung bei der vorgesehenen Indikation. Es wird auch in diesem Fall empfohlen, die Unklarheit wie oben beschrieben zu beseitigen. Ist der Arzt entsprechend informiert und soll die Verordnung trotz der bestehenden Risiken beliefert werden, sollte das in der Apotheke entsprechend dokumentiert werden. Die Belieferung ist zulässig, solange die Risiken nicht so schwerwiegend sind (zum Beispiel eindeutige Kanzerogenität), dass sie den Nutzen deutlich übersteigen. In diesem Fall ist die Abgabe zu verweigern.

**Teebaumöl:** Teebaumöl wurde und wird wegen seiner nachgewiesenen antiseptischen Wirkung teilweise unkritisch in Rezepturen für unterschiedliche Anwendungen eingesetzt, z. B. zur lokalen Hauttherapie bei Verbrennungen, Schnittwunden und Hautabschürfungen, zu Mundspülungen sowie zur vaginalen Anwendung bei Infektionen. Es gibt jedoch aktuell keine gesicherte Indikation für Teebaumöl. Die in der Praxis beanspruchten Indikationen beruhen auf Anwendungsbeobachtungen.

Teebaumöl wird konform zur Ph. Eur.-Monographie angeboten. Es sind zahlreiche teebaumölhaltige Fertigprodukte im Handel, aber derzeit keine teebaumölhaltigen Fertigarzneimittel. Es findet sich auch keine geprüfte Rezeptur im NRF.

Allergologische Risiken der therapeutischen Anwendung von Teebaumöl sind dokumentiert. Entsprechend NRF-Rezepturhinweis kann die Herstellung von Teebaumölrezepturen dennoch gerechtfertigt sein. Im Zweifelsfall muss sichergestellt sein, dass Arzt und Patient über die Risiken informiert sind. Teebaumöl soll nicht unverdünnt angewendet werden, Zubereitungen mit 5–10 % Teebaumöl sind therapeutisch üblich.

Es gibt Hinweise darauf, dass Oxidationsprodukte die allergischen Reaktionen hervorrufen bzw. das Risiko erhöhen. Zur Risikominimierung tragen folgende Maßnahmen bei: Beschränkung der Konzentration, Zusatz von Antioxidanzien und Aufbewahrung unter Lichtschutz.

### Beispiele für obsolete Stoffe in der Rezeptur

> ■ **DEFINITION** Der Begriff „obsolet" (nicht mehr gebräuchlich sein, an Geltung verlieren, hinfällig) bezeichnet generell Veraltetes. In Bezug auf die Arzneimitteltherapie werden so Zubereitungen oder Stoffe bezeichnet, die aus unterschiedlichsten Gründen an Bedeutung verloren haben.

Es gibt vielfältige Gründe, weshalb früher in der Therapie sehr häufig eingesetzte Stoffe und Zubereitungen heute nicht mehr verwendet werden. Ein wesentlicher Grund ist die Feststellung der Bedenklichkeit nach § 5 AMG, die den weiteren Einsatz ausdrücklich verbietet. Ein weiterer Grund dafür, dass Stoffe und Zubereitungen als obsolet gelten, sind die schon beschriebenen Negativmonographien. Aber auch aus Umweltschutzgründen bzw. aus Akzeptanzgründen (z. B. Geruch, Farbe) werden viele Stoffe heutzutage nicht als dem Stand der Wissenschaft entsprechend angesehen und deshalb nicht mehr in Arzneimitteln verarbeitet. Das gilt insbesondere, wenn Alternativen mit verbesserten Eigenschaften zur Verfügung stehen. Im Folgenden werden einige (weitere) Beispiele für obsolete Stoffe und Zubereitungen beschrieben.

**Bleipflastersalbe:** Bleipflastersalbe (○ Abb. 2.3) wurde früher aufgrund der adstringierenden und abdeckenden Wirkung bei nässenden Ekzemen eingesetzt. Entsprechende Vorschriften fanden sich in den Arzneibüchern und Rezepturvorschriften.

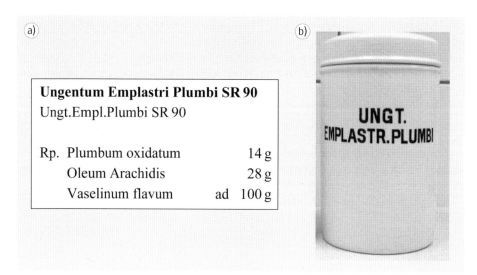

**Abb. 2.3** Bleipflastersalbe: a) Vorschrift nach SR 90, b) Standgefäß. Foto: UF/KS

Wegen der negativen Nutzen-Risiko-Bewertung für Bleiverbindungen und aus Umweltschutzgründen sind Herstellung und Anwendung von Bleipflastersalbe obsolet. Die entsprechenden NRF-Vorschriften für salicylsäurehaltige Bleipflastersalbe (NRF 11.11.) und Bleipflasteralbe (NRF 11.14.) sind deshalb 1996 zurückgezogen worden.

**Resorcin:** Resorcin wurde u. a. in der „Castellanischen Lösung" und in Aknetherapeutika als antiseptisch wirksamer Inhaltsstoff eingesetzt. Rezepturen mit dem Wirkstoff Resorcin wurden allerdings negativ bewertet und sollen nicht ohne Weiteres hergestellt werden. Auch wenn für Resorcin keine grundsätzliche Bedenklichkeit im Sinne § 5 AMG festgestellt werden kann, sind unerwünschte Arzneimittelwirkungen durch Resorcin gut dokumentiert (Kontaktallergien, strumigene Wirkung, Intoxikationen bei großflächiger Anwendung und hoher Konzentration des Wirkstoffs, Nierentoxizität und letale Vergiftungen bei Säuglingen und Kleinkindern). Resorcin wird leicht resorbiert. In der Literatur sind deshalb systemische Intoxikationen beschrieben. Die früher im NRF enthaltenen resorcinhaltigen Rezepturen sind seit 1996 entfallen.

**Steinkohlenteerdestillat:** Steinkohlenteer und Steinkohlenteerextrakte haben u. a. antientzündliche und antiseptische Wirkungen. Steinkohlenteerdestillat wurde entsprechend Monographieentwurf negativ bewertet, ist aber nicht als bedenklich im Sinne § 5 AMG anzusehen. Dagegen wurden Steinkohlenteer und Steinkohlenteerlösung sowie -spiritus positiv beurteilt. Sie finden sich als Rezepturbestandteil in verschiedenen NRF-Monographien. Die Anwendung sollte allerdings nur bei chronischen Dermatosen mit strenger Indikationsstellung und Anwendungseinschränkungen erfolgen. Zubereitungen mit Steinkohlenteer sind seit 1. Juli 2000 verschreibungspflichtig.

### DAC-Monographien für Steinkohlenteer, Steinkohlenteerlösung und Steinkohlenteerspiritus

**Steinkohlenteer DAC** (Lithantracis pix) „ist ein bei der trockenen Destillation von Steinkohle anfallendes Gemisch, das vornehmlich aromatische Kohlenwasserstoffe und geringe Mengen an Wasser enthält." Steinkohlenteer wird in Salben, Gelen und Tinkturen sowie zur Herstellung von Steinkohlenteerlösung und -spiritus verwendet.

**Steinkohlenteerlösung DAC** (Lithantracis picis liquor, Liquor carbonis detergens) ist eine Lösung von Steinkohlenteer in einer Tinktur aus Seifenrinde und Ethanol 70 % (V/V).

**Steinkohlenteerspiritus DAC** (Lithantracis picis spiritus, Spiritus Picis Lithanthracis) ist eine „Lösung von Steinkohlenteer in einer Mischung von Polysorbat 80 und Ethanol 96 % (V/V)". Zur Anwendung gelten jeweils die gleichen Hinweise wie bei Steinkohlenteer.

**Sulfonierte Schieferöle – Ammoniumsulfobitol:** Ammoniumsulfobitol (Tumenol® Ammonium) ist ein Stoff aus der Gruppe der sulfonierten Schieferöle und war z. B. in der sogenannten „Arningschen Lösung" enthalten. Es ist als Ausgangsstoff für die Apothekenrezeptur nicht mehr erhältlich. Stattdessen wird Ammoniumbituminosulfonat (Ichthyol® dunkel) zur Herstellung von Arzneimitteln gegen entzündliche Hauterkrankungen eingesetzt.

> **Wussten Sie, dass …**
> … Ammoniumbituminosulfonat (Ph. Eur.) ein neutralisiertes sulfoniertes Schieferöl ist und als einziger Stoff aus dieser Gruppe als Rezeptursubstanz praktisch noch Bedeutung hat?

Auch das früher nach der DAC-Monographie „Helles Ammoniumbituminosulfonat" geprüfte Leukichthol® wird als Rezeptursubstanz nicht mehr hergestellt und muss durch Ammoniumbituminosulfonat oder durch Fertigarzneimittel mit Hellem Natriumbituminosulfonat (Ichthyol®-Natrium, z. B. in Aknichthol®, Ichthoderm®) ersetzt werden.

**Perubalsam:** Auch bei ursprünglich positiver Bewertung von Wirkstoffen bleibt die Verpflichtung zur Prüfung der Rezeptur im Einzelfall. Perubalsam sollte wegen seines hohen allergenen Potenzials in Arzneimitteln nicht mehr verwendet werden, obwohl eine positive Aufbereitungsmonographie (von 1986) vorliegt. Bei entsprechenden Verordnungen wird dringend die Rücksprache mit dem Arzt und der Verzicht auf Perubalsam empfohlen. In kosmetischen Mitteln ist die Verwendung von Perubalsam (INCI-Bezeichnung: Myroxylon pereirae) als Duftinhaltsstoff verboten.

## 2.4.2 Inkompatibilität zwischen Wirk- bzw. Hilfsstoffen

■ **DEFINITION** „Inkompatibilitäten in Individualrezepturen sind der Ausdruck von Wechselwirkungen chemischer oder physikalisch-chemischer Art zwischen zwei oder mehreren Bestandteilen in einer Rezeptur mit einander entgegenstehenden Eigenschaften." (Aus Wolf/Süverkrüp 2007)

Unverträglichkeiten zwischen Wirk- und Hilfsstoffen in einer Rezeptur führen dazu, dass das Arzneimittel nicht in der geforderten Qualität hergestellt werden kann. Auch wenn diese Inkompatibilitäten nicht immer äußerlich sichtbar sind, dürfen diese Rezepturen nicht hergestellt und abgegeben werden. Aufgrund des Herstellungsverbotes nach AMG besteht kein Zwang zur unverzüglichen Belieferung der Verordnung gemäß ApBetrO.

Weitere Gründe, warum die Prüfung der Rezeptur vor der Herstellung bedeutsam ist, sind:
- Verhinderung eines finanziellen Schadens für die Apotheke, weil die Unverträglichkeit erst nach der Herstellung festgestellt wird und somit Material und Zeit verschwendet wurden,
- Vermeidung von Reklamationen und damit ein wichtiger Beitrag zur Kundenzufriedenheit,
- Bekräftigung der Fachkompetenz der Apotheke, weil nur qualitativ einwandfreie Rezepturen hergestellt werden – eine wesentliche Voraussetzung für den Therapieerfolg.

Die Apotheke kann eindrucksvoll demonstrieren, dass hier die Experten zum Thema Arzneimittelqualität zu finden sind, die – gemeinsam mit dem Arzt – für den Patienten die Voraussetzungen für eine optimale Therapie gewährleisten.

### Arten von Inkompatibilitäten

Inkompatibilitäten können grundsätzlich zwischen allen Bestandteilen – Wirk- und Hilfsstoffen – auftreten. Je nachdem, ob die Unverträglichkeit während bzw. kurz nach der Arzneimittelherstellung erkennbar wird oder nicht, unterscheidet man manifeste und larvierte Unverträglichkeiten. Durch Kombination unverträglicher Bestandteile ist die Qualität der Zubereitung i. d. R. so stark beeinträchtigt, dass das Arzneimittel nicht verkehrsfähig ist.

### Manifeste Unverträglichkeiten

Manifeste (sichtbare) Unverträglichkeiten (o Abb. 2.4) sind meist bereits während der Herstellung oder kurz danach erkennbar. Beispiele für manifeste Unverträglichkeitserscheinungen sind:
- Brechen von Emulsionen,
- Verflüssigung oder Verfestigung der Zubereitung,
- Ausflockungen, Fällungen,
- Beeinträchtigung der Gelbildung,
- Kristallisation oder Rekristallisation von gelösten Wirk- oder Hilfsstoffen,
- Verfärbungen,
- Geruchsveränderungen oder
- Gasentwicklung.

■ **MERKE** Das Ausmaß der Unverträglichkeit ist auch von der Konzentration der Wirk- und Hilfsstoffe abhängig. Es kann aber **nicht** davon ausgegangen werden, dass durch Verminderung der Konzentration der unverträglichen Stoffe die Inkompatibilität vermieden werden kann.

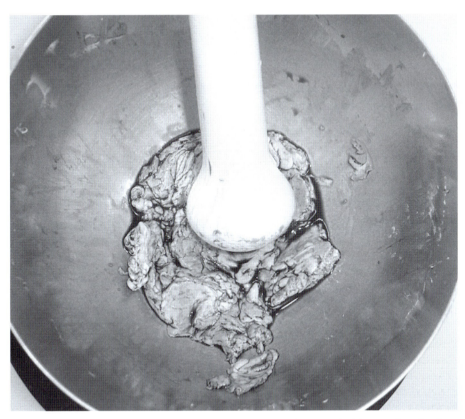

**o Abb. 2.4** Inkompatibilität: Ammoniumbituminosulfonat in Wasserhaltiger Wollwachsalkoholsalbe DAB. Foto: KS/MO

> **Hinweis**
> Sichtbare Veränderungen können auch erst nach Abgabe der Rezeptur auftreten (z. B. am nächsten Tag)!
> Vor allem bei der Herstellung von Rezepturen mit elektrischen Rührsystemen lassen sich teilweise (kurzzeitig) „optisch einwandfreie" Rezepturen auch aus miteinander unverträglichen Stoffen herstellen.

**Larvierte Inkompatibilitäten**
Larvierte Inkompatibilitäten sind visuell nicht erkennbar und deshalb für die Rezepturherstellung in der Apotheke besonders problematisch. Sie lassen sich nur mit spezifischen Kontrollmethoden nachweisen. Entsprechend kommt der theoretischen Vorüberlegung unter Zuhilfenahme entsprechender wissenschaftlicher Fachliteratur sehr große Bedeutung zu.

Mögliche Auswirkungen von larvierten Inkompatibilitäten sind die Inaktivierung von Wirk- oder/und Hilfsstoffen (z. B. Konservierungsstoffen) durch Zersetzung oder Salzbildung. Zersetzungsprodukte können möglicherweise zu unerwünschten Wirkungen führen.

Die den Unverträglichkeitserscheinungen zugrunde liegenden Reaktionen verlaufen unterschiedlich schnell, führen aber immer dazu, dass die Qualität der Rezeptur nicht über einen ausreichend langen Zeitraum gesichert werden kann. Erythromycin wird beispielsweise in saurem oder neutralem Milieu so schnell inaktiviert, dass bereits der Zeitraum von der Herstellung bis zur Abgabe an den Kunden genügt, um den Wirkstoff fast vollständig zu zerstören. Chemische bzw. chemisch-physikalische Reaktionen tragen aber auch zur Qualitätsbeeinträchtigung während der Anwendungsdauer bei.

> **Hinweis**
> Die Übergänge zwischen **Inkompatibilität** – das bedeutet einer schnellen Qualitätsbeeinträchtigung der Zubereitung – und der Beeinträchtigung der **Stabilität** – d. h. einer längerfristigen Qualitätsbeeinträchtigung – sind meist fließend.
> Während die Inkompatibilität zwischen Bestandteilen der Zubereitung die Herstellung eines qualitativ einwandfreien Arzneimittels i. d. R. unmöglich macht, kann die Herstellung von instabilen Rezepturen – für die Anwendung über einen begrenzten Zeitraum – vertretbar sein.

Der **Stabilität** von Rezepturen ist ▶ Kap. 2.4.3 „Stabilität der Zubereitung" gewidmet.

### Ursachen von Inkompatibilitäten

Ursachen von Inkompatibilitäten sind chemische oder chemisch-physikalische Reaktionen wischen Wirk- und Hilfsstoffen, z. B.:
- Salzbildung,
- Ionenpaarbildung,
- Komplexbildung,
- Hydrolyse.

Viele dieser Reaktionen treten vor allem im wässrigen Milieu auf. Die teilweise gegebene Empfehlung, unverträgliche Stoffe nur in wasserfreien Zubereitungen gemeinsam zu verarbeiten und die Kombination in wasserhaltigen Zubereitungen vermeiden, ist allerdings in vielen Fällen nicht die Lösung des Problems. Wenn die zugrunde liegenden Reaktionen sehr schnell ablaufen, genügt die Dauer des Kontakts der Zubereitung mit dem wässrigen Hautmilieu, um die Wirksamkeit der Zubereitung infrage zu stellen. Entsprechend sollten unverträgliche Stoffe besser in getrennten Rezepturen verarbeitet und diese in ausreichendem zeitlichem Abstand appliziert werden.

Um die Verträglichkeit von Wirk- und Hilfsstoffen sowie die Stabilität von Zubereitungen einschätzen und bewerten zu können, ist eine solide naturwissenschaftliche Grundlagenbildung unabdingbar. Weitergehende Informationen über die chemische Struktur von Rezepturbestandteilen sind z. B. in den Monographien der Arzneibücher, im NRF bzw. in der einschlägigen Fachliteratur zu finden.

### Inkompatibilitäten durch Kombination anionischer und kationischer Wirk- und Hilfsstoffe

Bei der Reaktion von Anionen mit Kationen entstehen teilweise Salze oder Chelatverbindungen mit geringerer Wasserlöslichkeit. Bedeutsam ist hierbei vor allem die Reaktion von großen organischen Molekülen mit Anion- bzw. Kationstruktur (Wirkstoffe, Emulgatoren u. a.) (◻ Tab. 2.5).

◘ **Tab. 2.5** Beispiele für Wirk- und Hilfsstoffe mit Ionenstruktur

| Beispiele für anionische Stoffe | Beispiele für kationische Stoffe |
|---|---|
| ▪ Ammoniumbituminosulfonat (Ichthyol®) | ▪ Acriflaviniumchlorid |
| ▪ Basisches Bismutgallat | ▪ Benzalkoniumchlorid |
| ▪ Bentonit | ▪ Cetylpyridiniumchlorid |
| ▪ Clioquinol | ▪ Chlorhexidindiacetat und -gluconat |
| ▪ Dithranol | ▪ Chlortetracyclinhydrochlorid |
| ▪ Natriumcetylstearylsulfat | ▪ Clotrimazol (bei pH < 5) |
| ▪ Polyacrylat | ▪ Ethacridinlactat (Rivanol®) |
| ▪ Polyvidon-Iod | ▪ Gentamicinsulfat |
| ▪ Salicylsäure | ▪ Hydroxychinolinsulfat (Chinosol®) |
| ▪ Steinkohlenteerlösung | ▪ Lidocainhydrochlorid |
| ▪ Tannin | ▪ Miconazolnitrat |
| ▪ Thymol | ▪ Neomycinsulfat |
| ▪ Triclosan | ▪ Oxytetracyclinhydrochlorid |
| | ▪ Polihexanid |
| | ▪ Tetracainhydrochlorid |
| | ▪ Tetracyclinhydrochlorid |

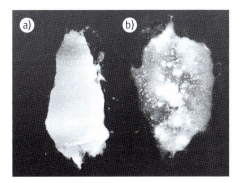

○ **Abb. 2.5** a) Kompatibilität bei Einarbeitung von Ethacridinlactat in Nichtionische hydrophile Creme SR DAC (NRF S.26.), b) Inkompatibilität bei Einarbeitung von Ethacridinlactat in Anionische hydrophile Creme SR DAC (NRF S.27.). Fotos: KS/MO

▪ **MERKE** Wirk- und Hilfsstoffbezeichnungen, die auf -chlorid, -sulfat, o. ä. enden, weisen auf die kationische Struktur der Stoffe hin.

Unverträglichkeiten aufgrund von Kation-Anion-Wechselwirkungen treten häufig auf bei anionischen Grundlagen (Cremes, Emulsionen, Gele). Diese enthalten Emulgatoren oder Gelbildner, welche als Anionen wirksam sind (○ Abb. 2.5).

Ein wichtiger Vertreter der anionischen Emulgatoren ist Natriumcetylstearylsulfat. Natriumcetylstearylsulfat ist im Mischemulgator Emulgierender Cetylstearylalkohol Typ A Ph. Eur. enthalten, welcher als Emulgatorkomplex z. B. Wasserhaltige hydrophile Salbe DAB stabilisiert. Durch Bildung schwer löslicher Salze mit kationischen Wirk- oder Hilfsstoffen (z. B. Ethacridinlactat) wird die Wirkung des Emulgators vermindert – es kommt zum Brechen der Emulsion. ◘ Tab. 2.6 führt Beispiele für anionische Grundlagen und nichtionische Alternativen auf.

◘ **Tab. 2.6** Beispiele für anionische Grundlagen und nichtionische Alternativen in DAB, DAC und NRF

| Anionische Grundlage | Nichtionische Alternative(n) |
| --- | --- |
| Wasserhaltige hydrophile Salbe DAB | Nichtionische hydrophile Creme DAB |
| | Basiscreme DAC |
| Anionische hydrophile Creme SR DAC (NRF S.27.) | Nichtionische hydrophile Creme SR DAC (NRF S.26.) |
| Carmellose-Natrium-Gel DAB | Hydroxyethylcellulosegel DAB |

**Inkompatibilitäten durch Kombination nichtionischer Emulgatoren und Hydrogelbildner mit Phenolen**

Unverträglichkeiten treten auch zwischen phenolischen Stoffen und nichtionischen Emulgatoren mit Polyethylenglykolanteil oder nichtionischen Hydrogelbildnern vom Celluloseethertyp auf (o Abb. 2.6). Grund dafür sind elektrostatische Bindungen zwischen der phenolischen OH-Gruppe und dem Ether-Sauerstoff des Emulgators bzw. des Hydrogelbildners. ◘ Tab. 2.7 enthält Beispiele für nichtionische Emulgatoren und Hydrogelbildner, ◘ Tab. 2.8 nennt geeignete Grundlagen für einige Wirkstoffe mit Phenolstruktur.

◘ **Tab. 2.7** Beispiele für nichtionische Emulgatoren und Hydrogelbildner

| Nichtionische Emulgatoren mit Polyethylenglykolanteil | Nichtionische Hydrogelbildner vom Celluloseethertyp |
| --- | --- |
| Macrogole, z. B. Tween®, Tagat® S2, Cremophor® RH40, Macrogolstearat | Methylcellulose, Hydroxyethylcellulose, Hydroxypropylcellulose, Methylhydroxypropylcellulose (Hypromellose) |

> **Hinweis**
> Die Reaktion von Polyethylenglycolen mit phenolischen Verbindungen ist auch bei der Auswahl der Konservierungsstoffe für die Zubereitung zu beachten!

◘ **Tab. 2.8** Beispiele für Wirkstoffe mit Phenolstruktur und geeignete Grundlagen

| Wirkstoffe mit Phenolstruktur | Beispiele für geeignete Grundlagen |
| --- | --- |
| Steinkohlenteerlösung | Wasserhaltige hydrophile Salbe DAB |
| Salicylsäure | Anionische hydrophile Creme SR DAC (NRF S.27.) |
| Tannin | Carmellose-Natrium-Gel DAB |
| Triclosan | Anionische hydrophile Creme SR DAC (NRF S.27.) |

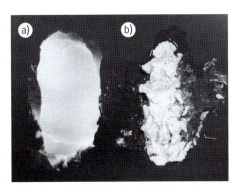

**o Abb. 2.6** a) Kompatibilität bei Einarbeitung von Gerbsäure in Anionische hydrophile Creme SR DAC (NRF S.27.), b) Inkompatibilität bei Einarbeitung von Gerbsäure in Nichtionische hydrophile Creme SR DAC (NRF S.26.). Fotos: KS/MO

■ **MERKE** Da Phenole schwach saure Eigenschaften haben, liegen phenolische Wirkstoffe teilweise als Anion vor. Aus diesem Grund sind Unverträglichkeitsreaktionen mit kationischen Rezepturbestandteilen möglich.

**Inkompatibilitäten durch Kombination von W/O-Cremes und grenzflächenaktiven Stoffe**
Wegen ihrer amphiphilen Eigenschaften reduzieren grenzflächenaktive Wirkstoffe wie Polidocanol, Steinkohlenteer, Steinkohlenteerspiritus oder -lösung sowie Ammoniumbituminosulfonat (Ichthyol®) und Lidocain die Emulgatorwirkung von Wollwachs und Wollwachsalkoholen. Bei Einarbeitung der Wirkstoffe in niedriger Konzentration kommt es zur Verflüssigung der Zubereitung, bei hohen Konzentrationen tritt eine Verfestigung auf (**o** Abb. 2.7).

Empfehlenswert ist der Ersatz der wasserhaltigen Grundlage durch eine wasserfreie Grundlage wie z. B. Wollwachsalkoholsalbe DAB, Hydrophobes Basisgel DAC. Entsprechend NRF ist die Verarbeitung von Polidocanol in lipophilen Cremes mit sehr geringem Wasseranteil möglich. Vorzugsweise sollte auf standardisierte Vorschriften, z. B. Lipophile Polidocanol-Creme (NRF 11.119.), zurückgegriffen werden.

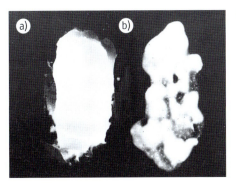

**o Abb. 2.7** a) Kompatibilität bei Einarbeitung von Polidocanol in Nichtionische hydrophile Creme SR DAC (NRF S.26.).
b) Inkompatibilität bei Einarbeitung von Polidocanol in Wasserhaltige Wollwachsalkoholsalbe DAB. Fotos: KS/MO

**pH-Wert bedingte Inkompatibilitäten**
Das Säure-Base-Verhältnis in einer Zubereitung hat besondere Bedeutung in Bezug auf die:
- Wirksamkeit von Wirk- und Hilfsstoffen,
- Stabilität von Wirk- und Hilfsstoffen,
- Stabilität der Rezeptur.

An dieser Stelle soll vor allem auf den pH-Wert eingegangen werden, da ein ungeeigneter pH-Wert eine häufige Ursache für Inkompatibilitäten ist. Auch auf die längerfristige Stabilität der Zubereitung hat der pH-Wert einen wesentlichen Einfluss, welcher in ▶ Kap. 2.4.3 „Stabilität der Zubereitung" betrachtet wird.

pH-Wert-bedingte Inkompatibilitäten haben Bedeutung für die Verwendung von Säuren in der Rezeptur. Beispielsweise werden Salicylsäure oder Sorbinsäure durch Salzbildung bei hohen pH-Werten unwirksam. Analog gilt für Basen (z. B. Lidocain), dass bei ungeeignetem pH-Wert in der Zubereitung die Wirksamkeit vermindert werden kann. Neben der Inaktivierung von Wirk- und Hilfsstoffen durch Salzbildung, kann auch die veränderte Löslichkeit oder die Zersetzung von Stoffen beachtenswert sein.

■ **MERKE** Das Säure-Base-Verhältnis einer Zubereitung ist u. U. auch für wasserfreie Dermatika von Bedeutung, da die Anwendung im wässrigen Hautmilieu erfolgt.

In vielen Fällen ist es nicht trivial den „richtigen" pH-Wert für die Rezeptur festzulegen. Es gilt, den pH-Wert von Ausgangsstoffen und Grundlage in Einklang zu bringen. Oft gibt es jeweils ein anderes „pH-Optimum" bezüglich maximaler Wirksamkeit und Verträglichkeit, maximaler Stabilität, optimaler Löslichkeit o. a. Deshalb muss in der Praxis häufig ein Kompromiss eingegangen werden – z. B. bei Chlorhexidinsalzen zwischen chemischer Stabilität (pH 5,5), Wirksamkeit (möglichst hoher pH-Wert) und Wasserlöslichkeit (Fällung der Base bei etwa pH 8).

> **Praxistipp**
> Erythromycin ist nur im basischen pH-Bereich stabil und darf deshalb in Rezepturen nicht mit sauren Stoffen kombiniert werden. Besonders ist darauf zu achten, dass viele Fertiggrundlagen mit Sorbinsäure konserviert sind und deshalb nicht verwendet werden dürfen!

Bei der Kombination unterschiedlicher Wirk- und Hilfsstoffe in einer Rezeptur ist zu beachten, dass die Bestandteile häufig unterschiedliche optimale pH-Werte haben. Nur wenn ein vernünftiger und begründbarer Kompromiss möglich ist, ist die Herstellung der Rezeptur vertretbar. In der Praxis ist das Arbeiten mit sogenannten rezeptierbaren pH-Bereichen sinnvoll.

■ **DEFINITION** Der **rezeptierbare pH-Bereich** eines Rezepturbestandteils ist der pH-Bereich in einer Zubereitung, in dem eine qualitativ einwandfreie und während einer angemessenen Zeitdauer stabile Rezeptur mit diesem Bestandteil hergestellt werden kann.

Der rezeptierbare pH-Bereich ist keine feste Kenngröße, sondern hängt entscheidend von der vorgesehenen Aufbrauchfrist der Zubereitung sowie von der Aufbewahrungstemperatur und weiteren Größen ab. In den „Tabellen für die Rezeptur" des NRF sind rezeptierbare pH-Bereiche wichtiger Rezepturgrundstoffe für die Herstellung von stabilen Zubereitungen zusammengestellt.

> ■ **MERKE** Wirk- und Hilfsstoffe dürfen nur dann in einer Rezeptur kombiniert werden, wenn die – unter Betrachtung aller Randbedingungen – akzeptablen pH-Bereiche „überlappen". Ist die Kombination verschiedener (unverträglicher) Wirkstoffe aus therapeutischen Gründen notwendig, müssen die Wirkstoffe getrennt in unterschiedlichen Rezepturen verarbeitet und diese in ausreichendem zeitlichem Abstand nacheinander aufgetragen werden.
> Der pH-Wert der Grundlage muss innerhalb der rezeptierbaren pH-Bereiche der eingearbeiteten Wirk- und Hilfsstoffstoffe sein (bzw. eingestellt werden).

### Unverträglichkeiten durch hohe Elektrolytkonzentrationen
Nach der Faustregel „Elektrolyte salzen Nichtelektrolyte aus" kann durch hohe Salzkonzentrationen die Gelbildung beeinträchtigt werden. Besonders empfindlich sind nichtionische Gele bzw. Cremegrundlagen.

### Inkompatibilität durch Mischen von Grundlagen mit unterschiedlichem Emulsionstyp
Die Kombination von W/O- mit O/W-Grundlagen führt – aufgrund der gegenseitigen Beeinflussung der Emulgatoren – zur Trennung von lipophiler und hydrophiler Phase und damit zum „Brechen" der Emulsion.

Generell muss die Sinnhaftigkeit derartiger Rezepturen infrage gestellt werden, da der Grundlage bei der Therapie mit Dermatika eine wesentliche Bedeutung für die Wirkung zukommt. W/O-Grundlagen werden eher zur Therapie chronischer und trockener Hautzustände, O/W-Grundlagen werden dagegen zur Therapie akuter Zustände, auf normaler bis fettiger Haut, oder feuchten bzw. sezernierenden Arealen angewendet.

> ■ **MERKE** Bei Kombination von Grundlagen dürfen nur geeignete Grundlagen des gleichen Emulsionstyps verwendet werden.
> Entsprechend gilt, dass das „Verdünnen" von Fertigarzneimitteln mit einer geeigneten Grundlage des gleichen Typs erfolgen muss.

Problematisch bei der Verwendung von Fertigarzneimittelgrundlagen ist, dass der Emulsionstyp teilweise schwer zu identifizieren ist. Die Nomenklatur der Hersteller entspricht nicht zwangsläufig den Vorgaben im Europäischen Arzneibuch. Zu einigen Fertiggrundlagen sind Angaben des Herstellers verfügbar, z. B. Grundlagen der Firmen Ichthyol, Beiersdorf, Wolff, Essex Pharma. Idealerweise erfolgt die Verdünnung von Fertigarzneimitteln mit Grundlagen der gleichen Firma.

### Unverträglichkeiten bei Verarbeitung von Fertigarzneimitteln und offizinellen Grundlagen
#### Offizinelle Grundlagen
Offizinelle Grundlagen sind Grundlagen, deren Rezepturen in Arzneibüchern oder offiziellen Rezeptursammlungen veröffentlich sind. Die Zusammensetzung ist im Detail bekannt. Inkompatibilitäten entstehen bei Einarbeitung von Wirkstoffen vor allem durch Anion-Kation-Wechselwirkungen bzw. durch ungeeignete pH-Werte in der Rezeptur. Die Zusammensetzung häufig eingesetzter Dermatikagrundlagen sowie wesentliche Eigenschaften und Unverträglichkeiten sind in ▶ Kap. 2.5.2 beschrieben.

### Fertigarzneimittel und -grundlagen

Bei diesen Grundlagen ist die Zusammensetzung häufig komplexer als bei offizinellen Grundlagen; die Menge der Hilfsstoffe ist i. d. R. nicht bekannt. Viele Grundlagen sind sogenannte Cremegele bzw. Gelcremes (Beispiel: Asche Basis® Creme, Asche Basis® Lotio), deren Kompatibilität mit Wirkstoffen oder Wirkstoffkombinationen nur schwierig einzuschätzen ist.

> **Praxistipp**
> Informationen zur Verträglichkeit von Wirkstoffen mit Fertiggrundlagen wie Eucerin®, Excipial®, Linola®, Remederm® und Physiogel® finden sich u. a. unter: www.magistralrezepturen.ch

> **Zusammenfassung**
> **Vermeidung von Inkompatibilitäten**
> - Kationische nicht mit anionischen Stoffen kombinieren (Achtung: gilt für Wirk- und Hilfsstoffe!) – evtl. Ersatz der anionischen durch eine nichtionische Grundlage.
> - Phenolische oder grenzflächenaktive Stoffe nicht mit nichtionischen, polyethylenglykol- bzw. macrogolhaltigen Stoffen verarbeiten.
> - Grenzflächenaktive Wirkstoffe nicht mit W/O-Cremes verarbeiten.
> - Salben oder Cremes vom W/O- oder O/W-Typ nur mit Grundlagen des gleichen Emulsionstyps mischen.
> - Kombination von Stoffen und Grundlagen mit stark unterschiedlichen pH-Optima/-Werten vermeiden.
> - Fertiggrundlagen nur verarbeiten, wenn ausreichend Informationen zur Zusammensetzung, zur Struktur (Emulsionstyp) bzw. zur Stabilität von Zubereitungen vorhanden sind.

### Eigenschaften von Wirkstoffen und Unverträglichkeiten

Zur Prüfung von Rezepturen stellt die in der Apotheke vorhandene Standardliteratur, z. B. NRF, eine wesentliche Informationsquelle dar. Angaben über physikalisch-chemische Eigenschaften von Wirk- und Hilfsstoffen findet man des Weiteren in den entsprechenden Arzneibuchmonographien. Auch die Wirkstoffdossiers der Gesellschaft für Dermopharmazie e. V. sind ein Fundus für Informationen über häufig in Dermatika eingesetzte Wirkstoffe. ◘ Tab. 2.9 enthält eine Übersicht über Unverträglichkeiten von Dermatikawirkstoffen.

◘ **Tab. 2.9** Übersicht über Unverträglichkeiten von Dermatikawirkstoffen

| Wirkstoff | Inkompatibilitäten mit |
|---|---|
| Betamethason-valerat | basisch reagierenden Bestandteilen, Schwermetallen |
| Chloramphenicol | alkalisch und sauer reagierenden Stoffen (z. B. Salicylsäure in alkoholisch-wässrigen Lösungen) |
| Chlorhexidinsalze | anionischen Wirkstoffen oder Grundlagen, Sorbinsäure oder Kaliumsorbat |
| Clioquinol | stark oxidierenden Stoffen, basisch und sauer reagierenden Stoffen, Zinkoxid und Eisensalzen, nichtionischen Tensiden vom Macrogoltyp |
| Clobetasolpropionat | basisch oder stark sauer reagierenden Wirk- oder Hilfsstoffen |
| Clotrimazol | sauren Wirk- und Hilfsstoffen (z. B. Salicylsäure, Sorbinsäure) |
| Dexamethason | basisch reagierenden Wirk- oder Hilfsstoffen, Metallionen, Oxidationsmitteln |
| Dithranol | basisch reagierenden Stoffen (z. B. Zinkoxid), oxidierenden Stoffen (z. B. Iod), Steinkohlenteer bzw. Steinkohlenteerlösung, Wasser |
| Erythromycin | sauren Wirk- und Hilfsstoffen (z. B. Salicylsäure, Milchsäure, Sorbinsäure), mit Sorbinsäure vorkonservierten Salbengrundlagen (z. B. Wasserhaltige hydrophile Salbe DAB) |
| Gentamicinsulfat | anionischen Salbengrundlagen (z. B. Wasserhaltige hydrophile Salbe DAB), Säuren bzw. sauer reagierenden Wirk- oder Hilfsstoffen |
| Harnstoff | Wirk- und Hilfsstoffen mit pH-Stabilitätsoptimum im basischen und stark sauren Bereich |
| Metronidazol | basisch reagierenden Wirkstoffen (z. B. Erythromycin) |
| Minoxidil | basisch oder stark sauer reagierenden Wirk- oder Hilfsstoffen |
| Polidocanol | W/O-Grundlagen mit > 10–20 % Wasseranteil (Wasserhaltige Wollwachsalkoholsalben), nichtionischen Emulgatoren |
| Prednisolon | basisch reagierenden Wirk- oder Hilfsstoffen, Schwermetallsalzen, Oxidationsmitteln |

◘ Tab. 2.9 Übersicht über Unverträglichkeiten von Dermatikawirkstoffen (Fortsetzung)

| Wirkstoff | Inkompatibilitäten mit |
|---|---|
| Salicylsäure | Eisen(III)-Salzen, Iod, Macrogolen, Zinksalzen, nichtionischen Emulgatoren |
| Steinkohlenteerlösung | lipophilen Cremes, verstärkt durch Kombination mit Salicylsäure, Dithranol, Aluminium-, Erdalkali- und Schwermetallsalzen |
| Tretinoin | basisch reagierenden Wirkstoffen (z. B. Erythromycin), Oxidationsmitteln |
| Triamcinolonacetonid | basisch und stark sauer reagierenden Wirk- oder Hilfsstoffen, Oxidationsmitteln |
| Triclosan | nichtionischen hydrophilen Tensiden, nichtionischen Hydrogelbildnern |
| Zinkoxid | einigen phenolischen Wirkstoffen (z. B. Clioquinol, Dithranol, Salicylsäure, Triclosan), basenempfindlichen Glucocorticoiden (z. B. Betamethasonvalerat, Prednisolon, Hydrocortison) |

### 2.4.3 Stabilität der Zubereitung

■ **DEFINITION** „Ein Arzneimittel wird dann als **stabil** bezeichnet, wenn sich seine wichtigen Eigenschaften eine angemessene Zeit nicht oder lediglich in einem zulässigen Ausmaß ändern." (Aus Wolf/Süverkrüp 2007)

Die Stabilität der Zubereitung ist der wesentliche Aspekt für die Anwendungsdauer – und damit für die Angaben zur Haltbarkeit eines Arzneimittels. Die Haltbarkeit muss „angemessen" sein, um die rationale Arzneimitteltherapie zu ermöglichen. Das bedeutet nicht, dass das Arzneimittel zwingend über die Therapiedauer stabil sein muss. Gegebenenfalls muss die Zubereitung in (regelmäßigen) Abständen wiederholt (frisch) zubereitet werden.

Wesentliche Stabilitätsbeeinflussende Parameter sind:
- Löslichkeit der Substanzen in der Grundlage,
- pH-Wert bzw. -Optima von Substanz und Grundlage,
- galenische Stabilität von Emulsionssystemen,
- chemische Instabilität von Wirkstoffen (Hydrolyse, Oxidation).

Übergänge zwischen Kompatibilitäts- und Haltbarkeitsproblemen sind oft fließend.

### Löslichkeit der Substanzen in der Grundlage

Wirk- und Hilfsstoffe in Suspensionszubereitungen, die sich partiell in der Grundlage lösen, können bei Lagerung der Zubereitung zur Rekristallisation führen. Die entstehenden Kristalle sind oft groß und können zur Reizerscheinungen auf der Haut führen. Die Wirksamkeit der Zubereitung kann dadurch ebenfalls beeinträchtigt werden.

> **Praxistipp**
> Salicylsäure löst sich in Glycerol (4,8 in 100 Teilen) und in Vaselin (0,06 in 100 Teilen). Enthält das Dispersionsmittel für die anzufertigende Suspension einen dieser Stoffe, löst sich stets auch ein Teil der Salicylsäure – besonders dann, wenn Wärme im Herstellungsverfahren (automatisches Rührsystem!) angewendet wird.
> Auch Metronidazol löst sich in wasserreichen Grundlagen, z. B. Nichtionisches wasserhaltiges Liniment DAC (NRF. 11.91.), zu etwa 1 %.
> Die Zufuhr von Wärme beim Verarbeiten ist zu vermeiden!

Ein wichtiges Beispiel für die Beeinflussung der Haltbarkeit von Zubereitungen durch Rekristallisationseffekte ist die Verarbeitung von Salicylsäure in fetten Ölen. Das unterschiedliche Lösevermögen verschiedener Öle für Salicylsäure ist zu beachten (siehe auch ▶ Kap. 3 „Schritt 3: Herstellung planen"). Die in der Rezeptur eingesetzte Salicylsäurekonzentration soll nicht höher als 2/3 der Sättigungslöslichkeit im betreffenden Vehikel sein.

Auch bei Minoxidil kommt es zu Ausfällung und Kristallwachstum aufgrund begrenzter Wirkstofflöslichkeit in zu gering konzentrierten Alkohol-Propylenglycol-Wasser-Gemischen. Bei der Herstellung ist deshalb auf ein optimales Verhältnis der Lösungsmittel Alkohol, Wasser und Propylenglycol zu achten (▶ Kap. 3).

> ■ **MERKE** Die Stabilität von Lösungen ist im Vergleich zu Suspensionszubereitungen meist geringer, da gelöste Stoffe eine höhere Reaktionsbereitschaft zeigen.

### pH-Wert-bedingte Instabilitäten

Für die **Stabilität** von Wirkstoffen und Konservierungsstoffen muss häufig ein bestimmter pH-Wert bzw. -bereich über den Zeitraum der Lagerung eingehalten werden. Das hat vor allem Bedeutung in wasserhaltigen Rezepturen wie Cremes, Gelen und Lösungen. Zur Verbesserung der Stabilität von Zubereitungen mit pH-empfindlichen Wirkstoffen kann die Herstellung wasserfreier Zubereitungen eine mögliche Lösung sein.

**ABER:** Bei **Inkompatibilitäten** zwischen sauren und basischen Stoffen, deren Reaktion durch Zersetzung, Hydrolyse o. a. schnell zum Wirkungsverlust führt, ist die Herstellung von Rezepturen mit wasserfreien Grundlagen keine Lösung!

Im wässrigen Milieu der Haut reagieren die unverträglichen Stoffe miteinander und können somit zerstört werden, bevor eine Wirkung eintritt. Des Weiteren sind Nebenwirkungen wie Reizerscheinungen durch Abbauprodukte nicht auszuschließen.

Für die ausreichende Stabilität der Zubereitung ist es erforderlich, dass der pH-Wert der Grundlage im rezeptierbaren Bereich der Wirk- oder Hilfsstoffe liegt. Der rezeptierbare Bereich ist der unter Betrachtung aller Randbedingungen akzeptable pH-Bereich und stellt immer einen Kompromiss dar. Je weiter der pH-Wert der Zubereitung vom Stabilitätsoptimum des Wirkstoffs entfernt ist, umso kürzer ist der Zeitraum, für den die Qualität der Zubereitung sichergestellt werden kann – umso kürzer ist damit die Haltbarkeit der Zubereitung.

> ■ **MERKE** Der pH-Wert der Grundlage muss innerhalb der rezeptierbaren pH-Bereiche der eingearbeiteten Wirk- und Hilfsstoffstoffe sein (bzw. eingestellt werden). Ansonsten treten Inkompatibilitätserscheinungen auf bzw. die Zubereitung ist nicht ausreichend stabil, um die rationale Arzneitherapie zu gewährleisten.
> Wirk- und Hilfsstoffe mit nicht „überlappenden" pH-Bereichen dürfen nicht zusammen in einer Rezeptur verarbeitet werden. Aber auch bei Wirkstoffen mit „überlappenden" pH-Bereichen können die pH-Optima so weit auseinander liegen, dass die Stabilität der Zubereitung gefährdet ist.

In ◘ Tab. 2.10 sind für rezepturübliche Wirkstoffe die rezeptierbaren pH-Bereiche zusammengefasst. Weitere Informationen finden sich in der einschlägigen Fachliteratur. Zu beachten ist, dass die Angaben zu den rezeptierbaren pH-Bereichen sowie zu den Stabilitäts- bzw. Wirkoptima der Stoffe in verschiedenen Quellen nicht immer übereinstimmen. Informationen zu den pH-Werten von rezepturüblichen Grundlagen finden sich in ▶ Kap. 2.5.2.

◘ **Tab. 2.10** Rezeptierbare pH-Bereiche rezepturüblicher Wirkstoffe. (Aus: NRF „Tabellen für die Praxis"[1], Wolf/Süverkrüp 2007[2] und GD-Wirkstoffdossiers[3])

| Wirkstoff | Rezeptierbarer pH-Bereich | Bemerkungen |
|---|---|---|
| Betamethason-17-valerat | 2–5[1] | Stabilitäts- und Wirkoptimum pH 3,5[2,3] |
| Chloramphenicol | 2–6[1]<br>2–7[3] | Stabilitätsoptimum pH 6[2,3] |
| Chlorhexidinsalze | 4–8[1,3] | Neutralbereich günstig[3] |
| Clioquinol | ≤ 8[1,3] | Wirkoptimum pH 5[3] |
| Clobetasol-17-propionat | 3–5[1]<br>4–6[3] | Stabilitätsoptimum pH 4–6[2] |
| Clotrimazol | 5–10[1]<br>7–8[3] | Stabilitätsoptimum pH 7–8[2] |
| Dexamethason | 2–7[1] | Stabilitätsoptimum pH 3–3,5[3] |
| Dithranol | ≤ 7[1,3] | Stabilitätsoptimum im schwach sauren Milieu[2] |
| Erythromycin | in Suspension:<br>7–10[1]; 8–10[3]<br>in Lösung:<br>8–9[1]; 8–8,5[3] | Stabilitätsoptimum pH 8,5[2]<br>Wirkoptimum pH 8–8,5[3] |

◘ **Tab. 2.10** Rezeptierbare pH-Bereiche rezepturüblicher Wirkstoffe. (Aus: NRF „Tabellen für die Praxis"[1], Wolf/Süverkrüp 2007[2] und GD-Wirkstoffdossiers[3]) (Fortsetzung)

| Wirkstoff | Rezeptierbarer pH-Bereich | Bemerkungen |
|---|---|---|
| Gentamicinsulfat | 7–8[1, 3] | Stabilitätsoptimum pH 2–14[2] |
| Harnstoff | 4–8[1, 3] | Stabilitätsoptimum pH 6,2[2] |
| Hydrocortison | 4–5[1]<br>3,5–4,5/6–7[3] | Stabilitätsoptimum pH 6–7[2] |
| Hydrocortisonacetat | 4–7[1]<br>4,5[3] | Stabilitätsoptimum pH 4,5[2] |
| Methoxsalen | 5–7[1, 3] | – |
| Metronidazol | 4–6[1, 3] | Stabilitätsoptimum pH 5[2] |
| Nystatin | 5–7[1] | Stabilitätsoptimum pH 5–7[2] |
| Prednisolon | 4–5[1, 3]<br>2,5/6–7[3] | Stabilitätsoptimum pH 6–7[2] |
| Prednisolonacetat | 4–7[1, 3]<br>4,5[3] | Stabilitätsoptimum pH 4,5[2] |
| Tretinoin | ≥ 3[1, 3]<br>3–5[3] | Stabilitätsoptimum pH 5[2] |
| Triamcinolonacetonid | 2–9[1, 3] | Stabilitätsoptimum pH 7[2] |

**Beispiele für pH-empfindliche Stoffe und Zubereitungen**

**Betamethason-17-valerat:** Betamethason-17-valerat hat ein Stabilitäts- und Wirkoptimum von pH 3,5. Dieser saure pH-Wert ist schlecht verträglich für die Haut. Deswegen wird als Kompromiss zur Herstellung von Rezepturen im NRF die Grundlage mit Citratpuffer pH 4,2 angesäuert. Aufgrund des pH-Optimums sollten keine weiteren Wirkstoffe mit Betamethason-17-valerat kombiniert werden.

**Chloramphenicol:** Bei sauren pH-Werten wird Chloramphenicol hydrolysiert. Das Stabilitätsoptimum liegt bei pH 6. Lösungen mit pH 2–7 gelten für maximal 30 Tage als stabil. Das gilt z. B. für die häufig verordnete Kombination mit Salicylsäure. Allerdings sollte der getrennten Verarbeitung der beiden Wirkstoffe der Vorzug gegeben werden.

**Clotrimazol:** Clotrimazol ist ein säurelabiles Antimykotikum, was seine Verordnung mit Salicylsäure in einer Rezeptur problematisch macht. Bei den durch die Salicylsäure erzeugten sauren pH-Werten wird Clotrimazol hydrolytisch gespalten. Zur therapeutisch begründeten Kombination eines Antimykotikums mit Salicylsäure kommt als Alternative zu Clotrimazol der Einsatz des säurestabilen Miconazolnitrat infrage.

**Chlorhexidinsalze:** Chlorhexidinsalze sind ein Beispiel dafür, dass pH-Optima bezüglich Stabilität und Wirkung durchaus unterschiedlich sein können und dass in der Praxis ein Kompromiss gefunden werden muss. Zu beachten ist, dass dieser Kompromiss zur verkürzten Haltbarkeit der Zubereitung führen kann, was auch auf die Möglichkeit zur Herstellung auf Vorrat Auswirkungen hat.

Das Stabilitätsoptimum für Chlorhexidinsalze liegt im schwach Sauren, das Wirksamkeitsoptimum im Basischen. Die geringe Wasserlöslichkeit der Chlorhexidinbase begrenzt aber den Einsatzbereich auf Werte unterhalb pH 8. Ein Kompromiss könnte in Rezepturen der Neutralpunkt sein.

**Erythromycin:** Erythromycin hat einen eng begrenzten rezeptierbaren pH-Bereich im alkalischen Milieu. Es wird bei sauren, neutralen und stark alkalischen pH-Werten inaktiviert. Bei pH-Werten < 6 erfolgt die Inaktivierung von Erythromycin innerhalb von 1–3 Stunden. Zubereitungen mit höheren Erythromycinkonzentrationen sind stabiler, da ein Teil des Wirkstoffes in suspendierter Form vorliegt.

Zu beachten ist, dass zahlreiche Grundlagen durch Hilfsstoffe, wie Puffer oder Konservierungsmittel, einen sauren pH-Wert aufweisen und deshalb nicht für die Einarbeitung von Erythromycin geeignet sind. Aufgrund des engen rezeptierbaren pH-Bereiches im basischen Milieu sollte Erythromycin nicht mit anderen Wirkstoffen kombiniert werden.

**Hydrocortison-21-acetat:** Hydrocortison-21-acetat wird in stark saurem und im alkalischen Milieu in Hydrocortison und Essigsäure gespalten. Bei pH 4,5 ist die Hydrolysegeschwindigkeit minimal.

**Tretinoin:** Tretinoin ist nur im schwach sauren Milieu ausreichend lipophil, um in die Haut penetrieren zu können. In wasserhaltigen Zubereitungen soll deshalb nach Möglichkeit das pH-Stabilitätsoptimum von pH 5 eingehalten werden.

**Triamcinolonacetonid:** Triamcinolonacetonid hat ein Stabilitätsoptimum bei pH 7. Wird Triamcinolonacetonid mit einem sauren Stoff (z. B. Salicylsäure) in wasserhaltigen Zubereitungen kombiniert, entsteht das hydrophilere Triamcinolon, welches nur noch 10 % der Wirksamkeit von Triamcinolonacetonid besitzt.

**Parabene:** PHB-Ester werden sowohl im sauren als auch im alkalischen Milieu hydrolysiert. Die Hydrolysegeschwindigkeit ist im sauren Milieu langsam, im neutralen und basischen Milieu sowie in Anwesenheit mehrwertiger Alkohole und bei höheren Temperaturen erhöht.

Das Stabilitätsoptimum liegt im schwach sauren pH-Bereich. Werden die Konservierungsstoffe bei abweichenden pH-Werten eingesetzt, muss die Rezeptur alsbald aufgebraucht werden.

> **Hinweis**
> Entsprechend § 7 ApBetrO dürfen andere als die in der Verschreibung genannten Bestandteile ohne Zustimmung des Verschreibenden verwendet werden, wenn diese „keine eigene arzneiliche Wirkung haben und die arzneiliche Wirkung nicht nachteilig beeinflussen können."

### pH-Wert-Beeinflussung von Zubereitungen durch enthaltene Wirk- und Hilfsstoffe

Verschiedene Wirk- und Hilfsstoffe beeinflussen den pH-Wert der Zubereitung, insbesondere Säuren (z. B. Sorbinsäure) und Basen (z. B. Trometamol). Konsequenzen ergeben sich vor allem bei Einarbeitung weiterer pH-empfindlicher Bestandteile. Im Folgenden werden Beispiele für die pH-Wert-Beeinflussung der Zubereitung durch Wirkstoffe exemplarisch dargestellt.

**Harnstoff:** Harnstoff beeinflusst den pH-Wert wasserhaltiger Rezepturen durch Zersetzung. Die Hydrolyse des Wirkstoffs führt zur Erhöhung des pH-Wertes. Dadurch kann die Stabilität der Rezeptur oder anderer Bestandteile beeinträchtigt werden. Der Zersetzungsgrad des Wirkstoffs selbst ist dabei weniger bedeutsam.

Um die Stabilität von harnstoffhaltigen Zubereitungen zu verbessern, kann der pH-Wert nach NRF mit Milchsäure-Natriumlactat-Puffer im Verhältnis 1:4 auf 4,2 eingestellt werden. Des Weiteren sind – analog zu entsprechenden NRF-Rezepturen – Citratpuffer pH 4,2 und Phosphatpuffer pH 6 geeignet, um den pH-Wert der Zubereitung im schwach sauren Bereich einzustellen.

**Salicylsäure:** Durch Einarbeitung von Salicylsäure in wässrige oder wässrig-alkoholische Lösungen weisen diese pH-Werte zwischen 1 und 3 auf. Dieser pH-Bereich ist für viele Kombinationspartner in der Rezeptur schlecht verträglich. Meist wird deshalb Salicylsäure als Einzelzubereitung angewendet – wenn erforderlich alternierend und in ausreichendem zeitlichen Abstand zu Rezepturen mit weiteren Wirkstoffen.

Salicylsäure verursacht in Ölen und Wachsen die saure Hydrolyse der Esterstruktur, wodurch die Haltbarkeit entsprechender Zubereitungen begrenzt ist. Im NRF wird als Grundlage für Kopföle Octyldodecanol verwendet. Dieser fettend wirkende Alkohol ist hydrolyseunempfindlich.

- **MERKE** Salicylsäure ...
  - führt zu einer drastischen pH-Absenkung in wasserhaltigen Rezepturen und ist deshalb kaum ein geeigneter Kombinationspartner für weitere Wirkstoffe;
  - löst sich unterschiedlich gut in Ölen, weshalb Übersättigungsphänomene zu beachten sind;
  - führt zur sauren Hydrolyse von Ölen und Wachsen, was die Haltbarkeit entsprechender Zubereitungen einschränkt;
  - löst sich in Octyldodecanol, weshalb dieser hydrolyseunempfindliche Alkohol im NRF als Alternative zu Ölen verwendet wird.

**Zinkoxid:** Da Zinkoxid die Wirkung anderer Arzneistoffe beeinträchtigen kann, ist ein entsprechender Pflichthinweis bei zinkoxidhaltigen Zubereitungen in den Standardzulassungen aufgenommen. Aus der schwach basischen Reaktion des Zinkoxids resultiert ein destabilisierender Effekt auf hydrolyse- und auf oxidationsempfindliche Arzneistoffe, insbesondere auf Glucocorticoide wie Triamcinolonacetonid. Nur wenige Wirkstoffe können mit Zinkoxid verarbeitet werden, dazu gehören Eisenoxide, Ichthyol®, Talkum sowie Basisches Bismutgallat.

### Chemische Instabilität von Wirkstoffen

Die Einwirkung von Wasser, Säuren oder Basen kann z. B. zur Hydrolyse von Estern, Amiden, Lactonen u. a. führen. Die Einwirkung von Licht, Sauerstoff und Spuren von in der Zubereitung enthaltenen Schwermetallen kann die Oxidation, Reduktion, Razemisierung oder Isomerisierung von Wirk- und Hilfsstoffen hervorrufen bzw. fördern. Die pH-bedingten Stabilitätsprobleme in Rezepturen wurden bereits beschrieben. Hier soll kurz auf weitere Beispiele für instabile Stoffe und Zubereitungen eingegangen werden.

**Dithranol:** Für Dithranol (Synonym: Anthranol, Cignolin) ist die oxidative Zersetzung ein wesentlicher stabilitätsbeeinflussender Faktor. Vor allem Licht und Sauerstoff fördern die Zersetzung. Dithranol ändert dadurch die Farbe von gelb zu braun. Die Oxidation findet in erster Linie in wasserhaltigen Grundlagen statt, weshalb Dithranol nur in wasserfreien Zubereitungen verarbeitet werden sollte. Als Grundlagen kommen sowohl hydrophobe als auch hydrophile Salbengrundlagen infrage. Entsprechende Rezepturen sind im NRF beschrieben.

Folgende Maßnahmen sind zur Herstellung ausreichend stabiler Zubereitungen zu beachten:
- Wärmeanwendung bei der Verarbeitung von Dithranol vermeiden,
- Zubereitungen mit möglichst hohem suspendierten Wirkstoffanteil herstellen,
- Einsatz von Emulgatoren und anderen pro-oxidativen Rezepturbestandteilen vermeiden,
- antioxidative Stabilisierung durch Salicylsäurezusatz 2 % insbesondere bei niedrigen Konzentrationen von Dithranol (bei Dithranolkonzentration von mehr als 2 % nicht unbedingt erforderlich),
- Abpackung der Dithranolrezepturen in Aluminiumtuben und
- Aufbewahrung im Kühlschrank (nur Dithranol-Öl).

**Pflanzliche Öle:** Olivenöl und andere pflanzliche Öle sind aufgrund der ungesättigten Struktur oxidations- und lichtempfindlich. Die Autooxidation führt zum Ranzigwerden der Öle und damit zum Verderben der Zubereitung. Als Alternative kann der Einsatz von Mittelkettigen Triglyceriden Ph. Eur. (MCT, Neutralöl, Miglyol®) geprüft werden. Neutralöl ist stabiler, es findet keine Autooxidation statt.

**Sorbinsäure:** Sorbinsäure ist eine ungesättigte Verbindung und wird unter Lichteinwirkung schnell oxidiert. Es entstehen gelb bzw. braun gefärbte Oxidationsprodukte. Die Zersetzungsgeschwindigkeit der Sorbinsäure ist für viele mit diesem Stoff konservierte Rezepturen der haltbarkeitsbestimmende Parameter, z. B. für Nichtionische hydrophile Creme (NRF S.26.).

Die pH-Regulation von Grundlagen im schwach sauren pH-Bereich trägt ebenso zur Stabilisierung bei, wie die Komplexierung eventuell in Spuren vorhandener Schwermetallionen durch Citronensäure.

### Galenische Stabilität von Emulsionssystemen

Bei Emulsionssystemen kann nach Einarbeitung von Wirkstoffen die Stabilität der Grundlage gestört sein. Insbesondere bei Verwendung industriell vorgefertigter Grundlagen, die unter einem Markennamen in den Verkehr gebracht werden, oder beim Einsatz von Fertigarzneimitteln in der Rezeptur kann die Stabilität der Zubereitung oft nicht abgeschätzt werden. Rezepturen mit diesen Grundlagen sollten generell nur dann hergestellt werden, wenn gesicherte Daten zur physikalischen, chemischen und mikrobiologischen Qualität sowie zur Stabilität von Zubereitungen vorgelegt werden können.

> ■ **MERKE** Auch bei Verwendung von industriell vorgefertigten Grundlagen oder Fertigarzneimitteln in der Rezeptur ist der Apotheker haftungs- und strafrechtlich verantwortlich dafür, dass die Rezeptur über den Anwendungszeitraum qualitativ einwandfrei ist.

> **Praxistipp**
> Von den Fertigarzneimittelherstellern werden teilweise auch wirkstofffreie Grundlagen angeboten. Rezepturen unter Verwendung dieser Grundlagen werden durch das NRF nicht untersucht. Es ist empfehlenswert, beim Hersteller nach geprüften Rezepturvorschlägen zu fragen – diese Rezepturen sollten in der Apotheke nicht weiter modifiziert werden (z. B. durch Änderung des pH-Wertes).

## 2.4.4 Qualität der Ausgangsstoffe

**Apothekenbetriebsordnung (ApBetrO)**
**§ 11 Ausgangsstoffe**
„(1) Zur Herstellung von Arzneimitteln dürfen nur Ausgangsstoffe verwendet werden, deren ordnungsgemäße Qualität festgestellt ist. ...
(2) Werden Ausgangsstoffe bezogen, deren Qualität durch ein Prüfzertifikat nach § 6 Abs. 3 nachgewiesen ist, ist in der Apotheke mindestens die Identität festzustellen. ...
Die Verantwortung des Apothekenleiters für die ordnungsgemäße Qualität der Ausgangsstoffe bleibt unberührt. Über die in der Apotheke durchgeführten Prüfungen sind Aufzeichnungen mit Namenszeichen des prüfenden oder die Prüfung beaufsichtigenden Apothekers zu machen.
(3) Werden Arzneimittel, die keine Fertigarzneimittel sind, zur Herstellung anderer Arzneimittel bezogen, gelten die Absätze 1 und 2 entsprechend."

Grundsätzlich dürfen in Arzneimittelrezepturen nur Ausgangsstoffe verarbeitet werden, deren Qualität gemäß §§ 6 und 11 ApBetrO dokumentiert ist. Das gilt auch für verarbeitete Fertigarzneimittel, Kosmetika oder Medizinprodukte. Wenn die pharmazeutische Qualität von Ausgangsstoffen nicht sichergestellt werden kann, darf das Arzneimittel nicht angefertigt und nicht abgegeben werden.

Die BAK-Leitlinie „Prüfung und Lagerung der Ausgangsstoffe" verweist ausdrücklich darauf, dass der Apotheker für die Prüfung und Sicherung der Qualität der Ausgangsstoffe verantwortlich ist. Nach ApBetrO verbleibt die Verantwortung auch bei Bezug von Ausgangsstoffen, deren Qualität durch ein Prüfzertifikat des Herstellers belegt ist, bei der Apothekenleitung.

Entsprechend § 7 ApBetrO soll die Plausibilitätsprüfung auch „die Art, Menge und Kompatibilität der Ausgangsstoffe untereinander sowie deren gleichbleibende Qualität in dem fertig gestellten Rezepturarzneimittel über dessen **Haltbarkeit**szeitraum ..." beinhalten.

Da die Qualität und Haltbarkeit der Ausgangsstoffe einen wesentlichen Einfluss auf die Haltbarkeit der Zubereitung haben kann, ist dieser Aspekt bei der Auswahl und Prüfung der Ausgangsstoffe besonders zu beachten. Gegebenenfalls müssen für Ausgangsstoffe bei längerer Lagerdauer Wiederholungsprüfungen erfolgen, z. B. Gehaltsbestimmung.

> **Hinweis**
> § 16 ApBetrO legt fest, dass die Vorratsbehältnisse von Ausgangsstoffen mit dem Verfalldatum oder gegebenenfalls mit dem Nachprüfdatum zu kennzeichnen sind.

### Rezepturgrundstoffe mit Zertifikat nach ApBetrO

Hilfs- oder Wirkstoffe für die Rezepturherstellung werden vom Hersteller in der Regel mit einem Prüfzertifikat nach § 6 ApBetrO geliefert. Das Zertifikat muss in der Apotheke auf Gültigkeit, Plausibilität und Vollständigkeit geprüft und diese Prüfung auf dem Prüfprotokoll für die Eingangskontrolle dokumentiert werden.

Das Zertifikat muss den Vorgaben einer gültigen Arzneibuchmonographie aus Ph. Eur., DAB oder DAC entsprechen. Wenn für den betreffenden Ausgangsstoff keine Monographie vorhanden ist, kann in Ausnahmefällen auch eine Prüfvorschrift des pharmazeutischen Rohstofflieferanten verwendet werden. Diese muss den allgemeinen Vorschriften des Europäischen Arzneibuches entsprechen.

Alle vorgeschriebenen Prüfungen der Monographie müssen auf dem Zertifikat mit einem eindeutigen Untersuchungsergebnis aufgelistet sein. Die Chargenbezeichnung, die auf dem Behältnis aufgebracht ist, muss mit der angegebenen Chargenbezeichnung im Zertifikat übereinstimmen. Des Weiteren muss das Prüfzertifikat von einer sachkundigen Person nach § 14 AMG unterzeichnet sein.

Nur wenn diese Kriterien erfüllt sind, kann auf die vollständige Prüfung der Substanz in der Apotheke verzichtet werden. Die Apotheke muss in diesem Fall aber mindestens die Identität der Substanz feststellen.

> ■ **MERKE** Enthält das Prüfzertifikat nicht alle geforderten Angaben oder ist eine Angabe fehlerhaft, so ist die reduzierte Prüfung auf Identität unzureichend. Die Substanz ist einer vollständigen Prüfung nach Arzneibuchmonographie zu unterziehen!

> **Wussten Sie, dass ...**
> ... nach § 25a ApBetrO „im Falle einer bedrohlichen übertragbaren Krankheit, deren Ausbreitung eine sofortige und das übliche Maß erheblich überschreitende Bereitstellung von spezifischen Arzneimitteln erforderlich macht", die Forderung zur Prüfung der Identität von Ausgangsstoffen in der Apotheke nicht generell besteht? Die Voraussetzungen für diesen Einsatz von Ausgangsstoffen ohne Identitätsprüfung in der Apotheke sind in der Apothekenbetriebsordnung detailliert geregelt.

### Fertiggrundlagen für Dermatika

Verschiedene Hersteller bieten industriell vorgefertigte Grundlagen an. Das Inverkehrbringen dieser Grundlagen erfolgt als Fertigarzneimittel, als kosmetisches Mittel, als Medizinprodukt oder als Ausgangsstoff für die Rezepturherstellung. Das entscheidende Kriterium bei der Verarbeitung von Dermatikagrundlagen in der Rezeptur ist aber nicht der deklarierte Produktstatus, sondern ob die erforderliche Qualität als Rezepturbestandteil festgestellt werden kann.

> ■ **MERKE** Grundsätzlich dürfen in Arzneimittelrezepturen nur Ausgangsstoffe verarbeitet werden, deren Qualität gemäß §§ 6 und 11 ApBetrO festgestellt und dokumentiert ist. Das gilt ausdrücklich auch für verarbeitete Fertigarzneimittel, Kosmetika oder Medizinprodukte. Wenn die pharmazeutische Qualität von Ausgangsstoffen nicht sichergestellt werden kann, darf das Arzneimittel nicht angefertigt und nicht abgegeben werden!

### Fertigarzneimittel

Unproblematisch ist i. d. R. die Verwendung von zugelassenen Fertigarzneimitteln als Rezepturbestandteil. Da das Arzneimittel nur in entsprechender Qualität in den Handel gebracht werden darf, ist eine weitere Prüfung in der Apotheke nicht notwendig.

### Arzneimittel-Halbfertigware

Bei den häufig in Apotheken verwendeten offizinellen Grundlagen, die in NRF, DAC oder DAB monographiert sind, handelt es sich um sogenannte Arzneimittel-Halbfertigware. Sie werden wie andere Rezepturgrundstoffe mit einem Prüfzertifikat gemäß ApBetrO geliefert. Beispiele sind Basiscreme DAC, Wollwachsalkoholsalbe DAB und Wasserhaltige hydrophile Salbe DAB.

Auch Dermatikagrundlagen wie Basis Cordes® RK, Eucerinum® anhydricum, Gel Cordes® oder Unguentum Cordes® sind als Arzneimittel-Halbfertigware anzusehen. Sie sind nicht zulassungspflichtig, wenn sie in nicht vom Patienten verwendbaren Endverbraucherpackungen vertrieben werden, andernfalls besteht Zulassungspflicht.

> **Hinweis**
> Arzneimittel-Halbfertigware kann auch in der Apotheke im Voraus hergestellt und als Bulk vorrätig gehalten werden. Herstellung, Prüfung und Kennzeichnung der Zubereitung im Rahmen der Defektur erfolgen nach ApBetrO.

### Kosmetika

Kosmetische Mittel werden auf Grundlage der Kosmetik-Verordnung in den Verkehr gebracht. Die Verarbeitung von Kosmetika in Rezepturen ist im Allgemeinen problematisch, da die Qualitätsanforderungen an die Reinheit von Ausgangsstoffen i. d. R. weniger streng sind und meist kein Prüfzertifikat nach ApBetrO vorliegt. Nach Kosmetik-Verordnung zulässige Konservierungs- und Farbstoffe sind des Weiteren meist nicht in zugelassenen Fertigarzneimitteln enthalten und entsprechen damit nicht dem aktuellen Stand der medizinischen Wissenschaft.

Unter folgenden Voraussetzungen ist es möglich, ein in den Verkehr gebrachtes kosmetisches Mittel als Grundlage in der Rezeptur zu verwenden:
1. Es handelt sich um in Arzneimittelqualität hergestellte und freigegebene Arzneimittel-Halbfertigware und
2. es liegt ein chargenbezogenes Analysenprotokoll („Prüfzertifikat") der für die Freigabe verantwortlichen sachkundigen Person nach AMG vor.

> ■ **MERKE** Kosmetika dürfen nur in Rezepturen verarbeitet werden, wenn diese in Arzneimittelqualität hergestellt wurden **und** die pharmazeutische Qualität nachgewiesen wurde (i. d. R. Prüfzertifikat nach ApBetrO).

## 2.5 Standardisierte Vorschriftensammlungen

Die Plausibilitätsprüfung von frei „komponierten" Rezepturen ist häufig nicht einfach, da zahlreiche Faktoren die Qualität und Stabilität der Zubereitung beeinträchtigen können. In den Apotheken werden zahlreiche theoretische Vorüberlegungen angestellt, die aber letztendlich die experimentelle Überprüfung nicht ersetzen können. Deshalb werden seit vielen Jahren große Anstrengungen unternommen, für die individuelle Arzneitherapie geprüfte und standardisierte Vorschriften zur Verfügung zu stellen.

■ **MERKE** Die haftungsrechtliche und strafrechtliche Verantwortung für die in der Apotheke hergestellten Arzneimittel trägt der Apotheker. Ein „Haftungsausschluss" ist juristisch nicht zulässig, d. h., der Arzt kann die Verantwortung und Haftung für die Rezeptur nicht übernehmen.

Grundsätzlich sollten Rezepturarzneimittel nach standardisierten Herstellungsvorschriften hergestellt werden. Für die Arzneimittelherstellung in der Apotheke sind hierfür vor allem zwei Vorgehensweisen geeignet:
- das Arbeiten nach Herstellungsanweisungen aus geprüften Vorschriftensammlungen (z. B. NRF, DAC, DAB oder Standardzulassungen), die individuell durch betriebs- und rezepturspezifische Festlegungen ergänzt werden sollten (ApBetrO § 7 Abs. 1a) und/oder
- das Erstellen betriebsinterner Herstellungsanweisungen bzw. Standardarbeitsanweisungen (SOP).

> **Hinweis**
> Die in der DDR amtliche Formelsammlung wurde zuletzt 1990 überarbeitet und als „Standardrezepturen 1990 (SR 90)" veröffentlicht. Sie hat vor allem in den neuen Bundesländern bis heute Bedeutung, da insbesondere ältere Ärzte und Kunden gezielt Rezepturen mit der Kennzeichnung „SR" verordnen bzw. nachfragen.
> Die SR-Vorschriften sind als veraltet anzusehen und entsprechende Rezepturen dürfen nicht unkritisch hergestellt werden. Für die Praxis relevante Rezepturen wurden geprüft und teilweise (wenn notwendig modifiziert) in NRF und DAC aufgenommen. Nicht übernommene Rezepturen haben keine oder wenig praktische Bedeutung bzw. entsprechen nicht dem Stand der Wissenschaft zur Herstellung qualitativ einwandfreier Rezepturen. Deshalb ist bei ausdrücklichem Bezug auf die SR-Vorschriften zu prüfen, ob eine geeignete NRF-Vorschrift existiert und die Zubereitung bevorzugt nach dieser geprüften Vorschrift herzustellen.

Aktuelle standardisierte Herstellungsvorschriften zur Arzneimittelherstellung in der Apotheke finden sich in:
- NRF,
- DAC,
- DAB oder den
- Standardzulassungen.

## 2.5.1 Vorschriftensammlungen

### Arzneibücher

Allgemeine Monographien über Zubereitungen finden sich im Europäischen Arzneibuch, z. B. „Halbfeste Zubereitungen zur kutanen Anwendung Ph. Eur.". DAB und DAC enthalten Monographien zu standardisierten Zubereitungen wie Wollwachsalkoholsalbe DAB oder Macrogolsalbe DAC, verweisen dabei aber auf die allgemeinen Anforderungen im Ph. Eur. – d. h., bei Herstellung und Prüfung einer Rezeptur nach DAB und DAC sind immer auch die übergeordneten Vorschriften zu berücksichtigen.

DAB und DAC enthalten zur Herstellung der monographierten Zubereitungen konkrete Anweisungen. Es wird aber ausdrücklich darauf verwiesen, dass alternative Verfahren zur Herstellung möglich sind, wenn die gleiche Qualität der Zubereitung erzielt wird. Bei mikrobiell anfälligen Zubereitungen, wie hydrophilen Cremes und Gelen, finden sich konkrete Angaben zur Konservierung. Im Gegensatz zum DAC enthält das DAB aber keine Angaben zur Verwendung der Zubereitungen.

### Neues Rezeptur-Formularium

#### NRF I. Allgemeine Hinweise

„Das Neue Rezeptur-Formularium ist eine Sammlung von Vorschriften für die rezepturmäßige Herstellung von Arzneimitteln in der Apotheke. ... Durch die Standardisierung sollen der Anteil individuell komponierter Rezepturen auf das Notwendige begrenzt und so Rezeptierfehler vermieden werden. Die Monographien der NRF-Arzneimittel sind konsequent an der Einzelherstellung orientiert."

Das NRF wird seit 1983 von der ABDA herausgegeben. Es gilt als Standardliteratur zur Herstellung und Prüfung von Arzneimitteln. Die Rezepturvorschriften des NRF können im üblichen Apothekenbetrieb umgesetzt werden. Nach NRF hergestellte Rezepturen sind unbedenklich und weisen bei Einhaltung der vorgeschriebenen Herstellungsanweisung die erforderliche Qualität auf.

Zahlreiche Rezepturen des NRF besetzen therapeutische Nischen, meist sind entsprechende Fertigarzneimittel nicht vorhanden. Die Gründe dafür können vielfältig sein. Der Aufwand für die Zulassung von Arzneimitteln ist sehr hoch, weshalb die Entwicklung von Arzneimitteln zur Behandlung seltener Erkrankungen für viele Hersteller nicht rentabel ist. Rezepturarzneimittel decken häufig auch „Dosierungslücken" ab oder werden hergestellt, wenn die begrenzte Stabilität der Zubereitung die industrielle Herstellung und den Vertrieb über die Apotheke unpraktikabel macht.

■ **MERKE** Die SR-Vorschriften, die nach wie vor für die Praxis relevant sind, wurden geprüft und – wenn notwendig – modifiziert in NRF und DAC aufgenommen. Nicht übernommene Rezepturen haben keine oder wenig praktische Bedeutung bzw. entsprechen nicht dem Stand der Wissenschaft zur Herstellung qualitativ einwandfreier Arzneimittel. Deshalb ist bei ausdrücklichem Bezug auf die SR-Vorschriften zu prüfen, ob eine geeignete NRF-Vorschrift existiert, und die Zubereitung bevorzugt nach dieser geprüften Vorschrift herzustellen.

Das NRF wird regelmäßig aktualisiert. Rezepturen mit mangelnder Praxisrelevanz werden entfernt. Auch wenn für ein Anwendungsgebiet zwischenzeitlich genügend Fertigarzneimittel vorhanden sind, wenn die Beschaffung von Ausgangsstoffen mit der notwendigen Qualität nicht (mehr) möglich ist bzw. wenn Stoffe aufgrund von Risiken negativ bewertet werden müssen, werden die Rezepturen im NRF überarbeitet bzw. entfernt.

> **Praxistipp**
> In Ergänzung zur relevanten Fachliteratur, insbesondere DAC und NRF, werden die „Tabellen für die Rezeptur" als eigenständiges Heft herausgegeben. Diese Broschüre enthält zahlreiche Übersichten und Tabellen zum schnellen Auffinden von Informationen über in Apotheken übliche Grundlagen und Wirkstoffe.
> Inhalte der „Tabellen für die Rezeptur":
> - Offizinelle Dermatikagrundlagen
> - Hydrogelbildner und Tenside
> - Verwendbarkeitsfristen von Dermatikagrundlagen und Richtwerte für Aufbrauchfristen von Arzneiformen
> - Obere Richtkonzentrationen von Wirkstoffen und weitere Informationen zur galenischen Plausibilitätsprüfung
> - Konservierung von Rezepturen
> - Ethanol- und 2-Propanol-Wasser-Gemische nach DAB bzw. DAC

### Arbeiten mit dem NRF

Standardisierte Rezepturen des NRF sind geprüft und deshalb i. d. R. weniger problematisch als „frei komponierte" Individualrezepturen. Aber auch bei Verwendung der NRF-Rezepturen müssen Kompromisse gemacht werden, um variablen Mengen und Konzentrationen, unterschiedlichen Herstellungstechniken, unterschiedlich angebotenen und notwendigen Packmitteln sowie individuellen Arbeitsweisen der Apotheken gerecht zu werden.

Um die Qualität der nach NRF hergestellten Rezepturen sicherzustellen, soll die vorgeschriebene Herstellungsanweisung eingehalten werden. Anpassungen des Herstellungsablaufs, wie z. B. die Verwendung automatischer Rührsysteme, sind möglich und im Einzelfall beschrieben.

Auch bei der Herstellung standardisierter Rezepturen ist eine systematische und schriftliche Vorbereitung der Arzneimittelherstellung wichtig. Das NRF bietet dazu Dokumentationsvorlagen an, die analog auch für „frei komponierte" Rezepturen Anwendung finden können. Bei wiederholter Verordnung einzelner Rezepturen kann auf die vorhandene Vorbereitung der Arzneimittelherstellung zurückgegriffen werden. Da das NRF ständig aktualisiert wird, muss aber mindestens geprüft werden, ob die Vorbereitung mit der aktuell gültigen Version der Vorschrift durchgeführt worden ist oder ob Aktualisierungen im NRF eine Überarbeitung notwendig machen.

### Modifizierte NRF-Rezepturen

Sind Rezepturen verordnet, die keiner NRF-Vorschrift direkt entsprechen, ist es trotzdem empfehlenswert im NRF zu prüfen, ob ähnliche Vorschriften existieren. Wesentliche Informationen zu Verarbeitung, Verträglichkeit und Stabilität von Wirkstoffen und Grundlagen gelten meist auch für „frei komponierte" Rezepturen. Im Einzelfall kann geprüft werden, ob eine vorhandene NRF-Vorschrift als Basis genutzt und entsprechend variiert werden kann. Das kann im Einzelfall die Bewertung der Rezeptur vereinfachen, ersetzt aber nicht die gründliche Prüfung.

Es kann zum Beispiel davon ausgegangen werden, dass die Vorschrift für Lipophile Polidocanol-Creme 5 %/10 % (NRF 11.119.) unproblematisch auch zur Herstellung einer entsprechenden Rezeptur mit 7,5 % Polidocanol genutzt werden kann. Die Möglichkeit zur Einarbeitung weiterer Wirkstoffe hingegen kann nicht ohne Weiteres angenommen werden. Eine Einzelfallprüfung muss erfolgen.

**Praxistipp**
Die Qualitäts-Checklisten des Online-Plus-Angebots können bei der Prüfung behilflich sein.

■ **MERKE** Die Variation von NRF-Vorschriften kann im Einzelfall die Prüfung und Bewertung von „frei komponierten" Rezepturen vereinfachen – eine schriftliche Plausibilitätsprüfung sowie die Erstellung einer Herstellungsvorschrift sind zwingend notwendig!
Des Weiteren ist der Bezug zur NRF-Vorschrift und damit der (irrtümliche) Hinweis auf eine Standardisierung der Herstellungsvorschrift bei der Dokumentation und Kennzeichnung nicht zulässig, z. B. nicht: Lipophile Polidocanol-Creme 7,5 % (NRF 11.119.).

In ◘ Tab. 2.11 sind in NRF-Vorschriften verwendete Dermatikawirkstoffe aufgeführt.

◘ **Tab. 2.11** Wirkstoffe in NRF-Rezepturen (Kap. 11 Dermatika, Hautantiseptika)

| Wirkstoffe | | |
|---|---|---|
| Aluminiumchlorid-Hexahydrat | Erythromycin | Nystatin |
| Ammoniumbituminosulfonat | Ethacridinlactat | Polidocanol 600 |
| Betamethasonvalerat | Fuchsin | Polihexanid |
| Capsaicin | Harnstoff | Povidon-Iod |
| Chinolinolsulfat | Hydrocortison/-acetat | Prednisolonacetat |
| Chlorhexidindigluconat | Kaliumpermanganat | Salicylsäure |
| Clobetasolpropionat | Methoxsalen | Silbernitrat |
| Clotrimazol | Methylrosaniliniumchlorid | Steinkohlenteer/-lösung |
| Dexpanthenol | Metronidazol | Triamcinolonacetonid |
| Dimeticon | Miconazolnitrat | Trichloressigsäure |
| Dithranol | Minoxidil | Triclosan |
| Eosin-Dinatrium | Natriumchlorid | Zinkoxid |

**Hilfen durch Hotline und Internet**
Unter www.dac-nrf.de werden zahlreiche NRF-Rezepturhinweise zu verschiedenen Themen und Problemstellungen veröffentlicht. Die Nutzung der NRF-Rezepturhinweise ist seit Januar 2011 ein exklusiver Service für DAC/NRF-Abonnenten und ausschließlich über einen Zugangscode möglich. Dieser befindet sich in der jeweils aktuellen Lieferung der Loseblattsammlung auf den Rückseiten der Titelblätter.

Weitere Hilfestellung bietet die NRF-Rezeptur-Informationsstelle an. Über ein Onlineformular oder mittels Faxabfrage können Auskünfte zu galenischen Fragestellungen eingeholt werden.

### 2.5.2 Offizinelle Grundlagen in DAB, DAC und NRF

**Systematik der Grundlagen nach Ph. Eur.**

**Monographie: Halbfeste Zubereitungen zur kutanen Anwendung Ph. Eur. (Praeparationes molles as usum dermicum)**

Halbfeste Zubereitungen zur kutanen Anwendung nach Ph. Eur. sind bestimmt zur Anwendung auf Haut oder/und Schleimhäuten und werden unterschieden in:
- Salben,
- Cremes,
- Gele,
- Pasten,
- Umschlagpasten,
- Wirkstoffhaltige Pflaster und
- Kutane Pflaster.

Im den folgenden Abschnitten werden häufig verwendete Grundlagen aus DAB, DAC und NRF entsprechend der Systematik nach Ph. Eur. beschrieben (◘ Tab. 2.12, ◘ Tab. 2.13 und ◘ Tab. 2.14). Die Zuordnung der Grundlagen ist nicht immer eindeutig. Zum Beispiel Emulsionen mit thixotropen Eigenschaften, wie die Hydrophile Basisemulsion (NRF S.25.), sind im Ruhezustand halbfest und werden durch Schütteln zur Applikation verflüssigt. Diese „klassischen" Emulsionsgrundlagen werden den halbfesten Zubereitungen zugeordnet.

◘ **Tab. 2.12** Offizinelle Salbengrundlagen

| Typ nach Ph. Eur. | Beispiele |
|---|---|
| Hydrophob | Weißes/Gelbes Vaselin Ph. Eur. |
| Wasser aufnehmend (Absorptionsbasen) | Abwaschbare Salbengrundlage (NRF S.31.)<br>Hydrophile Salbe (Unguentum emulsificans) DAB<br>Wollwachsalkoholsalbe (Lanae alcoholum unguentum) DAB<br>Wollwachsalkoholsalben (Lanae alcoholum unguenta) SR DAC<br>Zinksalbe (Zinci unguentum) DAB |
| Hydrophil | Macrogolsalbe (Macrogoli unguentum) DAC |

◻ Tab. 2.13 Offizinelle Cremegrundlagen

| Typ nach Ph. Eur. | Beispiele |
| --- | --- |
| Lipophil | Hydrophobe Basiscreme (Cremor basalis hydrophobicus) DAC<br>Kühlsalbe (Unguentum leniens) DAB<br>Lanolin (Lanolinum) DAB<br>Wasserhaltige Wollwachsalkoholsalbe (Lanae alcoholum unguentum aquosum) DAB<br>Wasserhaltige Wollwachsalkoholsalben (Lanae alcoholum unguenta aquosa) SR DAC<br>Weiche Salbe (Unguentum molle) DAC |
| Hydrophil | Basiscreme (Cremor basalis) DAC<br>Hydrophile Hautemulsionsgrundlage (NRF S.25.)<br>Nichtionische hydrophile Creme (Unguentum emulsificans nonionicum aquosum) DAB<br>Wasserhaltige hydrophile Salbe (Unguentum emulsificans aquosum) DAB |

◻ Tab. 2.14 Offizinelle Gelgrundlagen

| Typ nach Ph. Eur. | Beispiele |
| --- | --- |
| Lipophil | Hydrophobes Basisgel (Gelatum basalis hydrophobicum) DAC |
| Hydrophil | 2-Propanolhaltiges Carbomergel (Carbomeri mucilago cum 2-propanolo) DAB<br>Carmellose-Natrium-Gel (Carmellosi natrici mucilago) DAB<br>Hydroxyethylcellulosegel (Hydroxyethylcellulosi mucilago) DAB<br>Wasserhaltiges Carbomergel (Carbomeri mucilago aquosa) DAB<br>Zinkleim (Zinci gelatina) DAB |

## Salben

Salben bestehen nach Ph. Eur. aus einer einphasigen Grundlage, in der feste oder flüssige Substanzen dispergiert sein können. Es wird je nach Eigenschaften der Grundlage unterschieden in
- hydrophobe Salben,
- Wasser aufnehmende Salben,
- hydrophile Salben.

Da Salben kein Wasser enthalten, sind sie mikrobiell nicht anfällig. Eine zusätzliche Konservierung ist deshalb nicht notwendig.

### Hydrophobe Salben

Hydrophobe Salben können nur kleine Mengen Wasser aufnehmen und sind nicht mit Wasser abwaschbar. Sie werden aufgrund der fettenden Eigenschaften bei chronischen

Dermatosen, bei trockenen und sehr trockenen Hautzuständen eingesetzt. Aufgrund des Okklusionseffektes können Wirkstoffe auch in tiefere Hautschichten penetrieren.

Typische Vertreter dieser Grundlagen sind Paraffine (z. B. Weißes und Gelbes Vaselin Ph. Eur.), Wachse (Gebleichtes oder Gelbes Wachs Ph. Eur.), Fettalkohole, Öle und weitere Triglyceride.

### Vaselin

Vaselin ist eine paraffinhaltige Grundlage. Sie besteht zu etwa 20 % aus längeren Kohlenwasserstoffketten, die ein Gerüst bilden. In dieses Gerüst sind flüssige Kohlenwasserstoffe mit kürzerer Kettenlänge eingelagert. Bei warmer Lagerung der Grundlage kann die flüssige Phase austreten. Dieses Phänomen wird als „Ausbluten" bezeichnet.

Die Ph. Eur. enthält zwei Monographien – Gelbes Vaselin Ph. Eur. und Weißes Vaselin Ph. Eur. Weißes Vaselin ist im Gegensatz zu Gelbem Vaselin gebleicht. Außer dem Erscheinungsbild unterscheiden sich die Salbengrundlagen aber kaum. Vaselingrundlagen sind mit Heißluft sterilisierbar und eignen sich deshalb zur Herstellung steriler Zubereitungen.

> **Hinweis**
> Der früher im DAB enthaltene Hinweis „... wird Vaselin ohne nähere Bezeichnung verordnet, ist Weißes Vaselin zu verwenden ..." ist nicht in das Europäische Arzneibuch übernommen worden. Dieser Hinweis hat keine Bedeutung mehr, da Gelbes und Weißes Vaselin gleichwertig sind (siehe Kommentar zum DAB).

### Wasser aufnehmende Salben

Wasser aufnehmende Salben können größere Mengen Wasser aufnehmen. Sie enthalten meist Emulgatoren und bilden bei Aufnahme von Wasser in Abhängigkeit vom verwendeten Emulgator Emulsionen vom O/W- oder W/O-Typ.

#### Abwaschbare Salbengrundlage (NRF S.31.)
**Zusammensetzung:**

| | |
|---|---|
| Natriumdodecylsulfat-Verreibung 50 % | 10,0 g |
| Sorbitanmonostearat, Typ I | 20,0 g |
| Weißes Vaselin | 50,0 g |
| Dickflüssiges Paraffin | 50,0 g |

Die Grundlage hat durch den Gehalt an Natriumdodecylsulfat eine hautreizende Wirkung und eignet sich deshalb nicht zur Herstellung von Dermatika, die längere Zeit auf der Haut verbleiben. Abwaschbare Salbengrundlage (NRF S.31.) wird zur Verarbeitung von Hautsalben eingesetzt, die nach einer begrenzten Einwirkzeit von der Haut abgewaschen werden, z. B. Abwaschbare Dithranol-Salbe (NRF 11.52.).

#### Hydrophile Salbe DAB
Unguentum emulsificans
**Zusammensetzung:**

| | |
|---|---|
| Emulgierender Cetylstearylalkohol (Typ A) | 30 Teile |
| Dickflüssiges Paraffin | 35 Teile |
| Weißes Vaselin | 35 Teile |

Hydrophile Salbe DAB enthält einen anionischen Komplexemulgator und ist entsprechend Ph. Eur.-Monographie eine Wasser aufnehmende Salbe. Sie eignet sich nicht zur Verwendung als Salbe bzw. Salbengrundlage und wird als Rezepturkonzentrat zur Herstellung von hydrophilen Cremes (Wasserhaltige hydrophile Salbe DAB) und Emulsionen verwendet.

> ■ **MERKE** Hydrophile Salbe DAB ist nach der Nomenklatur der Monographie „Halbfeste Zubereitungen zur kutanen Anwendung" keine Hydrophile Salbe sondern eine Wasser aufnehmende Salbe.

Wollwachsalkoholsalben
Wollwachsalkoholsalben (DAB oder SR DAC) werden zur Herstellung von Wasserhaltigen Wollwachsalkoholsalben (DAB oder SR DAC) sowie als Salbengrundlagen bei chronischen Hauterkrankungen verwendet.

Nach DAC wird das Emulgiervermögen von Wollwachsalkoholsalben SR geprüft. In 10 g der Zubereitung müssen ohne Erwärmen 15 g einer wässrigen Lösung so eingearbeitet werden können, dass die Emulsion für mindestens 24 Stunden homogen bleibt und keine flüssige Phase abscheidet. Nach DAB muss die Wasseraufnahmefähigkeit der Zubereitung mind. 200 % betragen (20 ml Wasser in 10,0 g Zubereitung). Das in Wollwachsalkoholsalben SR DAC verwendete Emulgatorgemisch führt zu stabileren Grundlagen.

Alkohole lassen sich nur in begrenzter Menge in die Grundlagen einarbeiten – die Herstellung von Rezepturen mit bis zu 10 % Alkohol-Wasser-Mischung ist möglich (siehe auch Hinweise zu Wasserhaltige Wollwachsalkoholsalben).

**Wollwachsalkoholsalbe DAB**
Lanae alcoholum unguentum
**Zusammensetzung:**

| | |
|---|---:|
| Cetylstearylalkohol | 0,5 Teile |
| Wollwachsalkohole | 6,0 Teile |
| Weißes Vaselin | 93,5 Teile |

**Wollwachsalkoholsalben SR DAC**
Lanae alcoholum unguenta SR
**Zusammensetzung:**

| | |
|---|---:|
| Wollwachsalkohole | 2,5 g |
| Sorbitan- und Glycerolmonooleat | 3,0 g |
| Gelbes oder Weißes Vaselin (10 g können durch Hartparaffin oder Dickflüssiges Paraffin ersetzt werden) | 94,5 g |

> ■ **MERKE** Wollwachsalkohole sind potente Allergene. Entsprechende Grundlagen können (insbesondere bei atopischer Veranlagung) nicht als Grundlagen der Wahl gelten.

### Zinksalbe DAB
Zinci unguentum
**Zusammensetzung:**

| | |
|---|---|
| Zinkoxid | 10 Teile |
| Wollwachsalkoholsalbe DAB | 90 Teile |

### Hydrophile Salben
Hydrophile Salben sind mit Wasser mischbare Grundlagen. Sie enthalten keine fettenden Stoffe und haben ein gutes Lösevermögen für hydrophile Stoffe. Sie haben hygroskopische Eigenschaften und wirken deshalb auf der Haut austrocknend. Als einzige offizinelle Grundlage aus dieser Gruppe ist im DAC Macrogolsalbe (Synonym: Polyethylenglykolsalbe) monographiert.

### Macrogolsalbe DAC
Macrogoli unguentum
**Zusammensetzung:**

| | |
|---|---|
| Macrogol 300 | 50,0 g |
| Macrogol 1500 | 50,0 g |

Zur Einarbeitung geeignete Wirkstoffe sind z. B. Polihexanid (NRF 11.137.), Dithranol (NRF 11.53.) und Povidon-Iod (NRF 11.17.). Unverträglichkeiten treten u. a. auf mit Tannin, Kaliumiodid, Paraffin, Vaselin, Oleyloleat und Hydriertem Erdnussöl.

Aufgrund von Unverträglichkeiten sind folgende Verpackungsmaterialien ungeeignet: weiches Polyvinylchlorid, Polymethacrylat, Celluloseacetat, Celluloseacetobutyrat, Celluloid, Polyurethan-Elastomere. Geeignete Verpackungsmaterialien sind z. B. Polypropylen, Polyethylen, Polyoxymethylen und hartes Polyvinylchlorid.

### Cremes
Cremes sind nach Ph. Eur. mehrphasige Zubereitungen, die aus einer lipophilen und einer wässrigen Phase bestehen. Zur Stabilisierung des Emulsionssystems enthalten Cremes meist Emulgatoren. Sie werden unterschieden in
- lipophile Cremes und
- hydrophile Cremes.

Eine Sonderstellung nimmt die Basiscreme DAC ein. Diese Grundlage – auch als „Amphiphile Creme" bezeichnet – ist nach DAC eine hydrophile Zubereitung, die durch ihren Gehalt an lipophilen Bestandteilen sowohl mit hydrophilen als auch mit lipophilen Grundlagen verarbeitet werden kann.

Da Cremes wasserhaltige Zubereitungen sind, ist eine zusätzliche Konservierung notwendig, es sei denn, die Zubereitung weist selbst – durch enthaltene Hilfsstoffe oder durch eingearbeitete Wirkstoffe – ausreichende antimikrobielle Eigenschaften auf.

## Emulgatoren

■ **DEFINITION** Emulgatoren sind amphiphile Moleküle mit sowohl hydrophilen als auch lipophilen Strukturanteilen. Sie reichern sich an der Grenzfläche zwischen Lipid- und Wasserphase an und wirken deshalb stabilisierend auf Emulsionen.

Je nach strukturellem Aufbau des Emulgators können O/W- oder W/O-Emulsionen stabilisiert werden. Ionische oder nichtionische Eigenschaften des Emulgators sind des Weiteren ausschlaggebend für Interaktionen mit weiteren Bestandteilen der Rezeptur und möglicherweise Ursache für Inkompatibilitäten.

■ **MERKE** Der **HLB-Wert** (HLB = Hydrophilic-lipophilic-Balance) dient der numerischen Klassifizierung von Emulgatoren. Klassifiziert werden die Emulgatoren nach der Größe der hydrophilen und lipophilen Anteile – je größer die hydrophilen Anteile, umso höher der HLB-Wert.

Das HLB-System nach Griffin klassifiziert nichtionogene Emulgatoren mit einer Skala von 1 bis 20. Die Werte werden jeweils aus der Struktur der Emulgatoren berechnet. Bei Mischung von Emulgatoren addieren sich die HLB-Werte im Verhältnis der Gewichtsmengen der Bestandteile der Mischung. Als Emulgatoren sind oberflächenaktive Substanzen mit einem HLB-Wert von 3 bis 16 geeignet. Bei Emulgatoren mit Ionenstruktur ist die Bestimmung eines HLB-Wertes nur experimentell möglich, üblich sind Werte über 20.

**Einteilung nichtionogener Emulgatoren nach dem HLB-Wert**
W/O-Emulgatoren: HLB-Wert 3 bis 8
O/W-Emulgatoren: HLB-Wert 8 bis 16

Die Kenntnis der wesentlichen Eigenschaften der verwendeten Emulgatoren ist unabdingbar für die Überprüfung der Verordnung. Im Folgenden werden einige der häufig in Grundlagen verwendeten Emulgatoren mit ihren Eigenschaften zusammengefasst (◻ Tab. 2.15, ◻ Tab. 2.16 und ◻ Tab. 2.17). Weitere Informationen zu rezepturüblichen Emulgatoren findet man im NRF, in den „Tabellen für die Rezeptur" bzw. in der einschlägigen Fachliteratur. Eine umfangreiche Übersichtstabelle ist auch als Anlage zum NRF-Rezepturhinweis „Tenside – Netzmittel, Emulgatoren und Solubilisatoren" veröffentlicht.

**Handelsnamen von Emulgatoren:** Die in der Praxis häufig eingesetzten O/W-Emulgatoren vom Polysorbattyp (Macrogolsorbitanfettsäureester) sind unter der Bezeichnung **Tween**® im Handel. Die nachgestellte Zahl (z. B. Polysorbat 20 Ph. Eur. bzw. Tween®20) weist auf die in höchster Konzentration vorliegende Fettsäure hin: je höher die Zahl umso niedriger der HLB-Wert. Sorbitanfettsäurepartialester sind unter Bezeichnung **Span**® im Handel.

**Tab. 2.15** Beispiele für O/W-Emulgatoren in Dermatikagrundlagen

| Emulgatorbezeichnung | Eigenschaften | Verwendung |
| --- | --- | --- |
| Macrogol-20-glycerol-monolaurat DAC | Nichtionisch, HLB-Wert 16 | Zur Lösungsvermittlung schwer wasserlöslicher Stoffe, in Kombination mit lipophilen Emulgatoren zur Herstellung hydrophiler Cremes |
| Macrogol-20-glycerol-monooleat DAC | Nichtionisch, HLB-Wert 15 | Zur Lösungsvermittlung schwer wasserlöslicher Stoffe, in Kombination mit lipophilen Emulgatoren zur Herstellung hydrophiler Cremes |
| Polysorbat 60 Ph. Eur. | Nichtionisch, HLB-Wert 14,9 | Zur Herstellung hydrophiler Cremes |
| Natriumdodecylsulfat Ph. Eur. | Anionisch, HLB-Wert etwa 40 | Zur Herstellung Wasser aufnehmender Salben, hydrophiler Cremes |
| Macrogol-20-glycerol-monostearat Ph. Eur. | Nichtionisch, HLB-Wert 15 | Zur Herstellung hydrophiler Cremes |
| Macrogol-8-stearat Typ I Ph. Eur. | Nichtionisch, HLB-Wert 11,1 | Zur Herstellung hydrophiler Cremes |

**Tab. 2.16** Beispiele für nichtionische W/O-Emulgatoren in Dermatikagrundlagen

| Emulgatorbezeichnung | Eigenschaften | Verwendung |
| --- | --- | --- |
| Wollwachsalkohole Ph. Eur. | Eingeschränktes Emulgiervermögen | Zur Herstellung lipophiler Cremes |
| Triglyceroldiisostearat Ph. Eur. | Flüssig | Zur Herstellung lipophiler Cremes |
| Wollwachs Ph. Eur. | – | Zur Herstellung lipophiler Cremes |
| Glycerolmonostearat 60 DAC | HLB-Wert 3,8 | Koemulgator zur Herstellung hydrophiler Cremes |
| Sorbitanmonostearat Typ I Ph. Eur. | HLB-Wert 4,7 | In Kombination mit O/W-Emulgator zur Herstellung hydrophiler Cremes |

◘ Tab. 2.17 Komplexemulgatoren

| Emulgatorbezeichnung | Zusammensetzung | Verwendung/Eigenschaften |
|---|---|---|
| Nichtionische emulgierende Alkohole DAC | Mischung von Cetylstearylalkohol, Macrogol-80-cetylstearylether und Glycerolmonostearat 40–55 Typ I | Zur Herstellung hydrophiler Cremes, nichtionisch |
| Sorbitan- und Glycerolmonooleat DAC | Mischung aus Sorbitanmonooleat Ph. Eur. und Glycerolmonooleat Ph. Eur. | Zur Herstellung lipophiler Cremes, nichtionisch |
| Emulgierender Cetylstearylalkohol (Typ A) Ph. Eur. (Lanette®N) | Mischung aus Natriumcetylstearylsulfat und Cetylstearylalkohol | Zur Herstellung hydrophiler Cremes, anionisch |
| Emulgierender Cetylstearylalkohol (Typ B) Ph. Eur. (Lanette®SX) | Mischung aus Natriumdodecylsulfat und Cetylstearylalkohol | Zur Herstellung hydrophiler Cremes, anionisch |

**Emulgierende Glycerolmonostearate DAC**
Dieser Emulgatorkomplex besteht aus Glycerolmonostearaten und Fettsäure-Alkalisalzen. Die Kennzeichnung erfolgt mit dem Typ der Fettsäurezusammensetzung, der Säurezahl und der Art des Fettsäure-Alkalisalzes (z. B. Kalium).
Typ der Fettsäurezusammensetzung:
- Typ I: Stearinsäure 40,0–60,0 % (Summe Palmitin- plus Stearinsäure 90,0 %),
- Typ II: Stearinsäure 60,0–80,0 % (Summe Palmitin- plus Stearinsäure 90,0 %).

Beispiel: Emulgierendes Glycerolmonostearat (Typ II, 32/36, Kalium) DAC.

> **Praxistipp**
> Beim Einsatz von Emulgatoren zur Arzneimittelherstellung ist zu beachten, dass diese oft als Ausgangsstoffe für die Herstellung von kosmetischen Mitteln und technischen Produkten gehandelt werden. Diese Ausgangsstoffe entsprechen evtl. der Beschreibung des Arzneibuches, sind jedoch bei bestimmten charakterisierenden Kennzahlen nicht pharmakopöekonform (siehe auch NRF-Rezepturhinweis „Tenside – Netzmittel, Emulgatoren und Solubilisatoren").
> Zur Herstellung von Arzneimitteln dürfen nur Ausgangsstoffe eingesetzt werden, die der Arzneibuchmonographie entsprechen!

**Lipophile Cremes**
Lipophile Cremes sind Emulsionsgrundlagen, bei denen die äußere Phase lipophile Eigenschaften hat. Sie enthalten Emulgatoren vom W/O-Typ (z. B. Wollwachsalkohole, Sorbitanester, Monoglyceride) und werden destabilisiert durch grenzflächenaktive Wirk- und Hilfsstoffe wie Tannin, Ammoniumbituminosulfonat, Polidocanol 600, Steinkohlenteerspiritus, Steinkohlenteerlösung und Emulgatoren aus eingearbeiteten hydrophilen Cremes.

Lipophile Grundlagen werden bei chronischen Dermatosen bzw. als Basistherapeutika bei trockenen Hautzuständen angewendet.

### Hydrophobe Basiscreme DAC (NRF S.41.)
Cremor basalis hydrophobicus
**Zusammensetzung:**

| | |
|---|---|
| Triglyceroldiisostearat | 3,0 g |
| Isopropylpalmitat | 2,4 g |
| Hydrophobes Basisgel DAC | 24,6 g |
| Kaliumsorbat | 0,14 g |
| Wasserfreie Citronensäure | 0,07 g |
| Magnesiumsulfat | 0,5 g |
| Glycerol 85 % | 5,0 g |
| Gereinigtes Wasser | 64,29 g |

Hydrophobe Basiscreme DAC ist eine Grundlage mit pH-Wert 4–4,5. Die Konservierung erfolgt mit Kaliumsorbat 0,14 %. In begründeten Ausnahmefällen kann die Konservierung mit Natriumbenzoat bzw. Parabenen erfolgen. Hydrophobe Basiscreme DAC ist als lipophile Creme inkompatibel mit grenzflächenaktiven Stoffen.

Hydrophobe Basiscreme DAC wird als Salbengrundlage zur Intervalltherapie besonders im subakuten Erkrankungsstadium eingesetzt. Sie ist eine geeignete Alternative zu Wasserhaltigen Wollwachsalkoholsalben bei Allergien gegen Wollwachsderivate.

### Kühlsalbe DAB
Unguentum leniens
**Zusammensetzung:**

| | |
|---|---|
| Gelbes Wachs | 7 Teile |
| Cetylpalmitat | 8 Teile |
| Raffiniertes Erdnussöl | 60 Teile |
| Gereinigtes Wasser | 25 Teile |

Kühlsalbe DAB enthält keinen Emulgator. Das nur mechanisch gebundene Wasser wird dadurch leicht abgegeben, wodurch die Kühlwirkung zustande kommt. Nach DAB erfolgt keine Konservierung. Der Zusatz von Antioxidanzien ist ausdrücklich erlaubt, bei Verzicht auf einen Zusatz ist die Zubereitung höchstens 3 Monate lagerfähig. Die Aufbrauchfrist beim Kunden soll maximal 4 Wochen betragen.

Kühlsalbe DAB wird als Grundlage wegen ihrer Kühlwirkung bei Juckreiz, trockener Haut oder bei atopischer Dermatitis eingesetzt. Zur Einarbeitung von Arzneistoffen ist die Quasiemulsion kaum geeignet. Möglich ist die Einarbeitung lipophiler Arzneistoffe wie Menthol bzw. niedrig dosierter und/oder suspendierter Glucocorticoide.

### Lanolin DAB
Lanolinum
**Zusammensetzung:**

| | |
|---|---|
| Dickflüssiges Paraffin | 15 Teile |
| Gereinigtes Wasser | 20 Teile |
| Wollwachs | 65 Teile |

Lanolin DAB ist eine Cremzubereitung mit fester Konsistenz. Sie wird als Grundlage verwendet – i. d. R. mit anderen Grundlagen kombiniert. Durch den Wassergehalt entsteht ein Kühleffekt auf der Haut. Das Schweizer (HELV 9) und das Österreichische Arzneibuch (ÖAB) beschreiben Lanolin mit einem Wollwachsanteil von 70 %.

> **Wussten Sie, dass ...**
> ... Lanolin die INCI-Bezeichnung für Wollwachs ist? Es ist deshalb konkret zu prüfen, ob der Begriff die Emulsion entsprechend Arzneibuch beschreibt oder ob Wollwachs als Bestandteil in z. B. Kosmetika gemeint ist.

Weiche Salbe DAC
Unguentum molle
**Zusammensetzung:**

| | |
|---|---|
| Gereinigtes Wasser | 10,0 g |
| Dickflüssiges Paraffin | 7,5 g |
| Wollwachs | 32,5 g |
| Gelbes Vaselin | 50,0 g |

Weiche Salbe DAC ist eine lipophile Creme, die aus gleichen Anteilen Lanolin und Gelbem Vaselin besteht. Als Stabilisator kann Butylhydroxytoluol enthalten sein, die Zubereitung ist entsprechend zu kennzeichnen. Die Konservierung von Weicher Salbe ist nach DAC nicht vorgesehen.

Wasserhaltige Wollwachsalkoholsalben
In DAB, DAC und NRF finden sich zwei Vorschriften für Wasserhaltige Wollwachsalkoholsalben. Unterschiede bestehen vor allem im Emulgiervermögen und damit in der Stabilität der Grundlage bei Einarbeitung von Wasser oder weiteren Stoffen. Wasserhaltige Wollwachsalkoholsalbe pH 5 (NRF 11.32.) wurde 2010 aus dem NRF entfernt, da ausreichend Fertigprodukte erhältlich sind und die Herstellung aus den Bestandteilen nicht mehr notwendig ist.

Eingesetzt werden Wasserhaltige Wollwachsalkoholsalben zur Prophylaxe von Dermatitiden beanspruchter Haut, zur Behandlung trockener Hautzustände, zur Intervalltherapie mit Glucocorticoiden sowie zur Therapie im chronischen Stadium einer Dermatose. Häufig eingearbeitete Wirkstoffe sind Glucocorticoide und Harnstoff. Unverträglich sind die Grundlagen mit oberflächenaktiven Stoffen.

Zur Konservierung der Grundlagen ist Kaliumsorbat in Kombination mit Wasserfreier Citronensäure geeignet. Alternativ kann mit Natriumbenzoat konserviert werden. Parabene sind zur Konservierung von Wasserhaltigen Wollwachsalkoholsalben nicht Mittel der Wahl, da sie in den Zubereitungen weniger gut wirksam sind.

Wasserhaltige Wollwachsalkoholsalben SR DAC
Lanae alcoholum unguenta aquosa SR
**Zusammensetzung:**

| | |
|---|---|
| Wollwachsalkoholsalbe SR DAC oder | 50,0 g |
| Wollwachsalkoholsalbe SR mit Weißem Vaselin DAC | |
| Gereinigtes Wasser | 50,0 g |

### Wasserhaltige Wollwachsalkoholsalbe DAB
Lanae alcoholum unguentum aquosum
**Zusammensetzung:**

| | |
|---|---|
| Wollwachsalkoholsalbe DAB | 1 Teil |
| Gereinigtes Wasser | 1 Teil |

Das Emulgiervermögen von Wollwachsalkoholsalbe DAB ist schwankend. Durch Einarbeitung von Stoffen, die Emulsionen vom Typ W/O stören, wird die Grundlage destabilisiert. Zur Stabilisierung des Emulsionssystems können folgende Maßnahmen dienen:
- Reduktion des Wasseranteils, z. B. Ammoniumbituminosulfonat in Wollwachsalkoholsalbe mit 10 % Wasser (analog Standardzulassungsmonographie),
- Zusatz von etwa 5 % eines flüssigen oder pastösen W/O-Emulgators (z. B. Wollwachs, Triglyceroldiisostearat DAC, Sorbitan- und Glycerolmonooleat DAC, Macrogol-7-glycerolhydroxystearat).

Die Einarbeitung von Alkohol-Wasser-Mischungen in Wasserhaltige Wollwachsalkoholsalbe DAB auch in Anteilen von 10 % ist kaum möglich. Entsprechend NRF-Rezepturhinweis kann zur Herstellung derartiger Rezepturen die wasserfreie Absorptionsbase verwendet werden. Alkohol-Wasser-Gemische (Ethanol, 2-Propanol) können in Wollwachsalkoholsalbe DAB eingearbeitet werden, sodass sich Cremes mit einem Anteil von bis zu 10 % Alkohol-Wasser-Mischung 70 % (V/V) herstellen lassen.

### Hydrophile Cremes
Bei hydrophilen Cremes besteht die äußere Phase aus hydrophilen Bestandteilen, vor allem Wasser, weshalb sie auch als wässrige Phase bezeichnet wird. Sie enthalten Emulgatoren vom O/W-Typ (wie Natriumseifen, sulfatierte Fettalkohole, Polysorbate, Ester von Polyethoxyfettsäuren und Polyethoxyalkoholen) meist in Form von Emulgatorgemischen mit W/O-Emulgatoren. Sie sind gut mit Wasser abwaschbar und werden vor allem bei subakuten Dermatosen eingesetzt.

Nach NRF sind die in der Apothekenrezeptur häufig verwendeten nichtionischen und anionischen hydrophilen Cremes grundsätzlich verträglich mit:
- Wasser,
- hydrophilen Cremes und „amphiphilen Cremes" (wie z. B. Basiscreme DAC),
- nichtionischen oder anionischen hydrophilen Emulsionen,
- Hydrogelen,
- hydrophilen Salben in begrenzter Menge sowie
- „Lotionen" (Zinkoxidschüttelmixtur).

Unverträglich sind sie dagegen in der Regel mit einem Überschuss folgender Zusätze:
- lipophile Salben (Vaselin),
- Öle,
- Wasser aufnehmende lipophile Salben (wie z. B. Wollwachsalkoholsalben) sowie
- lipophile Cremes (wie z. B. Wasserhaltige Wollwachsalkoholsalben).

Den offizinellen Cremes von DAB und DAC können nur geringe Mengen Alkohole zugesetzt werden. Inhomogenitäten sind zunächst nur mikroskopisch, bei höheren Anteilen

– spätestens nach einigen Tagen – makroskopisch wahrnehmbar. Diese Inhomogenitäten sind nicht reversibel und damit nicht akzeptabel.

Entsprechend NRF-Rezepturhinweis ist der Zusatz von 20 g Ethanol 70 % (V/V) oder 2-Propanol 70 % (V/V) zu 80 g hydrophiler Cremegrundlage ohne merkliche Konsistenzänderung über mind. 3 Monate bei folgenden Grundlagen möglich:
- Nichtionische hydrophile Creme SR DAC,
- Nichtionische hydrophile Creme DAB,
- Anionische hydrophile Creme SR,
- Basiscreme DAC und
- Wasserhaltige hydrophile Salbe DAB.

### Basiscreme DAC
Cremor basalis
**Zusammensetzung:**

| | |
|---|---|
| Glycerolmonostearat 60 | 4,0 g |
| Cetylalkohol | 6,0 g |
| Mittelkettige Triglyceride | 7,5 g |
| Weißes Vaselin | 25,5 g |
| Macrogol-20-glycerolmonostearat | 7,0 g |
| Propylenglycol | 10,0 g |
| Gereinigtes Wasser | 40,0 g |

Basiscreme DAC ist eine nichtionische hydrophile Cremegrundlage mit amphiphilen Eigenschaften, d. h., es können sowohl hydrophile als auch lipophile Stoffe (z. B. Paraffin im Verhältnis 3+1) eingearbeitet werden. Die Grundlage hat keine Pufferkapazität und ist unverträglich mit verschiedenen phenolischen Arzneistoffen.

Die Konservierung der Grundlage ist nicht notwendig, da der Anteil an Propylenglycol ausreichend antimikrobiell wirksam ist. Zu beachten ist allerdings die Notwendigkeit der zusätzlichen Konservierung bei „Verdünnung" der Rezeptur. Bei Einarbeitung von Wasser in Basiscreme DAC ist die Konservierung durch weiteren Zusatz von Propylenglycol das Mittel der Wahl – bis zu einer Konzentration in der fertigen Zubereitung von mindestens 20 % Propylenglycol bezogen auf den Wasseranteil.

Basiscreme DAC ist indifferent bezüglich Austrocknung und Abdeckung der Haut und wird als wirkstofffreie Grundlage vor allem im subakuten Erkrankungsstadium sowie zur Einarbeitung von Wirkstoffen verwendet.

### Hydrophile Basisemulsion DAC (NRF S. 25.)
Emulsio basalis hydrophilica
**Zusammensetzung:**

| | |
|---|---|
| Sorbitanmonostearat, Typ I | 2,0 g |
| Macrogol-8-stearat, Typ I | 2,0 g |
| Glycerol 85 % | 5,0 g |
| Mittelkettige Triglyceride | 5,0 g |
| Wasserfreie Citronensäure | 0,007 g |
| Kaliumsorbat | 0,14 g |
| Gereinigtes Wasser | 85,79 g |

Hydrophile Basisemulsion DAC ist eine nichtionische hydrophile Grundlage mit schwach saurem pH-Wert (pH 4,8). Die Pufferwirkung ist gering.

Die Grundlage zeigt thixotropes Fließverhalten, d. h., sie verflüssigt sich beim Schütteln und verfestigt sich im Ruhezustand. Aus diesem Grund ist sie gut geeignet als Grundlage zur Herstellung von Suspensionen z. B. mit Externsteroiden. Weiterhin können gut wasserlösliche Stoffe (z. B. Harnstoff) eingearbeitet werden.

Die Grundlage wird vor allem bei akuten und subakuten Dermatitiden eingesetzt. Sie hat keine abdeckende Wirkung und ist deshalb zur Anwendung auf behaarten Körperstellen geeignet.

Die Konservierung der Grundlage erfolgt standardmäßig mit Kaliumsorbat 0,14 %. Alternative Konservierungsstoffe sind Natriumbenzoat bzw. eine Mischung aus Methyl- und Propyl-4-hydroxybenzoat.

Unverträglich ist Hydrophile Basisemulsion DAC u. a. mit Erythromycin (Verlust der Wirksamkeit), Prednisolon (Umkristallisation zu einer schlechter löslichen Hydratform in langen Kristallnadeln) und Tannin, Triclosan (Ausfällung). Der haltbarkeitsbestimmende Faktor für Hydrophile Basisemulsion DAC ist die Zersetzung von Kaliumsorbat. Nach Einarbeitung von Harnstoff sind Inhomogenitätserscheinungen möglich wie die Aufrahmung der Lipidphase. Solange diese Instabilität reversibel ist, kann sie als zulässig betrachtet werden; vor Gebrauch wird die Emulsion durch Schütteln homogenisiert.

### Zulässige „Instabilitäts"-Erscheinungen
Aufrahmung und/oder Koaleszenz („Phasentrennung") ohne weitere Strukturveränderungen gelten nach Arzneibuch bei Zubereitungen zur kutanen Anwendung als zulässig, wenn sie sich leicht durch Schütteln wieder für eine ausreichend lange Zeit homogenisieren lassen. Selbstverständlich muss die Anweisung zum Umschütteln gekennzeichnet werden.

### Wasserhaltige hydrophile Salbe DAB
Unguentum emulsificans aquosum
**Zusammensetzung:**
Hydrophile Salbe DAB                30 Teile
Gereinigtes Wasser                  70 Teile

Wasserhaltige hydrophile Salbe DAB, auch als Lanette-Salbe bezeichnet, ist eine hydrophile anionische Grundlage. Die Konservierung erfolgt mit Sorbinsäure 0,1 %, alternativ mit Methylhydroxybenzoat 0,06 % und Propyl-4-hydroxybenzoat 0,04 %. Die unkonservierte Grundlage enthält keine pH-aktiven Bestandteile, der pH-Wert liegt deshalb im neutralen Bereich. Die Konservierung mit PHB-Estern verändert den pH-Wert der Grundlage nicht, dagegen reagiert die mit Sorbinsäure konservierte Wasserhaltige hydrophile Salbe DAB sauer (etwa pH 5).

Wasserhaltige hydrophile Salbe DAB kann stark mit Wasser verdünnt werden. Bei Einarbeitung großer Anteile von hydrophilen Bestandteilen (ab etwa 400 %) entstehen flüssige Emulsionszubereitungen. Auch die Einarbeitung von lipophilen Bestandteilen bis maximal einem Viertel der Rezeptur ist möglich. In Paraffin schlecht lösliche Stoffe lösen sich jedoch nicht in der Grundlage (z. B. Triclosan, Salicylsäure), sie müssen als Suspension eingearbeitet werden.

Unverträglichkeiten treten auf
- bei Einarbeitung von großen Anteilen alkoholischer Lösungen, Steinkohlenteerlösung, Steinkohlenteerspiritus oder Tretinoinlösung sowie
- bei Einarbeitung kationischer Bestandteile (Diltiazemhydrochlorid, Chlorhexidinsalze, Gentamicinsulfat, Ethacridinlactat, Magnesiumsalze in hoher Konzentration).

Zu beachten ist, dass bei der Einarbeitung von Wirkstoffen Wärmeanwendung vermieden werden soll, da sonst die Emulsion destabilisiert wird.

### Anionische hydrophile Creme SR DAC (NRF S.27.)
Unguentum emulsificans aquosum SR
**Zusammensetzung:**

| | |
|---|---|
| Emulgierender Cetylstearylalkohol (Typ A) | 21,0 g |
| 2-Ethylhexyllaurat | 10,0 g |
| Glycerol 85 % | 5,0 g |
| Kaliumsorbat | 0,14 g |
| Wasserfreie Citronensäure | 0,07 g |
| Gereinigtes Wasser | 63,79 g |

Anionische hydrophile Creme SR DAC ist eine wasserreiche hydrophile Creme mit einem pH-Wert von 4–5. Die Konservierung erfolgt mit Kaliumsorbat 0,14 %. Die Konservierung mit PHB-Estern ist nicht möglich, da diese sich in der Lipidphase (2-Ethylhexyllaurat – Rofetan®148) anreichern und somit die Konzentration des Konservierungsmittels in der Wasserphase zu gering ist. Die Grundlage ist aufgrund der anionischen Struktur des Emulgators unverträglich mit kationischen Substanzen.

Sie wird als Grundlage im (sub-)akuten Erkrankungsstadium angewendet. Durch Verdünnung mit Wasser im Verhältnis 1+1 kann Wasserhaltiges Liniment DAC (NRF S.40.) hergestellt werden.

### Nichtionische hydrophile Creme DAB
Unguentum emulsificans nonionicum aquosum
**Zusammensetzung:**

| | |
|---|---|
| Polysorbat 60 | 5 Teile |
| Cetylstearylalkohol | 10 Teile |
| Glycerol 85 % | 10 Teile |
| Weißes Vaselin | 25 Teile |
| Gereinigtes Wasser | 50 Teile |

Nichtionische hydrophile Creme DAB ist eine hydrophile Creme ohne Pufferkapazität. Durch Konservierung mit 0,1 % Sorbinsäure reagiert die Grundlage sauer. Alternativ ist die Konservierung mit Methylhydroxybenzoat (0,1 %) in Kombination mit Propylhydroxybenzoat (0,04 %) möglich.

Im Gegensatz zu Wasserhaltiger hydrophiler Salbe DAB enthält sie nichtionische Emulgatoren und ist deshalb zur Einarbeitung von kationischen Wirkstoffen geeignet.

Nichtionische hydrophile Creme SR DAC (NRF S.26.)
Unguentum emulsificans nonionicus aquosum SR
**Zusammensetzung:**

| | |
|---|---|
| Nichtionische emulgierende Alkohole | 21,0 g |
| 2-Ethylhexyllaurat | 10,0 g |
| Glycerol 85 % | 5,0 g |
| Kaliumsorbat | 0,14 g |
| Wasserfreie Citronensäure | 0,07 g |
| Gereinigtes Wasser | 63,79 g |

Nichtionische hydrophile Creme SR DAC ist eine hydrophile Creme mit pH 4–5. Im Gegensatz zu Anionischer hydrophiler Creme SR DAC enthält sie Macrogol-80-cetylstearylether als nichtionischen Emulgator und ist deshalb zur Einarbeitung von kationischen Wirkstoffen geeignet.

Die Konservierung erfolgt mit Kaliumsorbat 0,14 %. Die Konservierung mit PHB-Estern ist nicht möglich, da sie sich in der Lipidphase (Ethylhexyllaurat) anreichern und somit die Konzentration in der Wasserphase zu gering ist.

> ■ **MERKE** Anionische hydrophile Creme SR DAC und Nichtionische hydrophile Creme SR DAC dürfen nicht mit PHB-Estern konserviert werden – auch wenn ältere Rezepturvorschriften (z. B. SR 90) diese Alternative zur Konservierung mit Sorbinsäure vorgesehen haben.

Nichtionische hydrophile Creme SR DAC wird als Grundlage im (sub-)akuten Erkrankungsstadium angewendet. Durch Verdünnung mit Wasser im Verhältnis 1+1 kann Nichtionisches wasserhaltiges Liniment DAC (NRF S.39.) hergestellt werden.

Wasserhaltiges Liniment SR DAC (NRF S.40.)
Linimentum aquosum SR
**Zusammensetzung:**

| | |
|---|---|
| Emulgierender Cetylstearylalkohol (Typ A) | 10,5 g |
| 2-Ethylhexyllaurat | 5,0 g |
| Glycerol 85 % | 2,5 g |
| Kaliumsorbat | 0,14 g |
| Wasserfreie Citronensäure | 0,07 g |
| Gereinigtes Wasser | 81,79 g |

Wasserhaltiges Liniment SR DAC kann durch Verdünnung von Anionischer hydrophiler Creme SR DAC mit Wasser hergestellt werden. Zu beachten ist dabei die Notwendigkeit der zusätzlichen Konservierung.

Die Grundlage ist eine hydrophile Creme mit pH 4–5 und wird insbesondere im akuten Erkrankungsstadium eingesetzt. Des Weiteren gelten alle für Anionische hydrophile Creme SR DAC beschriebenen Eigenschaften.

### Nichtionisches wasserhaltiges Liniment DAC (NRF S. 39.)
Linimentum nonionicum aquosum

**Zusammensetzung:**

| | |
|---|---|
| Nichtionische emulgierende Alkohole | 10,5 g |
| 2-Ethylhexyllaurat | 5,0 g |
| Glycerol 85 % | 2,5 g |
| Kaliumsorbat | 0,14 g |
| Wasserfreie Citronensäure | 0,07 g |
| Gereinigtes Wasser | 81,79 g |

Nichtionisches wasserhaltiges Liniment DAC kann durch Verdünnung von Nichtionischer hydrophiler Creme SR DAC mit Wasser – nach Zusatz der zur Konservierung notwendigen Mengen an Kaliumsorbat und Wasserfreier Citronensäure – hergestellt werden.

Die Grundlage ist eine hydrophile Creme mit pH 4–5 und wird insbesondere im akuten Erkrankungsstadium eingesetzt. Des Weiteren gelten alle für Nichtionische hydrophile Creme SR DAC beschriebenen Eigenschaften.

### Hydrophiles Zinkoxid-Liniment 25 % SR (NRF 11.109.)
Lotio Zinci oxidati SR

**Zusammensetzung:**

| | |
|---|---|
| Zinkoxid | 25,0 g |
| Glycerol 85 % | 5,75 g |
| 2-Ethylhexyllaurat | 1,5 g |
| Nichtionische emulgierende Alkohole DAC | 3,15 g |
| Gereinigtes Wasser | 64,6 g |

Hydrophiles Zinkoxid-Liniment 25 % SR ist eine hydrophile Creme, die auch als verfestigte Zinkoxidsuspension betrachtet werden kann. Der pH-Wert der Grundlage beträgt pH 7,4. Sie ist aufgrund des Anteils an Zinkoxid nicht mikrobiell anfällig und muss deshalb nicht konserviert werden. Alternativ zur Herstellung aus den Bestandteilen kann Hydrophiles Zinkoxid-Liniment 25 % SR aus Nichtionischer hydrophiler Creme SR DAC (NRF S. 26.) hergestellt werden.

> ■ **MERKE** Zinkoxidhaltige Grundlagen eignen sich nur bedingt zur Einarbeitung von Wirkstoffen, da die Wirksamkeit und Stabilität anderer, gleichzeitig applizierter Wirkstoffe (Antiseptika, Antiphlogistika, Dithranol, Glucocorticoide, Oxytetracyclin) durch Zinkoxid herabgesetzt sein kann.

### Gele
Gele bestehen aus gelierten Flüssigkeiten. Sie werden mithilfe geeigneter Quellmittel hergestellt. Die Ph. Eur. unterscheidet
- lipophile Gele und
- hydrophile Gele.

Unterschieden werden Quellstoffe natürlicher Art (z. B. Bentonit), halbsynthetischer Art (z. B. Hydroxyethylcellulose, Methylhydroxypropylcellulose und Carboxymethylcellulose-Natrium) sowie synthetischer Art (z. B. Polyacrylsäure).

### Lipophile Gele
Lipogele (auch Oleogele) enthalten als Grundlagen dickflüssiges Paraffin und Polyethylen oder fette Öle, welche durch Zusatz von Hochdispersem Siliciumdioxid, Aluminium- oder Zinkseifen geliert worden sind.

### Hydrophobes Basisgel DAC
Gelatum basalis hydrophobicum
**Zusammensetzung:**

| | |
|---|---|
| Dickflüssiges Paraffin | 95 Teile |
| Hochdruck-Polyethylen | 5 Teile |

Hydrophobes Basisgel DAC ist eine vaselinähnliche Grundlage. Sie ist weniger temperaturempfindlich als Vaselin, die Konsistenz ist stabil zwischen 20 und 60 °C. Das bei Vaselin beobachtbare „Ausbluten" von flüssigen Bestandteilen tritt bei Hydrophobem Basisgel DAC nicht auf.

### Emulgierendes hydrophobes Basisgel DAC
Gelatum basalis hydrophobicum emulsificans
**Zusammensetzung:**

| | |
|---|---|
| Isopropylpalmitat | 8,0 g |
| Triglyceroldiisostearat | 10,0 g |
| Hydrophobes Basisgel | 82 g |

Emulgierendes hydrophobes Basisgel DAC ist ein emulgatorhaltiges lipophiles Gel, das nach Einarbeitung von Wasser zu einer lipophilen Creme wird. Während der Lagerung sind Aufrahmungserscheinungen möglich. Vor der Weiterverarbeitung muss die Grundlage deshalb homogenisiert werden.

### Hydrophile Gele
Hydrogele enthalten als Grundlagen Wasser oder Alkohol-Wasser-Mischungen, Glycerol oder Propylenglycol, welche mit Quellstoffen wie Stärke, Cellulosederivaten, Carbomeren oder Magnesium-Aluminium-Silikaten geliert worden sind. Die Grundlagen sind fettfrei und leicht mit Wasser abwaschbar. Durch die Verdunstung des enthaltenen Wassers bzw. Alkohols entsteht ein Kühleffekt auf der Haut. Je nach Alkoholgehalt sind Hydrogele mikrobiell anfällig und müssen konserviert werden.

In ◘ Tab. 2.18 sind für die Apothekenrezeptur wichtige Hydrogelbildner mit wesentlichen Eigenschaften zusammengestellt. Diese Hydrogelbildner lassen sich in zwei Gruppen untergliedern – Celluloseether und Carbomere. Weitere Hydrogelbildner (Poloxamere, Arabisches Gummi, Tragant, Bentonit, Gelatine) finden sich in Ph. Eur., NRF bzw. in den „Tabellen für die Rezeptur". Für die Herstellung von Gelgrundlagen sind insbesondere Eigenschaften wie Alkohol- und Hitzeverträglichkeit relevant. Zur Einarbeitung von Wirkstoffen sind des Weiteren die ionischen bzw. nichtionischen Eigenschaften der Gelbildner von Bedeutung.

◻ Tab. 2.18 Hydrogelbildner für die Apothekenrezeptur

| Bezeichnung | Typ | Eigenschaften |
| --- | --- | --- |
| Hydroxyethylcellulose Ph. Eur. (Ethylose, HEC) | Celluloseether nichtionisch | Weitgehend pH-unabhängig, verträglich mit Salzen und kationischen Wirkstoffen, unverträglich mit > 20 % Alkohol, Polidocanol 600, Tannin, wasserdampfsterilisierbar |
| Hypromellose Ph. Eur. (Methylhydroxypropyl-cellulose, MHPC) | Celluloseether nichtionisch | Geeignet zur Herstellung alkoholhaltiger Hydrogele, hitzeunverträglich (Koagulation) |
| Carmellose-Natrium Ph. Eur. (Carboxymethylcellulose, CMC-Natrium) | Celluloseether anionisch | Säureempfindlich, inkompatibel mit kationischen Substanzen und hohen Konzentrationen Alkohol |
| Hydroxypropylcellulose Ph. Eur. (Hyprolose, HPC) | Celluloseether nichtionisch | Verträglich auch mit hohen Konzentrationen von Alkohol und/oder anderen organischen Lösemitteln (Aceton, DMSO), Quellung sehr langsam, hitzeunverträglich (Koagulation) |
| Methylcellulose Ph. Eur. (MC) | Celluloseether nichtionisch | Unverträglich mit > 20 % Alkohol, Polidocanol 600, Tannin, hitzeunverträglich (Koagulation) |
| Carbomere Ph. Eur. | Polyacrylat anionisch | Beständige Gele im pH-Bereich 5–10, geeignet zur Herstellung alkoholhaltiger Hydrogele, säure- und basenempfindlich (Dissoziation der Polyacrylsäure), inkompatibel mit vielen Wirkstoffkationen, autoklavierbar |

**Carbomergele**
Carbomertypen werden nach Ph. Eur. anhand der scheinbaren Viskosität der entsprechend der Monographie hergestellten Prüfgele charakterisiert. Die Maßzahl der in mPa·s angegebenen nominalen Viskosität wird der Bezeichnung hinzugefügt (z. B. Carbomer 50 000). Als Rezeptursubstanz eingesetzt werden vor allem Carbomer 50 000 (Carbopol® 980) und Carbomer 35 000 (Carbopol® 974P). Carbomer 50 000 ist nicht zur Herstellung von Gelen zur Einnahme und für Schleimhautkontakt bestimmt. Mit Carbomer 35 000 können Gele zur Anwendung auf Haut und Schleimhaut, zur rektalen, oralen und ophthalmologischen Anwendung sowie zur Einnahme hergestellt werden.

Im pH-Bereich von 5–10 ist die Viskosität der Gele optimal. Die Verwendung von Carbomergelen in der Rezeptur ist jedoch beschränkt, da die Gele sehr elektrolytempfindlich, säure- und basenempfindlich sowie inkompatibel mit vielen Wirkstoffkationen sind.

Zur Konservierung eignen sich Sorbinsäure (0,1 %) mit Kaliumsorbat (0,1 %) sowie Methyl-4-hydroxybenzoat (0,07 %) mit Propyl-4-hydroxybenzoat (0,03 %). 2-Propanolhaltiges Carbomergel DAB muss aufgrund des enthaltenen Alkoholanteils nicht zusätzlich konserviert werden. Ultraschallkontaktgel (NRF 13.2.) ist aufgrund der antimikrobiellen Eigenschaften von Propylenglycol ausreichend stabil.

**Wasserhaltiges Carbomergel DAB**
Carbomeri mucilago aquosa
**Zusammensetzung:**

| | |
|---|---|
| Carbomer | 0,5 Teile |
| Natriumhydroxid (50 g/L) | 3,0 Teile |
| Gereinigtes Wasser | 96,5 Teile |

**2-Propanolhaltiges Carbomergel DAB**
Carbomeri mucilago cum 2-propanolol
**Zusammensetzung:**

| | |
|---|---|
| Carbomer | 0,5 Teile |
| Natriumhydroxid (50 g/L) | 1,0 Teile |
| 2-Propanol | 25 Teile |
| Gereinigtes Wasser | 73,5 Teile |

Celluloseethergele
Für die Rezepturherstellung sind sowohl anionische als auch nichtionische Celluloseether relevant.

Hydroxyethylcellulose (HEC) ist ein wichtiger nichtionischer Gelbildner. HEC-Typen werden anhand der scheinbaren dynamischen Viskosität einer 2%igen wässrigen Lösung charakterisiert. HEC 10 000 quillt sehr viel langsamer als HEC 250, die Gelbildung dauert mehrere Stunden. Aus diesem Grund wird HEC 250 zur Herstellung von Rezepturen im NRF bevorzugt, z. B. Hydrophiles Aluminiumchlorid-Hexahydrat-Gel 15 %/20 % (NRF 11.24.) und Elektrodengel (NRF 13.1.).

Carmellose-Natrium wird zur Herstellung anionischer Gelgrundlagen eingesetzt, z. B. Carmellose-Natrium-Gel DAB. Des Weiteren ist der Quellstoff Bestandteil in zahlreichen Fertigarzneimitteln u. a. zur oralen Anwendung, zur Anwendung an der Nase sowie in Augenpräparaten, die als „künstliche Tränen" eingesetzt werden (Cellufresh® Augentropfen).

**Hydroxyethylcellulosegel DAB**
Hydroxyethylcellulosi mucilago
**Zusammensetzung:**

| | |
|---|---|
| Hydroxyethylcellulose 10 000 | 2,5 Teile |
| Glycerol 85 % | 10 Teile |
| Gereinigtes Wasser | 87,5 Teile |

Hydroxyethylcellulosegel DAB hat nach Arzneibuch einen pH-Wert von 4,5–6,0. Zur Konservierung eignen sich Sorbinsäure (0,1 %) mit Kaliumsorbat (0,1 %) sowie Methyl-4-hydroxybenzoat (0,1 %) mit Propyl-4-hydroxybenzoat (0,04 %).

**Carmellose-Natrium-Gel DAB**
Carmellosi natrici mucilago
**Zusammensetzung:**

| | |
|---|---|
| Carmellose-Natrium 600 | 5 Teile |
| Glycerol 85 % | 10 Teile |
| Gereinigtes Wasser | 85 Teile |

Carmellose-Natrium-Gel DAB hat entsprechend Arzneibuch einen pH-Wert von 6–8. Die Konservierung kann mit Sorbinsäure (0,1 %) und Kaliumsorbat (0,1 %) erfolgen. Alternativ ist die Konservierung mit Methyl-4-hydroxybenzoat (0,1 %) in Kombination mit Propyl-4-hydroxybenzoat (0,04 %) möglich.

> **Wussten Sie, dass ...**
> ... Gelatine aus tierischem Ausgangsmaterial gewonnen wird und deshalb der Ph. Eur.-Monographie „Produkte mit dem Risiko der Übertragung von Erregern der spongiformen Enzephalopathie tierischen Ursprungs" entsprechen muss?
> Des Weiteren wird nach Ph. Eur. die Prüfung auf mikrobielle Verunreinigung gefordert, weil Gelatine potenziell mit Keimen belastet ist.

## Pasten

Pasten enthalten in der Grundlage große Anteile von fein dispergierten Pulvern. Die Ph. Eur. nimmt keine weitere Unterteilung vor. Üblich sind Pulveranteile von 30–50 %. Zubereitungen mit einem Pulveranteil von mehr als 50 % sind nicht mehr streichfähig und können somit nicht als halbfeste Zubereitung bezeichnet werden. Als Pulver kommen vor allem Zinkoxid, Titandioxid, Talkum und Stärken zum Einsatz.

Zinkpasten werden aufgrund der abdeckenden, antiseptischen Wirkungen des enthaltenen Zinkoxids sowie der okklusiven Eigenschaften der Grundlage bei subakuten und chronischen Ekzemen eingesetzt. Die Einarbeitung von weiteren Wirkstoffen ist problematisch, da Zinkoxid die Wirksamkeit gleichzeitig verabreichter Wirkstoffe reduzieren kann.

*Zinkpaste DAB*
Zinci pasta
**Zusammensetzung:**

| | |
|---|---|
| Zinkoxid | 25 Teile |
| Weizenstärke | 25 Teile |
| Weißes Vaselin | 50 Teile |

*Weiche Zinkpaste DAB (NRF 11.21.)*
Zinci pasta mollis
**Zusammensetzung:**

| | |
|---|---|
| Zinkoxid | 30 Teile |
| Dickflüssiges Paraffin | 40 Teile |
| Weißes Vaselin | 20 Teile |
| Gebleichtes Wachs | 10 Teile |

### Flüssige Zubereitungen zur kutanen Anwendung
Nach der Monographie sind „Flüssige Zubereitungen zur kutanen Anwendung Ph. Eur. (Praeparationes liquidae ad usum dermicum)" Lösungen, Emulsionen oder Suspensionen mit unterschiedlicher Viskosität.

Zinkoxidöl DAC (NRF 11.20.)
Zinci oxidi oleum
**Zusammensetzung:**
| | |
|---|---|
| Zinkoxid | 50,0 g |
| Natives Olivenöl | 50,0 g |

Aufgrund der flüssigen Struktur und der großen Menge an eingearbeiteten suspendierten Anteilen wird Zinkoxidöl auch als „flüssige Paste" bezeichnet. Es eignet sich, wie andere zinkoxidhaltige Grundlagen, nur bedingt zur Einarbeitung von Wirkstoffen.

Zinkoxidöl wird zur Abdeckung von Wundrändern bei Ulzera und Erosionen, bei Reizungen und Rötungen der Haut im Bereich von Hautfalten, im Windelbereich und im Übergangsbereich von Haut zu Schleimhaut an Mund, After und Genitalien, bei Fissuren und Rhagaden sowie bei subakuten und chronischen Ekzemen eingesetzt. Zur Unterstützung der Wirkung der Grundlage können Wirkstoffe wie Nystatin und Ammoniumbituminosulfonat eingearbeitet werden.

Zinkoxidschüttelmixtur DAC (NRF 11.22.)
Zinci oxidi lotio
**Zusammensetzung:**
| | |
|---|---|
| Zinkoxid | 20,0 g |
| Talkum | 20,0 g |
| Glycerol 85 % | 30,0 g |
| Gereinigtes Wasser | 30,0 g |

Zinkoxidschüttelmixtur ist eine weiße, dickflüssige Suspension, deren feste Bestandteile bei längerem Stehen sedimentieren. Die zusätzliche Konservierung ist nicht notwendig, da Zinkoxid ausreichend antimikrobiell wirksam ist. Die Grundlage wird bei subakuten Ekzemen, insbesondere bei Seborrhö, zur Abdeckung, Entquellung und Trocknung eingesetzt.

### Umschlagpasten, Wirkstoffhaltige Pflaster und Kutane Pflaster
Umschlagpasten bestehen aus einer hydrophilen, Wärme speichernden Grundlage, in der feste oder flüssige Wirkstoffe dispergiert sind. Sie werden üblicherweise in dicker Schicht auf ein geeignetes Tuch aufgestrichen und vor Auflegen auf die Haut erhitzt. Sie haben ebenso wie Wirkstoffhaltige Pflaster und Kutane Pflaster für die Apothekenrezeptur kaum Bedeutung und werden deshalb im Folgenden nicht weiter betrachtet.

> ■ **MERKE** Die Einteilung der Grundlagen nach Ph. Eur. wird in DAC, NRF und DAB nicht konsequent aufgegriffen (z. B. Kühlsalbe DAB und Weiche Salbe DAC als Bezeichnung für Cremes, Hydrophile Salbe DAB als Bezeichnung für eine Wasser aufnehmende Salbe).
> Für die Beurteilung einer Rezeptur sind unabhängig von der Bezeichnung der Grundlage vor allem Emulsionstyp und Wassergehalt relevant.

## 2.6 Konservierung von Zubereitungen

Die in der Ph. Eur. festgelegten Grenzwerte für die Gesamtkeimzahl in der Zubereitung gelten nicht nur zum Zeitpunkt der Herstellung, sondern für den angegebenen Zeitraum der Anwendung. Risiken für die Qualität der Zubereitung bestehen vor allem durch Kontamination während Herstellung und Verpackung sowie bei der Entnahme.

Da die Anwesenheit von Mikroorganismen in nichtsterilen Zubereitungen generell zulässig ist, sind Maßnahmen notwendig, die die ungehinderte Keimvermehrung verhindern. Nur so kann die Qualität des Arzneimittels für eine angemessene Dauer sichergestellt werden. Eine wirksame Maßnahme ist die Konservierung mikrobiell anfälliger Rezepturen mit Stoffen, die das Keimwachstum hemmen bzw. Keime abtöten können.

### 2.6.1 Mikrobiologische Stabilität von Zubereitungen und Notwendigkeit der Konservierung

■ **DEFINITION** Konservierung (von lateinisch *conservare*: „erhalten, bewahren") bedeutet „Erhaltung eines gegebenen Zustands".

Mikrobiologische Risiken für die Zubereitung bestehen vor allem durch eine Kontamination während Herstellung und Verpackung bzw. während der Entnahme durch den Kunden und nachfolgendes ungehindertes Wachstum von Mikroorganismen. Das Keimwachstum in der Zubereitung kann zur Zersetzung von Wirk- und Hilfsstoffen führen. Damit ist die Stabilität und Wirksamkeit der Zubereitung gefährdet. Des Weiteren können Spaltprodukte von Wirkstoffen, Keime oder Stoffwechselprodukte von Keimen die Haut des Anwenders reizen bzw. bei geschädigter Haut zur Infektion führen.

Die notwendigen Hygienemaßnahmen zur Herstellung einer mikrobiell einwandfreien Rezeptur sind im ▶ Kap. 1 „Schritt 1: Hygienestandards einhalten" detailliert beschrieben worden. Das Risiko der Kontamination der Zubereitung während der Entnahme kann insbesondere durch Auswahl eines geeigneten Packmittels minimiert werden. Da Keime in nichtsterilen Zubereitungen generell zulässig sind und die Kontamination der Zubereitung während der Entnahme nicht gänzlich ausgeschlossen werden kann, müssen wirksame Maßnahmen die Keimvermehrung verhindern. In der Regel werden der Zubereitung antimikrobiell wirksame Konservierungsstoffe zugesetzt.

■ **MERKE** Nach den Empfehlungen des NRF sowie den Vorgaben in Arzneibüchern und Leitlinien ist eine Rezeptur dann zu konservieren, wenn die Zubereitung selbst nicht schon ausreichende antimikrobielle Eigenschaften hat.
Zu beachten ist allerdings, dass bei bestimmten Zubereitungen der Konservierungsmittelzusatz generell verboten ist, z. B. bei Infusionslösungen und Arzneimitteln zur Anwendung am verletzten Auge. Deshalb ist bei diesen Arzneiformen die mikrobiologische Qualität durch andere Maßnahmen sicherzustellen (Sterilisation, Abfüllung in Einzeldosenbehältnisse).

Der Zusatz eines Konservierungsmittels ist nicht notwendig, wenn die Zubereitung antimikrobiell wirksame Wirk- oder Hilfsstoffe in ausreichender Konzentration enthält. Detaillierte Empfehlungen zur Konservierung von Zubereitungen findet man im NRF, in den NRF-Rezepturhinweisen und in den Wirkstoffdossiers der Gesellschaft für Dermopharmazie e. V.

Da der Apothekenleiter das haftungsrechtliche Risiko für die Qualitätsminderung bzw. das strafrechtliche Risiko gemäß AMG wegen Bedenklichkeit der Zubereitung trägt, müssen verordnende Ärzte davon ausgehen, dass die Rezeptur – wenn notwendig (und nicht generell verboten) – in der Apotheke konserviert wird. Das wurde durch die Gesellschaft für Dermopharmazie in ihrer Leitlinie „Dermatologische Rezepturen" entsprechend bekräftig und anerkannt. Die Konservierung mikrobiell anfälliger Zubereitung ist auch im NRF der Normalfall.

Soll auf die Konservierung verzichtet werden, weil z. B. der Patient den Konservierungsstoff nicht verträgt, muss der Einsatz eines Konservierungsmittels vom Verordner ausdrücklich verboten werden. Die Verordnung ist entsprechend zu kennzeichnen – z. B. „s. cons." oder „sine conservans" oder „ohne Konservierung". Um in diesen Fällen die Qualität des Arzneimittels über den Anwendungszeitraum sicherzustellen, muss die Dauer der Verwendbarkeit stark verkürzt werden. Alternativ können nichtkonservierte Arzneimittel unter streng aseptischen Bedingungen hergestellt und in Gefäßen zur Einmalentnahme abgegeben werden.

> **Praxistipp**
> Basiscreme DAC enthält 20 % Propylenglycol bezogen auf die Wasserphase und ist damit ausreichend mikrobiell stabil, sodass eine zusätzliche Konservierung nicht notwendig ist.

> **Hinweis**
> Zu beachten ist, dass industriell vorgefertigte Rezepturgrundlagen – sogenannte Halbfertigware – i. d. R. konserviert sind und die Herstellung unkonservierter Rezepturen aus den Bestandteilen erfolgen muss.

## Mikrobielle Anfälligkeit von Zubereitungen
### Nicht mikrobiell anfällige Zubereitungen

◘ Tab. 2.19 Beispiele für Zubereitungen, die nicht mikrobiell anfällig sind

| Zubereitung | Begründung |
|---|---|
| Wasserfreie Salbengrundlagen | Enthalten kein Wasser |
| Basiscreme DAC | Enthält 20 % Propylenglycol bezogen auf die Wasserphase |
| Zubereitungen mit Salicylsäure ≥ 1 % | Wirkstoff antimikrobiell wirksam |
| Zubereitungen mit Steinkohlenteer oder Steinkohlenteerlösung | Wirkstoff antimikrobiell wirksam |
| Hautspiritus, z. B. Haarspiritus, Aknespiritus mit Ethanol oder Propanol ≥ 20 % | Antimikrobielle Eigenschaft des enthaltenen Alkohols |
| Chlorhexidinhaltige Rezepturen | Wirkstoff antimikrobiell wirksam |
| Konzentrierte Aluminiumchlorid-Hexahydrat-haltige Rezepturen | Wirkstoff reagiert stark sauer und wirkt antiseptisch |
| Macrogolsalben | Enthalten kein Wasser, bakterizide Eigenschaften |

■ **MERKE** Zubereitungen mit Salicylsäure in einer Konzentration von mehr als 1 % sind ausreichend mikrobiologisch stabil. Das gilt auch, wenn Salicylsäure als Stabilisator, z. B. in dithranolhaltigen Zubereitungen, eingesetzt wird.

### Mikrobiell anfällige Zubereitungen
#### Mikrobielle Anfälligkeit von Dermatikagrundlagen

Mikrobiell anfällig sind vor allem Rezepturen, die Wasser als äußere Phase enthalten. Bei hydrophilen Cremes, wie z. B. bei Wasserhaltiger hydrophiler Salbe DAB und Hydrogelen besteht ein großes bis sehr großes Hygienerisiko. Deshalb ist eine Herstellung der unkonservierten Grundlagen auf Vorrat in der Apotheke nicht zu vertreten.

Mikrobiell weniger anfällig sind Rezepturen, die Wasser in der inneren Phase enthalten. Das gilt insbesondere dann, wenn die Wasserkomponente extrem fein verteilt vorliegt. Bei Unguentum molle DAC, Lanolin, Wasserhaltigen Wollwachsalkoholsalben und Cholesterolcremes sowie Kühlsalbe besteht deshalb ein geringes bis mittleres Hygienerisiko.

> **Hinweis**
> Auch wenn lipophile Cremes weniger mikrobiell anfällig sind, ist die Konservierung bei der Herstellung in der Apotheke die Regel. Schwankungen in der Qualität der Grundstoffe und vor allem die begrenzte Effizienz der Emulgiertechnik unter den Herstellungsbedingungen in der Apotheke können den einwandfreien Hygienestatus nicht über einen längeren Zeitraum gewährleisten.

Die Lagerung bei Kühlschranktemperaturen verhindert das Wachstum von Schimmelpilzen und bestimmten Bakterien nicht wirksam, sodass die Lagerung im Kühlschrank nur eine sehr eingeschränkte Sicherheit bietet. Die Lagerung von Rezepturarzneimitteln im Kühlschrank wird (vor allem nach Anbruch) aus verschiedenen Gründen generell nur noch sehr eingeschränkt empfohlen.

**Beispiele für Dermatikawirkstoffe mit unzureichender antimikrobieller Wirkung**
Im Folgenden sind Beispiele für Wirkstoffe beschrieben, die in Zubereitungen zur kutanen Anwendung eingesetzt werden. Auch wenn diese Substanzen antibiotisch wirksam sind, ist ihre Wirksamkeit für eine effektive Konservierung der Zubereitung nicht ausreichend. Konkrete Empfehlungen zur Auswahl des Konservierungsmittels in Abhängigkeit vom Wirkstoff sind in ▢ Tab. 2.24 zu finden.

**Gentamicin:** Nach den Empfehlungen der Gesellschaft für Dermopharmazie e. V. ist die zusätzliche Konservierung für rezepturmäßig hergestellte Gentamicincremes nicht notwendig, wenn die Therapiedauer entsprechend der Aufbereitungsmonographie auf wenige Tage bis maximal 1 Woche begrenzt bleibt. Bei längerer Anwendung der Rezeptur ist eine geeignete Konservierung notwendig, da nicht von einer ausreichenden antimikrobiellen Wirkung des Arzneistoffs ausgegangen werden kann.

**Erythromycin:** Aufgrund des engen antimikrobiellen Wirkungsspektrums von Erythromycin sind entsprechende Rezepturen zu konservieren. Rezepturen mit Propylenglycol 20 %, Ethanol ≥ 20 % (V/V) oder 2-Propanol ≥ 15 % (V/V), bezogen auf die Wassermenge, sind mikrobiologisch ausreichend stabil.

**Clioquinol:** Clioquinol ist ein antimikrobieller Wirkstoff, der allerdings schlecht wasserlöslich ist und sich deshalb in der Lipidphase anreichert. Eine zusätzliche Konservierung von Zubereitungen ist sinnvoll.

**Chloramphenicol:** Bei Chloramphenicol ist die antimikrobielle Wirksamkeit nicht sicher. Die Herstellung von Lösungen soll deshalb nur mit Zusatz ausreichender Mengen antimikrobiell wirksamer Komponenten wie Ethanol, 2-Propanol oder Propylenglycol erfolgen.

### 2.6.2 Wirkung und Wirksamkeit von Konservierungsstoffen

Konservierungsstoffe werden an der Zellwand von Mikroorganismen adsorbiert und dringen – abhängig von der Lipophilie der Substanz – in das Zellinnere ein. Die Wirkung kommt vor allem über folgende Mechanismen zustande:
- Hemmung wichtiger Enzymsysteme,
- Denaturierung von Proteinen und
- Störung von Stoffwechselprozessen.

Konservierungsmittel, die im Zellinneren wirken, müssen sowohl hydrophile als auch lipophile Eigenschaften haben:
- hydrophile Eigenschaften für die ausreichende Löslichkeit im zu konservierenden Medium (Wasser),
- lipophile Eigenschaften für das Durchdringen der Zellmembran der Mikroorganismen.

Bei dissoziierenden Konservierungsstoffen, wie z. B. Sorbinsäure, ist die Wirksamkeit vom pH-Wert der Zubereitung abhängig. Die konservierende Wirkung beruht vor allem auf der Inaktivierung mikrobieller Enzyme in der Keimzelle. Da nur die undissoziierte Form ausreichende lipophile Eigenschaften hat, ist nur diese Form antimikrobiell wirksam.

Die antimikrobielle Wirkung der sogenannten quartären Ammoniumverbindungen (QAV), wie z. B. Benzalkoniumchlorid, ist durch die kationische Ladung bedingt. Diese Verbindungen enthalten eine polare Ammoniumgruppe, deren vier Wasserstoffatome durch organische apolare Reste ersetzt sind. Sie haben aufgrund dieser Struktur oberflächenaktive Eigenschaften und lagern sich durch elektrostatische Bindung an negativ geladene Teile der Zellwand an. Nach Durchdringen der Zellwand binden sie sich an die Zellmembran und zerstören diese, was zum Zelltod führt.

> **Hinweis**
> Quartäre Ammoniumverbindungen haben oberflächenaktive Eigenschaften und können daher bei der Verarbeitung schäumen.

Je nach Wirksamkeit unterscheidet man mikrobizid und mikrobistatisch wirksame Konservierungsmittel. Mikrobizide Stoffe sind in der Lage, Mikroorganismen abzutöten, mikrobistatische Stoffe hemmen das Keimwachstum. Je nach Art des beeinflussten Mikroorganismus unterscheidet man bakterizide (bzw. bakteriostatische) und fungizide (bzw. fungistatische) Wirkungen. Dabei ist zu beachten, dass die Wirksamkeit häufig auch von der Einsatzkonzentration des Konservierungsmittels abhängig ist.

Verschiedene Konservierungsmittel haben vor allem bezüglich der fungiziden Wirksamkeit Schwächen. Teilweise wird auch bei höheren Einsatzkonzentrationen nur eine fungistatische Wirkung erreicht.

> **Hinweis**
> Konservierungsmittel weisen teilweise „Wirkungslücken" auf, d. h. bestimmte Keime sind resistent. Bedeutsam ist z. B. die sogenannte „Pseudomonaden-Lücke" bei Triclosan und Benzalkoniumchlorid.

Wenn durch die Auswahl eines geeigneten Packmittels die Kontamination der Zubereitung während der Entnahme verhindert werden kann, ist die Anwendung von Konservierungsmitteln mit „nur" mikrobistatischer Wirkung ausreichend. Das ist vor allem im Hinblick auf die viel diskutierten allergenen Effekte der Konservierungsmittel und die Forderung nach möglichst geringen Einsatzkonzentrationen zu beachten. Ist die Zubereitung während der Anwendung aber einem hohen Risiko für Sekundärkontaminationen ausgesetzt, sollten Konservierungsmittel mit mikrobizider Wirkung zum Einsatz kommen.

▫ Tab. 2.20 nennt Faktoren, die zur Verminderung der Wirksamkeit von Konservierungsmitteln beitragen.

■ **MERKE** Da nur im Wasser Keimwachstum auftritt, ist nur der in der wässrigen Phase gelöste Anteil des Konservierungsstoffes wirksam.

◘ **Tab. 2.20** Faktoren, die zur Verminderung der Wirksamkeit von Konservierungsmitteln beitragen

| Faktor | Auswirkung | Beispiel |
| --- | --- | --- |
| Anreicherung des Konservierungsmittels in der Lipidphase | Unzureichende Konzentration in der Wasserphase | Parabene (PHB-Ester) |
| Bildung von Mischmizellen | Unzureichende Konzentration in der Wasserphase | Lipophile oder grenzflächenaktive Konservierungsstoffe, Phenole |
| Verdünnung von Grundlagen | Unzureichende Konzentration in der Wasserphase | Wasserhaltige hydrophile Salbe DAB |
| Reaktion von weiteren Inhaltsstoffen mit dem Konservierungsstoff | Inaktivierung, Gefährdung der Stabilität der Zubereitung | Hydrolyse von Parabenen durch basisch oder stark sauer reagierende Wirkstoffe |
| Kühllagerung | Ausfällung des Konservierungsmittels | Parabene (PHB-Ester) |
| Salzbildung | Inaktivierung, Gefährdung der Stabilität der Zubereitung | Sorbinsäure im alkalischen Milieu |

## 2.6.3 Konservierung in der Apothekenrezeptur

### Grundregeln beim Konservieren

1. Nicht konservieren, wenn die Zubereitung selbst antimikrobielle Eigenschaften hat.
2. Möglichst nur einen Konservierungsstoff in ausreichend hoher Konzentration verwenden.
3. Vorzugsweise mit Sorbinsäure (bzw. Kaliumsorbat und Citronensäure) konservieren.
4. **ABER:** Rezepturen pH > 5,5 nicht mit Sorbinsäure konservieren!
5. Rezepturen, die flüssige Wachse oder Fette bzw. fette Öle enthalten, nicht mit PHB-Estern konservieren.
6. Alle Konservierungsstoffe nach Art und Menge bzw. Art und Konzentration deklarieren.

### Auswahl der Konservierungsstoffe

Die Auswahl eines geeigneten Konservierungsmittels erfolgt vor allem nach folgenden Kriterien:
- Grad der mikrobiellen Anfälligkeit,
- Anwendungsart,
- pH-Wert der Rezeptur.

Je nach Anwendungsart sind unterschiedliche Stoffe zur Konservierung der Rezeptur möglich. Da für die Arzneimittelherstellung nur geprüfte Ausgangsstoffe eingesetzt werden dürfen, beschränkt sich die Auswahl auf monographierte und in entsprechender Qualität angebotene Konservierungsstoffe (◘ Tab. 2.21).

■ **MERKE** Entsprechend ApBetrO dürfen nur geprüfte Ausgangsstoffe für die Arzneimittelherstellung eingesetzt werden; das betrifft auch Konservierungsmittel.

◘ Tab. 2.21 Monographien für Konservierungsstoffe in DAC, DAB und Ph. Eur.

| Arzneibuch | Monographie |
|---|---|
| DAC | Phenethylalkohol, Polihexanid-Lösung 20 %, Triclosan |
| DAB | – |
| Ph. Eur. | Sorbinsäure, Kaliumsorbat, Benzoesäure, Natriumbenzoat, Methyl-4-hydroxybenzoat, Propyl-4-hydroxybenzoat, Benzalkoniumchlorid |

Bei der Auswahl der Konservierungsstoffe ist vor allem die pH-Abhängigkeit der Wirkung verschiedener Stoffe zu beachten. So kommen zahlreiche Konservierungsstoffe bei höheren pH-Werten nicht infrage, weil sie dann entweder unwirksam oder unlöslich sind bzw. sich rasch zersetzen. Die meisten sauer reagierenden Konservierungsstoffe sind nur in der Säureform wirksam.

Basische Rezepturen werden seltener hergestellt, da die Stabilität vieler Arzneistoffe im sauren Milieu besser ist und Dermatika wegen der besseren Verträglichkeit meist schwach sauer eingestellt werden. Ausnahmen sind Rezepturen mit basenstabilen Wirkstoffen (wie z. B. Erythromycin, Clotrimazol, Lidocain, Gentamicin oder Ciprofloxacin), die bei höheren pH-Werten in der Neutralform vorliegen und so besser wirksam sind.

◘ Tab. 2.22 gibt einen Überblick von Konservierungsmitteln zur Herstellung von Dermatika in der Apothekenrezeptur.

> **Wiederholung**
> Während der Herstellung der Zubereitung sind unbedingt Maßnahmen zu ergreifen, die die Kontamination effektiv verhindern:
> ■ Wirkstoffe und Hilfsstoffe möglichst keimarm einsetzen,
> ■ Wasserqualität beachten,
> ■ Geräte in keimarmem Zustand verwenden,
> ■ Maßnahmen zur Hygiene am Arbeitsplatz sowie persönliche Hygienemaßnahmen konsequent durchführen.

## Konservierungsstoffe in Zubereitungen zur kutanen Anwendung

◻ **Tab. 2.22** Übersicht von Konservierungsmitteln zur Herstellung von Dermatika in der Apothekenrezeptur. (Aus: NRF „Tabellen für die Praxis" und Schöffling 2010)

| Konservierungsstoff | Übliche Konzentration in Dermatika | pH-Optimum (rezeptierbarer pH-Bereich) |
|---|---|---|
| Sorbinsäure | 0,1 % (entspricht 0,14 % Kaliumsorbat) | 3,5–5,5 (Zusatz von 0,07 % wasserfreier Citronensäure) |
| Benzoesäure | 0,1 % (entspricht 0,15 % Natriumbenzoat) | ≤ 5 |
| Methyl-4-hydroxybenzoat, Propyl-4-hydroxybenzoat | 0,1 % (bzw. Natriumsalze 0,12 %) | 4–8 |
| Chlorocresol, Triclosan | 0,1 % | 5–10 |
| 2-Propanol, 1-Propanol, Ethanol | 20 % | pH-unabhängig wirksam |
| Propylenglycol, Butylenglycol (Butandiol; 1,3-Butandiol), Pentylenglycol (1,2-Pentandiol), Hexylenglycol | 20 % bezogen auf die Wasserphase | pH-unabhängig wirksam |
| Chlorhexidindigluconat, Chlorhexidindiacetat | 0,005–0,01 % | 5–8 |

> **Praxistipp**
> Zur genauen Dosierung für kleine Rezepturansätze ist der Einsatz von Konservierungsmittelstammlösungen zu empfehlen, z. B.:
> - Konserviertes Wasser DAC (NRF S.6.),
> - Methyl-4-hydroxybenzoat-Konzentrat 15 % (m/V) (NRF S.34.),
> - Chlorhexidindigluconat-Lösung Ph. Eur. = wässriges Chlorhexidindigluconat-Konzentrat 20 % (m/V),
> - Edetathaltige Benzalkoniumchlorid-Stammlösung 0,1 % (NRF S.18.),
> - Thiomersal-Stammlösung 0,02 % (NRF S.4.).

Im Folgenden werden Substanzen beschrieben, die vor allem zur Konservierung von Zubereitungen zur kutanen Anwendung eingesetzt werden und damit für die Apothekenrezeptur besondere Bedeutung haben.

## Carbonsäuren
### Sorbinsäure

> **Wussten Sie, dass …**
>
> … Sorbinsäure als Parasorbinsäure in Vogelbeeren (Eberesche, *Sorbus aucuparia*) vorkommt und 1859 von August Wilhelm von Hofmann (1818–1892) erstmals aus dem Sorbinöl dargestellt wurde? Sorbinsäure kommt des Weiteren chemisch gebunden im Fett einiger Blattlausarten (Aphiden) und im Wein vor.

Die Wasserlöslichkeit von Sorbinsäure ist sehr gering. Die üblichen Konzentrationen liegen in Rezepturen nur wenig unterhalb der Löslichkeit von etwa 0,16 %. Bei der Herstellung von Konservierungsmittellösungen ist das Erhitzen des Ansatzes erforderlich.

Kaliumsorbat ist im Gegensatz zu Sorbinsäure sehr leicht wasserlöslich und daher leichter zu verarbeiten. Das neutral bis schwach basisch reagierende Alkalisalz hat aber selbst keine antimikrobielle Wirkung, sondern liegt unterhalb von etwa pH 5,5 in ausreichender Menge als antimikrobiell wirksame Sorbinsäure vor. Eine pH-Regulation der Rezeptur ist daher unumgänglich.

0,1 % Sorbinsäure entsprechen 0,134 % Kaliumsorbat. In zahlreichen NRF-Rezepturen wird eine Kombination aus Kaliumsorbat und Wasserfreier Citronensäure im Massenverhältnis 2:1 verwendet – z. B. 0,2 % Kaliumsorbat und 0,1 % Wasserfreie Citronensäure oder 0,14 % Kaliumsorbat und 0,07 % Wasserfreie Citronensäure. Daraus resultiert ein pH-Wert von etwa 4,5 in der Rezeptur.

■ **MERKE** Konservierungsmittel sind nur wirksam, wenn Sie in der wässrigen Phase gelöst vorliegen. Da die Alkalisalze verschiedener Konservierungsmittel besser wasserlöslich sind als die nichtdissoziierten Verbindungen, werden in der Praxis häufig die Salze eingesetzt. Zu beachten ist allerdings, dass die antimikrobielle Wirksamkeit vom undissoziierten Anteil des Konservierungsstoffs ausgeht und die Einstellung eines entsprechenden pH-Wertes in der Zubereitung notwendig ist.

### Benzoesäure

Für die Verwendung von Benzoesäure bzw. Natriumbenzoat gilt weitgehend die für Sorbinsäure und Kaliumsorbat beschriebene Vorgehensweise. Der Umrechnungsfaktor von Benzoesäure zu Natriumbenzoat ist f = 1,1802. Benzoesäure ist chemisch sehr viel stabiler und hat eine höhere Acidität als Sorbinsäure. Der pH-Wert in Rezepturen sollte daher maximal bei pH 5 liegen, damit ausreichende Mengen an wirksamer Benzoesäure in der Rezeptur enthalten sind. Bei pH 4 liegen ca. 60 % der Benzoesäure in undissoziierter Form vor. Es werden Kombinationen im Massenverhältnis 2 Teile Benzoesäure zu 1 Teil Wasserfreier Citronensäure verwendet – z. B. 0,2 % Natriumbenzoat und 0,1 % Wasserfreie Citronensäure oder 0,15 % Natriumbenzoat und 0,075 % Wasserfreie Citronensäure.

### Phenolische Verbindungen

Phenolische Verbindungen sind, ebenso wie Sorbinsäure und Benzoesäure, im basischen Milieu weniger gut wirksam, da je nach Azidität der Verbindung – ab etwa pH 8 – unwirksame Salze vorliegen. Der wirksame pH-Bereich liegt bei 6–8, die Hydrolyse der Ester im Basischen führt zum Wirkungsverlust.

Bei lipophilen Phenolen ist des Weiteren zu beachten, dass sie sich gut in der Lipidphase lösen und deshalb besser in dieser Phase verteilen. Damit sinkt die Konzentration des Konservierungsmittels in der Wasserphase, was zur Verminderung der konservierenden Wirkung führt. Ein weiterer Effekt, der zur Reduktion der Konservierungsmittelkonzentration in der Wasserphase führt, ist der Einschluss in Tensidmizellen oder die Bildung von Mischmizellen mit Tensiden.

### Parabene

**Synonym:** 4-Hydroxybenzoesäureester, PHB-Ester, Nipa-Ester.

**Beispiele:** Methyl-4-hydroxybenzoat (Methylparaben, Nipagin®M), Propyl-4-hydroxybenzoat (Propylparaben, Nipasol®).

Parabene sind Konservierungsstoffe mit geringer lokalanästhetischer Wirkung auf die Schleimhaut. Sie werden zur Konservierung von Arzneimitteln zum Einnehmen, zur Anwendung auf Haut und Schleimhäuten sowie zur epikutanen Anwendung eingesetzt.

Propyl-4-hydroxybenzoat ist gegenüber dem Methylester etwas hydrolysestabiler und stärker gegen Schimmelpilze wirksam. Methyl-4-hydroxybenzoat ist dagegen leichter in Wasser löslich, die Löslichkeit bei Raumtemperatur beträgt etwa 0,2 %. Propyl-4-hydroxybenzoat ist etwa 5-mal schlechter wasserlöslich, was zu einer Anreicherung in der Lipidphase der Rezeptur führt. Aus den genannten Gründen ist die Kombination von Methyl-4-hydroxybenzoat mit Propyl-4-hydroxybenzoat im Verhältnis 3+1 üblich – vgl. Konserviertes Wasser (NRF S.6.). PHB-Ester können nur unter starkem Erhitzen gelöst werden.

#### Parabene in Lebensmitteln
Parabene sind als Zusatzstoffe in Lebensmitteln zugelassen und werden mit den Nummern E 214 bis E 219 gekennzeichnet, z. B.
E 216 (E 217) = Propyl-4-hydroxybenzoat (Na-Salz),
E 218 (E 219) = Methyl-4-hydroxybenzoat (Na-Salz).

■ **MERKE** Die Löslichkeit von Methyl- und Propyl-4-hydoxybenzoat reduziert sich bei Lagerung im Kühlschrank. Die Lagerung von Rezepturen mit Konzentrationen > 0,1 % im Kühlschrank ist deshalb nicht möglich.

Die Natriumsalze der Konservierungsstoffe sind leichter löslich, aber weniger stabil. Die äquivalente Konzentration ist um etwa 15 % höher als bei Verwendung der Phenolverbindungen. Bei Verwendung resultiert ein pH-Wert > 10 in der Rezeptur, eine pH-Wert-Korrektur ist notwendig.

Da PHB-Ester aus allergologischen Gründen weniger günstig beurteilt werden, sollen Rezepturen nach Möglichkeit mit Sorbinsäure oder Benzoesäure konserviert werden.

### Chlorphenole
**Beispiele:** Chlorocresol, Triclosan.

Chlorocresol reagiert weniger stark sauer als die PHB-Ester, eine deutliche Wirkungsminderung ist deshalb erst bei pH 10 zu erwarten. Bei Verwendung ist die allergene Potenz von Chlorocresol zu beachten.

Triclosan wird als Antiseptikum bei Staphylokokkeninfektionen der Haut, unterstützend bei unreiner Haut zur Akneprophylaxe, als Konservierungsstoff sowie als antimikrobieller Inhaltsstoff in Kosmetika und Reinigungs-/Desinfektionsmitteln eingesetzt. Das pH-Wirkoptimum für Triclosan liegt bei pH 5 für die bakterizide und bei pH 8 für die bakteriostatische Wirkung.

Triclosan ist eine lipophile Verbindung, die sich in Lipidphasen mit hohem Lösevermögen anreichert, sodass ohnehin wenig empfindliche Keime wie Schimmelpilze und Pseudomonaden in der Wasserphase nur langsam abgetötet werden. Triclosan ist nur begrenzt gegen Schimmelpilze wirksam. Im NRF beschriebene Rezepturen, die Triclosan als antimikrobiellen Wirkstoff enthalten, werden deshalb zusätzlich mit Kaliumsorbat konserviert (siehe NRF 11. 35.).

### Alkohole
Verschiedene einwertige Alkohole und Glykole wirken als Rezepturbestandteile in ausreichend hoher Konzentration konservierend, der Zusatz weiterer Konservierungsmittel ist nicht notwendig.

Bei basischen Rezepturen ist der Einsatz von sauren Konservierungsmitteln problematisch, da diese bei zunehmendem pH-Wert vermehrt dissoziiert vorliegen und somit unwirksam sind. Bei Alkoholen liegt diese Abhängigkeit der Wirksamkeit vom pH-Wert nicht vor. Sie sind deshalb zur Konservierung von basischen Rezepturen geeignet. Sie werden in Rezepturen zur Anwendung auf der Haut, in Ohrentropfen und bedingt auch bei Rezepturen zur Einnahme eingesetzt.

#### Einwertige Alkohole
**Beispiele:** 2-Propanol, 1-Propanol, Ethanol, 2-Phenoxyethanol, Phenethylalkohol, Benzylalkohol.

2-Propanol (Isopropanol), 1-Propanol und Ethanol werden in einer Konzentration von je etwa 20 % zur Konservierung von Zubereitungen eingesetzt. Bei der Verwendung von Ethanol und Isopropanol in Rezepturen ist zu beachten, dass diese die Haut reizen können und somit nicht auf geschädigter Haut eingesetzt werden sollten.

2-Phenoxyethanol, Phenethylalkohol und Benzylalkohol wirken in Konzentrationen von 0,5–2 % konservierend und sind in verschiedenen Fertigarzneimitteln zur Anwendung auf Haut und Schleimhäuten enthalten.

#### Glykole
**Beispiele:** Propylenglycol, Butylenglycol (Butandiol; 1,3-Butandiol), Pentylenglycol (1,2-Pentandiol), Hexylenglycol.

Propylenglycol ist ab einer Konzentration von 20 % in der Wasserphase antimikrobiell wirksam. Basiscreme DAC ist mit einem Anteil an Propylenglycol von 10 % ausreichend konserviert. Die Verwendung von Propylenglycol in Rezepturen ist besonders dann von Bedeutung, wenn ein antimikrobieller Schutz bei hohen pH-Werten (z. B. Rezepturen mit Erythromycin) oder in tensidhaltigen Lösungen notwendig ist.

Die antimikrobielle Wirksamkeit von Pentylenglycol ist erheblich höher als die von Propylenglycol, allerdings wird es bisher nicht in zugelassenen Arzneimitteln verwendet. In der Roten Liste® findet man z. B. MedEctoin® Creme, welche ein pentylengylcolhaltiges Medizinprodukt ist.

### Organische Stickstoffverbindungen
#### Quartäre Ammoniumverbindungen
**Benzalkoniumchlorid** (BAC) ist eine Mischung von Substanzen, die aufgrund ihrer Struktur zu den quartären Ammoniumverbindungen (QAV) zählen. Aufgrund der kationischen Struktur kommt es zu Unverträglichkeitsreaktionen mit zahlreichen weiteren Rezepturbestandteilen. BAC wird in verschiedenen NRF-Rezepturen zur Konservierung eingesetzt – z. B. in Nasen- und Augentropfen. Es ist nicht zur Einnahme, nicht zur Konservierung hydrophiler Cremes und nur schlecht zur Konservierung lipophiler Cremes geeignet.

> ■ **MERKE** Da das antimikrobielle Spektrum von Benzalkoniumchlorid Lücken aufweist, können selbst hoch konzentrierte Benzalkoniumchlorid-Lösungen stark verkeimen!

Benzalkoniumchlorid ist nur unzureichend gegen Pseudomonas-Arten wirksam, die fungizide Wirkung ist unsicher. Die alleinige Konservierung mit Benzalkoniumchlorid sollte deshalb vermieden werden. Durch Kombination mit Natriumedetat kann die „Pseudomonaden-Lücke" fast geschlossen werden. Die in Nasentropfen, Augentropfen und Inhalationslösungen üblichen Konzentrationen sind 0,01 % Benzalkoniumchlorid mit 0,1 % Natriumedetat, z. B. Mercaptaminhydrochlorid-Augentropfen 0,15 %/0,5 % (NRF 15.17.).

Edetathaltige Benzalkoniumchlorid-Lösung 0,1 % (NRF S.18.) reagiert mit etwa pH 4,6 sauer. Nach NRF erfolgt eine notwendige pH-Korrektur mit 0,4%iger Natriumhydroxidlösung.

> **Ein Blick über den Tellerrand**
> Benzalkoniumchlorid wurde auch in zahlreichen Fertigarzneimitteln zur Anwendung an der Nase eingesetzt. Wegen unerwünschter Wirkungen, wie lokale Reizung und Beeinträchtigung des Flimmerepithels, wurden refluxfreie Mehrdosenbehältnisse für Nasentropfen und -sprays zur industriellen Produktion entwickelt. Da durch diese Packmittel die Kontamination der Zubereitung während der Entnahme effektiv verhindert wird, ist eine zusätzliche Konservierung nicht notwendig.

Benzalkoniumchlorid hat aufgrund des Hygienerisikos und fehlender Alternativen in Nasentropfenrezepturen und Inhalationslösungen weiterhin große Bedeutung. Zu beachten ist, dass die lokale Reizwirkung sowie die Beeinträchtigung des Flimmerepithels vor allem bei Zubereitungen auftreten, deren pH-Wert und Tonizität vom physiologischen Wert abweichen. Entsprechend einer Empfehlung des BfArM für Fertigarzneimittel wird auch für benzalkoniumchloridhaltige Rezepturen empfohlen, die Anwendungsdauer auf 5–7 Tage zu beschränken und einen entsprechenden Warnhinweis aufzubringen.

Mit Benzalkoniumchlorid konservierte Rezepturen sollen nicht im Kühlschrank aufbewahrt werden, da das Konservierungsmittel an fungizider Wirksamkeit verliert.

Benzalkoniumchlorid adsorbiert an Kunststoff-, Elastomer- und Filtermaterialien, weshalb vor der Filtration Filtereinheiten mit der Konservierungsmittellösung vorgespült werden sollten. Für die Aufbewahrung von Rezepturen kommen insbesondere Glasgefäße in Betracht.

■ **MERKE** Kationische Konservierungsstoffe, wie Benzalkoniumchlorid, sind häufig mit anderen Rezepturbestandteilen unverträglich.

### Chlorhexidinsalze

Die Chlorhexidinsalze Chlorhexidindigluconat und -diacetat werden als Lokalantiseptika sowie zur Konservierung von Rezepturen zur Anwendung auf der Haut, am Auge, im Urogenitaltrakt und in der Mundhöhle eingesetzt. Sie haben ein breites Wirkspektrum, allerdings sind zur Abtötung von Schimmelpilzen und Pseudomonaden höhere Konzentrationen notwendig. Zur Wunddesinfektion sind Chlorhexidinsalze aufgrund der wundheilungshemmenden Wirkung obsolet.

Die Wirkung nimmt in der Regel mit steigendem pH-Wert zu. Jedoch fällt die Chlorhexidinbase oberhalb von pH 8 aus, was den Einsatz der Salze im basischen Milieu limitiert. Das Chlorhexidin-Kation ist zudem mit praktisch allen Anionen (z. B. Emulgatoren, Gelbildner, Wirkstoffe) unverträglich. Zur Konservierung von Ophthalmika enthält das NRF Chlorhexidindiacetat-Stammlösung 0,1 % (NRF S.7.).

### Polihexanid

Polihexanid ist ein Stoff mit Biguanidstruktur, es ist strukturverwandt mit Chlorhexidin. Es wird als Lokalantiseptikum z. B. zur Prophylaxe infektionsgefährdeter Wunden sowie zur Behandlung infizierter Wunden eingesetzt. Entsprechende Rezepturen finden sich im NRF – siehe Polihexanid-Lösung 0,02 %/0,04 % (NRF 11.128.). Polihexanid hat eine große therapeutische Breite, ist gut gewebeverträglich und wird durch Eiweiße nicht in seiner Wirkung beeinträchtigt (kein „Eiweißfehler").

Bisher liegen nur wenige Erfahrungen zur Konservierung von Rezepturen mit Polihexanid vor; interessant ist die Substanz vor allem als mögliche Alternative in Augen- und Nasentropfen. Es ist z. B. in Medizinprodukten zur Anwendung am Auge in sehr niedrigen Konzentrationen (0,001–0,0015 mg/ml) in Kombination mit Natriumedetat enthalten.

> **Wussten Sie, dass …**
>
> … Polihexanid unter der Bezeichnung Poly(hexamethylendiguanid)-hydrochlorid (INCI-Bezeichnung „Polyaminopropyl biguanide") in bis zu 0,3%iger Konzentration zur Konservierung von Körperpflegemitteln zugelassen ist?

### Quecksilberverbindungen

**Phenylquecksilberverbindungen**
Die früher zur Konservierung von Augentropfen eingesetzten Quecksilberverbindungen Phenylmercuriborat, -nitrat und -acetat sind seit mehreren Jahren nicht mehr als zertifizierte Ware zu beziehen. Als Alternative kommt in vielen Fällen die Konservierung mit Thiomersal infrage. Quecksilberfreie Alternativen sind Benzalkoniumchlorid oder Polihexanid, jeweils in Kombination mit Natriumedetat, sowie Chlorhexidinsalze.

**Thiomersal**
Thiomersal wird zur Konservierung wässriger Ophthalmika und bestimmter Impfstoffe eingesetzt. Es zersetzt sich in Anwesenheit von Halogenid-Ionen in Lösung relativ rasch. Durch Adsorption an Polyethylenpackmitteln kann die Konservierungsmittelwirkung teilweise aufgehoben werden. Bekannte akute Nebenwirkungen sind allergische Reaktionen. Die Toxizität der Quecksilberverbindungen ist vor allem bei Langzeitanwendung zu berücksichtigen.

■ **MERKE** Quecksilber(I)-chlorid, und –(II)-oxid sind als bedenklich nach § 5 AMG eingestuft. Bei der Verwendung von Quecksilberverbindungen zur Konservierung sollten Alternativen daher sorgfältig geprüft werden. Die Anwendung quecksilberhaltiger Konservierungsmittel in Dermatika dürfte kaum noch vertretbar sein.

### Konservierung offizineller Grundlagen

Auch bei industrieller Herstellung von wasserhaltigen Rezepturgrundlagen ist die Konservierung die Regel. Zu beachten ist die Art der Konservierung vor allem bei der Einarbeitung von Wirkstoffen. Aufgrund von Unverträglichkeiten zwischen Konservierungsstoff und Wirkstoff kann die Qualität der Rezeptur beeinträchtigt sein.

Standardrezepturen in DAB, DAC und NRF sehen – wenn möglich – die Konservierung mit Kaliumsorbat und Sorbinsäure oder Citronensäure vor. Werden keine konkreten Hinweise zur Konservierung der Grundlagen gemacht, sollte auch dann bevorzugt mit Sorbinsäure (bzw. Kaliumsorbat) konserviert werden. In ▫ Tab. 2.23 sind Beispiele zur Konservierung offizineller Grundlagen zusammengestellt.

Bei den in der DDR verwendeten SR-Vorschriften wurde teilweise die (alternative) Konservierung zahlreicher Grundlagen mit PHB-Estern vorgeschrieben. Da diese Konservierungsstoffe sich in Lipidphasen aus flüssigen Wachsen oder Fetten bzw. fetten Ölen anreichern und damit an Wirksamkeit verlieren, wurden die Vorschriften überarbeitet. Dem Stand der Wissenschaft entsprechen die alten Vorschriften damit nicht mehr. Die überarbeiteten Vorschriften sind ins NRF übernommen worden. Wasserhaltige hydrophile Salbe DAB enthält als lipophile Phase Paraffinkohlenwasserstoffe und kann deshalb mit PHB-Estern konserviert werden.

**Tab. 2.23** Konservierung ausgewählter offizineller Grundlagen

| Grundlage | Konservierung |
|---|---|
| Anionische hydrophile Creme SR DAC | Kaliumsorbat |
| Basiscreme DAC | Keine Konservierung notwendig (enthält 20 % Propylenglycol bezogen auf die Wasserphase) |
| Hydrophile Basisemulsion DAC (NRF S.25) | Kaliumsorbat |
| Hydrophiles Zinkoxid-Liniment 25 % SR (NRF 11.109.) | Keine Konservierung notwendig (enthält Zinkoxid) |
| Hydrophobe Basiscreme DAC | Kaliumsorbat |
| Nichtionische hydrophile Creme DAB | Sorbinsäure oder PHB-Ester |
| Nichtionische hydrophile Creme SR DAC | Kaliumsorbat |
| Nichtionisches wasserhaltiges Liniment SR DAC (NRF S.39.) | Kaliumsorbat |
| Wasserhaltige hydrophile Salbe DAB | Sorbinsäure oder PHB-Ester |
| Wasserhaltige Wollwachsalkoholsalbe DAB | Kaliumsorbat oder Natriumbenzoat |
| Wasserhaltiges Carbomergel DAB | Sorbinsäure oder PHB-Ester |
| Wasserhaltiges Liniment SR DAC (NRF S.40.) | Kaliumsorbat |

> **Hinweis**
> Besonders zu beachten ist die ausreichende Konservierung der Zubereitung, wenn vorkonservierte Grundlagen verdünnt werden sollen. Wasserhaltige hydrophile Salbe kann z. B. 1:4 mit Wasser verdünnt werden; die so entstehende Emulsion muss allerdings zusätzlich „nachkonserviert" werden. Dazu eignet sich meist das bereits enthaltene Konservierungsmittel am besten.

### Konservierung wirkstoffhaltiger Zubereitungen

Bestimmte Arzneistoffe haben ausreichende antimikrobielle Eigenschaften, ein Zusatz von Konservierungsstoffen zur Zubereitung ist dann nicht notwendig. Andere Wirkstoffe dagegen – inkl. verschiedener Antibiotika – führen nicht zu einer ausreichenden mikrobiologischen Stabilität der Zubereitung; eine zusätzliche Konservierung ist somit i. d. R. notwendig, wenn die Zubereitung nicht nur für wenige Tage haltbar sein soll. Bei der Auswahl eines Konservierungsmittels sind insbesondere Wechselwirkungen mit dem enthaltenen Wirkstoff zu beachten. In Tab. 2.24 sind in der Apothekenrezeptur häufig verordnete Dermatikawirkstoffe mit geeigneten Konservierungsstoffen zusammengestellt.

◘ Tab. 2.24 Auswahl von geeigneten Konservierungsmitteln für wirkstoffhaltige Zubereitungen

| Wirkstoff | Konservierung |
|---|---|
| Chloramphenicol | Ethanol, 2-Propanol, Propylenglycol |
| Chlorhexidinsalze (-digluconat, -diacetat) | Konservierung nicht notwendig |
| Clioquinol | Sorbinsäure |
| Clotrimazol | PHB-Ester |
| Dithranol | Keine Konservierung notwendig bei Herstellung wasserfreier Zubereitungen bzw. Zusatz von Salicylsäure |
| Erythromycin | Propylenglycol, Ethanol, 2-Propanol **Achtung:** Sorbinsäure, Benzoesäure und 4-Hydroxybenzoesäureester sind nicht geeignet! |
| Gentamicinsulfat | Konservierung nicht notwendig, wenn die hergestellte Menge für einen Therapiezeitraum von wenigen Tagen vorgesehen und damit die Haltbarkeit der Zubereitung streng begrenzt ist |
| Glucocorticoide (Clobetasolpropionat Betamethasonvalerat, Dexamethason, Hydrocortison/-acetat, Prednisolon/-acetat, Triamcinolonacetonid) | Sorbinsäure, Propylenglycol, PHB-Ester |
| Harnstoff | Kaliumsorbat, PHB-Ester |
| Methoxsalen | Propylenglycol, Ethanol |
| Metronidazol | Sorbinsäure, Propylenglycol |
| Miconazolnitrat | Sorbinsäure, Propylenglycol, PHB-Ester |
| Minoxidil | Konservierung nicht notwendig bei Herstellung von alkoholischem Haarspiritus |
| Polidocanol 600 | Propylenglycol, Sorbinsäure, PHB-Ester |
| Salicylsäure | Konservierung nicht notwendig bei Konzentration von mehr als 1 % |
| Steinkohlenteerlösung | Konservierung nicht notwendig |
| Tretinoin | Propylenglycol, Sorbinsäure, PHB-Ester |
| Triclosan | Sorbinsäure |
| Zinkoxid | Konservierung in therapeutischen Konzentrationen nicht notwendig |

## 2.7 Haltbarkeit festlegen

Sind alle Plausibilitätsüberprüfungen abgeschlossen, muss ein Haltbarkeitsdatum für die fertigzustellende Zubereitung festgelegt werden. Dies geschieht in Abhängigkeit von
- der Stabilität der Zubereitung,
- dem Packmittel und
- den Lagerungsbedingungen.

> **Praxistipp**
> Dokumentieren Sie die Festlegung zur Haltbarkeit bereits auf der Qualitäts-Checkliste „Verordnung prüfen".
> Diese Checkliste steht für Sie zum Download unter www.Online-PlusBase.de bereit. Sie kann handschriftlich oder per PC ausgefüllt werden.

Bei der Festlegung der Haltbarkeit wird zwischen Laufzeit und Aufbrauchfrist unterschieden. Für standardisierte NRF-Rezepturen existieren bereits Empfehlungen zur Aufbrauchfrist bzw. ggf. auch zur Laufzeit.

Im ▶ Kap. 7.6 „Haltbarkeitsfristen" finden Sie weitere Erläuterungen zur Festlegung der Haltbarkeit.

## 2.8 Zusammenfassung und Wiederholung

Für die in der Apotheke hergestellten Arzneimittel gelten die Grundanforderungen, die an Arzneimittel generell zu stellen sind: Wirksamkeit, Unbedenklichkeit und pharmazeutische Qualität. Ist die Erfüllung dieser Anforderungen nicht sichergestellt, darf das Arzneimittel nicht angefertigt werden! Eine Überprüfung der Verordnung ist unabdingbar.

**Tab. 2.25** Qualitätssicherung im Schritt 2: Verordnung prüfen

| Schwerpunkte | Maßnahmen (Prüfpunkte) |
|---|---|
| Vollständigkeit | - Verordnung lesbar?<br>- Verordnung vollständig (z. B. Mengenangaben)?<br>- Sind alle Wirk- und Hilfsstoffe sowie Grundlagen eindeutig bezeichnet und Irrtümer ausgeschlossen? |
| Therapiekonzept | - Ist das Anwendungsgebiet bekannt?<br>- Sind Dosierung, Applikationsart, Art/Menge der eingesetzten Stoffe und Anwendungsdauer plausibel?<br>- Ist die Zubereitung für das Anwendungsgebiet geeignet? (Achtung: kein Eingriff in ärztliche Therapiefreiheit!)<br>- Ist die verordnete Menge der Zubereitung plausibel? |
| Abgabebeschränkungen | - Sind bedenkliche Wirk- oder Hilfsstoffe aus der Liste der AMK enthalten?<br>- Sind Stoffe enthalten, aufgrund derer die Zulassung von Fertigarzneimitteln widerrufen wurde oder ruht?<br>- Gibt es Hinweise zu nicht vertretbaren Risiken in der Literatur?<br>- Sind Stoffe mit negativer Nutzen-Risiko-Bewertung enthalten? |

**Tab. 2.25** Qualitätssicherung im Schritt 2: Verordnung prüfen (Fortsetzung)

| Schwerpunkte | Maßnahmen (Prüfpunkte) |
|---|---|
| Inkompatibilität | ▪ Sind miteinander unverträgliche Stoffe verordnet?<br>▪ Achtung: Wirk- und Hilfsstoffe prüfen! |
| Stabilität | ▪ Ist die Zubereitung ausreichend lange stabil, um die rationelle Therapie zu ermöglichen?<br>▪ Trennen/Austausch von Bestandteilen möglich?<br>▪ Haltbarkeitsangabe? |
| Konservierung | Regelfall bei mikrobiell anfälligen Zubereitungen, die nicht selbst ausreichende antimikrobielle Eigenschaften haben!<br>▪ Nicht konservieren, wenn die Zubereitung selbst antimikrobielle Eigenschaften hat;<br>▪ möglichst nur einen Konservierungsstoff in ausreichend hoher Konzentration verwenden;<br>▪ vorzugsweise mit Sorbinsäure (bzw. Kaliumsorbat und Citronensäure) konservieren. **ABER:** Rezepturen pH >5,5 nicht mit Sorbinsäure konservieren!<br>▪ Rezepturen, die flüssige Wachse oder Fette bzw. fette Öle enthalten, nicht mit PHB-Estern konservieren;<br>▪ alle Konservierungsstoffe deklarieren. |
| Ausgangsstoffe | ▪ Sind alle Ausgangsstoffe in der geforderten Qualität vorhanden bzw. erhältlich?<br>▪ Sind alle Ausgangsstoffe entsprechend geprüft?<br>CAVE: Kosmetika! |
| Weitere qualitätssichernde Maßnahmen | ▪ Geprüfte, standardisierte Vorschriften verwenden, z. B. NRF;<br>▪ Dokumentation der Plausibilitätsprüfung;<br>▪ notwendige Kommunikation mit Verordner führen und dokumentieren;<br>▪ schriftliche Vereinbarungen mit Ärzten über generelle Schwerpunkte der Arzneimittelherstellung (z. B. Konservierung, Austausch von ionischen und nichtionischen Grundlagen, pH-Wert-Regulierung);<br>▪ regelmäßige Schulung der Mitarbeiter;<br>▪ regelmäßige externe Kontrolle (z. B. ZL-Ringversuch). |

## 2.9 Cora Emsig in der Rezeptur, Teil 2

Heute ist für Nova Mix, der Praktikantin der Apotheke, ein besonderer Tag. Sie darf Cora Emsig zum ersten Mal beim Handverkauf über die Schulter blicken.

Gleich zu Beginn erwartet sie ein besonders kniffliger Fall: Cora Emsig nimmt eine handschriftliche Verordnung entgegen, die in ziemlich krakeliger Schrift eine Rezepturverordnung enthält. Cora Emsig entziffert mit geübtem Auge:

Rp.
Betamethason. 0,05 %
Neomycin. sulf. 2,5 %
Gereinigtes Wasser Ph. Eur. ???,?? g
Cosmetics Hautcreme O/W ad q. s.

Die Menge ist beim besten Willen nicht leserlich angegeben, eine Gebrauchsanweisung nicht vorzufinden.

PTA Cora erklärt der Praktikantin Nova, dass das Arzneimittel in der Apotheke erst hergestellt werden muss.

Nun hält Nova Mix die Verordnung in den Händen – mit der Aufgabe, die Rezepturverordnung vor der Herstellung auf Unklarheiten zu überprüfen. In spätestens einer Stunde will Cora Emsig ihr dann die Herstellung erklären. „Was soll ich nur eine Stunde lang tun?", denkt die Praktikantin und verzieht sich ins Labor. Enttäuscht darüber, nicht weiter im Handverkauf dabei sein zu können, brummelt sie im Gehen vor sich hin: „Der Arzt wird ja wohl wissen, was er da aufgeschrieben hat!"

Als Cora Emsig nach einer Stunde das Labor betritt, sind alle Substanzen bereitgestellt. Die Hautcreme hat die Praktikantin aus der Freiwahl geholt. Gereinigtes Wasser hat sie mit dem Ionenaustauscher frisch hergestellt. Den kennt Nova bereits aus dem galenischen Unterricht der Ausbildung. Die beiden Wirkstoffe hat sie nach einigem Suchen im Labor gefunden. Die Praktikantin möchte von Cora wissen, ob Betamethason und Betamethason-17-valerat identisch sind, da sie nur Letzteres im Rezepturregal entnehmen konnte. Ansonsten hat Nova keine Fragen.

Cora Emsig schon!

→ Nehmen Sie diese Praxissituation unter die Lupe und finden Sie die Punkte, über die Cora Emsig und die Mitarbeiter dieser Apotheke noch einmal nachdenken sollten.

→ Aber nicht nur Sie, das ganze Team ist hier gefragt!

**Praxistipp**
Nutzen Sie zur Bearbeitung auch die Materialien des Online-Plus-Angebots! Es enthält für alle 7 Schritte:
- **Qualitäts-Checklisten** sowie
- **Arbeitsmaterial für Teamschulung, Selbststudium und Ausbildung**

und für die Fertigung eines Rezepturarzneimittels die
- **Formatvorlage zur Erstellung einer Herstellungsanweisung** sowie eine
- **Dokumentationsvorlage zur Herstellungsdokumentation.**

Sie finden die Dokumente auf www.Online-PlusBase.de im Bereich „Pharmazie". Für die erstmalige Anmeldung benötigen Sie Ihre E-Mail-Adresse und dieses Buch.

# 3 Schritt 3: Herstellung planen

„Recepturerleichterungen (Rezepturkonzentrate bzw. Stammlösungen, Anm. d. A.) haben nicht nur den Zweck die Arbeiten des Receptars zu erleichtern und abzukürzen, sie unterstützen ihn auch was Sicherheit in der Arbeit und Eleganz der Ausführung betrifft. ... Medicinstoffe kommen nur in äußerst kleinen Quanten in den Gebrauch. ... das Abwägen derselben (müsste, Anm. d. A.) mit vieler Penibilität geschehen ..." Hager (1862): Technik der pharmaceutischen Receptur – Handbuch der Receptirkunst.

| | | |
|---|---|---|
| 3.1 | Arbeitsschutzmaßnahmen | 164 |
| 3.2 | Anforderungen an die Applikationsform | 175 |
| 3.3 | Galenisches Profil der Wirk- und Hilfsstoffe | 178 |
| 3.4 | Herstellungsanweisung | 196 |
| 3.5 | Einwaage vorbereiten | 214 |
| 3.6 | Rezepturkonzentrate | 225 |
| 3.7 | Dokumentation | 227 |
| 3.8 | Zusammenfassung und Wiederholung | 229 |
| 3.9 | Cora Emsig in der Rezeptur, Teil 3 | 230 |

Wenn die Verordnung im Schritt 2 entsprechend überprüft wurde und Herstellung sowie Abgabe der Rezeptur gerechtfertigt sind und wenn des Weiteren alle Ausgangsstoffe in der notwendigen Qualität vorhanden und geprüft sind, kann die Herstellung der Rezeptur konkret geplant werden.

**Apothekenbetriebsordnung (ApBetrO)**
**§ 6 Allgemeine Vorschriften über die Herstellung und Prüfung**
„(2) Bei der Herstellung von Arzneimitteln ist Vorsorge zu treffen, dass eine gegenseitige nachteilige Beeinflussung der Arzneimittel sowie Verwechslungen der Arzneimittel und der Ausgangsstoffe sowie des Verpackungs- und Kennzeichnungsmaterials vermieden werden."

Die gründliche Planung ist eine wesentliche Voraussetzung dafür, dass die Herstellung zügig und ohne unnötige Unterbrechungen erfolgen kann. Dazu notwendig sind u. a. Vorüberlegungen zu erforderlichen Arbeitsschutzmaßnahmen, zur Auswahl der geeigneten Waagen sowie die Erstellung der Herstellungsanweisung inklusive Festlegung notwendiger Inprozesskontrollen.

> **Hinweis**
> Die Apothekenbetriebsordnung fordert, dass sowohl bei der Herstellung von Rezeptur- als auch Defekturarzneimitteln schriftliche Herstellungsvorschriften vorliegen, die durch einen Apotheker geprüft und genehmigt worden sind.

## 3.1 Arbeitsschutzmaßnahmen

### 3.1.1 Arbeitsschutz in der Apotheke

In der Apotheke werden sehr häufig Gefahrstoffe verarbeitet. Eine Substitution durch weniger gefährliche Substanzen ist bei Wirkstoffen nicht, bei Hilfsstoffen oft nicht möglich. Auch bestimmte Herstellungstechniken bergen Gefahren. Apothekenmitarbeiter müssen wissen, welchen Gefahren sie bei der Arzneimittelherstellung ausgesetzt sind, welche rechtlich verbindlichen Bestimmungen gelten und welche Schutzmaßnahmen anzuwenden sind.

**Arbeitsschutzgesetz**
**§ 3 Grundpflichten des Arbeitgebers**
„(1) Der Arbeitgeber ist verpflichtet, die erforderlichen Maßnahmen des Arbeitsschutzes unter Berücksichtigung der Umstände zu treffen, die Sicherheit und Gesundheit der Beschäftigten bei der Arbeit beeinflussen. Er hat die Maßnahmen auf ihre Wirksamkeit zu überprüfen und erforderlichenfalls sich ändernden Gegebenheiten anzupassen. Dabei hat er eine Verbesserung von Sicherheit und Gesundheitsschutz der Beschäftigten anzustreben."

Generell trägt der Arbeitgeber die Verantwortung für den Arbeitsschutz seiner Mitarbeiter. Um dieser Verpflichtung nachzukommen, sind Informationsmaterialien und Empfehlungen der ABDA (www.abda.de/arbeitsschutz.html) und der für die Apotheken zuständigen Berufsgenossenschaft für Gesundheitsdienst und Wohlfahrtspflege (BGW) sehr hilfreich.

> **Hinweis**
> Bei häufigem Arbeiten in feuchtem Milieu und beim Tragen von Handschuhen ist ein effektiver Hautschutz eine sinnvolle Arbeitsschutzmaßnahme. Der Apothekenleiter muss als Arbeitgeber entsprechende Regelungen für die Mitarbeiter seiner Apotheke treffen. Die Berufsgenossenschaft für Gesundheitsdienst und Wohlfahrtspflege (BGW) hat dazu ein Themenheft „Hautschutz- und Händehygieneplan für Mitarbeiterinnen und Mitarbeiter in der Apotheke" erarbeitet.

Für den Umgang mit gefährlichen Stoffen finden sich konkrete Festlegungen in der Verordnung zum Schutz vor Gefahrstoffen (Gefahrstoffverordnung – GefStoffV). Der Arbeitgeber muss die Gefährdung seiner Mitarbeiter beurteilen und entsprechende Schutzmaßnahmen in Form von arbeitsplatz-, arbeitsbereichs- oder tätigkeitsbezogenen Betriebsanweisungen festlegen. Anhand dieser Betriebsanweisungen müssen die Mitarbeiter regelmäßig unterwiesen werden.

Die Bundesapothekerkammer hat Standards für Tätigkeiten mit Gefahrstoffen und biologischen Arbeitsstoffen entwickelt. Es werden Schutzmaßnahmen empfohlen bei bestimmten apothekentypischen Tätigkeiten, wie Rezepturherstellung, Tätigkeiten im Apothekenlabor, Umgang mit brand- und explosionsgefährlichen Stoffen sowie Durchführung von Blutuntersuchungen. Auf der Basis dieser Empfehlungen können in der Apotheke Gefährdungsbeurteilungen und Betriebsanweisungen erarbeitet werden.

Neben der Pflicht des Arbeitgebers, für den Arbeitsschutz seiner Mitarbeiter Sorge zu tragen, ist auch die Verpflichtung des Mitarbeiters gesetzlich verankert, selbst Verantwortung für seine und die Gesundheit seiner Kollegen und Kolleginnen zu übernehmen. Insbesondere sind Mitarbeiter verpflichtet, die vom Arbeitgeber festgelegten Schutzmaßnahmen einzuhalten.

**Arbeitsschutzgesetz**
**§ 15 Pflichten der Beschäftigten**
„(1) Die Beschäftigten sind verpflichtet, nach ihren Möglichkeiten sowie gemäß der Unterweisung und Weisung des Arbeitgebers für ihre Sicherheit und Gesundheit bei der Arbeit Sorge zu tragen. Entsprechend Satz 1 haben die Beschäftigten auch für die Sicherheit und Gesundheit der Personen zu sorgen, die von ihren Handlungen oder Unterlassungen bei der Arbeit betroffen sind.
(2) Im Rahmen des Absatzes 1 haben die Beschäftigten insbesondere Maschinen, Geräte, Werkzeuge, Arbeitsstoffe, Transportmittel und sonstige Arbeitsmittel sowie Schutzvorrichtungen und die ihnen zur Verfügung gestellte persönliche Schutzausrüstung bestimmungsgemäß zu verwenden."

**§ 16 Besondere Unterstützungspflichten**
„(1) Die Beschäftigten haben dem Arbeitgeber oder dem zuständigen Vorgesetzten jede von ihnen festgestellte unmittelbare erhebliche Gefahr für die Sicherheit und Gesundheit sowie jeden an den Schutzsystemen festgestellten Defekt unverzüglich zu melden.
(2) Die Beschäftigten haben ... den Arbeitgeber darin zu unterstützen, die Sicherheit und den Gesundheitsschutz der Beschäftigten bei der Arbeit zu gewährleisten und seine Pflichten entsprechend den behördlichen Auflagen zu erfüllen. ..."

## 3.1.2 Gefährdungsbeurteilung und Arbeitsschutzmaßnahmen
**Gefahrstoffverordnung**
Mit Wirkung zum 1. Dezember 2010 trat eine neue Gefahrstoffverordnung in Kraft. Entsprechend dieser Verordnung besteht beim Umgang mit Gefahrstoffen – auch für die Apotheke – die Pflicht,
- ein Gefahrstoffverzeichnis für bestimmte Gefahrstoffe zu führen,
- aktuelle Sicherheitsdatenblätter für die vorhandenen Gefahrstoffe zugänglich zu halten,
- Gefährdungsbeurteilungen für den Umgang mit den Gefahrstoffen zu erstellen,
- Festlegungen zum Explosionsschutz zu erarbeiten und zu dokumentieren,
- die notwendigen Sicherheitsmaßnahmen festzulegen und Schutzausrüstungen zur Verfügung zu stellen,
- die Mitarbeiter mindestens einmal jährlich anhand von Betriebsanweisungen zu potenziellen Gefahren sowie notwendigen Schutzmaßnahmen zu unterweisen,
- Beschäftigungsbeschränkungen für Schwangere und Stillende sowie Jugendliche einzuhalten,
- den Mitarbeitern das Angebot der arbeitsmedizinischen Untersuchung zu unterbreiten sowie
- die Wirksamkeit der Schutzmaßnahmen zu überprüfen und zu dokumentieren.

## Gefährdungsbeurteilung

Bei der Arzneimittelherstellung in der Apotheke werden Wirk- und Hilfsstoffe eingesetzt, die aufgrund ihrer chemisch-physikalischen bzw. toxischen Eigenschaften eine Gefährdung für die Gesundheit der Mitarbeiter darstellen können. Durch verschiedene Tätigkeiten (wie dem Um- und Abfüllen von Stoffen, dem Herstellen einer Zubereitung und dem Lagern von Stoffen oder Zubereitungen) können Gefahren für die Mitarbeiter entstehen (◘ Tab. 3.1).

**◘ Tab. 3.1** Beispiele für Gefahren bei der Arzneimittelherstellung

| Gefahrenkategorie | Beispiele |
| --- | --- |
| Chemische Gefahren | Einatmen von Stäuben, Aerosolen, Gasen oder Dämpfen, Kontamination und Reizung von Haut und Schleimhäuten (Atemwege, Augen) |
| Physikalische Gefahren | Bildung sowie Entzündung brand- und explosionsfähiger Gemische, Verletzungen bei Handhabung spitzer Gegenstände (z. B. Kanülen zur Sterilfiltration), Verbrennung oder Verbrühung bei Erhitzungsprozessen und Umgang mit heißen Flüssigkeiten (Öle, Wasser) |
| Gefahren aufgrund toxischer Wirkungen | Karzinogene, reproduktionstoxische oder fruchtbarkeitsschädigende Wirkung, sensibilisierende Wirkung an Haut und/oder Atemwegen |
| Sonstige Gefahren | Umgang mit elektrischen Geräten (z. B. elektrischen Rührsystemen, Magnetrührern etc.), Umgang mit dem Dreiwalzenstuhl |

Es liegt in der Verantwortung des Apothekenleiters, das Gefährdungspotenzial für seine Mitarbeiter zu bewerten und in Form einer Gefährdungsbeurteilung zu dokumentieren sowie Schutzmaßnahmen abzuleiten. Wesentliche Grundlagen für die Bewertung sind die Kennzeichnung der Gefäße sowie die Sicherheitsdatenblätter, die vom Hersteller der Gefahrstoffe zu Verfügung gestellt werden müssen. In der apothekenspezifischen Gefährdungsbeurteilung kann im Einzelfall berücksichtigt werden, wie lange die Kontaminations- oder Expositionszeit sein kann, wie groß die gefährdenden Substanzmengen sind, in welchem Aggregatzustand diese eingesetzt werden bzw. mit welcher Herstellungsmethode gearbeitet wird. Es kann i. d. R. davon ausgegangen werden, dass die Herstellung einer Zubereitung im geschlossenen System weniger Gefahren für den Mitarbeiter birgt als die manuelle Herstellung mit Schale und Pistill.

■ **MERKE** Bei der Verarbeitung von potenziell gefährlichen Stoffen im Rezepturbetrieb treten je nach Art, Menge und Dauer der Exposition sowie je nach Arbeitsmethode Gefahren auf, die im Voraus differenziert betrachtet und beurteilt werden müssen.

> **Praxistipp**
> Die Bundesapothekerkammer hat Standards zur Beurteilung der Gefährdungen im Rezepturbetrieb entwickelt und stellt entsprechende Materialien zur Gefährdungsbeurteilung zum Download bereit. Diese und weitere Materialien und Informationen zum Thema „Arbeitsschutz im Rezepturbetrieb" finden sich unter www.abda.de.

In ◘ Tab. 3.2 sind Beispiele für häufig in der Rezeptur verwendete, potenziell gefährliche Arznei- und Hilfsstoffe zusammengestellt.

◘ **Tab. 3.2** Beispiele für Gefahren beim Umgang mit häufig in der Rezeptur eingesetzten Arznei- und Hilfsstoffen bzw. Zubereitungen

| Stoff/Zubereitung | Tätigkeit | Gefährdung |
|---|---|---|
| Citronensäure, plv., Clobetasolpropionat, Clotrimazol, Dithranol, Erythromycin, Estradiolbenzoat, Kaliumsorbat, plv., Metronidazol, Minoxidil, Prednisolon, Salicylsäure, Triamcinolonacetonid, Triclosan | Einwaage, Transportieren des Wägegutes, Um- oder Abfüllen, An- oder Verreiben | Einatmen von Stäuben, Hautkontakt |
| Aceton, Benzin, Ethanol 96 % (V/V), Ethanol 70 % (V/V), 2-Propanol, 2-Propanol 70 % (V/V) | Einwaage, Transportieren des Wägegutes, Um- oder Abfüllen, Desinfizieren/Reinigen, Lagern | Einatmen von Gasen oder Dämpfen, Hautkontakt, Verspritzen in die Augen, Entstehen explosions- oder brandfördernder Gemische |
| Milchsäure, Ammoniaklösung, Natriumhydroxidlösung, Hydrophiles Aluminiumchlorid-Hexahydrat-Gel 15 % (NRF 11.24.), Salicylsäure-Aknespiritus 5 % (NRF 11.23.), Polihexanid-Lösung 20 %, Ätherische Öle | Einwaage, Transportieren des Wägegutes, Umfüllen oder Abfüllen | Hautkontakt, Verspritzen in die Augen |

> **Hinweis**
> Im NRF werden i. d. R. keine konkreten Empfehlungen zum Arbeitsschutz gemacht, sondern ausdrücklich darauf verwiesen, dass die geltenden Rechtsvorschriften einzuhalten sind.

Im Einzelfall lassen sich jedoch spezielle Hinweise zum Umgang mit Gefahrstoffen auch im NRF finden. Zum Beispiel wird darauf hingewiesen, dass Methoxsalen photosensibilisierende Wirkungen hat, beim Einatmen giftig sowie potenziell kanzerogen ist und deshalb bei der Verarbeitung besondere Maßnahmen zum Arbeitsschutz notwendig sind. Da die Substanz des Weiteren in Form stark elektrostatischer Faserkonglomerate vorliegt, wird die Entnahme der Substanz aus dem Standgefäß mit einer Pinzette bzw. die Verwendung halbfester Rezepturkonzentrate empfohlen (siehe NRF 11.83. und 11.96.).

Werden Lösungen in der Apotheke durch einen Membranfilter entkeimt, z. B. bei der Anfertigung von Silbernitrat-Lösung 0,5 % (NRF 11.98.), besteht die Gefahr einer **Hautverletzung** durch die verwendete Kanüle.

Beim **Erhitzen** von Flüssigkeiten können bei Unachtsamkeit Schäden an Haut oder Augen entstehen, z. B. Lösung des Wirkstoffs in 95 °C heißem Öl bei der Herstellung von Salicylsäure-Öl 10 % (NRF 11.44.).

■ **MERKE** Nach der Gefahrstoffverordnung sind Gefährdungsbeurteilung und Betriebsanweisung für den Umgang mit gefährlichen Stoffen zu erstellen. Zu beachten ist dabei, dass nicht nur Ausgangsstoffe für die Rezeptur beurteilt werden müssen. Desinfektionsmittel sind meist ebenso als Gefahrstoffe eingestuft und gekennzeichnet; sie müssen deshalb gleichfalls Gegenstand einer Bewertung sein.
Neben den Gefahren durch chemische Stoffe können bei der Arzneimittelherstellung weitere Gefährdungen auftreten (z. B. bei Arbeiten mit **elektrischen Geräten** oder beim Umgang mit dem **Dreiwalzenstuhl**), die entsprechend Arbeitsschutzgesetz beurteilt werden müssen.

### Arbeitsschutzmaßnahmen
#### Hygienemaßnahmen
Eine grundlegende Forderung des Arbeitsschutzes ist die Einhaltung der allgemeinen Hygieneregeln, im Besonderen die regelmäßige Reinigung und Desinfektion von Händen bzw. Handschuhen, von Arbeitsflächen, Arbeitsgeräten, Gefäßen etc. (▶ Kap. 1 „Schritt 1: Hygienestandards einhalten").

#### Technische Maßnahmen
Mögliche Arbeitsschutzmaßnahmen für sicheres Arbeiten in der Rezeptur sind im Folgenden zusammengestellt. Die Auswahl und Festlegung notwendiger Maßnahmen sollte Bestandteil der Herstellungsplanung sein. Alternativ kann die Apotheke für gleichartige Tätigkeiten Standards festlegen bzw. die Standards der Bundesapothekerkammer implementieren.

### Stammzubereitungen/Rezepturkonzentrate

Generell sollte großes Augenmerk auf die Begrenzung von Ausmaß und Dauer der Exposition mit dem Gefahrstoff gelegt werden, z. B. durch Verwendung konzentrierter Stammzubereitungen. Aus Arbeitsschutzgründen ist der Bezug industriell vorgefertigter Rezepturkonzentrate zu empfehlen. Bei Herstellung von Stammzubereitungen in der Apotheke sind wegen der größeren Wirkstoffmengen, die verarbeitet werden, die Arbeitsschutzmaßnahmen besonders sorgfältig auszuwählen und einzuhalten.

### Sachkundiges Personal

Die Anzahl der Beschäftigten im Herstellungsbereich sollte begrenzt bleiben. Nicht ausreichend geschultem Personal sollte der Zutritt zum Herstellungsbereich untersagt werden, insbesondere während der Arzneimittelherstellung bzw. beim Arbeiten mit Gefahrstoffen oder der Durchführung gefährlicher Tätigkeiten.

### Arbeitsplatzgestaltung

Der Arbeitsplatz muss in einem sicheren Zustand gehalten werden. Scharfe Kanten an Oberflächen sollten ebenso entfernt werden wie Stolperstellen am Boden. Eventuell vorhandene Schränke oder Regale im Herstellungsbereich sind so zu „bestücken", dass eine Gefährdung der Mitarbeiter, z. B. durch herabfallende Gegenstände, ausgeschlossen ist.

Arbeitsgeräte müssen regelmäßig überprüft und gewartet werden. Bei Defekten sind sie unverzüglich zu kennzeichnen und aus dem Arbeitsbereich zu entfernen.

> **Hinweis**
> Die Verpflichtung zur regelmäßigen Prüfung von Elektrogeräten, Anlagen und Betriebsmitteln durch eine befähigte Person ist gesetzlich verankert. Die Grundlage dieser Prüfung ist die betriebsinterne Gefährdungsbeurteilung, in der auch die Fristen festgelegt werden.
> Jedes elektrische Gerät ist vor Inbetriebnahme durch Inaugenscheinnahme zu prüfen und darf bei sichtbaren Defekten am Gerät selbst bzw. an den Stromkabeln nicht benutzt werden. Alle Mitarbeiter sollten darüber schriftlich belehrt werden.

Wenn notwendig, müssen Tätigkeiten mit Gefahrstoffen unter einem geeigneten Laborabzug stattfinden. Vor allem beim Arbeiten mit Stäuben, z. B. beim Öffnen von Standgefäßen oder beim Anreiben von feinst gepulverten Feststoffen, muss der Frontschieber des Abzugs weitestgehend geschlossenen bleiben. Zu beachten ist weiterhin, dass der Laborabzug jederzeit nutzbar sein muss und deshalb nicht als Lagerfläche missbraucht werden darf.

Um die Gefährdung bei der Einwaage zu minimieren, ist darauf zu achten, dass die Schiebetüren der Waage schnell geschlossen werden. Zum Transport werden die Substanzen vor Entnahme aus der Waage abgedeckt.

Sieht die Betriebsanweisung die Einwaage unter dem Abzug vor, muss die Frontscheibe weit heruntergezogen werden. Der Abzug darf nicht eingeschaltet werden, da der Luftzug die Waagengenauigkeit beeinflusst. Nach Abschluss der Einwaage wird die eingewogene Substanz abgedeckt und entstandene Stäube, Dämpfe oder Gase mehrere Minuten bei geschlossenem Frontschieber abgesaugt. Insbesondere bei der Herstellung von Lösungen kann die Zugabe des Lösungsmittels direkt unter dem Abzug erfolgen, die Gefährdung durch den Transport der festen Substanz wird so minimiert.

### Herstellung in geschlossenen Systemen

Aus Arbeitsschutzgründen ist die Arzneimittelherstellung in geschlossenen Systemen (TopiTec®, Unguator®) von Vorteil. Durch Einsatz von Stammzubereitungen kann die Expositionszeit von gepulverten Gefahrstoffen weiter minimiert werden.

### Umgang mit spitzen Gegenständen und Glas

Beim Arbeiten mit Kanülen, z. B. zur Sterilfiltration von Lösungen, ist auf die sichere Entsorgung der verwendeten Kanülen zu achten. Es bietet sich die Nutzung spezieller Kanülensicherungsboxen an.

Angeschlagene Glasgefäße sollen nicht mehr verwendet werden. Ein Zerplatzen im Arbeitsprozess, vor allem bei Erhitzung der Gefäße, ist möglich! Bei der Entfernung und Entsorgung von Glasbruch sind geeignete Schutzmaßnahmen zu ergreifen.

### Arbeiten mit dem Dreiwalzenstuhl

Zur Herstellung von Suspensionszubereitungen – insbesondere von Rezepturkonzentraten – wird der Dreiwalzenstuhl verwendet. In der Apotheke werden üblicherweise Dreiwalzenwerke mit 50 mm Walzenbreite und 120 Watt Leistung verwendet. Diese bergen wegen des niedrigen Drehmomentes und des Überlastungsschutzes nur ein geringes Risiko, dass Finger oder Kleidung von der Maschine erfasst und beschädigt werden. Zum Arbeiten mit dem Dreiwalzenstuhl sowie zur Reinigung sind dennoch Vorsichtsmaßnahmen festzulegen und zu beachten.

---

**Schutzmaßnahmen beim Arbeiten mit dem Dreiwalzenstuhl**

Damit Haare nicht von den Walzen erfasst werden können, müssen lange Haare zusammengebunden und hochgesteckt werden. Empfehlenswert ist – auch aus hygienischen Erwägungen – das Tragen einer Haarhaube.
Krawatten, Halstücher und ähnliche Kleidungsteile, Freundschaftsbänder und Halsketten sind vor der Arbeit mit dem Gerät abzulegen. Es ist darauf zu achten, dass die Ärmel des Rezepturkittels eng anliegen.
Beim Tragen von Handschuhen ist darauf zu achten, dass das Material dicht an der Haut anliegt und keine Falten bildet, die von den Walzen erfasst werden könnten.

---

### Organisatorische Maßnahmen

Eine gut durchdachte Organisation der Abläufe in der Apotheke ist unabdingbar für die Herstellung qualitativ einwandfreier Arzneimittel. Sie trägt weiterhin dazu bei, die Gefahren für die Mitarbeiter in der Rezeptur zu minimieren und zu kontrollieren.

Folgende Aspekte können dabei von Bedeutung sein und sollten im Einzelfall beachtet werden:
- Sicherstellung eines ungestörten Herstellungsablaufes,
- rationelle Herstellung von Halbfertigwaren oder Fertigarzneimitteln bei häufig verordneten Rezepturen,
- ordnungsgemäße und deutliche Kennzeichnung der Gefahrstoffe und deren ordnungsgemäße Lagerung.

Für die Kennzeichnung von Standgefäßen empfiehlt die Bundesapothekerkammer ein Farbleitsystem, dass zur Warnung vor Gefahren der Mitarbeiter eingesetzt werden kann

(◘ Tab. 3.3). Es werden dabei je nach Gefährdung Punkte unterschiedlicher Farbe – zusätzlich zur gesetzlich vorgeschriebenen Kennzeichnung – auf das Gefäß aufgebracht. Bei entsprechender Festlegung und Schulung der Mitarbeiter können so notwendige Schutzmaßnahmen schnell erkannt und ergriffen werden. Weitere Informationen dazu finden sich auf der Internetseite der ABDA unter www.abda.de.

◘ **Tab. 3.3** Farbleitsystem zur Kennzeichnung von Standgefäßen (Empfehlung der BAK)

| Farbe | Gefahrenkennzeichnung |
| --- | --- |
| Gelb | Gefahr durch Hautkontakt |
| Orange | Gefahr durch Einatmen |
| Hellblau | Gefahr für die Augen |
| Rot | Gefahr durch Kontakt z. B. mit CMR-Stoffen |

**Persönliche Schutzausrüstung**
Der aus hygienischen Erwägungen bei der Arzneimittelherstellung empfohlene **Rezepturkittel** trägt gleichzeitig zum Arbeitsschutz bei. Dieser Kittel sollte hochgeschlossen getragen werden, die Ärmel sollten ausreichend lang sein und möglichst eng anliegen. Bei Kontamination der Kleidung mit Gefahrstoffen ist dieser unverzüglich auszuziehen.

Beim Umgang mit Gefahrstoffen ist die Nutzung einer **Schutzbrille** mit seitlichem Spritzschutz zu fordern. Nach der Verwendung sollte diese gereinigt und mit alkoholischen Desinfektionsmitteln desinfiziert werden.

Beim Umgang mit staubenden Gefahrstoffen und der damit verbundenen Gefahr des Einatmens der Substanzen ist eine partikelfiltrierende **Staubschutzmaske** (FFP2-Halbmaske) ein wesentlicher Bestandteil der persönlichen Schutzausrüstung. Diese Masken sind zum Einmalgebrauch bestimmt und müssen in der Apotheke in ausreichender Zahl vorrätig gehalten werden. Jeder Mitarbeiter in der Arzneimittelherstellung benötigt pro Tag mindestens eine Maske. Entsprechend der Regel BGR/GUV-R 190 der Deutschen Gesetzlichen Unfallversicherung kann ein Mehrfachgebrauch in einer Schicht erfolgen, wenn das in der Gefährdungsbeurteilung entsprechend festgelegt worden ist.

> **Wussten Sie, dass ...**
> ... sogenannte partikelfiltrierende Halbmasken („filtering facepiece", FFP) nach einer EU-Norm geprüft werden und in 3 Schutzstufen erhältlich sind? FFP1-Filter müssen mindestens 80 %, FFP2-Filter mindestens 94 % und FFP3-Filter mindestens 99 % eines NaCl-Prüfaerosols zurückhalten.
> Die Verwendung von Masken muss im Rahmen der Gefährdungsbeurteilung betrachtet werden. Beim Umgang mit gefährlichen Substanzen, bei denen eine Staubgefahr besteht, sind FFP2-Masken in der Apotheke üblich.

> **Praxistipp**
> FFP2-Masken sind mit und ohne Ausatemventil im Handel. Bei länger andauernder Nutzung sind Halbmasken mit Ventil empfehlenswert, da das Ausatmen wesentlich erleichtert wird.

Die **Schutzhandschuhe** sind je nach Eigenschaften des Gefahrstoffes auszuwählen. Angaben zu geeigneten Handschuhen finden sich im Sicherheitsdatenblatt (z. B. Schutzhandschuhe aus Latex oder Gummi). Mitunter ist auch das Tragen medizinischer Schutzhandschuhe, ungepudert und möglichst latexfrei, ausreichend. Dies muss in der Gefährdungsbeurteilung durch eine fachkundige Person, i. d. R. den Apothekenleiter oder einen beauftragten Mitarbeiter, vorab festgelegt werden.

■ **MERKE** Die in der Apotheke verwendeten Desinfektionsmittelkonzentrate und -lösungen sind i. d. R. als Gefahrstoffe eingestuft und entsprechend gekennzeichnet. Der Umgang muss deshalb Bestandteil der Gefährdungsbeurteilung sein.
Besonderes Augenmerk ist auf die Desinfektionsmittelbeständigkeit der verwendeten Handschuhe zu legen. Informationen dazu sind vom Hersteller der Handschuhe zu erhalten.

### 3.1.3 Einstufung und Kennzeichnung von Gefahrstoffen in der Apotheke

Die Verordnung über die Einstufung, Kennzeichnung und Verpackung von Stoffen und Gemischen (EG-CLP-Verordnung) schreibt eine neue Systematik bei der Einstufung und Kennzeichnung von Gefahrstoffen vor. Die alten Kennzeichnungsrichtlinien der EG (Richtlinie 67/548/EWG für Stoffe, 1999/45/EWG für Zubereitungen) werden zum 1. Juni 2015 außer Kraft gesetzt, es gelten neu die **GHS-Regelungen**. GHS steht für „Globally Harmonized System of Classification and Labelling of Chemicals" und ist ein weltweit harmonisiertes System zur Einstufung und Kennzeichnung von Chemikalien.

Die bisher verwendeten orangefarbenen Gefahrensymbole werden schrittweise von rot umrandeten Rauten mit schwarzen Piktogrammen abgelöst. Nach Ablauf der Übergangsfrist für Stoffe am 1. Dezember 2010 und für Gemische am 1. Juni 2015 sind Gefäße in der Apotheke entsprechend neu zu kennzeichnen.

> **Hinweis**
> Stoffe, die bereits vor dem 1. Dezember 2010 produziert worden sind, können mit alter Kennzeichnung noch für zwei Jahre abverkauft werden.

■ **MERKE** Für Stoffgemische gilt eine Übergangsphase bis zum 31. Mai 2015. Bis dahin können alte **oder** neue Kennzeichnungselemente gleichrangig Verwendung finden. Zu beachten ist aber, dass nur eine der beiden Möglichkeiten genutzt werden darf. Die doppelte Kennzeichnung von Stand- oder Abgabegefäßen nach neuer und alter Systematik ist nicht zulässig.

**Gefahrenpiktogramme**

Die in o Abb. 3.1 dargestellten Gefahrenpiktogramme können auf Gefäßen von Ausgangssubstanzen oder auf Standgefäßen aufgebracht sein bzw. werden.

o Abb. 3.1
a) Gefahrenpiktogramme gemäß RL 67/546/EWG

b) Gefahrenpiktogramme gemäß CLP-Verordnung

### Signalwörter
Gemäß der CLP-Verordnung wird das Gefahrenpiktogramm durch das Signalwort „Gefahr" (Danger) oder „Achtung" (Attention) ergänzt.

### Gefahrenhinweise und Sicherheitsratschläge
Nach alter EG-Kennzeichnungssystematik sind den Gefahrstoffen R- und S-Sätze – bestehend aus Nummer und Text – zugeordnet. Bei vereinfachter Kennzeichnung von Gefäßen, z. B. Rezepturstandgefäßen mit einem Inhalt von bis zu 1 Liter, finden sich die Nummern der R- und S-Sätze direkt unterhalb des Gefahrenpiktogramms.

Das neue System (GHS-System) sieht sogenannte „Hazard Statements" (H-Hinweise) und „Precautionary Statements" (P-Hinweise) vor, die die Kennzeichnung mit Piktogrammen ergänzen (◘ Tab. 3.4). Die Buchstaben H oder P im Zusammenhang mit einer dreistelligen Zahl stehen für bestimmte Hinweise. Die Sicherheitshinweise werden in Verantwortung des Herstellers oder Inverkehrbringers festgelegt und auf dem Sicherheitsdatenblatt vermerkt.

◘ **Tab. 3.4** Kategorisierung von Gefahren- und Sicherheitshinweisen (nach GHS-System)

| Gefahrenhinweis | Sicherheitshinweis |
|---|---|
| H2xx Physikalische Gefahr | P1xx Allgemeines |
| H3xx Gesundheitsgefahr/toxische Gefahr | P2xx Prävention |
| H4xx Umweltgefahr | P3xx Reaktion |
|  | P4xx Lagerung |
|  | P5xx Entsorgung |

**Beispiel**
Kennzeichnung von Salicylsäure (nach Sicherheitsdatenblatt der Fa. Caelo):

**H-Sätze:**
- H302 Gesundheitsschädlich bei Verschlucken
- H315 Verursacht Hautreizungen
- H335 Kann die Atemwege reizen
- H319 Verursacht schwere Augenreizung

**P-Sätze:**
- P280 Schutzhandschuhe/Schutzkleidung/Augenschutz/Gesichtsschutz tragen
- P305 Bei Berührung mit den Augen:
- P351 Einige Minuten lang vorsichtig mit Wasser ausspülen
- P313 Ärztlichen Rat einholen/ärztliche Hilfe hinzuziehen

> **Praxistipp**
> Auf Standgefäßen in der Apotheke ist eine vereinfachte Kennzeichnung – ohne Aufbringen der H- und P-Sätze – möglich, wenn die Gefährdungsbeurteilung das zulässt, eine Betriebsanweisung vorliegt und die Mitarbeiter entsprechend geschult sind. Bringen Sie generell auf Standgefäßen neben dem neuen Gefahrenpiktogramm und dem Signalwort die Nummern der H- und P-Sätze auf! Maßnahmen zum Arbeitsschutz lassen sich dann besser (ohne zeitaufwendiges Nachschlagen) planen.

**Zusammenfassung**
**Arbeitsschutz**
Arbeitgeber **und** Mitarbeiter haben Pflichten bezüglich des Arbeitsschutzes.
Mitarbeiter in der Rezeptur sind durch Stoffe und/oder Arbeitstechniken Gefahren ausgesetzt. Diese müssen – in Verantwortung des Arbeitgebers – vorab eingeschätzt werden. Zur Risikominimierung sind vorbeugende Maßnahmen festzulegen. Pflicht des Mitarbeiters ist es, diese Maßnahmen einzuhalten. Sie sollten deshalb im Team besprochen und dokumentiert werden.
Zu den Arbeitsschutzmaßnahmen gehören:
- Hygienemaßnahmen,
- technische Maßnahmen,
- organisatorische Maßnahmen und
- persönliche Schutzausrüstung.

## 3.2 Anforderungen an die Applikationsform

Im Folgenden sollen die Anforderungen an Dermatika zusammengefasst werden, die für die Arzneimittelherstellung in der Apotheke bedeutsam sind. Insbesondere sind die Forderungen in den allgemeinen Monographien nach **Ph. Eur.** einzuhalten. Je nach Zubereitung können weitere Monographien anwendbar sein – der Verweis auf zusätzliche Anforderungen in anderen Monographien findet sich ausdrücklich im Europäischen Arzneibuch.

Für die Herstellung von Rezepturen in der Apotheke relevante allgemeine Monographien aus der Ph. Eur.:
- Halbfeste Zubereitungen zur kutanen Anwendung
- Flüssige Zubereitungen zur kutanen Anwendung
- Pulver zu kutanen Anwendung
- Zubereitungen zum Spülen
- Zubereitungen zur Anwendung am Auge
- Zubereitungen zur Anwendung am Ohr
- Zubereitungen zur Anwendung in der Mundhöhle
- Zubereitungen zur nasalen Anwendung

Entsprechend Ph. Eur. müssen Zubereitungen ausdrücklich nicht nur zum Zeitpunkt der Herstellung, sondern während der Dauer der Verwendbarkeit den Anforderungen entsprechen. Die Angaben in den Monographien sind dabei als verbindliche Anforderungen anzusehen. Auch wenn das Arzneibuch ausdrücklich zulässt, dass nicht alle Prüfungen im Einzelfall durchgeführt werden müssen, entsprechen Wirkstoffe, Hilfsstoffe, pharmazeutische Zubereitungen und andere Produkte nur dann dem Arzneibuch, wenn alle Anforderungen der jeweiligen Monographie erfüllt werden.

**Qualitätssystem – Forderung nach Ph. Eur.**
„… Die Qualitätsanforderungen in Monographien gelten nur als erfüllt, wenn das betreffende Produkt, das Gegenstand der Monographie ist, im Rahmen eines geeigneten Qualitätssystems hergestellt wurde. …"

Das **Deutsche Arzneibuch** enthält keine allgemeinen Monographien zu Darreichungsformen (mehr). Es sind aber einige spezielle Zubereitungen wie Salben- oder Gelgrundlagen monographiert. Die ehemals im DAB enthaltenen allgemeinen Texte zur Herstellung von Arzneimitteln wurden in das NRF aufgenommen.

### 3.2.1 Homogenität

Nach Ph. Eur. haben halbfeste Zubereitungen zur kutanen Anwendung ein homogenes Aussehen. Bei Emulsionen und Suspensionen besteht die Forderung, dass eine angemessene Homogenität der Zubereitung hinsichtlich der Anwendung gewährleistet ist. Das bedeutet, dass Anzeichen einer Phasentrennung bei Emulsionen bzw. das Absetzen eines Sedimentes bei Suspensionen solange zulässig sind, wie durch Schütteln die Homogenität wiederhergestellt werden kann. Diese muss dann ausreichend lange bestehen bleiben, um die Entnahme und Anwendung einer homogenen Zubereitung zu ermöglichen.

■ **MERKE** Die Forderung nach Homogenität der Zubereitung ist auch auf die Verteilung des Wirkstoffs in der Grundlage zu beziehen. Besonders problematisch sind diesbezüglich Zubereitungen mit sehr niedrig dosierten Wirkstoffen (z. B. Glucocorticoide).

### 3.2.2 Teilchengröße

Bei Zubereitungen, die dispergierte Teilchen enthalten, muss nach Ph. Eur. sichergestellt sein, dass die Teilchengröße im Hinblick auf die beabsichtigte Anwendung kontrolliert und geeignet ist. Konkrete Angaben zur maximal zulässigen Teilchengröße in Dermatika gibt das Arzneibuch nicht.

Insbesondere dann, wenn Teilchen so groß sind, dass sie auf der Haut als „kratzend" bemerkt werden können, ist die Forderung als nicht erfüllt anzusehen. Besonders problematisch sind in diesem Zusammenhang Stoffe, die sich teilweise in der Grundlage lösen und bei Lagerung zur Rekristallisation unter Bildung großer und teilweise spitzer Kristalle neigen (Harnstoff, Salicylsäure, Prednisolon).

**Bestimmung der Teilchengröße im Ph. Eur.**
In der Monographie „Zubereitungen zur Anwendung am Auge" beschreibt das Europäische Arzneibuch die Bestimmung der Teilchengröße in Suspensionen und halbfesten Zubereitungen. In einer Menge, die 10 µg festem Wirkstoff entspricht, dürfen maximal 20 Teilchen größer als 25 µm sein, davon nicht mehr als 2 größer als 50 µm und kein Teilchen größer als 90 µm.

> **Praxistipp**
> Bei der Herstellung von Suspensionszubereitungen sind insbesondere folgende Maßnahmen geeignet, um die Forderung nach Ph. Eur. zu erfüllen:
> - Bezug gepulverter Substanzen – wenn möglich mikrofein,
> - Herstellung von Rezepturkonzentraten mit optimaler (und geprüfter) Teilchengröße,
> - Bezug von Rezepturkonzentraten mit optimaler (und geprüfter) Teilchengröße,
> - Bearbeitung des Ausgangsstoffes durch Zerkleinern mit Mörser und Pistill inklusive anschließendem Sieben durch normierte Siebgrößen, z. B. Sieb 180, Sieb 90,
> - Vermeidung von Rekristallisationserscheinungen,
> - mikroskopische Teilchengrößenbestimmung der Verreibung bzw. des Endproduktes, ggf. besonders bei Defekturanfertigung auch wiederholt in vorgeschriebenen Zeitabständen nach der Herstellung.
>
> **CAVE:** Bei Harnstoff ist eine manuelle Zerkleinerung nicht möglich. Selbst die in der Apothekenausstattung befindlichen maschinellen Zerkleinerungsgeräte vermögen nicht, den Harnstoff ausreichend zu zerkleinern. Das NRF sieht deshalb eine Bearbeitung der wasserfreien Zubereitung mit dem Dreiwalzenstuhl und mikroskopische Prüfungen vor (siehe NRF S.8.). Das Bearbeiten der grobkristallinen Rezeptursubstanz mit Aceton im Mörser bringt ebenso wie die Verwendung von gepulvertem Harnstoff keine Vorteile.

## 3.2.3 Sterilität von Zubereitungen

Im Allgemeinen müssen in der Apotheke hergestellte Dermatika nicht steril sein. Die an Dermatika gestellten mikrobiologischen Anforderungen sind in ▶ Kap. 1 „Schritt 1: Hygienestandards einhalten" detailliert beschrieben. Bei Anwendung der Zubereitung auf schwer geschädigter Haut besteht jedoch die Forderung nach Sterilität der hergestellten Rezeptur.

**Forderung nach Sterilität von Zubereitungen zur kutanen Anwendung**
Ph. Eur.: „… Zubereitungen, die zur Anwendung auf schwer geschädigter Haut bestimmt sind, müssen steril sein."

Weitere Darreichungsformen, die nach Monographie steril sein müssen, sind Parenteralia, Zubereitungen zur Anwendung am Auge sowie Zubereitungen zur Anwendung am verletzten Ohr oder vor chirurgischen Eingriffen.

Zur Herstellung steriler Arzneimittel sind besondere Maßnahmen notwendig; Empfehlungen werden gegeben im Ph. Eur. Kapitel 5.1.1 „Methoden zur Herstellung steriler Zubereitungen" sowie in den BAK-Leitlinien „Herstellung und Prüfung applikationsfertiger Parenteralia ohne CMR-Eigenschaften der Kategorie 1A oder 1B" und „Aseptische Herstellung applikationsfertiger Parenteralia mit CMR-Eigenschaften der Kategorie 1A oder 1B".

> **Hinweis**
> Im NRF werden Rezepturen beschrieben, die bei oberflächlichen infektionsgefährdeten oder infizierten Wunden bzw. zur unterstützenden Wundbehandlung bei der chirurgischen Versorgung von Weichteilinfektionen angewendet werden. Auch wenn diese Zubereitungen nicht als steril gekennzeichnet sind, erfolgt die Herstellung unter möglichst keimarmen Bedingungen (z. B. durch die Verwendung von Wasser für Injektionszwecke) – siehe Schritte 1 und 4!

## 3.3 Galenisches Profil der Wirk- und Hilfsstoffe

Bei der Planung der Rezepturherstellung sind bestimmte Eigenschaften der Wirk- und Hilfsstoffe zu beachten, da jeweils unterschiedliche Herangehensweisen an die Herstellung erforderlich sein können. Für die Arzneimittelherstellung wichtige Substanzeigenschaften sind in ◘ Tab. 3.5 zusammengestellt.

◘ **Tab. 3.5** Galenisches Profil von Wirk- und Hilfsstoffen – Übersicht wichtiger Eigenschaften

| Eigenschaft | Bemerkung (Hinweise, Beispiele u. a.) |
| --- | --- |
| Agglomeratbildung | Clobetasolpropionat, Triamcinolonacetonid, Betamethason-17-valerat, Salicylsäure |
| Aggregatzustand | Fest – (halbfest) – flüssig |
| Benetzbarkeit | Lipophil gut benetzbare Stoffe (die meisten organischen Arzneistoffe), hydrophil gut benetzbare Stoffe (Zinkoxid, Talk, basische Bismutsalze) |
| Elektrostatische Aufladung bei Kontakt mit Kunststoffmaterialien | Salicylsäure, Indometacin, Paracetamol, Papierkartenblätter bzw. Hornlöffel verwenden |
| Färbung des Ansatzes | Je nach Stoffeigenschaft wichtig für Auswahl und Reinigung der Arbeitsgeräte, z. B. bei Eisenoxiden, Ethacridinlactat, Clioquinol, Silbernitrat |
| Flüchtigkeit | Wassergehalt bzw. Alkoholgehalt, ätherische Öle |
| Hygroskopie | Aufbewahrung der Ausgangsstoffe mit Trockenmittel Achtung: Aufnahme von Feuchtigkeit verändert den Gehalt! |
| Löslichkeit | Je nach Eigenschaften der Substanzen resultieren Suspensions-, Emulsions- oder Lösungssysteme |

◘ **Tab. 3.5** Galenisches Profil von Wirk- und Hilfsstoffen – Übersicht wichtiger Eigenschaften (Fortsetzung)

| Eigenschaft | Bemerkung (Hinweise, Beispiele u. a.) |
| --- | --- |
| Photoinstabilität | Unterschiedlich ausgeprägt, teilweise besondere Maßnahmen auch bei der Herstellung notwendig, mindestens lichtgeschützte Lagerung von Ausgangsstoffen und Zubereitungen |
| pH-Wert der Lösung | Verbesserung oder Verschlechterung der Löslichkeit (Kaliumsorbat im neutralen Medium besser löslich als im sauren), Interaktion mit anderen Bestandteilen durch verschiedene pH-Optima |
| Rekristallisationsneigung | Metronidazol, Salicylsäure, Sorbitol-Lösung |
| Teilchengröße | Mikrofein gepulvert (Metronidazol, Clobetasolpropionat), fein gepulvert (Salicylsäure), kristallin (Harnstoff, Benzocain) |
| Unverträglichkeit mit Arbeitsgeräten | Aluminiumchlorid und Salicylsäure mit eisenhaltigen Geräten |
| Viskosität, Fließverhalten | Leicht fließend (Chlorhexidindigluconat-Lösung 20%), fließend (Polidocanol 600), zähflüssig/klebend (Dexpanthenol, Ammoniumbituminosulfonat) |
| Wärmeempfindlichkeit | Nystatin, Dithranol, Harnstoff |

## 3.3.1 Löslichkeit von Wirk- und Hilfsstoffen

■ **DEFINITION** Unter dem Begriff **Löslichkeit** versteht man die Menge eines Stoffes, die sich in einer bestimmten Menge eines Lösungsmittels bis zum Erreichen der temperaturabhängigen Löslichkeitsgrenze lösen lässt. Die Löslichkeitsangaben des Arzneibuches beziehen sich auf Raumtemperatur von 15–25 °C.

Allgemeine Angaben zur Löslichkeit von Wirk- und Hilfsstoffen stehen in den substanzspezifischen Monographien des Arzneibuches. ◘ Tab. 3.6 erklärt die Bedeutung der für die Löslichkeitsangaben verwendeten Begriffe. Informationen zur Löslichkeit von rezepturrelevanten Dermatikawirkstoffen findet man des Weiteren in den Wirkstoffdosiers der Gesellschaft für Dermopharmazie e. V. Die Löslichkeitsangaben werden dort unter Berücksichtigung der für die dermatologische Rezeptur relevanten Lösungsmittel und Grundlagen angegeben.

◘ **Tab. 3.6** Löslichkeitsangaben (bezogen auf Raumtemperatur von 15–25 °C)

| Angabe | Masseanteil Substanz in Volumenanteil Lösungsmittel |
|---|---|
| sehr leicht löslich | 1 g in weniger als 1 ml |
| leicht löslich | 1 g in 1 bis 10 ml |
| löslich | 1 g in über 10 bis 30 ml |
| wenig löslich | 1 g in über 30 bis 100 ml |
| schwer löslich | 1 g in über 100 bis 1000 ml |
| sehr schwer löslich | 1 g in über 1000 bis 10 000 ml |
| praktisch unlöslich | 1 g in mehr als 10 0000 ml |

Je nach Löslichkeit der Wirkstoffe in der Grundlage werden Rezepturen als Lösungs-, Emulsions- oder Suspensionssysteme hergestellt. Es ist von besonderer Bedeutung, die Herstellungs- und Lagerbedingungen für Zubereitungen so auszuwählen, dass die Qualität der Rezeptur durch Rekristallisation von Substanzen nicht unzulässig beeinträchtigt wird. Problematisch sind insbesondere Stoffe, deren Löslichkeit temperaturabhängig ist. Bei der Herstellung von Rezepturen muss im Einzelfall geprüft und festgelegt werden, ob die Wärmeanwendung erforderlich und zulässig ist. Auch die – möglicherweise aus mikrobiologischen Gesichtspunkten empfehlenswerte – Kühllagerung von Substanzen oder Zubereitungen muss unter Löslichkeitsaspekten bewertet werden.

> **Praxistipp**
> Problematisch ist die Herstellung von alkoholischen Lösungen mit reduziertem Alkoholanteil. Viele in höher konzentrierten Alkoholen lösliche Wirkstoffe sind dann nur noch unzureichend löslich, was die Stabilität der Zubereitung gefährdet.
> Die meist durch Reduktion des Alkoholanteils in der Zubereitung beabsichtigte Verminderung der Hautaustrocknung lässt sich auch durch Zusatz von rückfettenden Substanzen, wie z. B. Octyldodecanol, erreichen.

## 3.3.2 Photoinstabilität

Bei verschiedenen Wirk- und Hilfsstoffen treten unter Lichteinwirkung chemische Reaktionen wie Oxidationen, Reduktionen und Isomerisierungen auf. Die Stabilität der Stoffe ist demnach unter Lichteinfluss problematisch. Das gilt für die Aufbewahrung der Wirk- und Hilfsstoffe, ist aber insbesondere auch bei der Lagerung von Zubereitungen aus diesen Stoffen zu beachten. Die wichtigsten Maßnahmen zur Verhinderung lichtinduzierter Veränderungen sind:
- Verwendung lichtundurchlässiger Aufbewahrungsgefäße,
- schnelle Verarbeitung der betreffenden Wirk- und Hilfsstoffe und
- Verpackung der fertigen Zubereitung in lichtundurchlässige Packmittel (z. B. Aluminiumtuben).

Auf geeignete Verpackungsmaterialien wird in ▶ Kap. 6 „Schritt 6: Zubereitung abfüllen" eingegangen. Rezepturrelevante Stoffe, bei denen die Photoinstabilität zu beachten ist, werden im folgenden Abschnitt aufgeführt.

### 3.3.3 Galenisches Profil von rezepturüblichen Wirk- und Hilfsstoffen in Dermatika

Im Folgenden sind für in der Apothekenrezeptur häufig verwendete Wirkstoffe wichtige Informationen zur Herstellungsplanung zusammengetragen. Die Angaben stammen im Wesentlichen aus den Wirkstoffdossiers der Gesellschaft für Dermopharmazie e. V., dem Buch „Rezepturen" von Wolf und Süverkrüp sowie den zahlreichen NRF-Monographien und -Rezepturhinweisen. Zu beachten ist, dass die Angaben zur Löslichkeit der Substanzen in verschiedenen Vehikeln teilweise unterschiedliches Format haben.

#### Galenisches Profil von Wirkstoffen
**Betamethasonvalerat**

◻ **Tab. 3.7** Löslichkeit von Betamethason-17-valerat bei Raumtemperatur (wenn nicht anders angegeben in g/ml)

| Lösungsmittel/Grundlage | Löslichkeit |
|---|---|
| Wasser | praktisch unlöslich |
| Ethanol 96 % (V/V) | 6–8 in 100 |
| 2-Propanol | 2 in 100 |
| Mittelkettige Triglyceride, Paraffin | schwer löslich |

Betamethason-17-valerat hat ein Stabilitäts- und Wirkoptimum von pH 3,5. Rezepturen müssen auf den rezeptierbaren Bereich von pH 2–5 eingestellt werden (▶ Kap. 2 „Schritt 2: Verordnung überprüfen"). Im NRF ist dazu ein Citratpuffer aus gleichen Teilen einer jeweils 0,5%igen Citronensäure- und Natriumcitratlösung vorgesehen. Dieser Puffer erzeugt einen pH-Wert von 4,2.

> **Praxistipp**
> Der im NRF zum Ansäuern von Rezepturen verwendete Citratpuffer eignet sich häufig auch zur Verwendung in „frei komponierten" Rezepturen. Er besteht aus gleichen Teilen einer jeweils 0,5%igen Citronensäure- und Natriumcitratlösung und erzeugt einen pH-Wert von 4,2.

Betamethason-17-valerat ist ein stark wirksamer Stoff, der in geringen Konzentrationen in der Rezeptur eingesetzt wird. In halbfesten Dermatika liegt es in suspendierter Form vor. Zur Herstellung der Zubereitungen ist deshalb mikronisierte Rezeptursubstanz einzusetzen oder ein Rezepturkonzentrat zu verwenden.

Bei der Herstellung und Aufbewahrung betamethason-17-valerathaltiger Zubereitungen ist zu beachten, dass die Substanz photoinstabil ist. Entsprechend NRF-Rezepturhinweis sind die Auswirkungen der Photoinstabilität u. a. abhängig vom Primärpackmittel. Eine relevante Gehaltsminderung ist bei Suspensionszubereitungen nicht zu befürchten.

### Chloramphenicol

▫ **Tab. 3.8** Löslichkeit von Chloramphenicol bei Raumtemperatur (wenn nicht anders angegeben in g/ml)

| Lösungsmittel/Grundlage | Löslichkeit |
|---|---|
| Wasser | wenig löslich (bei 25–28 °C und pH 5,5–7,0 etwa 0,25 %) |
| Ethanol | 40 in 100 |
| Propylenglycol | 15 in 100 |
| Propylenglycol-Wasser-Gemisch 70 % | 6 in 100 |
| Glycerol | 2 in 100 |

Chloramphenicol wird noch recht häufig als Antibiotikum verordnet. Aufgrund seiner allergenen Potenz wird sein Einsatz aber zunehmend kritisch gesehen und die Anwendung alternativer Wirkstoffe empfohlen. Es sind keine standardisierten Rezepturformeln bekannt. Bei der Verarbeitung ist zu beachten, dass der Wirkstoff photoinstabil ist und entsprechende Schutzmaßnahmen notwendig sind.

### Chlorhexidinsalze

▫ **Tab. 3.9** Löslichkeit von Chlorhexidindiacetat bei Raumtemperatur (wenn nicht anders angegeben in g/ml)

| Lösungsmittel/Grundlage | Löslichkeit |
|---|---|
| Wasser (20 °C) | 1,8–1,9 % |
| Ethanol | 6,6 % |
| Glycerol, Propylenglycol | wenig löslich |

Chlorhexidindigluconat ist im Gegensatz zu Chlorhexidindiacetat sehr gut wasserlöslich, die Löslichkeit beträgt etwa 70 %. Die Chlorhexidinbase ist jedoch nur zu 0,008 % in Wasser löslich und fällt in konzentrierten Lösungen bei pH-Werten größer 8 aus.

> **Praxistipp**
> Die fertig beziehbare Chlorhexidindigluconat-Lösung 20 % (m/V) erleichtert die Herstellung von wässrigen oder alkoholischen Lösungen mit Chlorhexidindigluconat.

## Clioquinol

- Tab. 3.10 Löslichkeit von Clioquinol bei Raumtemperatur (wenn nicht anders angegeben in g/ml)

| Lösungsmittel/Grundlage | Löslichkeit |
|---|---|
| Wasser und Vaselin | praktisch unlöslich |
| Ethanol, Glycerol 85 % | sehr schwer löslich |
| Propylenglycol | < 1 % löslich |
| Hydriertes Erdnussöl | 1 in 250–400 |

In den meisten Dermatikagrundlagen ist Clioquinol nur geringfügig löslich und liegt deshalb in suspendierter Form vor. Clioquinol ist photoinstabil, Zubereitungen sollten nur in lichtdichten Packmitteln abgefüllt werden (z. B. Aluminiumtuben).

Clioquinol verursacht schwer entfernbare Verfärbungen; Arbeitsgeräte sollten deshalb sofort nach der Verwendung gereinigt werden.

## Clobetasolpropionat

- Tab. 3.11 Löslichkeit von Clobetasolpropionat bei Raumtemperatur

| Lösungsmittel/Grundlage | Löslichkeit |
|---|---|
| Wasser | praktisch unlöslich |
| Ethanol | schwer löslich |

Bei der Verarbeitung von Clobetasolpropionat in wässrigen Grundlagen muss der pH-Wert der Zubereitung im sauren Bereich eingestellt werden. Dazu eignet sich der unter Betamethasonvalerat im Praxistipp beschriebene Citratpuffer in 5%iger Konzentration bezogen auf die Gesamtmasse der Zubereitung.

Clobetasolpropionat bildet Agglomerate, weshalb die Teilchengröße mikroskopisch kontrolliert werden sollte. Alternativ kommt die Verwendung von Rezepturkonzentraten mit geprüfter Teilchengröße infrage, z. B. Clobetasol 0,5 % Cordes® RK, Clobetasolpropionat-Verreibung 0,5 % DAC. Ein Rezepturkonzentrat sollte auch eingesetzt werden, wenn die Einwaage der Substanz für die Zubereitung weniger als 10 mg beträgt.

Bei der Herstellung und Aufbewahrung clobetasolpropionathaltiger Zubereitungen ist zu beachten, dass die Substanz photoinstabil ist.

### Clotrimazol

**Tab. 3.12** Löslichkeit von Clotrimazol bei Raumtemperatur (wenn nicht anders angegeben in g/ml)

| Lösungsmittel/Grundlage | Löslichkeit |
| --- | --- |
| Macrogolsalbe DAC, fette Öle (wie z. B. Raffiniertes Erdnussöl) | löslich |
| Ethanol, 2-Propanol | 9,5 in 100 |
| Macrogole (Polyethylenglycol 400) | 6,0 in 100 |
| Propylenglycol | 3,5 in 100 |
| Wasser, Glycerol 85 %, Paraffine | praktisch unlöslich |

Für die Herstellung von Suspensionszubereitungen ist der Einsatz von mikronisierter Rezeptursubstanz oder von Rezepturkonzentraten zu empfehlen.

> **Praxistipp**
> Clotrimazol ist schwach hygroskopisch. Es ist empfehlenswert, Clotrimazol in einem Standgefäß mit Trockenmittelstopfen zu lagern (z. B. AX-Stopfen, Fa. WEPA).

### Dexamethason

**Tab. 3.13** Löslichkeit von Dexamethason bei Raumtemperatur (wenn nicht anders angegeben in g/ml)

| Lösungsmittel/Grundlage | Löslichkeit |
| --- | --- |
| Wasser | praktisch unlöslich |
| Ethanol 96 % (V/V) | 1 in 42 |
| Propylenglycol | 1 in 100 |

Dexamethason liegt in Dermatika überwiegend in suspendierter Form vor. Zur Herstellung der Suspensionszubereitungen sollte mikronisierte Rezeptursubstanz oder ein Rezepturkonzentrat verwendet werden.

Zu beachten ist, dass in basisch reagierenden Rezepturen der gelöste Wirkstoffanteil im Vergleich zum suspendierten Anteil höher ist. Das gilt vor allem für Zubereitungen mit niedrigen Konzentrationen (0,01–0,05 % Dexamethason). Diese Zubereitungen sollen aus Stabilitätsgründen nicht hergestellt werden.

Dexamethason ist – wie andere Glucocorticoide auch – photoinstabil; entsprechende Schutzmaßnahmen sind notwendig.

## Dithranol

**Tab. 3.14** Löslichkeit von Dithranol bei Raumtemperatur

| Lösungsmittel/Grundlage | Löslichkeit |
|---|---|
| Wasser | praktisch unlöslich |
| Ethanol | sehr schwer löslich |
| fette Öle, Octyldodecanol | löslich |

Dithranol ist photoinstabil und wird leicht zu braunem Dantron oxidiert. Als stabilisierender Zusatz ist Salicylsäure üblich, vor allem bei Einsatz geringer Dithranolkonzentrationen.

Arbeitsgeräte, insbesondere Reibschalen aus Kunststoff, sollten sofort nach der Herstellung gereinigt werden, da bräunliche Verfärbungen entstehen, die sich nur schwer wieder entfernen lassen.

## Erythromycin

**Tab. 3.15** Löslichkeit von Erythromycin bei Raumtemperatur (Angabe g/ml)

| Lösungsmittel/Grundlage | Löslichkeit |
|---|---|
| Wasser | 1–2 in 1000 (Abnahme bei steigender Temperatur) |
| Ethanol 96 % (V/V) | 20 in 100 |

Mit Erythromycin können nur ein einem eng begrenzten pH-Bereich ausreichend stabile Zubereitungen hergestellt werden. Es sind in jedem Fall standardisierte oder geprüfte Rezepturen den individuell zusammengestellten Vorschriften vorzuziehen. Die Kombination mit anderen Wirkstoffen ist unbedingt zu vermeiden.

„Frei komponierte" Rezepturen sollten auf den für Wirkung und Stabilität optimalen pH-Bereich von 8–8,5 eingestellt werden. Die Absenkung des pH-Wertes in der Zubereitung erfolgt mit Citronensäure, zur pH-Wert-Erhöhung können Trometamol oder Natriumhydrogencarbonatlösung eingesetzt werden.

Erythromycin ist photoinstabil, entsprechende Schutzmaßnahmen bei Verarbeitung und Aufbewahrung sind zu ergreifen.

## Gentamicinsulfat

**Tab. 3.16** Löslichkeit von Gentamicinsulfat bei Raumtemperatur

| Lösungsmittel/Grundlage | Löslichkeit |
|---|---|
| Wasser | leicht löslich |
| Ethanol, Aceton | praktisch unlöslich |

Bei der Herstellung von gentamicinhaltigen Zubereitungen ist zu beachten, dass die Verordnung häufig als Gentamicin (Base) erfolgt und die Soll-Einwaage von Gentamicinsulfat-Rezeptursubstanz vorab berechnet werden muss. Für eine 0,1%ige Gentamicinzubereitung sind je nach Qualität der Rezeptursubstanz etwa 0,15–0,2 % Gentamicinsulfat erforderlich.

### Harnstoff

**Tab. 3.17** Löslichkeit von Harnstoff bei Raumtemperatur (wenn nicht anders angegeben in g/ml)

| Lösungsmittel/Grundlage | Löslichkeit |
| --- | --- |
| Wasser | sehr leicht löslich (1 in 1) |
| Glycerol 85 % | 50 in 100 |
| Ethanol 95 % | 10 in 100 |
| Fette Öle, Wachse, andere Lipide | praktisch unlöslich |

Harnstoff ist in wasserhaltigen Grundlagen gut löslich, weshalb sich Lösungssalben herstellen lassen. Bei Verwendung von W/O-Grundlagen wird Harnstoff zuerst in wenig Wasser gelöst und die Lösung dann in die Grundlage eingearbeitet. Bei O/W-Grundlagen wird der Wirkstoff aufgestreut und eingearbeitet. Die Einwirkung von Wärme bei der Verarbeitung von Harnstoff ist aus Stabilitätsgründen unbedingt zu vermeiden.

Harnstoff zersetzt sich in wasserhaltigen Zubereitungen bei sauren und basischen pH-Werten. Der resultierende pH-Wert-Anstieg fördert die weitere Zersetzung des Wirkstoffes. Es ist deshalb notwendig, einen schwach sauren pH-Wert in der Zubereitung einzustellen. Dazu geeignet sind analog zu entsprechenden NRF-Rezepturen Lactatpuffer pH 4,2, aber auch Citratpuffer pH 4,2 und Phosphatpuffer pH 6.

In wasserfreien Grundlagen liegt Harnstoff in suspendierter Form vor. Zu achten ist vor allem auf die Verwendung von fein zerkleinertem Harnstoff, da Harnstoffkristalle zu einem „Sandeffekt" auf der Haut führen. Die Homogenisierung der Zubereitung im Dreiwalzenstuhl kann bei Verwendung eines Rezepturkonzentrates entfallen, z. B. Harnstoff-Stammverreibung 50 % (NRF S.8.).

> **Praxistipp**
> Als Lactatpuffer zur Stabilisierung von wasserhaltigen Harnstoffzubereitungen eignet sich eine Mischung aus 1%iger Milchsäure und 4%iger Natriumlactatlösung – bezogen auf die Gesamtmenge der Zubereitung.

## Hydrocortison/-acetat

◘ Tab. 3.18 Löslichkeit von Hydrocortison bei Raumtemperatur (wenn nicht anders angegeben in g/ml)

| Lösungsmittel/Grundlage | Löslichkeit |
| --- | --- |
| Wasser | praktisch unlöslich (0,028 in 100) |
| 2-Propanol 70 % (V/V) | 3 g in 100 g |
| Ethanol | 1,5 in 100 |
| Propylenglycol | 1,27 in 100 |

◘ Tab. 3.19 Löslichkeit von Hydrocortisonacetat bei Raumtemperatur (wenn nicht anders angegeben in g/ml)

| Lösungsmittel/Grundlage | Löslichkeit |
| --- | --- |
| Wasser | praktisch unlöslich (0,001 mg in 100 ml) |
| Ethanol | 0,45 in 100 |
| Propylenglycol | wenig löslich |

Wegen der schlechten Wasser- und Lipidlöslichkeit liegen Hydrocortison und Hydrocortisonacetat in Dermatika überwiegend in suspendierter Form vor. Zur Herstellung homogener Zubereitungen ist mikrofein gepulverter Wirkstoff notwendig.

Hydrocortison und -acetat sind photoinstabil. Metallionen und Sauerstoff fördern die Zersetzung. Hydrocortison ist instabiler als Hydrocortisonacetat. Im NRF finden sich Dermatikarezepturen sowohl mit Hydrocortison als auch mit Hydrocortisonacetat als wirksamem Bestandteil.

## Methoxsalen

◘ Tab. 3.20 Löslichkeit von Methoxsalen bei Raumtemperatur (wenn nicht anders angegeben in g/ml)

| Lösungsmittel/Grundlage | Löslichkeit |
| --- | --- |
| Wasser | praktisch unlöslich |
| Ethanol (kalt) | 0,01 % |
| Ethanol (siedend) | löslich |
| 2-Propanol | 0,7 % |
| Propylenglycol, pflanzliche Öle | löslich |
| Aceton | 2,5 % |

Methoxsalen (8-Methoxypsoralen) wird zur Behandlung der Psoriasis im Rahmen der sogenannten PUVA-Therapie eingesetzt. Bei der Konservierung von Zubereitungen ist zu beachten, dass die eingesetzten Konservierungsmittel sich durch die UV-Bestrahlung nicht verändern dürfen. Möglich ist die Konservierung z. B. mit Propylenglycol.

Aus Arbeitsschutzgründen empfiehlt es sich, vorgefertigte Rezepturkonzentrate oder Stammlösungen einzusetzen. Da Methoxsalen photoinstabil ist, sind entsprechende Schutzmaßnahmen notwendig.

### Metronidazol

Tab. 3.21 Löslichkeit von Metronidazol bei Raumtemperatur (Angabe g/ml)

| Lösungsmittel/Grundlage | Löslichkeit |
|---|---|
| Wasser (25 °C) | 1 in 100 |
| Verdünnte Säuren | 10 in 100 |
| Ethanol (25 °C) | 1,5 in 100 |
| Ethanol (20 °C) | 0,5 in 100 |

Bei der Einarbeitung von Metronidazol in wasserhaltige Zubereitungen wie O/W-Cremes ist die Einwirkung von Wärme zu vermeiden. Es entstehen sonst übersättigte Lösungen, aus denen beim Abkühlen Metronidazol auskristallisiert.

Zur Gewährleistung der optimalen Teilchengröße in der Zubereitung sollte Metronidazol als mikronisierte Substanz eingesetzt werden. Alternativ kann ein Konzentrat hergestellt und mit dem Dreiwalzenstuhl bearbeitet werden.

### Miconazolnitrat

Tab. 3.22 Löslichkeit von Miconazolnitrat bei Raumtemperatur (Angabe g/ml)

| Lösungsmittel/Grundlage | Löslichkeit |
|---|---|
| Wasser | 1 in 3000 |
| Ethanol 96 % (V/V) | 1 in 140 |

Miconazolnitrat ist auch in den meisten Dermatikabestandteilen schlecht löslich und liegt überwiegend in suspendierter Form vor. Bei Wärmeanwendung verbessert sich die Löslichkeit des Wirkstoffs, die Rekristallisation führt zur Bildung langer Nadeln. Aus diesem Grund ist bei der Herstellung miconazolnitrathaltiger Zubereitungen die Anwendung von Wärme unbedingt zu vermeiden (siehe Hydrophile Miconazolnitrat-Creme NRF 11.79.).

## Minoxidil

◻ **Tab. 3.23** Löslichkeit von Minoxidil bei Raumtemperatur (wenn nicht anders angegeben in g/ml)

| Lösungsmittel/Grundlage | Löslichkeit |
|---|---|
| Wasser | 1 in 500 |
| Ethanol | 1–2 in 100 |
| Propylenglycol | löslich (mehr als 2 in 100) |
| Ethanol 96 % (V/V) | sehr leicht mischbar |
| Glycerol 85 % | wenig mischbar |
| Fette Öle | zum Teil mischbar |

Bei der Herstellung minoxidilhaltiger Rezepturen stellt die Löslichkeit oft ein Problem dar. Deshalb werden Mehrkomponentenvehikel aus Alkohol (Ethanol, 2-Propanol), Propylenglycol (und Wasser) eingesetzt. Es ist auf ein optimales Verhältnis der Lösungsmittel zu achten – maximal löslich ist Minoxidil bei geringem Wasseranteil im Mehrkomponentengemisch. Gegebenenfalls ist die Lösung nur nach Erwärmung möglich. Als fettender Zusatz sind Isopropylpalmitat oder Octyldodecanol möglich. Minoxidil-Haarspiritus nach NRF 11.121. enthält Isopropylpalmitat und einen hautverträglichen Solubilisator.

## Neomycinsulfat

Neomycinsulfat ist aufgrund des allergenen Potenzials, von Wirkungslücken und Resistenzerscheinungen nicht als Dermatikawirkstoff in NRF-Rezepturen zu finden. Es wird nicht mehr empfohlen und ist auch in den Wirkstoffdossiers der Gesellschaft für Dermopharmazie e. V. nicht aufgeführt. Es wird i. d. R. zur Lokalanwendung im Magen-Darm-Trakt in Form von Kapseln oder Pulvern verordnet.

Entsprechend der Stoffmonographie im Ph. Eur. ist Neomycinsulfat sehr leicht in Wasser löslich, sehr schwer in Ethanol 96 % und praktisch unlöslich in Ethanol. Der Wirkstoff ist hygroskopisch und photoinstabil. Das Wirkungsoptimum liegt im schwach basischen pH-Bereich.

## Nystatin

Nystatin ist ein gelbes bis leicht bräunliches Pulver. Es ist schwach hygroskopisch, in Mittelkettigen Triglyceriden praktisch unlöslich und in Wasser schwer löslich. Es liegt in Zubereitungen in suspendierter Form vor. Nystatin ist empfindlich gegenüber Licht, Sauerstoff, Wärme und extremen pH-Werten. Es muss deshalb vor Licht geschützt und im Kühlschrank gelagert und sollte vorzugsweise in wasserfreien Grundlagen verarbeitet werden. Um eine einheitliche Teilchengröße und die optimale Wirkstoffverteilung zu gewährleisten, können halbfeste Nystatinzubereitungen mit dem Dreiwalzenstuhl homogenisiert werden.

## Prednisolon/-acetat

◻ **Tab. 3.24** Löslichkeit von Prednisolon bei Raumtemperatur (Angabe in % m/V)

| Lösungsmittel/Grundlage | Löslichkeit |
| --- | --- |
| Wasser | 0,077 % |
| Ethanol 96 % | 3,3 % |
| Rizinusöl, Glycerol 85 % | 0,1 % |
| Dickflüssiges Paraffin, Erdnussöl | < 0,01 % |

◻ **Tab. 3.25** Löslichkeit von Prednisolonacetat bei Raumtemperatur (Angabe in % m/V)

| Lösungsmittel/Grundlage | Löslichkeit |
| --- | --- |
| Wasser | praktisch unlöslich (0,0012 %) |
| Ethanol 96 % | 0,74 % |

In wasserhaltigen Grundlagen sollte Prednisolonacetat eingesetzt werden. Bei Verwendung von Prednisolon können sich relativ große Kristallbüschel aus wasserhaltigen Modifikationen des Wirkstoffs bilden.

Prednisolon und -acetat sind photoinstabil, weshalb Zubereitungen am besten in Aluminiumtuben abgefüllt werden.

## Polidocanol 600

Polidocanol 600 (Lauromacrogol 400 Ph. Eur.) ist ein bei Raumtemperatur halbfestes Gemisch homologer Verbindungen, das sich bei höheren Temperaturen verflüssigt. Es ist mit Wasser und Propylenglycol mischbar.

> **Wussten Sie, dass ...**
>
> ... sich die Kennzahl „600" bei Polidocanol 600 auf die mittlere Molekülmasse des Ausgangsstoffes bezieht?

Polidocanol 600 ist grenzflächenaktiv und führt bei Einarbeitung in hydrophile Cremes zur Konsistenzveränderung. Ursache dafür ist die Bildung von Mischmizellen mit den enthaltenen Emulgatoren.

> **Praxistipp**
>
> NRF 11.66.: „Ist die Homogenität von Polidocanol 600 aufgrund der Lagerung nicht sichergestellt, muss es vor der Verwendung erwärmt und in flüssiger Form dosiert werden."
> „Polidocanol 600 muss entweder konsequent bei niedrigen Temperaturen als halbfeste Masse gelagert werden oder vor der Verwendung geschmolzen und homogenisiert werden."

## Salicylsäure

**Tab. 3.26** Löslichkeit von Salicylsäure bei Raumtemperatur (Angabe in g/ml)

| Lösungsmittel/Grundlage | Löslichkeit |
|---|---|
| Wasser, siedendes | 0,2 in 100 |
| Ethanol 96 % (V/V) | 7 in 100 |
| Octyldodecanol | 8 in 100 |
| Glycerol 85 %, Mittelkettige Triglyceride | 4,8 in 100 |
| Erdnussöl, Olivenöl und Oleyloleat | 2,2–2,5 in 100 |
| Rizinusöl | 12 in 100 |
| Mischungen Rizinusöl/Oliven- oder Erdnussöl | (3+1): 9,9 in 100<br>(1+1): 8,4 in 100<br>(1+3): 5,4 in 100 |
| Macrogol-4-laurylether | 2 in 10 |
| Vaselin, Dickflüssiges Paraffin | 0,03–0,06 in 100 |

Salicylsäure liegt in halbfesten Zubereitungen überwiegend suspendiert vor. Übersättigungsphänomene, die zum Rekristallisieren der Salicylsäure in Form von Nadeln führen, müssen durch folgende Maßnahmen vermieden werden:
- kein Anreiben mit Bestandteilen mit gutem Lösevermögen, z. B. Rizinusöl, Alkoholen oder Tensiden,
- keine Wärmeanwendung bei der Herstellung der Zubereitung.

Zum Anreiben der Salicylsäure bietet sich Paraffin an, der Verreibung kann dann Vaselin zugegeben werden. Zur Erreichung der optimalen Teilchengröße soll die Zubereitung mithilfe des Dreiwalzenstuhls homogenisiert werden. Bevorzugt sollten aber vorgefertigt erhältliche Salicylsäure-Rezepturkonzentrate eingesetzt werden, z. B. Salicylsäure-Verreibungen 50 Prozent DAC.

Zur Anwendung in Kopfölen wird Salicylsäure gelöst. Nach NRF wird Octyldodecanol als fettendes Vehikel verwendet. Octyldodecanol ist ein Alkohol, der durch Salicylsäure nicht hydrolysiert wird. Bei Verwendung anderer Vehikel ist auf die ausreichende Löslichkeit von Salicylsäure zu achten, da es ansonsten zu Kristallwachstum kommt.

Salicylsäure ist photoinstabil, entsprechende Schutzmaßnahmen sind zu beachten.

## Steinkohlenteer/-lösung

**Tab. 3.27** Löslichkeit von Steinkohlenteerlösung bei Raumtemperatur (Angabe in g/g)

| Lösungsmittel/Grundlage | Löslichkeit |
|---|---|
| Ethanol 70 % (V/V) | mischbar |
| Wasser | mischbar im Verhältnis 1+2 bis 1+9 → gut aufschüttelbare Dispersion, (im Verhältnis 1+1 Ausflockung; nicht wieder aufschüttelbar) |

Steinkohlenteer ist mit Triglyceridgrundlagen gut und mit Paraffinen sowie Wasser nicht mischbar. Steinkohlenteerlösung ist die Lösung von Steinkohlenteer in einer Tinktur aus Seifenrinde und Ethanol 70 % (V/V).

### Lipophile Steinkohlenteer-Salbe 2 % bis 20 % (NRF 11.46.)

„Steinkohlenteer ist ein Stoffgemisch aus einer Vielzahl von neutralen, sauren und basischen Einzelkomponenten. Hauptbestandteile sind Kohlenwasserstoffe, ..., Phenol und Phenolderivate, Benzol, Toluol, Harz, Benzoesäure und Pyridinbasen. Steinkohlenteer reagiert basisch."

### Tretinoin

**Tab. 3.28** Löslichkeit von Tretinoin bei Raumtemperatur

| Lösungsmittel/Grundlage | Löslichkeit |
|---|---|
| Wasser | praktisch unlöslich |
| Ethanol, 2-Propanol | schwer löslich |
| Mittelkettige Triglyceride, Mandelöl, Isopropylmyristat, Polysorbat 20, Macrogolglycerolhydroxystearat, Propylenglycol und Polyethylenglycol 400 | wenig löslich |
| Dünnflüssiges Paraffin | sehr schwer löslich |

Tretinoin (Vitamin-A-Säure) ist aufgrund der ungesättigten Struktur sehr instabil. Es ist deshalb i. d. R. der Zusatz eines Antioxidans notwendig. Verwendet wird z. B. Butylhydroxytoluol (BHT) in einem Konzentrationsbereich von 0,04–0,055 % oder D,L-α-Tocopherol 0,1 %. Um den Einfluss von Licht und Sauerstoff weitestgehend auszuschließen, wird die Lagerung des Ausgangsstoffes im Dunkeln und in der Kälte empfohlen.

> **MERKE** Tretinoin (Vitamin-A-Säure) wird aus Stabilitätsgründen im Kühl- oder Tiefkühlschrank aufbewahrt. Die Entnahme aus dem Gefäß sollte aber erst dann erfolgen, wenn der Wirkstoff Raumtemperatur angenommen hat.

Für die Herstellung von Suspensionszubereitungen sollte ausschließlich mikrofein gepulvertes Tretinoin verwendet werden. Da die Pulverisierung der Substanz in der Apotheke aus Arbeitsschutzgründen nicht unproblematisch ist, sollte zur Herstellung von Rezepturen das lipophile Tretinoin-Rezepturkonzentrat 2 % (NRF S.29.) bzw. eine alkoholische Stammlösung verwendet werden.

In wasserhaltigen Zubereitungen sollte das pH-Stabilitätsoptimum von Tretinoin bei pH 5 eingehalten werden, zur Einstellung des pH-Wertes kann Citronensäure verwendet werden. Im NRF sind Rezepturen auf Basis von Basiscreme DAC (siehe NRF 11.100.) und Hydrophober Basiscreme DAC (NRF 11.123.) enthalten.

Tretinoin ist sehr licht- und oxidationsempfindlich. Zubereitungen mit Tretinoin dürfen daher nur in lichtdichten Packmitteln (Aluminiumtuben) abgefüllt werden.

> **MERKE** Die Löslichkeit von Tretinoin in Dermatikagrundlagen verbessert sich bei Erhöhung der Temperatur. Entsprechend NRF ist die Substanz bei 40 °C zwei- bis dreimal besser löslich als bei 20 °C. Eine Temperaturerhöhung bei der Herstellung führt daher zu Übersättigungserscheinungen mit nachfolgender Re- und Umkristallisation (siehe NRF 11.100.).

### Triamcinolonacetonid

Tab. 3.29 Löslichkeit von Triamcinolonacetonid bei Raumtemperatur (wenn nicht anders angegeben in g/ml)

| Lösungsmittel/Grundlage | Löslichkeit |
|---|---|
| Wasser | praktisch unlöslich |
| Ethanol 95 % (V/V) | 5 in 100 |
| Ethanol 40 % (V/V) | 0,144 in 100 |
| 2-Propanol | 4 in 100 |
| Propylenglycol | löslich |

Triamcinolonacetonid liegt in Dermatika überwiegend in suspendierter Form vor. Aufgrund der niedrigen Dosierung des Glucocorticoids ist zur Herstellung homogener Zubereitungen die Verwendung eines Rezepturkonzentrates zu empfehlen. Triamcinolonacetonid ist photoinstabil.

### Triclosan

Tab. 3.30 Löslichkeit von Triclosan bei Raumtemperatur

| Lösungsmittel/Grundlage | Löslichkeit |
|---|---|
| Wasser | praktisch unlöslich |
| Dickflüssiges Paraffin | wenig löslich |
| Propylenglycol | leicht löslich |
| Mittelkettige Triglyceride | leicht löslich |
| Organische Lösemittel | sehr leicht löslich |
| 2-Ethylhexyllauromyristat | leicht löslich |

Aufgrund der guten Lipidlöslichkeit löst sich Triclosan in der lipophilen Phase hydrophiler (z. B. Anionische hydrophile Creme SR DAC) und hydrophober Cremes (z. B. Hydrophobe Basiscreme DAC). Triclosan ist wenig temperatur-, aber lichtempfindlich.

## Zinkoxid

◘ **Tab. 3.31** Löslichkeit von Zinkoxid bei Raumtemperatur

| Lösungsmittel/Grundlage | Löslichkeit |
|---|---|
| Wasser, Ethanol, Glycerol | praktisch unlöslich |
| Fette Öle | praktisch unlöslich |
| Verdünnte Säuren | löslich unter Salzbildung |

Zinkoxid wird in zahlreichen Salben und Pasten eingesetzt und liegt in suspendierter Form vor. Zinkoxid ist kristallin, hat aber nach NRF eine sehr geringe Teilchengröße (siehe Ethanolhaltige Zinkoxid-Schüttelmixtur 25 % SR, NRF 11.110.). Zinkoxid ist hydrophil und mit Ölen nur schlecht benetzbar – eine Agglomeratbildung ist beim Anreiben häufig die Folge.

> **Praxistipp**
> Bei der Herstellung von Zinkoxidöl DAC (NRF 11.20.) muss die Konzentratanreibung kräftig gerührt und verrieben werden, um eine Agglomeratbildung zu beseitigen. Es bilden sich Zinkseifen und die Benetzbarkeit verbessert sich zusehends. Ein aufwendiges Bearbeiten des Ansatzes mit dem Dreiwalzenstuhl kann dadurch ggf. vermieden werden.

### Galenisches Profil von Konservierungs- und weiteren Hilfsstoffen
**Sorbinsäure**
Die Wasserlöslichkeit von Sorbinsäure ist mit etwa 0,16 % sehr gering. Bei der Herstellung von Rezepturen ist das Erhitzen des Ansatzes erforderlich.

> ■ **MERKE** Zur Lösung von Sorbinsäure ist das Erhitzen des Ansatzes notwendig. Wenn die Erwärmung der Rezeptur nicht möglich ist, muss die Konservierung mit Kaliumsorbat in Kombination mit Citronensäure erfolgen.

Kaliumsorbat ist im Gegensatz zu Sorbinsäure sehr leicht wasserlöslich. Da das Salz aber selbst keine antimikrobielle Wirkung hat und erst unterhalb von etwa pH 5,5 die antimikrobiell wirksame Sorbinsäure in ausreichender Menge vorliegt, ist die Einstellung eines sauren pH-Wertes in der Zubereitung notwendig.

**Butylhydroxytoluol**

◘ **Tab. 3.32** Löslichkeit von Butylhydroxytoluol bei Raumtemperatur (Angabe in % m/m)

| Lösungsmittel/Grundlage | Löslichkeit |
|---|---|
| Ethanol | 25 % |
| Fette Öle | 30 % |
| Flüssige Paraffine | 20 % |
| Wasser, Glycerol, Propylenglycol | praktisch unlöslich |

Butylhydroxytoluol wird als Antioxidans vor allem zur Stabilisierung von Tretinoin eingesetzt. Auch Kühlsalbe DAB kann mit Butylhydroxytoluol stabilisiert werden. Die typische Anwendungskonzentration ist 0,04 %. Butylhydroxytoluol ist lichtempfindlich und wird in Anwesenheit von Schwermetallspuren und Eisensalzen zersetzt.

> **Wussten Sie, dass ...**
> ... für Butylhydroxytoluol bei Verwendung in Fertigarzneimitteln Warnhinweispflicht besteht?
> Entsprechende Fertigarzneimittel sind zu kennzeichnen mit „Butylhydroxytoluol kann örtlich begrenzt Hautreizungen (z. B. Kontaktdermatitis), Reizungen der Augen und der Schleimhäute hervorrufen." (siehe NRF S.35. Butylhydroxytoluol-Paraffinkonzentrat 2 %).

> **Praxistipp**
> Butylhydroxytoluol-Paraffinkonzentrat nach NRF S.35. eignet sich gut zum Anreiben von Tretinoin-Rezeptursubstanz (siehe NRF 11.100.).

**Quellstoffe**
In Tab. 3.33 werden wichtige Hinweise zum galenischen Profil rezepturüblicher Quellstoffe zusammengefasst. Weitere Informationen finden sich u. a. in Lehrbüchern zur galenisch-pharmazeutischen Ausbildung.

**Tab. 3.33** Galenisches Profil rezepturüblicher Quellstoffe

| Gelbildner | Bemerkungen/Eigenschaften |
|---|---|
| Bentonit | In Wasser unlöslich, Mischung mit anderen in Wasser löslichen Stoffen vor Wasserzugabe vermindert die Klumpenbildung, lange Ausquellzeit (24 Stunden) beachten, bildet thixotrope Gele |
| Hydroxyethylcellulose | Wasserlöslich in kaltem und heißem Wasser → dann mit Alkoholen mischbar, unlöslich in organischen Lösungsmitteln, Ausquellung von HEC 1000 im Gegensatz zu HEC 250 sehr langsam – Beschleunigung der Ausquellung von Celluloseethergelen durch Kühlung möglich |
| Carboxymethylcellulose-Natrium | Wasserlöslich in kaltem und heißem Wasser, Anreiben mit Ethanol oder Glycerol vor Wasserzugabe vermindert die Klumpenbildung |
| Methylhydroxypropylcellulose | Wasserlöslich, kann zuerst in Ethanol 96 % dispergiert und dann mit Wasser zur Quellung gebracht werden, Gel hitzeempfindlich |
| Polyacrylsäure | Wasserlöslich, zur Quellung auf pH 5–10 einstellen, z. B. mit Trometamol |

> ■ **MERKE** Vor Verarbeitung von Gelbildnern müssen folgende Punkte geprüft werden:
> - ob der Gelbildner im Dispersionsmittel löslich ist,
> - ob und mit welchem Anreibemittel der Gelbildner vor dem Quellen dispergiert werden kann,
> - ob Zusätze zur Quellung notwendig sind (z. B. basische Hilfsstoffe bei Polyacrylatgelen),
> - wie lange die Ausquellung benötigt.

## 3.4 Herstellungsanweisung

> ■ **MERKE** Sowohl bei der Herstellung von Rezeptur- als auch Defekturarzneimitteln sind schriftliche Herstellungsanweisungen vorgeschrieben. Diese sind vor der Herstellung zu erstellen und von einem Apotheker zu unterschreiben. Die Mindestanforderungen an die Herstellungsvorschriften finden sich in den §§ 7 und 8 ApBetrO.

In **DAC** und **DAB** werden zu den monographierten Grundlagen konkrete Hinweise zur Herstellung gegeben. Die Herstellung mit anderen Methoden ist grundsätzlich möglich, wenn dabei die gleiche Qualität wie mit der beschriebenen Methode erzielt wird.

Umfangreiche Herstellungsanweisungen mit entsprechenden Hintergrundinformationen finden sich im **NRF**. Die Herstellung wird dort mit der klassischen (manuellen) Methode beschrieben. Teilweise werden zusätzlich Hinweise zur Verwendung moderner alternativer Methoden gegeben (z. B. zur Herstellung mit elektrischen Rührsystemen).

Für die Herstellung nichtstandardisierter Zubereitungen ist die Herstellungsanweisung apothekenintern festzulegen. Grundlage dazu können Vorschriften zu vergleichbaren standardisierten Rezepturen sein, diese dürfen jedoch nicht ohne Einzelfallprüfung übertragen werden. Die Erstellung der Anweisung zur Herstellung „frei komponierter" Zubereitungen stellt deshalb eine besondere Herausforderung für das pharmazeutische Personal der Apotheke dar.

> **Praxistipp**
> In die apothekeninterne Herstellungsanweisung müssen folgende Schwerpunkte integriert werden:
> - Hygienemaßnahmen und weitere Maßnahmen zur Vorbereitung des Arbeitsplatzes,
> - Prüfung auf Plausibilität,
> - Herstellungstechnik (inklusive zu verwendender Geräte und Arbeitsschutzmaßnahmen),
> - Einwaage und Einwaagekorrektur,
> - Notwendigkeit und Durchführung von Inprozesskontrollen,
> - Auswahl des Packmittels und Abfüllung,
> - Kennzeichnung sowie
> - Maßnahmen zur Endkontrolle und Freigabe des hergestellten Arzneimittels.
>
> Die abgebildete Formatvorlage (◐ Abb. 3.2) steht zum individuellen Bearbeiten in der Apotheke am PC oder per Hand im Online-Plus-Angebot dieses Buches bereit.
> In einem separaten Ordner „Rezeptur nach ApBetrO" bietet der Deutsche Apotheker Verlag Stuttgart bereits vorformulierte Herstellungsanweisungen für verschiedene Darreichungsformen und Herstellungstechniken an.

## 3.4 Herstellungsanweisung

a)

**Herstellungsanweisung Rezepturarzneimittel**

Kurzname: _____
Darreichungsform: _____

### Schritt 1
**Hygienestandards einhalten**

**Arbeitsplatz/Geräte/Raum**
- Arbeitsfläche der Rezeptur mind. 1 x täglich, sowie vor jeder Herstellung desinfizieren mit
  ☐ Isopropanol 70% (V/V)
  ☐ _____
- Geräte (Waagen, Wasserbad, Rührsysteme etc.) und Raum regelmäßig reinigen und ggf. desinfizieren gemäß Hygieneplan
- produktberührende Geräte/-teile vor jedem Gebrauch desinfizieren mit Isopropanol 70% (V/V)

**Personalhygiene**
- vor jeder Herstellung Hände waschen und desinfizieren (chirurgische Händedesinfektion)
- sauberen, geschlossenen, langärmeligen Rezepturkittel tragen
- lange Haare zurückbinden (ggf. abdecken)
- Schmuck ablegen

**Im Besonderen**

### Schritt 2
**Plausibilität überprüfen**

**Bei erstmaliger Anforderung**
Beurteilung der Plausibilität unter pharmazeutischen Gesichtspunkten durch einen Apotheker hinsichtlich
- Dosierung/Therapiekonzept
- Applikationsart
- Art, Menge und Kompatibilität der Ausgangsstoffe untereinander
- gleichbleibende Qualität der Ausgangsstoffe im fertigen Rezepturarzneimittel über den Haltbarkeitszeitraum
- Haltbarkeit des Rezepturarzneimittels

Dokumentation der Prüfung auf dem Formblatt „Plausibilitätsprüfung"

**Bei wiederholter Anforderung**
Bezugnahme auf bereits erfolgte Plausibilitätsprüfung

**Dokumentation**
Bestätigung des positiven Prüfergebnisses auf dem Herstellungsprotokoll

### Schritt 3
**Herstellung planen und vorbereiten**

Herstellungsort _____
**Rezeptur**
_____ _____ g
_____ _____ g
_____ _____ g
_____ _____ g
_____ _____ g

**Zeitplanung**
Ungestörtes Arbeiten garantieren für den Zeitraum der Herstellung
**Waagenauswahl**
von _____ g bis _____ g Waage _____ (d = _____)
von _____ g bis _____ g Waage _____ (d = _____)
ggf. Einwaagekorrektur vornehmen

**Ausgangsstoffe**
geprüfte und freigegebene Stoffe bereitstellen

**Herstellungsgeräte und Packmittel vorbereiten und bereitstellen**
☐ Automat. Rührsystem inkl. Zubehör ☐ Reibschale mit Pistill,
☐ Fantaschale mit Pistill, ☐ Becherglas, ☐ Wägegläschen, ☐ Löffel,
☐ Spatel, ☐ Spatelschlitten, ☐ Kartenblätter, ☐ Glasstab,
☐ Wasserbad, ☐ Thermometer, ☐ Abgabegefäß gemäß Schritt 6,
☐ _____

**Arbeitsschutzmaßnahmen**
Auswahl nach Gefährdungsbeurteilung, Dokumentation im Herstellungsprotokoll

**Dokumentation**
Herstellungsprotokoll vorbereiten und bereitstellen

b)

### Schritt 4
**Rezeptur herstellen**

Die Herstellung herstellungsbegleitend auf dem Herstellungsprotokoll dokumentieren

**Herstellungstechnik/Herstellungsschritte**

### Schritt 5
**Kontrollen durchführen**

Die Prüfung herstellungsbegleitend auf dem Herstellungsprotokoll dokumentieren

**Inprozesskontrolle**
Wenn möglich ist eine Inprozesskontrolle durchzuführen

**Mindestkontrolle**
organoleptische Prüfung der Zubereitung durch Apotheker

### Schritt 6
**Zubereitung abfüllen**

Zubereitung sauber abfüllen und verschließen in
☐ Spenderdose ☐ Tube
☐ Kruke ☐ Medizinglas braun
☐ Tropfflasche ☐ Pipettenflasche
☐ Weithalsglas ☐ Enghalsglas
☐ _____

Zusätzlich beifügen
☐ Spatel ☐ Dosierbecher
☐ _____

### Schritt 7
**Gefäß etikettieren**

Mindestangaben: Name/Anschrift der herstellenden Apotheke, Inhalt nach _____
Art der Anwendung, Gebrauchsanweisung, Wirkstoffe nach Art und Menge, sonstige Bestandteile nach Art, Herstellungsdatum, „Verwendbar bis" mit Datumsangabe, bei Verschreibung Name des Patienten, ggf. Haltbarkeit nach Öffnen, ggf. Vorsichtsmaßnahmen

Im Besonderen:

**Hergestelltes Arzneimittel vor Abgabe an den Patienten/Kunden durch Apotheker freigeben lassen**

Herstellungsanweisung gültig ab _____
Unterschrift Apotheker _____ Datum, Stempel der Apotheke _____

**Abb. 3.2** Individuelle Herstellungsanweisung für Rezepturarzneimittel
a) Vorderseite, b) Rückseite

**Inprozesskontrollen** sind entsprechend ApBetrO „Überprüfungen, die während der Herstellung eines Arzneimittels zur Überwachung und erforderlichenfalls Anpassung des Prozesses vorgenommen werden, um zu gewährleisten, dass das Arzneimittel die erwartete Qualität aufweist". Die Methoden zur Durchführung der Inprozesskontrollen unterscheiden sich oft nicht von denen, die zur Endkontrolle der Zubereitungen angewendet werden. Aus diesem Grund werden Inprozess- und Endkontrollen zusammen thematisiert im ▶ Kap. „Schritt 5: Kontrollen durchführen". Hinweise zur Auswahl von Packmitteln und Abfüllung der Zubereitung sowie die Kennzeichnung der Zubereitungen werden in weiteren ▶ Kap. 6 und 7 beschrieben.

### 3.4.1 Herstellungstechniken

**Klassische Herstellung**

Unter „klassischer Herstellung" versteht man die Methode, mit der schon seit Hunderten von Jahren Zubereitungen in der Apotheke hergestellt werden. Für Puder kommen dabei raue Reibschalen, für halbfeste Dermatika, Emulsionen und Suspensionen Salbenschalen aus unterschiedlichem Material mit Pistill und für Lösungen Bechergläser mit Glasstab zum Einsatz.

---

**Salbenschalen in der Apothekenrezeptur**

Häufig verwendete Salbenschalen – auch als **Fantaschalen** bezeichnet – bestehen aus Melamin. Melamin ist ein Kunststoff mit thermischer Stabilität bis ca. 80 °C und Resistenz gegenüber chemischen und physikalischen Einwirkungen. Aus Melamin hergestellte Gefäße sind robust und äußerst kratzfest. Das optische Erscheinungsbild gleicht Porzellan, was die visuelle Kontrolle der Zubereitung bei der Herstellung unterstützt. Aus diesen Gründen sind Schalen aus Melamin für die meisten Einsatzgebiete bei der Herstellung von halbfesten Zubereitungen in der Apotheke sehr gut geeignet.
Zum Schmelzen von Rezepturbestandteilen kommen Gefäße aus Chromnickelstahl zum Einsatz.

---

Die manuelle Herstellung ist in jeder Apotheke durchführbar. Auch wenn in den vergangenen Jahren moderne Alternativen zur Arzneimittelherstellung immer mehr Bedeutung erlangt haben, ist die manuelle Methode für verschiedene Anwendungsgebiete nicht zu ersetzen (o Abb. 3.3). ◘ Tab. 3.34 fasst die Vor- und Nachteile der manuellen Herstellung zusammen.

○ **Abb. 3.3** Salbenschale und Pistill.
Foto: KS/MO

▫ **Tab. 3.34** Herstellung von Rezepturen mit der klassischen Methode in der Apotheke

| Positive Aspekte | Negative Aspekte |
| --- | --- |
| Kein großer apparativer Aufwand notwendig | „Offene" Herstellung – Risiko der Kontamination der Zubereitung |
| Visuelle Kontrolle und Inprozesskontrollen einfach durchführbar | Arbeitssicherheit erfordert teilweise zusätzliche Maßnahmen |
| Erwärmen oder Schmelzen der Grundlage unproblematisch möglich – Kaltrühren im gleichen Gefäß | Einarbeitung von Luft möglich, wenig Möglichkeiten zur Standardisierung von Herstellungsparametern, Verdunstungsverluste möglich, Zeitaufwand |

**Neue alternative Methoden**

In den vergangenen Jahren haben sich die zwei automatischen Rührsysteme Unguator® und TopiTec® ihren festen Platz in der Rezeptur der Apotheken erobert. Sie ermöglichen eine schnelle Herstellung von Zubereitungen unter standardisierten Bedingungen, können aber die klassische Herstellungsmethode nicht vollständig ersetzen. Bei der Herstellungsplanung muss den Überlegungen, welche Methode zum Einsatz kommt (also ob das Rührsystem zur Herstellung eingesetzt bzw. ob einzelne Schritte weiterhin nach der „althergebrachten" Methode durchzuführen sind), ausreichend Raum eingeräumt werden.

In diesem Buch sollen wesentliche Aspekte der Rezepturherstellung mit automatischen Rührsystemen dargestellt werden. Weitere Informationen sind von den Herstellern der Systeme zu erhalten. Sie haben mittlerweile zahlreiche Standardprogramme erarbeitet, die zur Herstellung von Rezepturen verwendet werden können.

**Unguator®:**
- Als halb- (Cito-Unguator® B/R) und vollautomatisches System im Handel (Unguator® 2100),
- Einsatz von starren Flügelrührern zur Vermischung der Bestandteile.

**TopiTec®:**
- Als vollautomatisches System im Handel, ggf. mit PC-Schnittstelle und Programmierungsfunktion,
- Einsatz von elastischen Mischscheiben bzw. Mischwerkzeugen zur Vermischung der Bestandteile (o Abb. 3.4).

o **Abb. 3.4** TopiTec Automatic® mit eingespannter Dreh-Dosier-Kruke. Foto: KS/MO

**Vorteile der elektronischen Rührsysteme**
- Schnelle Herstellung möglich,
- Möglichkeit zur Standardisierung durch Festlegung der Herstellungsparameter (Umdrehungszahl und Rührzeit) für jede einzelne Rezeptur,
- Herstellung im geschlossenen System (hoher Hygienestandard, Arbeitssicherheit, Minimierung von Verdunstungsverlusten),
- Rührgefäß kann als Abgabegefäß genutzt werden.

**Nachteile der elektronischen Rührsysteme**
- Keine Zerkleinerung von suspendierten Teilchen möglich,
- Temperaturanstieg durch Reibung im Rührsystem möglich,
- Vortäuschung physikalischer Stabilität möglich,
- erschwerte Inprozess- und Endkontrollen,
- Kaltrühren aufgeschmolzener Grundlagen nur bedingt möglich,

- Rührgefäß nicht immer als Abgabegefäß geeignet,
- Standardisierung bei halbautomatischen Systemen eingeschränkt (da Hub manuell ausgeführt wird und individuelle Unterschiede möglich sind).

DAHER: Kein unkritischer Einsatz der Rührsysteme!

**Herstellungsparameter**
Die einfachste Art der Herstellung mit elektrischen Rührsystemen ist das Einbringen aller benötigten Bestandteile in das Rührgefäß, Einstellung der Parameter und Herstellung der Rezeptur. Diese Methode wird auch als „1-Topf-Herstellung" benannt, da alle Herstellungsschritte – außer der Einwaage – in der auch als Abgabegefäß genutzten Spenderkruke durchgeführt werden.

ABER: „Alle Substanzen in die Kruke, Herstellungsparameter auswählen, rühren ... und fertig": Was so einfach klingt, will in der Praxis gut vorbereitet sein. Vor allem die Auswahl der Herstellungsparameter hat grundlegende Bedeutung für die Qualität der Zubereitung. Dabei kann auf allgemeine Empfehlungen des Geräteherstellers zurückgegriffen werden (◘ Tab. 3.35 und ◘ Tab. 3.36). Im Einzelfall ist aber deren Eignung zu prüfen.

◘ **Tab. 3.35** Allgemeine Empfehlungen zur Weiterverarbeitung von Rezepturgrundlagen im TopiTec Automatic® – Drehzahl. (Nach Übersicht der Systemparameter Fa. WEPA 2010)

| Art der Zubereitung | Empfohlene Drehzahl (Umdrehungen pro Minute) |
|---|---|
| Hydrophobe Salbe/Carbogel/Paste | 1000–1500 |
| Suspension/Absorptionssalbe W/O bzw. O/W | 700–1000 |
| Creme Typ W/O | bis 700 |
| Creme Typ O/W | 500–1000 |
| Hydrogel | bis 500 |

◘ **Tab. 3.36** Allgemeine Empfehlungen zur Weiterverarbeitung von Rezepturgrundlagen im TopiTec Automatic® – Mischdauer in Dreh-Dosier-Kruken. (Nach Übersicht der Systemparameter Fa. WEPA 2010)

| Menge der Zubereitung | Empfohlene Mischdauer |
|---|---|
| 20 g | 2 Minuten |
| 30 g | 3 Minuten |
| 50 g | 4 Minuten |
| 100 g | 6 Minuten |
| 150 g | 8 Minuten |
| 200 g | 10 Minuten |

## Grenzen der elektrischen Rührsysteme

### Teilchengröße

Problematisch ist die Herstellung von Rezepturen nach der 1-Topf-Methode, u. a. wenn suspendierte Substanzen nicht feinst gepulvert vorliegen oder mit der Grundlage schlecht benetzbar sind. Hier ist das Anreiben in der Fantaschale als manueller Schritt notwendig. Die weitere Verarbeitung – das Vermischen mit der Grundlage – kann dann mit dem Rührsystem erfolgen.

Die Verarbeitung von Rezepturkonzentraten mit den Rührsystemen ist i. d. R. unproblematisch möglich.

■ **MERKE** Geräte, die rühren, zerkleinern nicht!
Die Verwendung von elektrischen Rührsystemen, setzt voraus, dass die Substanzen ausreichend feinst gepulvert oder als Rezepturkonzentrat mit geprüfter Teilchengröße vorliegen.

### Wirkstoffmenge

Bei kleinen Wirkstoffmengen ist die Verwendung der elektrischen Rührsysteme zum Vermischen mit der Grundlage nur zu vertreten, wenn Rezepturkonzentrate eingesetzt werden können. Sind diese nicht vorgefertigt zu beziehen, müssen sie in der Apotheke hergestellt werden – hier gibt es zur schrittweisen Herstellung nach der „klassischen" Methode keine Alternative.

**Hinweis**
Die Herstellung von niedrig dosierten Suspensionszubereitungen in automatischen Rührsystemen (Unguator®, TopiTec®) sollte generell aus einer Stammverreibung erfolgen.

### Konsistenz der Grundlage

Bei Grundlagen mit sehr fester Konsistenz (wie z. B. Vaselin, Lanolin oder Wollwachsalkoholsalbe) ist zu beachten, dass längere Rührzeiten notwendig sind, um eine ausreichende Vermischung zu erreichen.

### Verarbeitung thermolabiler Bestandteile

Insbesondere bei Verwendung hoher Drehzahlen kommt es zur Erwärmung der Zubereitung im Gefäß. Die starren Flügelrührer des Unguator®-Systems geben dabei bei gleichen Rührparametern mehr innere Reibungswärme an das Produkt ab als die elastischen Mischscheiben des TopiTec®-Systems.

**Hinweis**
Wirkstoffe, die aus Stabilitätsgründen kühl gelagert werden müssen, sollten generell nicht mit automatischen Rührsystemen verarbeitet werden.

Zur Verarbeitung thermolabiler Zubereitungen muss auf die Verwendung hoher Drehzahlen verzichtet werden. Empfehlenswert sind Intervallprogramme, bei denen die Rührzeit von länger andauernden Pausen unterbrochen wird.

Die früher zur Verarbeitung von thermolabilen Wirkstoffen in automatischen Rührsystemen empfohlenen Kühlmanschetten (Zubehör zum TopiTec®-System – nicht mehr im Angebot) lösen das Problem nicht.

> **Praxistipp**
> Zur Herstellung von 20 g einer Harnstoffzubereitung kann die folgende Vorgehensweise empfohlen werden:
> - Harnstoff in gekühlter O/W-Grundlage verarbeiten und
> - Rührzeit von 2 min bei 500 U/min in 4 Intervalle von je 30 sec teilen. Zwischen den Rührintervallen jeweils 2-minütige Pausen einhalten.

Problematisch kann die Erwärmung der Rezeptur aber auch für die Herstellung von Suspensionszubereitungen, z. B. mit Metronidazol (siehe NRF 11.91.), Tretinoin (siehe NRF 11.100.) oder Salicylsäure (siehe NRF 11.106.) sein.

Da die Löslichkeit vieler Stoffe bei steigender Temperatur zunimmt, kann es zu partieller Lösung der Stoffe mit anschließendem Auskristallisieren nach Abkühlung kommen.

> ■ **MERKE** Beim Einsatz von Wirkstoffen mit stark temperaturabhängiger Löslichkeit in der Grundlage sind Standardeinstellungen der Rührsysteme meist ungeeignet. Wirkstoffe, bei denen das Lösungsverhalten in der Grundlage schlecht oder überhaupt nicht eingeschätzt werden kann, sollten mit der manuellen Herstellungsmethode verarbeitet werden.

### Verarbeitung hydrophiler Cremes
Bei der Verarbeitung von hydrophilen Cremes besteht die Gefahr von Lufteinschlüssen in der Zubereitung. Abhilfe kann hier die Verringerung der Drehzahl bei Verlängerung der Rührdauer sowie die Entfernung von Luft aus der Spenderdose vor Beginn des Rührvorganges schaffen.

### Herstellung niedrig viskoser und photoinstabiler Zubereitungen
Für Zubereitungen wie Emulsionen und Schüttelmixturen ist die Spenderdose als Abgabegefäß nicht geeignet – die Zubereitung muss deshalb nach der Herstellung umgefüllt werden. Auch Zubereitungen mit photoinstabilen Wirkstoffen (wie z. B. Dithranol) sollten nicht in der Spenderdose abgegeben, sondern in Aluminiumtuben umgefüllt werden.

### Herstellung von NRF-Zubereitungen mit alternativen Herstellungsverfahren
Im NRF werden die Rezepturen seit 2001 bei ihrer Überarbeitung auf die Möglichkeit hin überprüft, alternative Herstellungsmethoden einzusetzen. Als Alternative kommt insbesondere die Herstellung mit Rührgeräten oder einem Rolliergerät (TUBAG-System) in Betracht. Die Auswahl der geeigneten Verfahren und Systemparameter obliegt der Apotheke (siehe NRF I.6.9. Allgemeine Hinweise – Herstellungs- und Verpackungstechniken).

In □ Tab. 3.37 sind NRF-Rezepturen zusammengestellt, die generell mit alternativen Methoden hergestellt werden können. Das NRF verweist aber ausdrücklich darauf, dass die gerätespezifischen Angaben der Hersteller zu beachten sowie standardisierte Herstellungsanweisungen zu erstellen sind.

◻ Tab. 3.37 Beispiele für Rezepturen, bei denen nach NRF die Herstellung mit alternativen Herstellungsverfahren (Salbenrührsystem und Rolliersystem) möglich ist

| Zubereitung | NRF-Referenz |
| --- | --- |
| mit Hydrophobem Basisgel DAC | 11.104. |
| mit Aluminiumchlorid-Hexahydrat (Gel) | 11.24. |
| mit Betamethason-17-valerat (Creme, Emulsion) | 11.37., 11.47. |
| mit Clobetasolpropionat (Creme) | 11.76. |
| mit Dexpanthenol (Creme) | 11.28., 11.29. |
| mit Dimeticon (Creme) | 11.34. |
| mit Dithranol (Salbe, Paste) | 11.31., 11.51., 11.52., 11.53., 11.56. |
| mit Erythromycin (Gel) | 11.84. |
| mit Harnstoff (Creme, Emulsionen) | 11.71., 11.72., 11.74., 11.75., 11.129. |
| mit Hydrocortison/-acetat (Creme) | 11.15., 11.36. |
| mit Methoxsalen (Creme) | 11.96. |
| mit Metronidazol (Gel) | 11.65. |
| mit Miconazolnitrat (Creme) | 11.79. |
| mit Nystatin (Creme) | 11.105. |
| mit Polidocanol (Gel, Creme) | 11.117., 11.118., 11.119. |
| mit Povidon-Iod (Salbe) | 11.17. |
| mit Prednisolonacetat (Creme) | 11.35. |
| mit Salicylsäure (Creme) | 11.31., 11.43., 11.106., 11.107. |
| mit Steinkohlenteer/-lösung (Salbe, Creme) | 11.46., 11.86., 11.87. |
| mit Tretinoin (Creme, Salbe, Gel) | 11.101., 11.110., 11.123., 11.124. |
| mit Triamcinolonacetonid (Creme, Emulsion) | 11.38., 11.90. |
| mit Triclosan (Creme) | 11.122., 11.135. |
| mit Zinkoxid (Öl, Paste) | 11.20., 11.21., 11.49., 11.108., 11.113. |

**Zinkoxid**öle wie Zinkoxid-Neutralöl 50 % (NRF 11.113.) oder Zinkoxidöl DAC (NRF 11.20.) können generell mit alternativen Herstellungsmethoden zubereitet werden. Homogenisierung und Entnahme sind aber bei Abfüllung in der Spenderdose schwierig. Deshalb sollten die Zubereitungen nach der Herstellung in ein Weithalsglas umgefüllt werden. Auch in Spenderdosen hergestellte Emulsionen sollten vor der Abgabe in eine Flasche umgefüllt werden (siehe NRF 11.47., 11.72., 11.90.).

Zubereitungen, die **Dithranol** oder **Methoxsalen** enthalten, sollten aus Stabilitätsgründen ebenfalls nicht in der Spenderdose verbleiben – ein Umfüllen in eine Aluminiumtube wird empfohlen.

**Beispiele, die nach NRF nur eingeschränkt bzw. nicht mit alternativen Herstellungsverfahren hergestellt werden können**

**Hydrophiles Zinkoxid-Liniment 25 % SR (NRF 11.109.):** Herstellung aus Creme mit halb- beziehungsweise vollautomatischen Salbenrührsystemen oder mit einem Rolliersystem im Kunststoffschlauch möglich; Herstellung aus Einzelbestandteilen nur mit Rührsystem.

**Nichtionisches wasserhaltiges Liniment DAC (NRF S.39.):** Vergleichbare Ergebnisse mit alternativen Herstellungsmethoden nur bei Verdünnung von Nichtionischer hydrophiler Creme SR DAC, nicht aber bei Herstellung aus Einzelbestandteilen – entsprechende Angabe bei Wasserhaltigem Liniment SR DAC (NRF S.40.).

**Lipophile Zinkoxid-Paste 30 % (NRF 11.111.):** Keine Alternativverfahren zum Rühren in der Salbenschale wegen der sehr hohen Konsistenz der Paste.

**Hydrophile Chlorhexidindigluconat-Creme 0,5 % oder 1 % (NRF 11.116.):** Keine vergleichbaren Ergebnisse bei Herstellung mit alternativen Herstellungsverfahren, da die Konsistenz der Creme deutlich herabgesetzt wird (Herstellung mit Salbenrührsystemen bei niedriger Umdrehungszahl evtl. möglich) – entsprechende Angabe auch für Hydrophile Triamcinolonacetonid-Creme mit Chlorhexidindigluconat (NRF 11.136.).

**Hydrophile Erythromycin-Creme mit Metronidazol (NRF 11.138.):** Vergleichbare Ergebnisse nur mit Temperatursteuerung sowie Verwendung von Metronidazolverreibung möglich.

**Hydrophile Metronidazol-Creme (NRF 11.91.):** Aufgrund von (nicht vermeidbaren) Inhomogenitäten keine vergleichbaren Ergebnisse bei Herstellung mit Salbenrührsystemen – Herstellung mit automatischen Rührsystemen nur unter Verwendung von Metronidazolverreibung möglich.

**Harnstoff-Cetomacrogolcreme (NRF 11.73.):** Herstellung mit Salbenrührsystemen oder Rolliersystem generell möglich, Lipidphase muss aber auch aufgeschmolzen und bis zum Erkalten gerührt werden.

**Hydrophile Erythromycin-Creme (NRF 11.77.):** Herstellung mit Salbenrührsystemen oder Rolliersystem generell möglich, Wirkstoff muss aber vorab mit Grundlage oder Mittelkettigen Triglyceriden angerieben werden.

**Lipophile Ammoniumbituminosulfonat-Creme (NRF 11.12.):** „Standardeinstellungen, wie beispielsweise 1000 Umdrehungen pro Minute und 2 Minuten Mischzeit, sind zur Herstellung … nicht geeignet."

### 3.4.2 Herstellung von halbfesten Grundlagen
**Allgemeiner Ablauf für die Herstellung von Salbengrundlagen**
Für die Apotheke hat die Herstellung von Salbengrundlagen wenig praktische Relevanz, da diese industriell vorgefertigt als Ausgangsstoff (z. B. Vaselin) oder Halbfertigware (z. B. Wollwachsalkoholsalbe DAB) zu beziehen sind.

Die Herstellung Wasser aufnehmender Salben erfolgt i. Allg. durch Aufschmelzen der Bestandteile auf dem Wasserbad und anschließendes Kaltrühren der Grundlage. Auch zur Herstellung von Macrogolsalbe DAC werden die Macrogole bei etwa 60 °C geschmolzen und bis zum Erkalten gerührt. Da Macrogolsalbe nach dem Erkalten nachhärtet, erfolgt nach 24 h eine wiederholte Homogenisierung der Grundlage.

**Allgemeiner Ablauf für die Herstellung von O/W-Cremes und -Emulsionen**
Zur Herstellung von O/W-Cremes mit der Phasenumkehrmethode ist die Erwärmung der Bestandteile zwingend notwendig.

#### Phasenumkehrmethode
O/W-Emulsionen werden häufig nach der sogenannten Phasenumkehrmethode hergestellt. Dazu wird die disperse Phase mit den darin gelösten oder suspendierten Emulgatoren vorgelegt und auf mind. 70 °C erwärmt. Die auf die gleiche Temperatur erwärmte äußere Phase wird eingearbeitet, es entsteht eine W/O-Emulsion. Beim Abkühlen unter Rühren findet bei etwa 40 °C die Phasenumkehr zur O/W-Emulsion statt.

**Allgemeiner Ablauf für Herstellung von W/O-Cremes und -Emulsionen**
Standardmethode nach DAB und DAC: Zur Herstellung von W/O-Cremes wird die Fettphase auf dem Wasserbad bei mind. 60 °C vollständig geschmolzen und die Wasserphase auf die gleiche Temperatur erwärmt (bzw. nach vorherigen Aufkochen abgekühlt). Anschließend wird das Wasser in Anteilen in die Schmelze eingearbeitet und die Grundlage bis zum Erkalten gerührt. Verdunstungsverluste der Wasserphase werden ergänzt und die Grundlage erneut homogenisiert.

Die Erwärmung der Bestandteile ist zur Herstellung von W/O-Emulsionen aber nicht zwingend notwendig, teilweise sogar verboten. Zum Beispiel ist bei der Verarbeitung von Hydrophobem Basisgel DAC zu Hydrophober Basiscreme DAC (NRF S.41.) eine Temperaturerhöhung auf mehr als 50 °C unbedingt zu verhindern. Da bei höheren Temperaturen das Oleogel irreversibel an Konsistenz verliert, muss die Herstellung mittels Kaltemulsion erfolgen.

#### Schütteltechnik im Abgabebehältnis
Die Herstellung von Hydrophiler Basisemulsion (NRF S.25.) erfolgt mit der sogenannten „Flaschenmethode" oder „Schütteltechnik" direkt im Abgabegefäß. Diese Methode ist bis zu einer Menge von höchstens 500 g praktikabel. Die verwendete Flasche darf bei der Herstellung bis max. 2/3 gefüllt werden. Analog zur Phasenumkehrmethode in der Fantaschale werden die lipophilen Bestandteile in der Flasche geschmolzen, das erwärmte Wasser zugesetzt und die Zubereitung bis zum Erkalten geschüttelt.

Das NRF lässt zur Herstellung der Hydrophilen Basisemulsion (NRF S.25.) generell alternative Verfahren zu, wenn durch Validierung deren Eignung nachgewiesen werden kann. Das NRF verweist darauf, dass die Herstellung der Zubereitung in der Fantaschale, mit dem Rollierverfahren sowie die maschinelle Herstellung in Spenderdosen nicht ohne Weiteres möglich sind.

**Allgemeiner Ablauf für Herstellung von Celluloseethergelen**
Celluloseethergele lassen sich bei manueller Verarbeitung nach verschiedenen Methoden herstellen (◘ Tab. 3.38). Das geeignete Verfahren muss rezepturspezifisch ausgewählt werden. Zu berücksichtigen sind dabei u. a. Faktoren wie der Typ des Verdickungsmittels und die Ansatzgröße. Bei unsachgemäßer Technik entstehen nur langsam quellende Klumpen, die am Gefäßboden anhaften oder Luftblasen bzw. pulverigen Gelbildner einschließen.

◘ **Tab. 3.38** Methoden zur Herstellung von Celluloseethergelen

| Methode | Bemerkung |
| --- | --- |
| Gelbildner unter Rühren auf Flüssigkeitsoberfläche aufstreuen und unter starkem Rühren dispergieren | Siehe NRF 11.24. (Hydrophiles Aluminiumchlorid-Hexahydrat-Gel), NRF 11.54. (Ethanolhaltiges Salicylsäure-Gel); Achtung: Erfordert Erfahrung und Handfertigkeit! |
| Anreiben des Gelbildners mit einer hydrophilen Flüssigkeit, die nicht oder nur wenig zu Quellung führt, aber die Dispersion in Wasser erleichtert | Zum Beispiel Propylenglycol, Glycerol; siehe Carmellose-Natrium-Gel DAB, Hydroxyethylcellulosegel DAB |
| Trockenverreibung des Gelbildners mit einem in großer Menge enthaltenen festen Rezepturbestandteil zur Verbesserung der Dispersion der quellenden Celluloseetherpartikel und Verhinderung von deren Verklebung | Hydrophiles Metronidazol-Gel 0,75 % (NRF 11.65.) |
| Dispergieren des Gelbildners in sehr heißem Wasser | Methylcellulose, Methylhydroxyethylcellulose |

> **Praxistipp**
> Hypromellose ist im Gegensatz zu Carboxy- und Hydroxymethylcellulose zur Gelierung höher konzentrierter Ethanol-Wasser-Gemische geeignet. Nach NRF ist es günstig, zuerst den Gelbildner in Ethanol 96 % zu dispergieren. Nach Zugabe von Wasser quillt Hypromellose innerhalb von 15 Minuten. Da das Gel sehr weich ist, empfiehlt sich die Herstellung im Becherglas (siehe Ethanolhaltiges Erythromycin-Gel nach NRF 11.84.).

**Allgemeiner Ablauf für die Herstellung von Carbomergelen**
Polyacrylsäure muss zur Herstellung von Gelen durch Zusatz einer alkalischen Verbindung neutralisiert werden. Das dazu früher übliche Triethanolamin ist wegen der Gefahr der Kontamination mit kanzerogenen Nitrosaminen als bedenklich eingestuft und darf

deshalb nicht mehr verwendet werden. Eingesetzt werden heute Trometamol sowie verdünnte NaOH- oder Ammoniaklösungen.

Wasserhaltiges Carbomergel DAB wird nach Anreiben des Gelbildners mit einer kleinen Menge Wasser und anschließendem anteilsweisem Einarbeiten des Wassers gerührt, bis eine klumpenfreie Dispersion entstanden ist. Danach erfolgt die Zugabe von Natriumhydroxidlösung.

Nach NRF ist die Standardmethode zur Herstellung von Carbomergelen das Vermischen der festen Bestandteile (inkl. Trometamol und, falls notwendig, Kaliumsorbat) mit anschließendem Anreiben der Pulvermischung mit Propylenglycol. Danach erfolgt die Einarbeitung des Wassers in Anteilen. Dieses Vorgehen führt zu einer gleichmäßigen Gelbildung. Nach der Quellung werden Verdunstungsverluste ergänzt und das Gel homogenisiert (siehe NRF 11.65., NRF 11.117. und NRF 11.124.).

> **Praxistipp**
> Zur Herstellung von Carbomergelen ist die Verwendung von Trometamol vorteilhaft, weil die Base im Gegensatz zu Natriumhydroxid- oder Ammoniaklösung als feinkristalliner Feststoff direkt eingewogen werden kann.

### Herstellung von Grundlagen mit Salbenrührsystemen

Die Herstellung von Emulsionsgrundlagen aus geschmolzener lipophiler Phase und erwärmter hydrophiler Phase nach der Phasenumkehrmethode ist nur möglich, wenn die Zubereitung während der Abkühlung analog zur manuellen Herstellungsprozedur gerührt wird. Das ist schwierig zu realisieren, weshalb dieser Herstellungsweg nicht zu empfehlen ist.

Grundlagen, die ohne Erwärmung der Bestandteile emulgiert werden können, sind dagegen weniger problematisch bei der Herstellung mit automatischen Rührsystemen. So gibt das NRF für Hydrophobe Basiscreme DAC (NRF S.41.) an, dass die „Herstellung mit halb- beziehungsweise vollautomatischen Salbenrührsystemen oder mit einem Rolliersystem im Kunststoffschlauch … zu vergleichbaren Ergebnissen" führt.

Auch die Verdünnung hydrophiler Grundlagen ist mit den Rührsystemen im Allgemeinen möglich. Nichtionisches wasserhaltiges Liniment DAC (NRF S.39.) kann nach NRF mit halb- beziehungsweise vollautomatischen Salbenrührsystemen oder mit einem Rolliersystem im Kunststoffschlauch hergestellt werden, wenn dies durch Verdünnung der Nichtionischen hydrophilen Creme SR DAC erfolgt. Das Gleiche gilt auch für Wasserhaltiges Liniment SR DAC (NRF S.40.).

Gele lassen sich teilweise mit Salbenrührsystemen herstellen. Für Ultraschallkontaktgel (NRF 13.2.), Hydrophiles Polidocanol-Gel (NRF 11.117.) oder Hydrophiles Tretinoin-Gel (NRF 11.124.) ist beschrieben, dass die Herstellung des Carbomergels mit Salbenrührsystemen zu vergleichbaren Ergebnissen führt. Zu beachten ist, dass die Gele auch bei niedrigen Rührgeschwindigkeiten vergleichsweise viele Luftblasen enthalten können, was zu einem schaumigen, weißen Aussehen führt, die Anwendung jedoch nicht beeinträchtigt.

## 3.4.3 Herstellung von wirkstoffhaltigen halbfesten Zubereitungen

**Allgemeiner Ablauf für Herstellung von Zubereitungen mit gelöstem Wirkstoff**

Typische Grundlagen für die Herstellung von Lösungssalben sind Vaselin, Hydrophobes Basisgel DAC sowie Macrogolsalbe DAC. Macrogolsalbe hat ein gutes Lösungsvermögen für viele Arzneistoffe, z. B. Clotrimazol und Povidon-Iod. Menthol, Campher und ätherische Öle werden häufig in hydrophoben Grundlagen gelöst.

> ■ **MERKE** Lösungszubereitungen dürfen nur hergestellt werden, wenn die Löslichkeit der Wirkstoffe in der Grundlage bei Raumtemperatur ausreichend hoch ist. Besonders bei „frei komponierten" Individualrezepturen ist die Abschätzung, ob die Löslichkeit des Wirkstoffes in der Grundlage ausreichend für die Herstellung einer stabilen Zubereitung ist, oft schwierig. Deshalb ist i. d. R. die Herstellung als Suspensionssystem zu empfehlen.

Durch die Lösung von Wirkstoffen in lipophilen Grundlagen ist aufgrund der Schmelzpunktdepression eine Konsistenzerniedrigung oder Verflüssigung der Grundlage möglich. Das Ausmaß ist abhängig von der Wirkstoffkonzentration. Konsistenzerhöhende Hilfsstoffe (z. B. Paraffin) können eingearbeitet werden.

Zur Herstellung von Lösungssalben werden Fettgrundlagen vorsichtig erwärmt und die flüssigen Wirkstoffe in die vorgelegte Grundlage eingearbeitet. Die Zugabe erfolgt dabei in einer Portion und nicht in Anteilen. Flüchtige Stoffe, wie **ätherische Öle, Campher** und **Menthol**, werden in die kalte Grundlage eingearbeitet. **Ammoniumbituminosulfonat** kann mit Wollwachsalkoholsalbe ohne Erwärmung verarbeitet werden, da es grenzflächenaktive Eigenschaften besitzt.

Gut wasserlösliche Wirkstoffe lösen sich i. d. R. auch in hydrophilen Cremes und Gelen. Sie werden in die kalte Grundlage eingearbeitet (siehe z. B. Hydrophile Harnstoff-Creme, NRF 11.71.). **Harnstoff** kann aufgrund der guten Wasserlöslichkeit auch in lipophile Cremes ohne Wärmeanwendung eingearbeitet werden. Konzentrationsabhängig ist das vorherige Lösen im Wasseranteil notwendig.

Die Einarbeitung wasserlöslicher Substanzen in hydrophile Grundlagen ist allerdings nicht immer trivial. Teilweise sind besondere Herstellungsvorschriften zu beachten. Zum Beispiel ist bei der manuellen Herstellung von Hydrophiler **Chlorhexidindigluconat-Creme** (NRF 11.116.) nach NRF die Chlohexidindigluconat-Lösung vorzulegen und die gesamte Menge Basiscreme einzuarbeiten. Bei Zugabe der Grundlage in Anteilen kommt es zur Konsistenzerniedrigung. Bei Einarbeitung von **Polidocanol 600** in hydrophile Grundlagen (wie z. B. Basiscreme DAC) ist es dagegen vorteilhaft, die Grundlage vollständig vorzulegen und den Wirkstoff zu ergänzen. Bei anteilsweiser Einarbeitung der Grundlage in Polidocanol 600 können Klumpen in der Zubereitung entstehen (siehe NRF 11.118.).

Mit **Triclosan** lassen sich sowohl hydrophile als auch lipophile Lösungssalben herstellen. Entsprechende Rezepturen finden sich im NRF mit Grundlagen wie Anionischer hydrophiler Creme SR DAC und Hydrophober Basiscreme DAC.

**Dexpanthenol** lässt sich als Substanz schlecht manuell in Cremes einarbeiten. Im NRF wird zur Herstellung hydrophiler Cremes die Einarbeitung einer wässrigen Lösung beschrieben (siehe NRF 11.28.). Die wässrige Lösung kann auch in Wollwachsalkoholsalbe kalt einemulgiert werden, wenn sie in kleinen Anteilen eingearbeitet wird (siehe NRF 11.29.).

## Allgemeiner Ablauf für Herstellung von Zubereitungen mit suspendiertem Wirkstoff

Wenn die Sättigungskonzentration der Wirkstoffe in der Grundlage überschritten wird (z. B. nach Abkühlen) oder wenn die Auflösung generell nicht vollständig möglich ist, muss die Zubereitung als Suspension hergestellt werden.

> ■ **MERKE** „Kann nicht sicher abgeschätzt werden, dass ein Lösungssystem resultiert, muss die Rezeptur vorsichtshalber wie eine Suspensionszubereitung hergestellt werden." (Aus NRF-Kapitel I.6.8)

Es ist aber zu beachten, dass die Wirkstoffe in Suspensionszubereitungen nicht völlig unlöslich in der Grundlage sind und dass es vor allem bei Temperaturschwankungen während Herstellung und Aufbewahrung zur partiellen Lösung und Rekristallisation kommen kann. Kleine Teilchen werden dabei schneller gelöst, die Rekristallisation verläuft vor allem an größeren Partikeln, die als sogenannte Rekristallisationskeime fungieren.

> ■ **MERKE** Bei der Herstellung von Suspensionszubereitungen ist die Anwendung von Wärme zu vermeiden. Durch die Erwärmung verbessert sich die Löslichkeit der meisten Stoffe in der Grundlage. Beim Abkühlen fallen diese dann aus und kristallisieren bei der Lagerung teilweise in langen spitzen Nadeln.

Um Lösungs- und Rekristallisationsvorgänge in Suspensionszubereitungen zu minimieren, ist die Vermeidung von Wärme bei der Herstellung ein wesentlicher Punkt. Zu beachten ist, dass die Herstellung der Grundlagen oft unter Erwärmung der Bestandteile erfolgt. Vor der Weiterverarbeitung der Grundlage zu einer Suspensionszubereitung muss deshalb sichergestellt sein, dass die Grundlage ausreichend abgekühlt vorliegt.

Des Weiteren ist ein enger Korngrößenbereich der Teilchen in der Suspension wichtig. Im Ph. Eur. finden sich keine konkreten Vorgaben zur Teilchengröße in Zubereitungen zur kutanen Anwendung. Für die Praxis ist der Bezug mikrofein gepulverter Substanzen (Qualität „mikrofein") zu empfehlen. Wenn diese Qualität an Wirkstoffen nicht zu beziehen ist, kann alternativ das Sieben mit Siebgröße 180 zur Vereinheitlichung der Korngröße empfohlen werden.

### Sieben von Stoffen

Die Substanzen Zinkoxid und Talkum können mit ausreichender Teilchengröße bezogen werden, das Sieben in der Apotheke ist daher nicht notwendig. Die abschließende Homogenisierung der Zubereitung mit dem Dreiwalzenstuhl kann aber sinnvoll sein (siehe NRF 11.21. und 11.22.).

Eine weitere Möglichkeit, die Teilchengröße in der Zubereitung zu „kontrollieren" ist der Einsatz von Rezepturkonzentraten. Diese können fertig bezogen oder in der Apotheke selbst hergestellt werden, indem der Ausgangsstoff zunächst gepulvert und dann in Form eines pastösen Konzentrates mithilfe des Dreiwalzenstuhls zerkleinert wird (vgl. NRF 11.30. und 11.57.). Beispielsweise Salicylsäure liegt als Ausgangsstoff meist nicht ausreichend fein gepulvert vor, weshalb der Einsatz eines Rezepturkonzentrates empfohlen wird.

### 3.4.3 Herstellung von wirkstoffhaltigen halbfesten Zubereitungen

■ **MERKE** Eine Zerkleinerung von Teilchen in fertigen Suspensionssalben ist kaum möglich – auch und vor allem nicht bei Einsatz von automatischen Rührsystemen!

Die Herstellung eines Konzentrates und nachfolgende Homogenisierung mithilfe des Dreiwalzenstuhls ist sehr aufwendig und bei selten verordneten Rezepturen kaum praktikabel. Eine alternative Methode, die in vielen Fällen zur Herstellung kleiner Ansätze geeignet ist, stellt die „Nassverreibung" des Wirkstoffs dar. Hierzu wird der Arzneistoff mit der Grundlage oder einer geeigneten Flüssigkeit (z. B. Dickflüssiges Paraffin bei hydrophoben Rezepturen, Propylenglycol oder Glycerol 85 % bei hydrophilen Rezepturen) kräftig und ausreichend lange zu einer feinen Suspension angerieben und dabei zerkleinert.

Auch bei der Verwendung von mikrofein gepulverten oder gesiebten Ausgangsstoffen ist das Anreiben des Wirkstoffes ein wesentlicher Schritt bei der Herstellung. Die Auswahl eines geeigneten Anreibemittels hat große Bedeutung für die Herstellung einer qualitativ einwandfreien Suspensionszubereitung. In ▢ Tab. 3.39 sind Kriterien zur Auswahl eines geeigneten Anreibemittels zusammengefasst.

▢ **Tab. 3.39** Kriterien zur Auswahl des Anreibemittels bei der Herstellung von Suspensionszubereitungen

| Auswahlkriterium | Hinweise und Beispiele |
| --- | --- |
| Das Anreibemittel sollte möglichst selbst ein Bestandteil der Rezeptur sein. | Neutralöl, Dickflüssiges Paraffin oder Propylenglycol bei Basiscreme DAC |
| Das Anreibemittel sollte kein bzw. nur ein äußerst geringes Lösevermögen für die Wirkstoffe haben. | Mittelkettige Triglyceride zum Anreiben von Glucocorticoiden, Salicylsäure nicht mit Rizinusöl, Erythromycin nicht mit Propylenglycol |
| Das Anreibemittel sollte die Zusammensetzung der Grundlage möglichst wenig beeinflussen. | Dermatikagrundlage selbst als Anreibemittel, Dickflüssiges Paraffin bei kohlenwasserstoffhaltigen Rezepturen |
| Die Auswahl des Anreibemittels sollte nicht zu herstellungstechnischen Schwierigkeiten führen. | Hydrophobe Anreibemittel (z. B. Dickflüssiges Paraffin) bei hydrophoben Rezepturen, hydrophile Anreibemittel (Propylenglycol oder Glycerol 85 %) bei Hydrogelen und hydrophilen Cremes, Wasser-Tensid-Mischungen nur bei hydrophilen Emulsionen und Cremes |
| Das Anreibemittel sollte möglichst gute Benetzungseigenschaften haben. | Zur Vermeidung von Verklumpungen: Mittelkettige Triglyceride zum Anreiben von Prednisolonacetat, 10%ige wässrige Polysorbat-20-Lösung zum Anreiben von Erythromycin |
| Das Anreibemittel sollte eine Sichtkontrolle zulassen. | Erfolg des Anreibens mit flüssigen Anreibemitteln leichter erkennbar als bei Anreiben mit Cremegrundlagen |

Wenn die Wirkstoffteilchen ausreichend zerkleinert vorliegen und mit dem Anreibemittel entsprechend zu einem Konzentrat verarbeitet worden sind, wird die Grundlage in gleichen Anteilen zugegeben und das Konzentrat so „verdünnt".

**Zusammenfassung**
**Herstellung von Suspensionszubereitungen**
- Herstellung der Grundlage (wenn notwendig mit Erwärmung der Bestandteile); ACHTUNG: Abkühlen auf Raumtemperatur vor der Weiterverarbeitung.
- Anreiben des fein gepulverten Wirkstoffs mit einem geeigneten Anreibemittel oder Verwendung eines Rezepturkonzentrates; ACHTUNG: Wärmeentwicklung vermeiden!
- Grundlage in 1:1-Anteilen ergänzen und homogenisieren.
- Flüssige Teilansätze zum Schluss zugeben und einarbeiten.
- Homogenisieren mit dem Dreiwalzenstuhl, v. a. bei pastösen Zubereitungen.

### 3.4.4 Herstellung von flüssigen Zubereitungen

**Lösungen**
Als hydrophile Vehikel für flüssige Zubereitungen zur kutanen Anwendung kommen vor allem Wasser, Alkohol-Wasser-Mischungen, Glycerol oder Propylenglycol zum Einsatz. Ölige Trägerflüssigkeiten sind oft pflanzliche Öle oder synthetische Verbindungen wie Mittelkettige Triglyceride oder Octyldecanol. Die Vorraussetzung für die Herstellung stabiler Lösungen ist die ausreichende Löslichkeit der Wirkstoffe in der Trägerflüssigkeit.

○ **Abb. 3.5** Herstellen einer Lösung im Becherglas. Foto: KS/MO

■ **MERKE** Bei Zusatz von Alkoholen oder pH-Wert-beeinflussenden Stoffen zu wässrigen Lösungen kann die Löslichkeit von Wirk- und Hilfsstoffen stark verändert werden.

Wenn alle Wirk- und Hilfsstoffe ausreichend in der Trägerflüssigkeit löslich sind, ist die Herstellung der Lösung i. d. R. unproblematisch. Es werden alle festen Bestandteile in der Reihenfolge zunehmender Konzentration in der Trägerflüssigkeit gelöst. Dazu wird üblicherweise ein Becherglas eingesetzt (o Abb. 3.5).

Der Lösungsvorgang kann durch Erwärmung beschleunigt werden. Ethacridinlactat-Monohydrat ist z. B. gut in Wasser löslich, der Lösungsvorgang dauert aber bei Raumtemperatur lange, sodass zur Herstellung der Lösung nach NRF 11.61. die Wärmeanwendung vorgeschrieben wird. Die Anwendung von Wärme zur Beschleunigung des Lösungsvorganges kommt allerdings nur in Betracht, wenn alle Stoffe ausreichend thermostabil sind und beim Abkühlen in Lösung bleiben. Verdunstungsverluste werden nach dem Abkühlen ersetzt.

> **Praxistipp**
> Wenn zur Herstellung von Lösungen die Trägerflüssigkeit erhitzt werden muss, kann es im Sinne der schnellen Zubereitung praktisch sein, nur einen Teil des Vehikels zu erhitzen (Löslichkeit beachten!) und die Substanz darin zu lösen. Anschließend wird mit nichterhitzter Trägerflüssigkeit aufgefüllt.
> Damit gelöste Stoffe in höheren Konzentrationen sich nicht gegenseitig ausfällen, können die Stoffe einzeln in Anteilen des Vehikels gelöst und die Lösungen anschließend vereint werden.

Bei Vehikeln aus mehreren Flüssigkeiten, wie z. B. Alkohol-Wasser-Mischungen, können nach NRF zuerst hydrophile Stoffe in Wasser und überwiegend lipophile Wirkstoffe in Alkohol gelöst werden (siehe NRF 11.23.). Nach dem Vermischen ist die Zubereitung zu prüfen, ob die Feststoffe vollständig gelöst vorliegen und keine Ausfällung oder Trübung beobachtet werden kann. Zu beachten ist allerdings, dass diese Vorgehensweise nicht für alle Wirkstoffe geeignet ist.

■ **MERKE** Zur Lösung von Minoxidil in Ethanol 70 % (V/V) ist es **nicht** von Vorteil, die Substanz zuerst in wasserfreiem Alkohol zu lösen und anschließend mit Wasser zu verdünnen (siehe NRF 11.121.).

### Suspensionen

Für die Herstellung von flüssigen Suspensionen gelten die Hinweise wie zur Herstellung halbfester Suspensionszubereitungen, insbesondere die Beachtung der optimalen Teilchengröße und partieller Lösungseffekte mit nachfolgender Rekristallisation. Auch zur Herstellung flüssiger Suspensionen sind Rezepturkonzentrate zu empfehlen. Die Anwendung von Wärme bei Zubereitung und Lagerung ist zu vermeiden.

Die Herstellung flüssiger Zubereitungen erfolgt analog der Zubereitung halbfester Suspensionen. Üblicherweise werden die festen Bestandteile zerkleinert, in der Fantaschale mit dem Pistill angerieben und mit den flüssigen Bestandteilen homogenisiert.

**Herstellung von Zinkoxidschüttelmixturen mit der „Schütteltechnik"**
NRF enthält als Stammzubereitung das Zinkoxidschüttelmixtur-Konzentrat (NRF S.13.). Aus diesem können wässrige und ethanolische Zinkoxidschüttelmixturen direkt im Abgabebehältnis hergestellt werden:
- Ammoniumbituminosulfonat-Zinkoxidschüttelmixtur (NRF 11.2.),
- Ethanolhaltige Zinkoxidschüttelmixtur (NRF 11.3.),
- Ethanolhaltige Ammoniumbituminosulfonat-Zinkoxidschüttelmixtur (NRF 11.4.),
- Ethanolhaltige Zinkoxidschüttelmixtur mit Steinkohlenteerlösung (NRF 11.5.),
- Zinkoxidschüttelmixtur DAC (NRF 11.22.).

**Emulsionen**
Auch die Herstellung von flüssigen Emulsionen erfolgt analog zur Herstellung halbfester Emulsionssysteme, i. d. R. durch Aufschmelzen der lipophilen Bestandteile, Erwärmen der hydrophilen Phase und Kaltrühren der Mischung. Flüssige Emulsionen zur kutanen Anwendung können teilweise auch durch Verdünnung halbfester Cremegrundlagen hergestellt werden.

Im NRF finden sich dickflüssige Arzneimittel auf der Basis von Hydrophiler Basisemulsion DAC (NRF S.25.), als Lösungszubereitung (z. B. mit Harnstoff) oder als Suspensionssystem (z. B. mit Triamcinolonacetonid).

## 3.5 Einwaage vorbereiten

### 3.5.1 Auswahl von Waagen

**Arten von Waagen**
In der Apotheke werden vorrangig elektronische Waagen mit Digitalanzeige benutzt. Einige Apotheken verfügen auch noch über mechanische Waagen, wie Oberschalenwaagen und Handwaagen (o Abb. 3.6).

o **Abb. 3.6** Handwaage. Foto: KS/MO

■ **MERKE** Nach § 25 des Eichgesetzes ist es „verboten, Messgeräte zur Bestimmung der Masse, des Volumens, des Drucks, der Temperatur, der Dichte oder des Gehalts bei der Herstellung von Arzneimitteln in Apotheken aufgrund ärztlicher Verschreibung oder bei Analysen in pharmazeutischen Laboratorien ungeeicht zu verwenden oder so bereitzuhalten, dass sie ohne besondere Vorbereitung in Gebrauch genommen werden können ...".
Nach der Eichordnung müssen zur Herstellung und Prüfung von Arzneimitteln verwendete Waagen aller 2 Jahre geeicht werden. Bei der Anschaffung eine Waage ist deshalb sicherzustellen, dass es sich um eine eichfähige Waage handelt. Eichfähige Waagen entsprechen den Vorschriften des Eichgesetzes und sind messtechnisch nahezu identisch zu nichteichfähigen Waagen.

Dem Typenschild oder der Betriebsanweisung der Waage sind verschiedene Kenngrößen der Waage zu entnehmen (◘ Tab. 3.40).

◘ **Tab. 3.40** Kenngrößen von Waagen

| Kenngröße | Bemerkung |
|---|---|
| Genauigkeitsklasse | I, II, III, IV |
| Ablesbarkeit „d" | Kleinster Ziffernschritt der Anzeige |
| Maximallast „max" | Maximale Obergrenze des Wägebereiches |
| Eichwert „e" | Eichrechtlich maximal zugelassene Messabweichung |
| Mindestlast „min" | Untergrenze des eichfähigen Wägebereiches |

○ **Abb. 3.7** Analysenwaage. Foto: KS/MO

### Genauigkeitsklasse
Die Einteilung eichfähiger Waagen erfolgt entsprechend EU-Richtlinien in 4 Klassen:
- Klasse (IIII) – Grobwaagen,
- Klasse (III) – Industrie- und Handelswaagen,
- Klasse (II) – Präzisions- oder Rezepturwaagen,
- Klasse (I) – Fein- oder Analysenwaagen (o Abb. 3.7).

Die Einteilung basiert auf der relativen Auflösung. Das ist der Quotient aus der Maximallast und dem Eichwert der Waage. Für die Herstellung und Prüfung von Arzneimitteln werden Waagen der Genauigkeitsklassen I und II eingesetzt.

> **Praxistipp**
> Das NRF bietet auf der mitgelieferten CD-ROM Formulare zur Bestimmung der Standardabweichung einer Waage.

### Maximallast
Die Maximallast gibt die maximale Belastung der Waage an. Zu beachten ist, dass sowohl das Wägegefäß als auch eingewogene Substanzen in Summe die Waage belasten.

Die Maximallast darf nicht überschritten werden, weil Ungenauigkeiten beim Herstellungsvorgang oder sogar Schädigungen der Waagen eintreten können. Moderne Waagen verhindern selbstständig eine Überlastung der Waage, indem sie die Wägung abbrechen.

> **Hinweis**
> Moderne Waagen verhindern eine Überlastung, indem sie die Wägung abbrechen. Das führt bei Zuwägung von Substanzen evtl. dazu, dass der Ansatz verworfen werden muss. Die Gesamtbelastung der Waage durch Gefäß und Substanzen sowie die Maximallast der Waage sind deshalb bei der Auswahl von Waage und Wägegefäß unbedingt zu beachten.

### Eichwert, Mindestlast und Ablesbarkeit
Eichwert und Mindestlast sind eichtechnisch relevante Größen. Die Mindestlast ist die untere Grenze des eichfähigen Wägebereiches, die rein technische Wägefunktion der Waage kann aber auch unterhalb der Mindestlast gegeben sein.

> ■ **MERKE** Die Kenngrößen Ablesbarkeit „d" und Mindestlast „Min" auf dem Typenschild sagen nichts darüber aus, ob die Einwaage eines Stoffes bei dieser Belastung mit ausreichender Genauigkeit möglich ist.

Häufig sind in der Apotheke Präzisionswaagen mit der Ablesbarkeit d = 0,1 vorhanden. Das bedeutet rein technisch, dass an der Waage eine Stelle nach dem Komma angezeigt wird. Die Ablesbarkeit dieser Stelle lässt aber keine Schlussfolgerung darauf zu, ob eine Menge von 0,1 g Substanz ausreichend genau abgewogen werden kann.

> **Wussten Sie, dass …**
> … bei der Einwaage von 0,5 g Clotrimazol auf einer Präzisionswaage mit d = 0,1 der **Wägefehler bis zu 20 %** betragen kann?
> Das abgelesene Ergebnis schwankt um die Ablesbarkeit d, also um maximal 0,1 g. Eine Nachwägung der abgewogenen Masse von 0,5 g Substanz auf einer Analysenwaage mit d = 0,0001 kann ergeben, dass die Masse des Ausgangsstoffes objektiv nur 0,40 g oder maximal sogar 0,60 g beträgt.

Analysenwaagen in der Apotheke haben häufig eine Ablesbarkeit von d = 0,0001. Hier kann rein technisch 0,1 mg **abgelesen** – aber nicht ausreichend genau **abgemessen** – werden. Es kann auch dann nicht auf eine hinreichende Genauigkeit der Wägung geschlossen werden, wenn die Waage rechts in der Anzeige über eine zusätzliche Hilfsanzeigeeinrichtung zur Herabsetzung der Ablesbarkeit verfügt (o Abb. 3.8).

o **Abb. 3.8** Hilfsanzeigeeinrichtung einer Waage mit 1/2e

## 3.5.2 Minimaleinwaage

Die Minimaleinwaage ist nicht gleichzusetzen mit der Mindestlast, sondern muss je nach geforderter Genauigkeit für die Einwaage festgelegt werden.

> ■ **DEFINITION** Die **Minimaleinwaage** ist nach NRF I.2 die kleinste Masse, bei der mit einer bestimmten Waage die geforderte Genauigkeit des Messvorganges gegeben ist.

### Anforderungen an die Genauigkeit der Einwaage

Das NRF empfiehlt, Wägungen bei der Arzneimittelherstellung in der Apotheke mit 1%iger Genauigkeit vorzunehmen, wenn es technisch leicht möglich ist. Besonders empfohlen wird die Einhaltung dieser Vorgabe bei der Einwaage im Tara-Modus (NRF-Kapitel I.2.9.4.).

> ■ **MERKE** Wenn technisch leicht möglich, sollen Wägungen mit einer Genauigkeit von mind. 1 % erfolgen. Zu beachten ist, dass die Minimaleinwaage für jede einzelne Substanz einzuhalten ist.
> Um die geforderte Genauigkeit der Einwaage zuverlässig einzuhalten, darf keine Einwaage kleiner als die Minimaleinwaage erfolgen. Die Einwaage in ein Gefäß erhöht die Genauigkeit der Substanzeinwaage nicht!
> Vermerken Sie die zugelassene Wägetoleranz im Herstellungsprotokoll.

Werden Hilfsstoffe dem Ansatz zugefügt, darf in begründeten Ausnahmefällen auch eine Wägeungenauigkeit von bis zu 2 % zugelassen werden. Beispiele hierfür sind:
- das Anreiben des Feststoffes mit Neutralöl bei der Herstellung einer Suspensionssalbe, z. B. in Hydrophiler Betamethasonvalerat-Creme 0,05 % (NRF 11.37.),
- der Zusatz von Puffersubstanz zur pH-Regulation, z. B. in Metronidazol-Dentalgel 25 % (NRF 27.6.).

### Festlegung der Minimaleinwaage in Abhängigkeit von der Verkehrsfehlergrenze

Die Verkehrsfehlergrenze ist der maximal zulässige absolute Wägefehler. Im unteren Wägebereich kann die Verkehrsfehlergrenze dem Eichwert „e" gleichgesetzt werden. Sie steigt bei den meisten Waagen nichtlinear an und kann bei hoher Belastung der Waage bis zum Dreifachen des Eichwertes betragen. Das NRF stellt in Kapitel I.2. Verkehrsfehlergrenzen in Abhängigkeit von Eichwert, Maximallast und Belastung von Waagen zusammen.

### Beispiel

Wird eine Präzisionswaage mit e = 0,1 und der Maximallast von 3200 g mit einem Gewicht bis zu 500 g belastet, beträgt die Verkehrsfehlergrenze 0,1 g (siehe NRF, Tab. I.2.-5).

Wenn eine Fantaschale mit Pistill (Gewicht von 489,5 g) tariert wird, beträgt der absolute Wägefehler für die anschließend eingewogene Substanz (z. B. 10,0 g Harnstoff) ±0,1 g, d. h., es werden tatsächlich 9,9–10,1 g eingewogen. Das Tara-Gewicht von Fantaschale und Pistill bleibt bei der Berechnung unberücksichtigt! Es ergibt sich ein Wägefehler für den Wirkstoff von ±1 %.

Wird die Grundlage (100 g O/W-Emulsion) in der Fantaschale vorgelegt, wird eine mittlere Belastung der Waage erreicht. Die Verkehrsfehlergrenze beträgt dann 0,2 g und die Genauigkeit der nachfolgenden Einwaage von 10,0 g Wirkstoff liegt bei 2 %.

> **Praxistipp**
> 
> Fragen Sie Ihren Waagenhersteller, ob und wie stark bei der in ihrer Apotheke genutzten Waage die Verkehrsfehlergrenze mit zunehmender Belastung ansteigt.

### Minimaleinwaage in Abhängigkeit von der Ablesbarkeit

Die Minimaleinwaage (Tab. 3.41) kann auch mithilfe der Ablesbarkeit der Waage berechnet werden. Bei einer Minimaleinwaage von 100*d beträgt der maximale Wägefehler 1 %, das entspricht der Empfehlung des NRF zur Genauigkeit von Wägungen. Die Minimaleinwaage verringert sich um die Hälfte, wenn eine Wägeungenauigkeit von 2 % tolerierbar ist – Minimaleinwaage = 50*d.

◻ **Tab. 3.41** Minimaleinwaagen für häufig in der Apotheke verwendete Waagen (Genauigkeit der Wägung 1 %)

| Waagentyp | Ablesbarkeit „d" | Minimaleinwaage |
| --- | --- | --- |
| Rezepturwaage | d = 0,1 | 10,0 g |
| Rezepturwaage | d = 0,01 | 1,0 g |
| Feinwaage | d = 0,001 | 0,1 g |
| Handwaage | d = 0,0005 | 0,05 g |
| Analysenwaage | d = 0,0001 | 0,01 g |
| Analysenwaage | d = 0,00005 | 0,005 g |

**Beispiel**
Bei einer Verordnung über 20 g einer Zubereitung mit 0,01 % Dexamethason werden 0,002 g Wirkstoff benötigt.
Die Einwaage auf einer – in der Apothekenrezeptur üblichen – Analysenwaage mit d = 0,0001 ist nicht mit ausreichender Genauigkeit möglich!

> **Praxistipp**
> Insbesondere bei Einwaage von flüchtigen, adhäsiven, hygroskopischen oder grobkörnigen Wirkstoffen ist es empfehlenswert, die Minimaleinwaage auf der ausgewählten Waage zu erhöhen, um den durch die Stoffeigenschaft(en) gegebenen Wägefehler auszugleichen.

## 3.5.3 Aufstellung und Inbetriebnahme von Waagen

Waagen sollen rational angeordnet werden, d. h. sie werden so positioniert, dass stets nur kurze Wege zu Arbeitsflächen und Arbeitsgeräten (z. B. TopiTec®) zurückzulegen sind.

Waagen müssen stets auf ebenen, erschütterungsfreien Oberflächen waagerecht aufgestellt werden. Für die Feineinstellung der Bezugslage verfügen manche Waagen (i. d. R. Fein- und Analysenwaagen) über eine Nivellierungseinrichtung, auch „Libelle" genannt. Die Luftblase der Libelle muss sich stets in der Kreismitte befinden (◯ Abb. 3.9). Die korrekte Aufstellung der Waage muss vor der Wägung kontrolliert werden.

◯ **Abb. 3.9** Nivellierungseinrichtung einer Waage: Die Luftblase muss sich im Kreis befinden. Foto: KS/MO

Faktoren, die die Funktion von Waagen beeinträchtigen können und deshalb zu beachten bzw. zu vermeiden sind, werden in ◻ Tab. 3.42 exemplarisch zusammengestellt.

□ **Tab. 3.42** Faktoren, die die Waagenfunktion beeinträchtigen können

| Faktoren | Beispiele |
| --- | --- |
| Temperatur | Heizung, Wasserbad, Bunsenbrenner |
| Feuchtigkeit | Wasserdampf |
| Luftbewegung | Öffnen der Türen des Labors/der Waage, Abzug |
| Magnetismus | Magnetrührer, eingeschaltete Mobiltelefone |
| Elektrostatik | Rezepturkittel und Kleidung aus Kunstfasern, Fußboden aus „aufladbarem" Material |
| Erschütterung | Schwingungen, z. B. von automatischen Rührsystemen |

**Drift**
Einige Waagen haben die Eigenschaft zu driften. Das bedeutet, dass sich die Anzeige vor allem nach dem Anschalten verändert, bei einer Präzisionswaage (d = 0,1) durchaus von „0,0 g" auf bis zu „0,5 g". Bei Feinwaagen (d = 0,01) werden Veränderungen um 50–100 mg, bei Analysenwaagen (d = 0,001) um 5–10 mg beobachtet. Dieser Vorgang ist etwa nach einer halben Stunde abgeschlossen. Bei Waagen, die diese Erscheinung zeigen, sind Wägeprozesse sofort nach dem Einschalten nicht mit der geforderten Genauigkeit durchführbar.

Das Driften der Waagenanzeige kann aber auch bei lang andauernden Wägeprozessen beobachtet werden. Das ist bei der Auswahl des Wägemodus zu beachten, i. d. R. ist das Arbeiten im Differenz-Modus erforderlich (siehe unten).

■ **MERKE** Waagen, die Drifterscheinungen zeigen, müssen täglich bei Arbeitsbeginn, spätestens aber ½ Stunde vor der Wägung, angeschaltet werden. Bei lang andauernden Herstellungsprozessen muss gegebenenfalls zwischendurch neu tariert werden.

### 3.5.4 Einstellung und Überprüfung von Waagen
**Kalibrierung und Justierung**

■ **DEFINITION** „**Kalibrierung** ist ein Arbeitsgang, durch den unter genau bestimmten Bedingungen die Beziehung bestimmt wird zwischen einerseits den Werten, die durch ein Messgerät oder ein Messsystem angezeigt werden, oder den Werten, die sich aus einer Materialmessung ergeben und andererseits den entsprechenden Werten eines Referenzstandards." (§ 1a ApBetrO)

Durch **Kalibrierung** wird mithilfe eines Prüfgewichtes überprüft, ob die Waage richtig anzeigt. Durch **Justierung** erfolgt die exakte Einstellung der Waage. Die Justierung der Waage kann erforderlich sein, wenn Veränderungen der Umgebungstemperatur, der Umgebungsbedingungen oder des Aufstellungsortes erfolgt sind. Die externe Justierung wird mithilfe von Prüfgewichten und dem Justierprogramm (Kalibrierprogramm) elektronischer Waagen durchgeführt. Manche Waagen sind aber auch mit einem Programm zur internen Justierung ausgestattet. Dabei erfolgt die automatische Einstellung mit einem in die Waage integrierten Gewicht.

In der Regel werden Analysenwaagen in der Apotheke täglich kalibriert (o Abb. 3.10) und bei Notwendigkeit justiert. Zu beachten ist, dass jeweils ein für die Genauigkeitsklasse der Waage zugelassenes und zertifiziertes Prüfgewicht verwendet wird. Für die in Apotheken verwendeten Waagen der Genauigkeitsklassen I und II kommen Prüfgewichte der Kategorien E2, F1 und F2 zum Einsatz.

o **Abb. 3.10** Analysenwaage während der Kalibrierung. Foto: KS/MO

> **Hinweis**
> Legen Sie schriftlich fest, wer in der Apotheke für die Kalibrierung bzw. Justierung der Waage verantwortlich ist, wann diese durchzuführen ist und wie die Dokumentation erfolgt.

### Dämpfung
Eine Waage verharrt mehr oder weniger lange beim angezeigten Wert, ehe sie bei weiterer Belastung auf den neuen Anzeigenwert „umspringt". Diese Verzögerung (Dämpfung) ist bei Waagen unterschiedlich einstellbar. Sollen äußere Einflüsse, die zu Schwankungen der Waagenanzeige führen können, minimiert werden, ist eine hohe Dämpfung sinnvoll. Die Waage zeigt dann allerdings bei Zuwaagen den neu erreichten Wert erst verzögert an. Dies kann zu Irritationen und Fehleinwaagen führen.

> **Praxistipp**
> Stimmen Sie sich im Team ab, ob Ihre Waage mit hoher, mittlerer oder niedriger Dämpfung eingestellt werden soll. Die Einstellung nimmt der Servicepartner des Wagenherstellers vor.

### 3.5.5 Wägetechniken
Die elektronischen Waagen bieten verschiedene Möglichkeiten zur Durchführung der Wägung. Im NRF werden drei Wägetechniken unterschieden, die im Folgenden kurz dargestellt werden (◻ Tab. 3.43). Die Auswahl des Wägemodus sollte im Rahmen der Rezepturplanung unter Beachtung und Bewertung der Vor- und Nachteile für die Herstellung der jeweiligen Rezeptur erfolgen.

◘ Tab. 3.43 Übersicht über die Wägetechniken nach NRF

| Tara-Modus | Zuwaage-Modus | Differenz-Modus |
|---|---|---|
| Additionsmethode | Ergänzungsmethode | Auffüllmethode |
| Gefäß aufstellen + Tara-Taste drücken. | Gefäß aufstellen + Tara-Taste drücken. | Gefäß aufstellen + Gewicht dokumentieren, Tara-Taste nicht drücken. |
| ↓ | ↓ | ↓ |
| Nach jeder erfassten Einwaage wieder Tara-Taste drücken. | Anschließend die Tara-Taste nicht mehr drücken. | Ansatz wird bis zur vorgegebenen Endmenge aufgefüllt. |
| ↓ | ↓ | ↓ |
| Gesamtinhalt ergibt sich aus der Addition der Teilmengen. | Die zugewogene Masse addiert sich zum vorherigen Anzeigewert. | Die Masse des Ansatzgefäßes wird vom Anzeigewert subtrahiert. |
| Hinweis: Statt der Tara-Taste kann auch der Zwischenspeicher benutzt werden. | Hinweis: Es wird stets die Summe aller Inhaltsmengen angezeigt. | Hinweis: Wird häufig bei länger andauernden Herstellungsprozessen genutzt. |

### Tara-Modus

Beim Tara-Modus wird jede Einwaage einzeln vorgenommen. Bei entsprechender Dokumentation können so Fehleinwaagen bei Einzelmengen nachvollzogen werden.

Die Gesamtmenge des (Teil-)Ansatzes ist aber nicht sofort überschaubar. Die Einzelmengen müssen erst addiert werden. Aufgetretene Verdunstungsverluste werden so nicht erkannt.

### Zuwaage-Modus

Wird der Zuwaage-Modus angewendet, kann ohne Tastenbetätigung und Zwischenspeicherung gearbeitet werden. Die Vorgehensweise ist einfach. Eine Fehleinwaage bzw. Verdunstungsverluste können aber durch die darauf folgende Wägung „kaschiert" werden – was letztlich zu zwei unkorrekten Einwaagen führt.

> **Praxistipp**
> Flüchtige Stoffe sollte immer zuletzt eingewogen werden, damit Wägefehler aufgrund von Verdunstungsverlusten weitgehend vermieden werden.

### Differenz-Modus

Im Differenz-Modus werden Einzelmassen nicht konkret angezeigt, sondern müssen errechnet werden. Tara-Gewicht und Anzeigewerte nach Einwaage der Substanzen müssen notiert werden. Einsatz findet dieser Modus vor allem dann, wenn der Herstellungsprozess länger andauert (z. B. bei Quell- oder Emulgierprozessen) bzw. aus galenischen Gründen unterbrochen werden muss.

## 3.5.6 Einwaagekorrektur

Ausgangsstoffe für die Arzneimittelherstellung weisen chargenabhängig Schwankungen im Gehalt auf. Die maximal zulässige Schwankung ist in der jeweiligen Stoffmonographie der Arzneibücher verbindlich festgelegt. Einwaagekorrekturen sind notwendig um zulässige Mindergehalte von Wirk- und Konservierungsstoffen auszugleichen.

Des Weiteren wird der tatsächliche Gehalt der Ausgangssubstanz durch Trocknung weiter reduziert. Der Grenzwert für den zulässigen Trocknungsverlust ist in der jeweiligen Arzneibuchmonographie festgelegt. Da sich die Gehaltsangabe auf die getrocknete Substanz bezieht, ist der Trocknungsverlust bei der Berechnung der Soll-Einwaage zu berücksichtigen.

■ **MERKE** Ausgangsstoffe enthalten meist nicht zu 100 % Wirkstoff. Bei der Einwaage ist der Mindergehalt durch Korrekturfaktoren auszugleichen, damit die hergestellte Rezeptur die angegebene Menge an Wirkstoff enthält. Die maximal zulässigen Mindergehalte sind in der jeweiligen Arzneibuchmonographie festgelegt.

Die zur Kompensation stoffbedingter Mindergehalte notwendigen Angaben sind Gehalt und (wenn anwendbar) Trocknungsverlust der Ausgangssubstanz. Die Angaben finden sich auf dem chargenbezogenen Prüfzertifikat nach § 6 ApBetrO.

> **Hinweis**
> Bei der Berechnung von Faktoren zur Einwaagekorrektur auf der Grundlage des chargenbezogenen Analysenzertifikates ist zu beachten, dass sich Gehalt und Trocknungsverlust der Substanz durch unsachgemäße Lagerung verändern können. Insbesondere bei hygroskopischen und photoinstabilen Substanzen sind die Lagerungsbedingungen sorgfältig auszuwählen und zu prüfen.

Das NRF beschreibt Grundregeln für die Einwaagekorrektur (NRF I.2.). Eine Korrektur der Einwaage mittels eines Faktors ist danach nur dann notwendig, wenn die Gehaltsminderung 2 % oder mehr beträgt.

Durch Streuung der Ergebnisse der Analyseverfahren können theoretisch auch Werte über 100 % auf dem Analysenzertifikat des Herstellers zu finden sein. Ist auf dem Prüfzertifikat ein Mehrgehalt ausgewiesen, wird nach NRF keine Korrektur vorgenommen, solange der Mehrgehalt nicht größer als 110 % angegeben wird.

> **Praxistipp**
> Legen Sie den Faktor für die Einwaagekorrektur – auf 3 Stellen nach dem Komma gerundet – bei der Wareneingangsprüfung fest und notieren diesen sichtbar auf dem Standgefäß.
> Bei der Rezepturplanung wird die Nominaleinwaage, d. h. die verordnete Stoffmenge in der Rezeptur, dann mit diesem Faktor multipliziert. Die berechnete Soll-Einwaage wird in der Herstellungsdokumentation als „Soll" zugrunde gelegt.
> Auf dem Etikett wird die Nominalmasse bzw. -aktivität des Wirkstoffes (ohne Korrektur!) angegeben!

Zur Berechnung der Korrekturfaktoren für die Einwaage werden im NRF-Kapitel I.2.1.1. häufig in der Rezeptur verwendete Ausgangsstoffe in 8 Gruppen unterteilt. Unterschieden wird dabei nach unterschiedlichen Gehaltsangaben auf dem Prüfzertifikat und der Relevanz des Wassergehaltes. Zu den einzelnen Gruppen sind im NRF Formeln zur Berechnung des Einwaagekorrekturfaktors, Beispiele sowie Hinweise zur Berechnung enthalten.

**Es ist jedoch auch ohne die Nutzung der NRF-Formeln möglich, die Faktoren mittels Verhältnisrechnung aus den gegebenen Größen – Gehalt und Trocknungsverlust – zu berechnen.**

**Beispiel zur Berechnung der Einwaagekorrektur – Erythromycin**
Gehalt (bezogen auf die wasserfreie Substanz): 96,9 %; Trocknungsverlust: 4,6 %.
Berechnung des Korrekturfaktors: $f = (100\,\%/96,9\,\%) \times (100\,\%/100\,\% - 4,6\,\%) = 1,082$.
Wird eine Rezeptur mit 1,0 g Erythromycin verordnet, so sind in diesem Beispiel 1,082 g Substanz einzuwägen, um den Mindergehalt der Ausgangssubstanz auszugleichen. Auf dem Etikett wird die in der Rezeptur enthaltene Wirkstoffmenge – 1,0 g – angegeben.

> **Praxistipp**
> Dem NRF liegt eine CD-ROM bei, die folgende Hilfestellungen zur Einwaagekorrektur enthält:
> 1. Übersichtsliste häufig in der Rezeptur betroffener Substanzen → zum Aushängen in Labor und Rezeptur,
> 2. übersichtlich gestaltete Excel-Tabellenblätter → für die Berechnung des Korrekturfaktors.

Bei der Einwaagekorrektur ist zu beachten, dass Wirkstoffe teilweise in unterschiedlichen Formen oder Modifikationen vorliegen, z. B. als
- Base oder Säure,
- Salz,
- wasserfreie Form oder
- Hydratform.

> **Hinweis**
> Für die Berechnung ist stets zu prüfen, ob die monographierte Substanz mit der vom Arzt rezeptierten bzw. der verwendeten Substanz übereinstimmt. Eventuell sind weitere Korrekturfaktoren zur Festlegung der Soll-Einwaage notwendig.

Soll z. B. **Chinolinolsulfat**-Monohydrat-Lösung 0,1 % (NRF 11.127.) hergestellt werden, können als Rezeptursubstanzen Chinolinolsulfat (wasserfrei oder als Monohydrat) oder Chinolinolsulfat-Kaliumsulfat (wasserfrei oder als Monohydrat) eingesetzt werden.

**Gentamicin** wird häufig als Base verordnet. Die Soll-Einwaage der verwendeten Rezeptursubstanz Gentamicinsulfat muss berechnet werden.

ABER: Die Umrechnung der Solleinwaage von **Prednisolon** und **Prednisolonacetat** ist bei lokaler Anwendung der Zubereitung nicht erforderlich (siehe NRF-Rezepturhinweis).

## 3.6 Rezepturkonzentrate

Beispiele für Rezepturkonzentrate und Stammlösungen in DAC und NRF – zur Anwendung in Dermatika – sind:
- Butylhydroxytoluol-Paraffinkonzentrat 2 % (NRF S.35.),
- Clobetasolpropionat-Verreibung 0,5 Prozent DAC,
- Dexamethason Stärke-Verreibung 1:10 DAC,
- Dexpanthenol-Stammlösung 50 % (NRF S.36.),
- Harnstoff-Stammverreibung 50 % (NRF S.8.),
- Konserviertes Wasser DAC (NRF S.6.),
- Lipophiles Tretinoin-Rezepturkonzentrat 2 % (NRF S.29.),
- Methyl-4-hydroxybenzoat-Konzentrat 15 % m/V (NRF S.34.),
- Polihexanid-Stammlösung 0,1 % (NRF S.30.),
- Prednisolon Stärke-Verreibung 1:10 DAC,
- Salicylsäure-Verreibungen 50 Prozent DAC,
- Triamcinolonacetonid Stärke-Verreibung 1:10 DAC,
- Zinkoxidschüttelmixtur-Konzentrat (NRF S.13.).

Rezepturkonzentrate und Stammlösungen können in der Apotheke in Vorbereitung der Rezepturherstellung zubereitet und gelagert bzw. industriell vorgefertigt bezogen werden. Stammlösungen werden im Folgenden als (flüssige) Rezepturkonzentrate betrachtet.
Für den Einsatz von Rezepturkonzentraten gibt es unterschiedliche Gründe:
- Die Dosierung kleinerer Wirkstoffmengen ist mit einem größeren Einwaagefehler behaftet. Bei Verwendung von Konzentraten kann der Einwaagefehler verringert werden.
- Die homogene Wirkstoffverteilung in niedrig dosierten Zubereitungen kann teilweise nur bei Verwendung von Rezepturkonzentraten sichergestellt werden.
- Bei der Herstellung von Rezepturkonzentraten ist die Einstellung der optimalen Teilchengröße möglich. Die weitere Zerkleinerung der Teilchen während der Rezepturherstellung ist damit nicht notwendig, was den Einsatz eines automatischen Rührsystems ermöglichen kann.
- Die Einwaage pulverförmiger Substanzen entfällt bei der Verwendung von Rezepturkonzentraten. Verluste oder Gefährdungen durch das Entstehen von Stäuben werden dadurch minimiert.

Zu beachten ist aber, dass auch bei Verwendung von Rezepturkonzentraten die Berechnung eines Einwaagekorrekturfaktors notwendig sein kann, wenn die tatsächliche Konzentration der Wirkstoffe im Konzentrat vom Nominalgehalt abweicht.

Als Grundlage für halbfeste Rezepturkonzentrate werden insbesondere Vaselin und Paraffin für hydrophobe Konzentrate oder hydrophile Cremes für hydrophile Konzentrate verwendet. Bei der Auswahl der „Konzentratgrundlage" ist zu beachten, dass diese mit der Grundlage der herzustellenden Rezeptur kompatibel sein muss. Entsprechend wird bei Wirkstoffen, die häufig sowohl in hydrophilen als auch in hydrophoben Zubereitungen eingesetzt werden (z. B. Salicylsäure, Prednisolonacetat, Tretinoin) sowohl ein hydrophiles als auch ein hydrophobes Konzentrat benötigt.

Rezepturkonzentrate gibt es in Form von
- Lösungen,
- halbfesten Verreibungen mit gelöstem oder mit suspendiertem Wirkstoff und
- Pulververreibungen.

Suspensionskonzentrate sind in der Regel stabiler als Lösungskonzentrate. Besonders stabil sind Suspensionskonzentrate auf Paraffinbasis mit Grundlagen aus Vaselin oder Mischungen von Vaselin und dickflüssigem Paraffin, z. B. Salicylsäure-Verreibungen 50 % DAC.

### NRF I.2.4. Stammzubereitungen
„Bei den … monographierten Stammzubereitungen handelt es sich nicht um pharmazeutische Zubereitungen im Sinne zubereiteter Arzneimittel, sondern um ‚Substanzen zur pharmazeutischen Verwendung' gemäß Ph. Eur.-Monographie, unabhängig davon ob es Wirkstoff-, Konservierungsstoff-, Farbstoff oder Antioxidanzien-Konzentrate, Aromen, oder Träger für Wirkstoffe sind."

Bei Herstellung und Lagerung in der Apotheke werden Rezepturkonzentrate als Defekturarzneimittel nach § 8 ApBetrO gekennzeichnet. Industriell vorgefertigte und von der Apotheke bezogene Rezepturkonzentrate (z. B. Methoxsalen 0,006 % Cordes® RK, Betamethason-V 1,22 % Cordes® RK) sind Ausgangsstoffe im Sinne § 11 ApBetrO – d. h., die Lieferung erfolgt mit einem chargenbezogenen Prüfzertifikat nach § 6 ApBetrO.

> **Praxistipp**
> Von der Ichthyol-Gesellschaft werden Rezepturkonzentrate mit Betamethason-17-valerat, Gentamicinsulfat und anderen Wirkstoffen vorgefertigt angeboten. Die Grundlage ist die der Basiscreme DAC vergleichbare Basis Cordes® RK Creme. Die W/O-Grundlage enthält 14 % Wasser und kann durch Zugabe von Wasser zu einer O/W-Grundlage verdünnt werden.

### 3.6.1 Lösungskonzentrate
Die Herstellung von Lösungskonzentraten erfolgt mit Stoffen, die sehr gut in der Grundlage löslich sind. Zur Verdünnung der Lösungskonzentrate müssen Grundlagen eingesetzt werden, die ein vergleichbares Lösungsvermögen für die eingesetzten Wirkstoffe haben; bei Verdünnung mit anderen Grundlagen ist die Rekristallisation der Substanzen in der Regel nicht auszuschließen. Problematisch wegen der veränderten Löslichkeit der Wirkstoffe ist z. B. die Verdünnung von alkoholischen Lösungskonzentraten mit Wasser oder die Einarbeitung in Cremes (z. B. Tretinoin). Hydrophobe Cremes nehmen alkoholische Komponenten schlecht auf, die Möglichkeit zur Einarbeitung von Alkohol in hydrophile Cremes ist ebenfalls begrenzt.

Beispiele für Lösungskonzentrate sind die Konservierungsmittel-Stammlösungen des NRF, z. B. Konserviertes Wasser (NRF S.6.), oder Butylhydroxytoluol-Paraffinkonzentrat 2 % (NRF S.35.).

### 3.6.2 Suspensionskonzentrate

Suspensionskonzentrate sind konzentrierte Wirkstoffverreibungen, bei denen die Grundlage ein möglichst geringes Lösevermögen für den Wirkstoff haben sollte. Beispiele sind Verreibungen mit Harnstoff oder Salicylsäure.

Besondere Beachtung bei der Herstellung von Suspensionskonzentraten gilt der Teilchengröße. Entsprechend fordert das NRF bei der Herstellung von Harnstoff-Stammverreibung 50 % (NRF S.8.) die Prüfung der Teilchengröße nach Bearbeitung mit dem Dreiwalzenstuhl. In 1 g Zubereitung ist die Teilchenzahl mit einer Größe von 100–180 µm auf maximal 10 begrenzt, Teilchen größer als 180 µm dürfen nicht enthalten sein. Bei der Herstellung von Suspensionszubereitungen aus dem Konzentrat kann die Bearbeitung mit dem Dreiwalzenstuhl entfallen.

> **Praxistipp**
> Zur Herstellung von Suspensionszubereitungen mit Harnstoff ist – analog der Monographie Clotrimazol-Harnstoffpaste 40 % (NRF 11.57.) – unbedingt ein Rezepturkonzentrat mit geprüfter Teilchengröße einzusetzen. Durch nachträgliche Bearbeitung der Zubereitung mit dem Dreiwalzenstuhl kann die Teilchengröße nicht mehr verringert werden.

## 3.7 Dokumentation

Bisher war in der Apothekenbetriebsordnung die schriftliche Herstellungsvorschrift bei der Arzneimittelherstellung in der Apotheke nicht explizit gefordert. Entsprechend der novellierten Verordnung ist nun sowohl für die Herstellung von Rezeptur- als auch von Defekturarzneimitteln vorgeschrieben, dass eine **Herstellungsanweisung** vorhanden sein muss. Diese muss von einem Apotheker unterschrieben sein.

Für die **Rezepturherstellung** muss die Herstellungsanweisung mindestens Festlegungen enthalten

- zur Plausibilitätsprüfung,
- zur Herstellung der Darreichungsform inkl. Vorbereitung des Arbeitsplatzes,
- zu den Inprozesskontrollen,
- zu Verpackung und Kennzeichnung sowie
- zur Freigabe des hergestellten Arzneimittels und zur Dokumentation.

Für die **Herstellung von Defekturarzneimitteln** finden sich weitergehende Forderung in § 8 ApBetrO.

> **Apothekenbetriebsordnung (ApBetrO)**
> **§ 8 Defekturarzneimittel**
> „(1) Ein Defekturarzneimittel ist nach einer vorher erstellten schriftlichen Herstellungsanweisung herzustellen, die von einem Apotheker der Apotheke zu unterschreiben ist.
> Die Herstellungsanweisung muss insbesondere Festlegungen treffen
> 1. zu den einzusetzenden Ausgangsstoffen, den primären Verpackungsmaterialien und Ausrüstungsgegenständen,
> 2. zu den technischen und organisatorischen Maßnahmen, um Kreuzkontaminationen und Verwechslungen zu vermeiden, einschließlich der Vorbereitung des Arbeitsplatzes,

3. zur Festlegung der einzelnen Arbeitsschritte, einschließlich der Sollwerte, und soweit durchführbar, von Inprozesskontrollen,
4. zur Kennzeichnung, einschließlich des Herstellungsdatums und des Verfalldatums oder der Nachprüfung, und, soweit erforderlich, zu Lagerungsbedingungen und Vorsichtsmaßnahmen sowie
5. zur Freigabe ..."

Bei der Herstellung von Defekturarzneimitteln in der Apotheke fordert die ApBetrO explizit die chargenbezogene Dokumentation wesentlicher Herstellungsparameter in einem **Herstellungsprotokoll**. Die Dokumentation muss zum Zeitpunkt der Herstellung so erfolgen, dass „sich alle wichtigen, die Herstellung betreffenden Tätigkeiten rückverfolgen lassen". Auch für die Herstellung von Rezepturarzneimitteln findet sich nun die Forderung nach der Erstellung eines Herstellungsprotokolls in der ApBetrO.

Bei der Herstellungsplanung sollten neben der Erstellung der Herstellungsanweisung die notwendigen Dokumente zur Herstellungsdokumentation mit vorbereitet werden, damit die Herstellung zügig und ohne Unterbrechungen erfolgen und die Forderung nach Dokumentation „zum Zeitpunkt der Herstellung" erfüllt werden kann (o Abb. 3.11).

> **Hinweis**
> Da die zur Inprozesskontrolle geeigneten Methoden oft auch zur Endkontrolle der Zubereitung eingesetzt werden können, werden Inprozess- und Endkontrolle zusammen thematisiert im ▶ Kap. 5 „Schritt 5: Kontrollen durchführen".

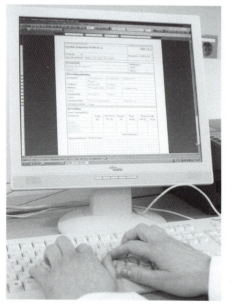

o **Abb. 3.11** Vorbereiten der Dokumentation. Foto: KS/MO

> **Praxistipp**
> Arbeitsschutz, Hygienemanagement, Gerätehandhabung und Wägetechnik sollten „rezepturübergreifend" in einer apothekeninternen Standardarbeitsanweisung geregelt werden. Der Umfang der Herstellungsanweisung für die einzelne Rezeptur kann dann durch Verweis auf diese allgemeinen Festlegungen reduziert werden.

## 3.8 Zusammenfassung und Wiederholung

**Tab. 3.44** Qualitätssicherung im Schritt 3: Herstellung planen

| Schwerpunkte | Maßnahmen |
|---|---|
| Arbeitsschutz | Gefährdungsbeurteilung und Betriebsanweisung erstellen, Arbeitsschutzmaßnahmen festlegen:<br>- Hygienemaßnahmen,<br>- technische Maßnahmen,<br>- organisatorische Maßnahmen,<br>- persönliche Schutzausrüstung. |
| Anforderungen an die Applikationsform | Allgemeine Monographien im Ph. Eur.,<br>- Homogenität,<br>- Teilchengröße,<br>- Sterilität. |
| Galenisches Profil der Ausgangsstoffe | Zu beachten sind Eigenschaften wie:<br>- Löslichkeit,<br>- Photoinstabilität,<br>- Aggregatzustand,<br>- Teilchengröße,<br>- Viskosität,<br>- Agglomeratbildung,<br>- elektrostatische Aufladung,<br>- Benetzbarkeit,<br>- Unverträglichkeit mit Arbeitsgeräten,<br>- Hygroskopie,<br>- Flüchtigkeit,<br>- pH-Wert der Lösung,<br>- Anfärben des Ansatzes,<br>- Wärmeempfindlichkeit,<br>- Rekristallisationsneigung. |
| Einwaage | - Auswahl der Waage nach geforderter Genauigkeit der Einwaage,<br>- Maximallast der Waage beachten,<br>- Wägemodus festlegen,<br>- Verwendung von Rezepturkonzentraten bevorzugen,<br>- ggf. Einwaagekorrektur vornehmen. |

◻ **Tab. 3.44** Qualitätssicherung im Schritt 3: Herstellung planen (Fortsetzung)

| Schwerpunkte | Maßnahmen |
|---|---|
| Dokumentation | ▪ Schriftliche – von einem Apotheker unterschriebene – Herstellungsanweisung erstellen;<br>▪ „rezepturübergreifende" Regelung (SOP) zu Arbeitsschutz, Hygienemanagement, Gerätehandhabung und Wägetechnik;<br>▪ Dokumente zur herstellungsbegleitenden Dokumentation (Herstellungsprotokoll) vorbereiten. |
| Weitere qualitätssichernde Maßnahmen | ▪ Standardisierte apothekeninterne Herstellungsanweisung erstellen;<br>▪ regelmäßige Schulung der Mitarbeiter zu „rezepturübergreifenden" SOPs;<br>▪ Handlungsablauf im QMS-Handbuch beschreiben. |

## 3.9 Cora Emsig in der Rezeptur, Teil 3

„Unser Hautarzt geht immer auf die individuellen Probleme der Patienten ein", resümiert PTA Cora Emsig, als sie folgende Rezepturverordnung in Kopie und verpackt in einer Rezepthülle auf dem Tisch der Rezeptur vorfindet:

Rp.
Urea pura                                              4,0 g
Acidum lacticum 90 %                                   1,0 g
Solutio Natr. lactic. 50 %                             4,0 g
Aqua purificata                                       20,0 g
Ungt. Alcoholum Lanae SR DAC ad                 100,0 g/20 g
S. Zu Beginn 1-mal, dann 2-mal täglich auf die betroffene Hautstelle am Ellenbogen auftragen.

Alle Ausgangsstoffe bis auf den Harnstoff sind sofort griffbereit. Dieser hat eben erst seine apothekeninterne Prüfnummer bei der Eingangsuntersuchung erhalten und wird von Frau Emsig aus dem Labor geholt. Auf der Vorderseite ist die Aufschrift „f = 1,025" handschriftlich von der Apothekerin aufgebracht worden. „Eine Einwaagekorrektur bei Harnstoff gab es doch noch nie?", wundert sich Frau Emsig.

Die neue Kennzeichnung der Milchsäure mit dem entsprechenden Gefahrstoffpiktogramm in Form eines Ausrufezeichen, das in einem rot umrandeten, auf der Spitze stehenden Quadrat steht und vom Wort „Achtung" begleitet wird, ist ihr jedenfalls nichts Neues. Zielsicher legt sie sich Schutzhandschuhe und Schutzbrille zurecht, da das Gefahrstoffsymbol von einem gelben und blauen Punkt begleitet wird. „Eine FFP2-Maske kann auch nicht Schaden!", überlegt sie kurz und zieht sich diese als Schutz vor das Gesicht.

Schnell entschließt sie sich für die manuelle Herstellungsmethode mit Fantaschale und Pistill. Aus ihrer Erfahrung heraus weiß sie, dass sich Harnstoff vorgelöst in der einfachen bis doppelten Menge Gereinigtem Wasser gut in der W/O-Grundlage auf kaltem Weg verarbeiten lässt. Statt Gereinigtem Wasser entnimmt sie einer Verpackung mit der Aufschrift „Aqua ad injectabilia" eine kleine Ampulle. Auf einem Hilfszettel berechnet sie dann noch fix die notwendigen Mengen für alle einzelnen Stoffe und schon kann die Herstellung mit der Einwaage auf der Präzisionswaage mit d = 0,1 beginnen.

→ Nehmen Sie diese Praxissituation unter die Lupe und finden Sie die Punkte, über die Cora Emsig und die Mitarbeiter dieser Apotheke noch einmal nachdenken sollten.

→ Aber nicht nur Sie, das ganze Team ist hier gefragt!

> **Praxistipp**
> Nutzen Sie zur Bearbeitung auch die Materialien des Online-Plus-Angebots! Es enthält für alle 7 Schritte:
> - **Qualitäts-Checklisten** sowie
> - **Arbeitsmaterial für Teamschulung, Selbststudium und Ausbildung**
>
> und für die Fertigung eines Rezepturarzneimittels die
> - **Formatvorlage zur Erstellung einer Herstellungsanweisung** sowie eine
> - **Dokumentationsvorlage zur Herstellungsdokumentation.**
>
> Sie finden die Dokumente auf www.Online-PlusBase.de im Bereich „Pharmazie". Für die erstmalige Anmeldung benötigen Sie Ihre E-Mail-Adresse und dieses Buch.

# 4 Schritt 4: Rezeptur herstellen

„Wagen sind die wichtigsten Instrumente eines Receptarius. ... Die Wagen sollen gut sein, und hat sich der Receptar, ehe er sich derselben bedient, zu überzeugen, ob sie den Erfordernissen, welche von einer guten Wage zu verlangen sind, entsprechen." Hager (1862): Technik der pharmaceutischen Receptur – Handbuch der Receptirkunst.

4.1 Vorbereitende Maßnahmen .................................................................. 232
4.2 Praktische Aspekte der Herstellung ...................................................... 235
4.3 Maßnahmen, die sich unmittelbar an die Herstellung anschließen ............ 259
4.4 Dokumentation der Herstellung ........................................................... 261
4.5 Zusammenfassung und Wiederholung .................................................. 264
4.6 Cora Emsig in der Rezeptur, Teil 4 ....................................................... 265

**Abb. 4.1** Historische Balkenwaage.
Foto: UF/KS

## 4.1 Vorbereitende Maßnahmen

Eine gute Planung ist die beste Voraussetzung dafür, dass die eigentliche Herstellung der Rezeptur zügig und ohne unnötige Unterbrechungen erfolgen kann. Die Schwerpunkte, die bei der Planung zu berücksichtigen sind, wurden in den Schritten 1 „Hygienestandards einhalten", 2 „Verordnung überprüfen" und 3 „Herstellung planen" detailliert beleuchtet. In diesem Abschnitt sollen die praktischen Aspekte nochmals zusammenfassend dargestellt sowie Tipps und Hinweise für die Praxis gegeben werden.

Es ist unbedingt zu beachten, dass für die vorbereitenden Maßnahmen ausreichend Zeit eingeplant wird, damit unnötige Standzeiten von vorbereiteten Ausgangsstoffen und Zwischenprodukten vermieden werden können. ◘ Tab. 4.1 führt die vorbereitenden Maßnahmen zur Rezepturherstellung auf.

■ **MERKE** Entsprechend den §§ 7 und 8 ApBetrO muss **vor** der Herstellung von Rezeptur- und Defekturarzneimitteln eine Herstellungsanweisung vorliegen, die inhaltlich neben den allgemeinen Festlegungen zur Herstellung und Plausibilitätskontrolle auch Angaben zu Produktkontrollen, Verpackung und Kennzeichnung enthält.

### Praxistipp
Für alle Schritte der Herstellung finden Sie unter www.Online-PlusBase.de Qualitäts-Checklisten zum Download und zum Bearbeiten am PC.

◘ **Tab. 4.1** Maßnahmen zur Vorbereitung der Rezepturherstellung

| Maßnahmen | Bemerkungen |
| --- | --- |
| Störungsfreies Arbeiten garantieren | Absprachen im Team treffen |
| Ärztliche Verordnung bereitlegen | Rezeptkopie oder Original in desinfizierter Klarsichthülle |
| Hände reinigen und desinfizieren | Desinfektion mit alkoholischem Händedesinfektionsmittel, auf vollständige Benetzung achten, Einwirkzeit einhalten |
| Hygienekleidung, inkl. Haarhaube und Mundschutz anlegen | „Hygiene"-Mundschutz evtl. ausreichend, wenn keine gefährdende Staubbelastung zu erwarten ist |
| Arbeitsschutzmaterialien bereitlegen | Entsprechend Gefährdungsbeurteilung bzw. Betriebsanweisung:<br>Schutzhandschuhe, Schutzbrille, FFP2-Staubschutzmaske |
| Arbeitsplatz räumen, reinigen und desinfizieren | Isopropanol 70 % (V/V); Oberflächen lückenlos benetzen; Einwirkzeit mindestens 30 Sekunden |
| Inbetriebnahme der Waage | Mind. 30 Minuten vor dem Wägevorgang; Kontrolle der richtigen Aufstellung (Libelle), Kalibrierung vornehmen |
| Wenn notwendig, weitere Geräte in Betrieb nehmen | Zeit für vorbereitende Maßnahmen einplanen, z. B.<br>■ Wasserbad: Zeitbedarf zum Temperieren berücksichtigen<br>■ Destille/Ionenaustauscher: mind. 5-minütiges Abkochen oder Sterilfiltration des entionisierten Wassers durchführen<br>■ Laminar-Air-Flow-Box: Angaben des Herstellers beachten |

□ Tab. 4.1 Maßnahmen zur Vorbereitung der Rezepturherstellung (Fortsetzung)

| Maßnahmen | Bemerkungen |
| --- | --- |
| Benötigte Geräte bereitstellen und desinfizieren | Isopropanol 70 % (V/V), Oberflächen lückenlos benetzen, Einwirkzeit mindestens 30 Sekunden |
| Dokumentation vorbereiten | Zum Beispiel Arbeitsvorlagen aus NRF |
| Herstellungsanweisung und Dokumentationsvorlage (Herstellungsprotokoll) bereitlegen | Möglichst standardisierte Vorschriften verwenden, z. B. NRF; Achtung: Genehmigung der Herstellungsanweisung durch Apotheker! |
| Handschuhe anziehen und desinfizieren | Zum Beispiel mit Isopropanol 70 % (V/V), Verträglichkeit der Handschuhe beachten, Oberflächen lückenlos benetzen, Einwirkzeit mindestens 30 Sekunden |

Die Reinigung und Desinfektion von Händen und Handschuhen wurde im ▶ Kap. 1 „Schritt 1: Hygienestandards einhalten" beschrieben. Zu achten ist vor allem darauf, dass nach Kontakt von potenziell kontaminierten Oberflächen (wie Waschbecken, Abfallbehältern etc.), die Händedesinfektion zu wiederholen ist. Die Einwirkzeit der Händedesinfektionsmittel ist meist kurz (½–1 Minute), aber unbedingt einzuhalten, bevor wieder am offenen Produkt gearbeitet wird. Zu achten ist auch auf die vollständige Trocknung der Handschuhe, meist ist das Desinfektionsmittel nach Ablauf der Einwirkzeit aber vollständig verflogen.

■ **MERKE** Haut und Haare sind physiologisch stark mit Keimen besiedelt. Nach Berühren ist deshalb – vor dem weiteren Arbeiten am offenen Produkt – die wiederholte Desinfektion der Handschuhe notwendig.

Die Herstellung einer qualitativ einwandfreien Rezeptur kann nur gelingen, wenn die Aufmerksamkeit des Rezeptars ganz der Rezeptur gilt und nicht nebenher noch Absprachen mit Kollegen durchgeführt werden, gebrauchtes Geschirr oder Arbeitsmaterialien gereinigt werden, weitere Rezepturen vorbereitet oder Prüfungen z. B. von Ausgangsstoffen durchgeführt werden. Es ist unbedingt notwendig, ausreichend Zeit einzuplanen sowie weitere Voraussetzungen in der Arbeitsorganisation zu schaffen, um ungestört arbeiten zu können. Der Rezeptar kann während der Herstellung generell nicht für andere Tätigkeiten in der Apotheke zur Verfügung oder auf Abruf stehen (o Abb. 4.2)!

○ **Abb. 4.2** Rezeptar auf Abruf?

■ **MERKE** Unterbrechungen der Rezepturherstellung sind nur aus herstellungstechnischen Gründen zulässig, z. B. bei Erwärmung von Bestandteilen. Während der Unterbrechung müssen Zwischenprodukte abgedeckt und beschriftet werden.
In den „Herstellungspausen" sollten aufgrund der Verwechslungsgefahr keine weiteren Rezepturen hergestellt werden!

## 4.2 Praktische Aspekte der Herstellung

Generelle Aspekte der Herstellung von Rezepturen sind in ▶ Kap. 3 „Schritt 3: „Herstellung planen" thematisiert worden. Im Folgenden soll es vor allem um praktische Hinweise zur Rezepturherstellung in der Apotheke gehen.

Die Rezepturherstellung erfordert von jedem Pharmazeuten eine hohe fachliche, methodische, soziale und personale Kompetenz, insbesondere die Fähigkeit
- zur Selbstorganisation,
- zur Selbstreflexion,
- zum konstruktiven Umgang mit Kritik sowie
- zur aktiven Kommunikation.

Sorgfaltspflicht, Verantwortungsbewusstsein und Ordnungssinn sind Basiseigenschaften, die vom ersten bis zum letzten Schritt der Arzneimittelherstellung in der Apotheke die Arbeit eines Rezeptars begleiten müssen. Regelmäßige Teamabsprachen und Verständigung zum Umgang mit Rezepturproblemen tragen des Weiteren wesentlich dazu bei, dass die Rezepturarbeit mit innerer Ruhe und Ausgeglichenheit auf einem gleichbleibend hohen Qualitätsniveau ausgeführt werden kann.

Die Herstellung einer Rezeptur wird stets „lege artis" – das bedeutet „nach den Regeln der Kunst" – ausgeführt. Dazu ist es unabdingbar, die in der pharmazeutischen Ausbildung erworbenen Kenntnisse und Fertigkeiten durch regelmäßige Fort- und Weiterbildung auf dem neusten Stand von Wissenschaft und Technik zu erhalten.

### GMP-Regeln bei der Arzneimittelherstellung in der Apotheke
GMP – Good Manufacturing Practices (Regeln der Guten Herstellungspraxis) bzw. – in „freier Übersetzung" – **G**ute **M**anieren beim **P**raktizieren:
- Einhaltung hygienischer Vorschriften,
- Dokumentation,
- Qualitätskontrolle,
- Vermeidung von Verwechslung,
- Vermeidung von Verunreinigung,
- Sorgfalt bei Lagerung, Herstellung und Verpackung.

### 4.2.1 Ordnung und Sauberkeit am Arbeitsplatz
Im Anschluss an die vorbereitenden Maßnahmen am Arbeitsplatz sind Ordnung und Sauberkeit auch im weiteren Prozess eine wesentliche Grundlage für die Herstellung einer qualitativ einwandfreien Zubereitung. Husten, Niesen und Sprechen während der Rezepturherstellung sind ein großes Kontaminationsrisiko, auch wenn das Produkt nicht offen ist. Durch Flüssigkeitströpfchen können Keime auf Arbeitsfläche, Geräte und Gefäße gelangen, die beim weiteren Arbeiten auf das offene Produkt übertragen werden können. Mitarbeiter, die an einem Infekt erkrankt sind oder Hautwunden aufweisen, sollten nicht in der Rezeptur eingesetzt werden.

> ■ **MERKE** Husten und Niesen müssen unbedingt vermieden werden! Dabei werden Tausende von Keimen mit einer Geschwindigkeit von mehr als 100 km/h verschleudert – aus mikrobiologischer Sicht kann die Qualität der Rezeptur nicht mehr sichergestellt werden!

> **Praxistipp**
> Wenn das Sprechen während der Rezepturherstellung nicht zu vermeiden ist, muss sich der Sprechende unbedingt von der Arbeitsfläche und den für die Rezeptur verwendeten Geräten und Materialien abwenden. Ein Mundschutz schützt zusätzlich, aber nicht hundertprozentig.

Offene Produkte müssen bei einer Unterbrechung der Herstellung abgedeckt werden. Die Herstellung im geschlossenen System ist zu bevorzugen. Arbeitsgeräte wie Löffel, Spatel, Glasstäbe, Kartenblätter etc. werden nur für den jeweiligen Stoff bzw. das Stoffgemisch benutzt und dann gereinigt. Es sollte auf die Trennung von sauberen und gebrauchten Arbeitsmaterialien geachtet werden, dafür eignen sich unterschiedliche Ablagezonen auf der Arbeitsfläche.

> **Ein Blick über den Tellerrand**
> Das Mise-en-Place-Prinzip ist in der Gastronomie weit verbreitet und beinhaltet die Bereitstellung aller benötigten Arbeitsgeräte und Utensilien in der für den jeweiligen Koch optimalen Anordnung.

Auch für die Apotheke ist das Mise-en-Place-Prinzip anwendbar. Es sollten alle Materialien und Geräte so bereitgestellt werden, dass die Arzneimittelherstellung ohne Unterbrechung möglich ist. Für Rechtshänder bietet sich das Arbeiten „von links nach rechts" an – d. h. saubere Geräte bzw. noch nicht verwendete Substanzen stehen links, nach rechts werden benutzte Materialien abgelegt. Arbeitsgeräte und Ansatzgefäße sind so zu kennzeichnen, dass eine Verwechslung ausgeschlossen werden kann.

## 4.2.2 Entnahme von Ausgangsstoffen aus Standgefäßen

Ausgangsstoffe werden in der Apothekenrezeptur in Originalverpackungen des Herstellers aufbewahrt oder in (wiederverwendbare) Standgefäße umgefüllt. Sekundärverpackungen sind aus hygienischen Gründen außerhalb des Rezepturbereichs zu entfernen, die äußere Oberfläche der Primärverpackung wird beim Einbringen in den Herstellungsbereich gründlich desinfiziert.

Die korrekte Kennzeichnung der Gefäße ist unabdingbar, um Verwechslungen zu vermeiden (zur Kennzeichnung von Standgefäßen siehe auch ▶ Kap. 7 „Schritt 7: Gefäß etikettieren"). Befinden sich Labor und Rezeptur in einem Raum, müssen Ausgangsstoffe für die Rezeptur deutlich getrennt vom Chemikaliensatz der Apotheke aufbewahrt werden.

Standgefäße werden erst dann neu befüllt, wenn sie vorher gereinigt und desinfiziert bzw. sterilisiert worden sind. Es ist nicht zulässig, verschiedene Chargen eines Ausgangsstoffes in einem Vorratsgefäß zu mischen!

> **Praxistipp**
> Nystatin und die auf Vorrat gefertigte Hydrophile Nystatin-Creme (NRF 11.105.) sollen im Kühlschrank aufbewahrt werden.

Wenn nicht anders bestimmt, sollten Ausgangsstoffe bei Temperaturen von < 25 °C gelagert werden. Kühl zu lagernde Stoffe werden in einem temperaturkontrollierten Kühlschrank bei 2–8 °C aufbewahrt. Gefäße mit Ölen sollten möglichst voll gefüllt vorrätig gehalten werden, um den durch Sauerstoff geförderten Verderb zu verhindern. Es ist darauf zu achten, dass die Gefäße dicht schließen sowie die enthaltenen Stoffe bzw. Zubereitungen ausreichend vor Lichteinfluss geschützt sind. Hygroskopische Stoffe können im Exsikkator oder im Standgefäß mit trockenmittelgefüllten Stopfen (z. B. Aquaex-Stopfen) aufbewahrt werden.

Die Vorschriften der Gefahrstoffverordnung und weiterer Regelungen zum Gefahrstoffrecht sind einzuhalten. Brennbare Flüssigkeiten werden generell in einem separaten, DIN-gerechten Sicherheitsschrank oder -raum vorrätig gehalten. Entsprechend der Vorschriften der Berufsgenossenschaften dürfen brennbare Flüssigkeiten nur in einer für den Fortgang der Herstellung notwendigen Menge am Arbeitsplatz gelagert werden. Das bedeutet, dass im Rezepturbereich nur Standgefäße mit einem Inhalt bis zu 1 Liter in der für die Herstellung notwendigen Anzahl vorhanden sein dürfen.

Ein aus einem Standgefäß entnommener Ausgangsstoff darf nicht wieder zurückgegeben werden. Das Eintauchen von Pipetten oder Glasstäben in Vorratsgefäße sollte vermieden werden, die Entnahme von Flüssigkeiten sollte vorzugsweise durch Ausgießen erfolgen.

Bei der Entnahme von Substanzen aus Standgefäßen ist des Weiteren darauf zu achten, dass
- die Verwendbarkeit des Ausgangsstoffes nochmals geprüft wird,
- der Inhalt vor der Entnahme ggf. homogenisiert werden muss (z. B. durch Aufschütteln, Umrühren, Umschwenken),
- Standgefäße sofort nach der Entnahme wieder verschlossen werden sollten (ACHTUNG: Verwechslung von Deckeln oder Stopfen vermeiden),
- bei Grundlagen die Reste so „zusammengeschoben" werden müssen, dass eine möglichst glatte Oberfläche entsteht, die wenig Angriffsfläche für Keime und Sauerstoff bietet,
- äußerliche Verschmutzungen vom Gefäß sofort entfernt werden ggf. mit nachfolgender Desinfektion,
- insbesondere bei Flüssigkeiten auch der Ausgussrand des Gefäßes gesäubert wird,
- Gefäße, aus denen bereits Ausgangsstoff entnommen wurde, entweder – mit besonderer Aufmerksamkeit – an den dafür vorgesehenen Lagerplatz zurück gestellt werden oder bis zum Aufräumen separat an einem Platz gesammelt werden,
- Gefäße, die kühl zu lagernde Stoffe enthalten, möglichst umgehend wieder in den Kühlschrank verbracht werden,
- Anbrüche gekennzeichnet und Aufbrauchfristen festgelegt werden (gilt auch bei Entnahme aus Fertigarzneimittelverpackungen),
- bei mehreren Standgefäßen mit dem gleichen Ausgangsstoff dasjenige mit der kürzesten Aufbrauchfrist in der vordersten Reihe des Regals positioniert wird und
- bei beschädigter Kennzeichnung des Standgefäßes diese umgehend erneuert wird.

Zur Vermeidung von Verwechslungen sollten Standgefäße stets so im Regal oder auf der Arbeitsfläche stehen, dass das Kennzeichnungsetikett zum Herstellenden zeigt.

**Abb. 4.3** Halten eines Standgefäßes.
Foto: KS

Auch bei der Entnahme wird das Standgefäß so gehalten, dass der Rezeptar das Etikett gut erkennen kann. Das verhindert u. a. auch, dass die Kennzeichnung durch evtl. am Gefäß ablaufende Flüssigkeit Schaden nimmt (o Abb. 4.3).

o **Abb. 4.4** Anlegen eines Glasstabes als Abtropfhilfe. Foto: KS

> **Praxistipp**
> Besteht die Gefahr, dass beim Ausgießen aufgrund des ungünstigen Kippwinkels Flüssigkeit direkt am Standgefäß herunterläuft bzw. heruntertropft, kann ein äußerlich an den Flaschenhals angehaltener Glasstab den Flüssigkeitsstrom direkt in das Ansatzgefäß leiten und die Verschmutzung des Gefäßes und Fehleinwaagen verringern (o Abb. 4.4). Eingelegte Glaswinkel haben oft das Bestreben herauszufallen oder in das Standgefäß hineinzurutschen.

o **Abb. 4.5** Öffnen eines festsitzenden Schliffstopfens. Foto: KS

> **Wussten Sie, dass ...**
> ... ein fest sitzender Schliffstopfen, der sich nicht vom Standgefäß lösen lässt, durch halbschräges **vorsichtiges** Anschlagen in Richtung Fußboden auf eine tuchbedeckte Tischkante mitunter schnell gelöst werden kann (o Abb. 4.5)?

### 4.2.3 Arbeitsschutzmaßnahmen

Das Tragen eines langärmeligen, persönlichen Rezepturkittels, der getrennt von der Straßen- und HV-Kleidung aufbewahrt wird, ist eine Basismaßnahme des Arbeitsschutzes. Je nach Arbeitsvorgang sind weitere Maßnahmen einzuhalten (▶ Kap. 3 „Schritt 3: Herstellung planen"), wie z. B:

- Tragen einer FFP2-Staubschutzmaske (o Abb. 4.6),
- Tragen von Schutzhandschuhen,
- Tragen einer Arbeitsschutzbrille mit seitlichem Spritzschutz,
- Anschalten der Lüftungseinrichtung des Raumes,
- Arbeiten unter dem Abzug.

Betriebsanweisung und Gefährdungsbeurteilung schreiben den Umgang mit Gefahrstoffen sowie risikominimierende Maßnahmen bei Gefährdungen konkret vor.

o **Abb. 4.6** FFP2-Staubschutzmaske, Schutzbrille und Einmalhandschuhe. Foto: KS/MO

Gefahren in der Rezepturarbeit bestehen vor allem durch das Einatmen von Stäuben (z. B. bei Wäge- oder Anreibeprozessen), Gasen oder Dämpfen, durch den Hautkontakt mit reizenden oder sensibilisierenden Arzneistoffen, das Spritzen von Flüssigkeiten auf die Haut oder in die Augen sowie das Entstehen explosionsgefährlicher Luftgemische. Beim Umgang mit feuergefährlichen Flüssigkeiten besteht potenziell Brandgefahr. Ist eine Keimfiltration notwendig, besteht die Gefahr von Nadelstichverletzungen.

Zum Schutz vor der Hitzeeinwirkung heißer Schalen oder Gläser eignen sich Silikongreifer (o Abb. 4.7).

**Abb. 4.7** Silikongreifer zum Transport heißer Gefäße. Foto: KS/MO

## 4.2.4 Einwaage

Folgende praktische Hinweise dienen der korrekten Verwendung der Waage und sollen helfen, Wägefehler zu vermeiden.

### Hinweise zur korrekten Einwaage

- Die Ungenauigkeit der Waage infolge des Driftens durch ausreichend Vorlaufzeit (i. d. R. 30 Minuten) minimieren;
- vor Beginn der Wägung korrekten Sitz des Lastträgers prüfen und Wägeteller desinfizieren;
- elektrostatische Aufladung durch geeignete Kleidung oder Nutzung von „Abladungspads" vermindern;
- vor allem bei der Einwaage hochwirksamer, niedrig dosierter Wirkstoffe Kontrolle durch einen zweiten geschulten Mitarbeiter (4-Augen-Prinzip) durchführen;
- Wägegefäß so auswählen, dass die Substanz vollständig in den Ansatz überführt werden kann und Wägeverluste vermieden werden (Abdecken des Wägegefäßes zum Transport, evtl. Nachspülen des Gefäßes oder Einwaage direkt in den Ansatz);
- Wägegefäß zentriert auf dem Waagenteller platzieren, Überragen des Waagentellers vermeiden;
- bei Einsatz geringer Substanzmengen Rezepturkonzentrate verwenden;
- flüchtige Stoffe möglichst zuletzt zugeben;
- bei herstellungsbedingten Arbeitspausen und Einsatz flüchtiger Stoffe Ansatz stets abdecken;
- flüssige Kleinstmengen mittels Normaltropfenzähler dosieren (siehe Tropfentabelle im DAC Anlage E), ggf. direkt zum Ansatz geben;
- keine „Zurücknahme" von zu viel zugegebener Substanz aus einem Stoffgemisch; ggf. Verwerfen des Ansatzes;
- Spritzer auf dem Lastträger oder Verschüttetes sofort von der Waage entfernen;
- Funktionsstörungen der Waage sofort beheben;
- nach Beendigung der Einwaage Reinigung der Waage nach Herstellerangaben, i. d. R. mindestens mit einem Pinsel oder einem weichen Einmaltuch.

Aus hygienischen Gründen sollten in der Apotheke unterschiedliche Waagen für die Herstellung von Drogen bzw. Teemischungen und zur Herstellung von Arzneimitteln mit strengeren Anforderungen an die mikrobiologische Qualität der Zubereitung (z. B. Dermatika) vorhanden sein. Entsprechend ApBetrO muss die Herstellung von Teemischungen und Dermatika an gesonderten Arbeitsplätzen erfolgen.

Zur Reinigung und Desinfektion der Waage sind die Empfehlungen des Herstellers zu beachten. Der unsachgemäße Einsatz von Reinigungs- und Desinfektionsmitteln kann die Waage schädigen.

> **Praxistipp**
> Fragen Sie Ihren Waagenhersteller nach einem Überzug für das Display der Waage und/oder den Waagenkorpus. Dieser dient der Schonung des Anzeigenbereichs und erleichtert die Reinigung der gesamten Waage. Überzüge sind sowohl für Präzisions- als auch für Analysenwaagen erhältlich.

Wägegefäße zur separaten Einwaage von Substanzen sind z. B. Wägeschiffchen oder Kartenblätter. Bei Verwendung dieser Hilfen ist darauf zu achten, dass die Substanzmengen vollständig in den Ansatz überführt werden können. Eventuell ist ein Nachspülen des Wägegefäßes mit einem weiteren Bestandteil der Zubereitung notwendig und sinnvoll. Vor allem beim Einsatz von adhäsiven oder klebenden Stoffen, die sich schlecht abspülen oder lösen lassen, ist zur Vermeidung von Wägeverlusten die Zugabe direkt in das Ansatzgefäß sinnvoll.

Haben Substanzen ein hohes Potenzial für elektrostatische Aufladung, sollten Wägegefäße aus Materialien bevorzugt werden, die die Aufladung nicht fördern. Geeignet sind Glas, Papier und Horn. Kunststoff hingegen fördert elektrostatische Aufladungsprozesse.

Bei der Einwaage darf die Maximallast der verwendeten Waage nicht überschritten werden. Die Minimaleinwaage wurde bereits in ▶ Kap. 3 „Schritt 3: Herstellung planen" unter Berücksichtigung der notwendigen Genauigkeit für den Wägevorgang festgelegt. Die zu nutzende Waage ist der Herstellungsanweisung festzulegen.

**Vorgehensweise bei der Einwaage von Substanzen auf der Analysenwaage im Tara-Modus**
1. Waage kontrollieren (Sauberkeit, Stand, Kalibrierung),
2. Wägeschiffchen oder Kartenblatt auf den Wägeteller mittig auflegen,
3. Seitenschieber der Waage schließen,
4. Tara-Taste drücken und warten bis Waage „Null-Einstellung" zeigt,
5. Substanz mittig auf Wägeschiffchen oder Kartenblatt aufgeben,
6. Seitenschieber der Waage schließen und warten, bis die Waage die Beendigung der Wägung anzeigt (siehe Bedienungsanleitung der Waage),
7. Einwaage kontrollieren und dokumentieren.

> ■ **MERKE** Vor allem bei der Einwaage geringer Mengen an Substanz sind besondere Maßnahmen notwendig, um Substanzverluste nach der Wägung zu vermeiden. Die Einwaage kann noch so genau vorgenommen worden sein – wenn beim Transport der Substanz von der Waage zum Arbeitsplatz grobe Fehler begangen werden, sind Ungenauigkeiten vorprogrammiert (○ Abb. 4.8 und ○ Abb. 4.9).

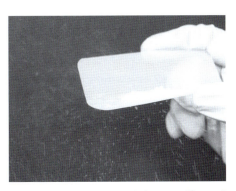 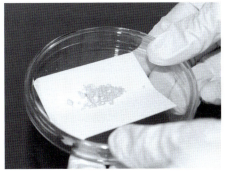

○ **Abb. 4.8** Transport von Substanz offen auf Kartenblatt – FALSCH. Foto: KS/MO

○ **Abb. 4.9** Transport von Substanz auf Kartenblatt in Petrischale – RICHTIG. Foto: KS/MO

**Arbeitsschutz bei der Einwaage**

Entsprechend der Betriebsanweisung erfolgt die Einwaage von gepulverten Gefahrstoffen häufig unter dem Abzug. Dabei darf der Abzug nicht eingeschaltet sein, da der Luftzug die Waagengenauigkeit beeinflusst. Die Frontscheibe wird so weit als möglich heruntergezogen.

Nach Abschluss der Einwaage ist es sinnvoll, die entstandenen Stäube, Dämpfe oder Gase mehrere Minuten bei geschlossenem Frontschieber abzusaugen. Es ist dabei unbedingt sicherzustellen, dass die eingewogene Substanz ausreichend abgedeckt ist.

Um die Gefährdung durch Stäube weiter zu minimieren, kann die Zugabe von Lösungs- bzw. Dispersionsmittel bereits unter dem Abzug erfolgen.

## 4.2.5 Praktische Hinweise zur Herstellung von halbfesten und flüssigen Zubereitungen

Im Folgenden werden wichtige Herstellungshinweise zu – für die Apothekenrezeptur relevanten – Arzneimittelzubereitungen zur kutanen Anwendung zusammengefasst und mit Beispielen ergänzt. Allgemeine Herstellungsregeln und Parameter zur Plausibilitätsprüfung wurden bereits in ▶ Kap. 2 „Schritt 2: Verordnung überprüfen" und ▶ Kap. 3 „Schritt 3: Herstellung planen" beschrieben. Ergänzend sei auf entsprechende Fachliteratur zur Ausbildung von pharmazeutischem Personal verwiesen.

> **Praxistipp**
> Das Halten eines Löffels oder Spatels ist nicht trivial. Sie sollen so gehalten werden, dass die Substanz dem Ansatz kontrolliert zugegeben werden kann (○ Abb. 4.10). Beim Rühren und Schwenken sollte die Bewegung immer zum Körper hin erfolgen. Die Bewegungen sind gleichmäßiger und lassen sich besser kontrollieren.

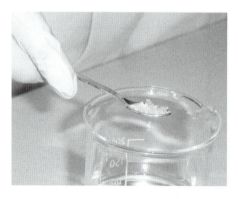

○ **Abb. 4.10** Richtiges Halten eines Löffels. Foto: KS

### Herstellen von Grundlagen im manuellen Verfahren

Das Herstellen von hydrophoben, hydrophilen, lipophilen oder Wasser aufnehmenden Salbengrundlagen hat für die Apotheke kaum praktische Relevanz, da diese industriell vorgefertigt als Ausgangsstoff (z. B. Vaselin) oder Halbfertigware (z. B. Wollwachsalkoholsalbe DAB) zu beziehen sind. Mitunter werden aber O/W-Grundlagen „sine conservans" in der Apotheke frisch hergestellt. Die Zubereitung kann in der Schale durch Rühren oder in besonderen Fällen (z. B. Hydrophile Basisemulsion (NRF S.25.)) auch durch Schütteln in einem ausreichend großen, dicht schließenden Gefäß erfolgen.

**Anionische hydrophile Creme SR DAC (NRF S.27.) – sine conservans**
**Zusammensetzung für 100 g:**

| | |
|---|---|
| Emulgierender Cetylstearylalkohol Typ A | 21,0 g |
| 2-Ethylhexyllaurat | 10,0 g |
| Glycerol 85 % | 5,0 g |
| Gereinigtes Wasser | q. s. |

**Geräte:** Wasserbad, 2 Thermometer, Waage, Bunsenbrenner/Heizplatte, Salbenschale (Chromnickelstahl) mit Pistill, Becherglas mit Glasstab, Spatel und Spatelschlitten, Kartenblätter aus Kunststoff, Einmaltücher.
→ entsprechend Herstellungsanweisung

**Herstellung:** Bei der sogenannten Phasenumkehrmethode wird die Fettphase inkl. aller lipophilen Bestandteile auf dem Wasserbad bei einer Temperatur von mindestens 70 °C vollständig aufgeschmolzen. Das einzuarbeitende Wasser wird auf die gleiche Temperatur erwärmt. Chargenbezeichnungen und Einwaagen der Ausgangsstoffe, Tara-Gewichte von Schale/Pistill und Becherglas/Glasstab, Herstellungsschritte und Inprozesskontrollen (Temperaturen, Aussehen der Schmelze) werden in der Herstellungsdokumentation vermerkt.

> **Praxistipp**
> Die Schale muss nach dem Herausnehmen aus dem Wasserbad äußerlich sorgfältig mit Einmaltüchern getrocknet werden, damit das Anhaften der Schale auf dem Wägeteller sowie Fehleinwaagen vermieden werden!
> Zum Anfassen und Transportieren des heißen Becherglases kann ein Silikongreifer (○ Abb. 4.7) zum Schutz der Finger genutzt werden.

Anschließend wird die Wasserphase zügig in die Schmelze eingearbeitet und bis zum Erkalten gerührt. Erfahrungsgemäß sind kurze und lange „Rührschwünge" in der ersten Phase wichtig, um bereits abgekühlte Emulsionsteile vom Rand wieder mit der Grundmasse zu vereinigen. Übermäßiges Rühren bei der Herstellung ist allerdings zu vermeiden, da sonst größere Mengen Luft in die Zubereitung eingearbeitet werden. Bei fortschreitenden Abkühlung muss der Rand unbedingt regelmäßig abgeschabt werden, um Klümpchenbildung zu vermeiden.

Verdunstungsverluste werden anschließend mit Gereinigtem Wasser ausgeglichen und die Zubereitung homogenisiert. Die ergänzte Masse wird dokumentiert. Falls keine Homogenität der dispergierten Phasen besteht, wird nochmals auf dem Wasserbad erwärmt, kalt gerührt und ergänzt. Die Dokumentation wird entsprechend vervollständigt, sodass der tatsächliche Herstellungsablauf nachvollziehbar ist.

### Anionische hydrophile Creme SR DAC (NRF S.27.) – mit Konservierung

Die Angaben zur Auswahl der Geräte, die Hinweise zur Herstellung und Dokumentation gelten analog zu unkonservierter Anionischer hydrophiler Creme SR DAC (NRF S.27.). Zusätzlich erfolgt die Lösung von 0,14 % Kaliumsorbat und 0,07 % wasserfreier Citronensäure in der Wasserphase vor der Einarbeitung in die geschmolzene lipophile Phase.

Gegebenenfalls sind zusätzliche Arbeitsschutzmaßnahmen bei der Herstellung zu beachten (siehe apothekeninterne Gefährdungsbeurteilung und Betriebsanweisung).

■ **MERKE** Bei der Herstellung hydrophiler Cremes werden Konservierungsstoffe in der wässrigen Phase gelöst – vor der Einarbeitung in die geschmolzene lipophile Phase. Die vollständige Auflösung der Konservierungsstoffe ist als Inprozesskontrolle zu prüfen.

> **Praxistipp**
>
> Kaliumsorbat löst sich rasch unter Rühren in Wasser bei Raumtemperatur; die Zugabe von Citronensäure sollte erst danach erfolgen.

### Herstellung von Zubereitungen mit gelöstem Wirkstoff im manuellen Verfahren

Die Einarbeitung von Wirkstoffen in die Grundlage kann mit oder ohne Erwärmung der Grundlage erfolgen. Die Festlegung ist vor allem abhängig vom galenischen Profil der Rezepturbestandteile und erfolgt im Rahmen der Herstellungsanweisung.

### Harnstoff-Wollwachsalkoholsalbe 10 % (NRF 11.74.)
Zusammensetzung für 100 g:

| | |
|---|---:|
| Harnstoff | 10,0 g |
| (ggf. Einwaagekorrektur vornehmen, NRF-Gruppe 4) | |
| Natriumlactat-Lösung 50 % | 4,0 g |
| Milchsäure 90 % | 1,0 g |
| (ggf. Einwaagekorrektur vornehmen, NRF-Gruppe 3) | |
| Kaliumsorbat | 0,14 g |
| Wollwachsalkoholsalbe DAB | 50,0 g |
| Gereinigtes Wasser | q. s. |

**Geräte:** Waage, Becherglas mit Glasstab, Salbenschale mit Pistill, Spatel und Spatelschlitten, Kartenblätter aus Kunststoff, Utensilien zum Arbeitsschutz.
→ entsprechend Herstellungsanweisung

**Herstellung:** Kaliumsorbat und Harnstoff werden nacheinander in Gereinigtem Wasser gelöst, das in das Becherglas vorgelegt wurde. Eventuell vorhandene Verklumpungen von Harnstoff werden vor der Einwaage grob zerkleinert! Chargenbezeichnungen und Einwaagen der Ausgangsstoffe, Herstellungsschritte, Inprozesskontrollen (klare Lösung) und Tara-Gewichte werden in der Herstellungsdokumentation vermerkt.

> **Praxistipp**
> Die Lösung von Harnstoff in Wasser erfolgt endotherm, d. h. unter Abkühlung des Ansatzes. Die Löslichkeit von Harnstoff verringert sich dadurch – wenn überhaupt – nur kurzzeitig. Ein Anwärmen in der Hand ist ausreichend. Die weitere Zufuhr von Wärme ist nicht notwendig und würde sogar die Stabilität des Harnstoffs negativ beeinflussen.

Anschließend werden die Puffersubstanzen ohne Erwärmen der Harnstofflösung zugefügt. Bei diesem Vorgang sind die besonderen Regelungen der apothekenspezifischen Betriebsanweisung im Umgang mit Gefahrstoffen zu beachten. Die Wollwachsalkoholsalbe wird in der Salbenschale vorgelegt und die Lösung anteilig unter Rühren und häufigem Abschaben eingearbeitet.

> **Praxistipp**
> „… um die Einarbeitung (der wässrigen Komponente) zu erleichtern, soll die Konsistenz der Wollwachsalkoholsalbe vorab durch kräftiges Rühren erniedrigt werden." (NRF 11.74.)

Verdunstungsverluste werden ergänzt, indem dass Becherglas mit Gereinigtem Wasser gespült, die Spülflüssigkeit bis zur erforderlichen Endmenge ergänzt und eingearbeitet wird. Die tatsächlichen Herstellungsschritte sowie durchgeführte Inprozesskontrollen werden dokumentiert.

> **Hinweis**
> Vor der Ergänzung von Verdunstungsverlusten müssen Arbeitsmaterialien (Kartenblätter, Pistill) – so gut als möglich – abgeschabt werden (o Abb. 4.11). Reste daran können zu Fehleinwaagen führen, da die im Ansatz fehlende Masse durch Wasser ersetzt wird.

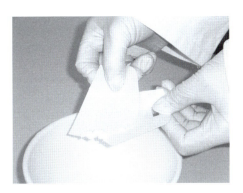

**Abb. 4.11** Sorgfältiges Abschaben der Kartenblätter. Foto: KS

**Hydrophiles Aluminiumchlorid-Hexahydrat-Gel 20 % (NRF 11.24.)**
**Zusammensetzung für 100 g:**

| | |
|---|---|
| Aluminiumchlorid-Hexahydrat | 20,0 g |
| (ggf. Einwaagekorrektur vornehmen, NRF-Gruppe 2!) | |
| Hydroxyethylcellulose 250 | 5,0 g |
| Gereinigtes Wasser | q. s. |

**Geräte:** Waage, Salbenschale mit Pistill, Becherglas mit Glasstab, Spatel und Spatelschlitten, Kartenblätter aus Kunststoff, Utensilien zum Arbeitsschutz.
→ entsprechend Herstellungsanweisung

> **Hinweis**
> Lösungen mit Aluminiumchlorid-Hexahydrat wirken korrosiv – Herstellungsgeräte aus Metall sind zur Verarbeitung nicht geeignet (siehe NRF 11.1.).

**Herstellung:** Der Wirkstoff wird in Gereinigtem Wasser unter Rühren gelöst. Chargenbezeichnungen und Einwaagen der Ausgangsstoffe, Beobachtungen (klare Lösung) und Tara-Gewichte von Becherglas/Glasstab sowie Salbenschale/Pistill werden in der Herstellungsdokumentation vermerkt. Die besonderen Regelungen der Betriebsanweisung im Umgang mit Gefahrstoffen sind zu beachten. HEC 250 wird in der Salbenschale vorgelegt und die Wirkstofflösung anteilig unter Rühren und häufigem Abschaben eingearbeitet.

> **Praxistipp**
> Das Aufstreuen des Gelbildners zur Herstellung von Gelen ist generell möglich, erfordert aber einige Übung (**Abb. 4.12**). Es empfiehlt sich, HEC von einem Papierkartenblatt gleichmäßig unter ständigem Rühren auf die Flüssigkeitsoberfläche rieseln zu lassen.

**O Abb. 4.12** Aufstreuen des Gelbildners. Foto: KS

Dann wird das Gel abgedeckt für etwa 15 Minuten (Dokumentation!) stehen gelassen. Im Gel dürfen sich Luftblasen sowie noch ungequollene Gelpartikel befinden. Zuletzt werden Verdunstungsverluste mit Gereinigtem Wasser ergänzt und die Zubereitung homogenisiert. Alle tatsächlichen Herstellungsschritte sowie Inprozesskontrollen werden dokumentiert.

### Herstellung von Zubereitungen mit suspendiertem Wirkstoff im manuellen Verfahren

Soll eine Suspensionszubereitung hergestellt werden, ist das Anreiben eine wesentliche Voraussetzung für die homogene Verteilung des Wirkstoffs im Dispersionsmittel. Kriterien zur Auswahl geeigneter Anreibemittel sind im ▶ Kap. 3 „Schritt 3: Herstellung planen" (◨ Tab. 3.39) zusammengefasst.

Ein in zahlreichen Vorschriften des NRF vorgeschriebenes Anreibemittel sind Mittelkettige Triglyceride. In der Regel werden 0,1 g Mittelkettige Triglyceride verwendet.

■ **MERKE** 5 Tropfen Mittelkettige Triglyceride entsprechen 0,1 g Substanz (bestimmt mit dem Normaltropfenzähler).

### Tropfentabelle nach DAC

In der Anlage E des DAC finden sich Angaben zur Tropfenanzahl pro g bzw. zum Gewicht eines Tropfens in mg für zahlreiche Flüssigkeiten. Diese Angaben sind unter Nutzung des Normaltropfenzählers bestimmt worden und können zur Dosierung von Flüssigkeiten verwendet werden (O Abb. 4.13).

Bestimmung der Tropfenzahl mit dem Normaltropfenzähler:
1. Tropfenzähler mit Flüssigkeit füllen,
2. Tropfenzähler senkrecht halten und außen anliegende Flüssigkeit ablaufen lassen,
3. Tropfen ohne Anwendung von Druck fallen lassen.

Bei Verwendung von Gummisaugern soll der Druck so gewählt werden, dass möglichst 1 Tropfen pro Sekunde frei fallen kann.

Außen am Tropfenzähler befindliche Substanz muss erst ablaufen, bis mit der Zählung begonnen werden kann. Die Dosierung zähflüssiger Substanzen bedarf großer Übung!

○ **Abb. 4.13** Tropfenentstehung am Normaltropfenzähler. Foto: KS/MO

**Hydrophile Triamcinolonacetonid-Creme 0,025 % (NRF 11.38.)**
**Zusammensetzung für 100 g:**
Triamcinolonacetonid                                 0,025 g
(ggf. Einwaagekorrektur vornehmen, NRF-Gruppe 4!)
Mittelkettige Triglyceride                           0,5 g
Basiscreme DAC                                       q. s.

**Geräte:** Waage, Salbenschale mit Pistill, Spatel und Spatelschlitten, Kartenblätter aus Kunststoff, Utensilien zum Arbeitsschutz.
→ entsprechend Herstellungsanweisung

**Herstellung:** Triamcinolonacetonid als mikrofein gepulverte Substanz oder als 10%iges Rezepturkonzentratpulver wird mit Mittelkettigen Triglyceriden angerieben – unter mehrmaligem Rühren und Abschaben. Die Einwaagen, das Tara-Gewicht von Salbenschale und Pistill sowie die Ergebnisse der Inprozessprüfung (Homogenität der Verreibung) werden dokumentiert.

Danach erfolgt die **anteilige Zugabe der Basiscreme DAC schrittweise im Verhältnis 1:1.** Das bedeutet, dass jeweils zur vorliegenden Ansatzmenge etwa die gleiche Menge Grundlage gegeben wird. Unter mehrmaligem, schwingendem Rühren und regelmäßigem Abschaben von Schalenwandung und Pistill wird bis zur gleichmäßigen Beschaffenheit homogenisiert. Bei einer Rezepturmenge von 20 g können 5–6 Arbeitsschritte notwendig werden.

■ **MERKE** Vor jeder Zugabe von Grundlage zur Verreibung sind Reste des Ansatzes von Pistill, Kartenblatt und Schalenwandung sorgfältig abzuschaben (○ Abb. 4.14)! Der Ansatz muss auch mittig vom Schalenboden gelöst werden (○ Abb. 4.15)! Nur so kann eine homogene Verteilung der suspendierten Pulverteilchen in der Grundlage sichergestellt werden.

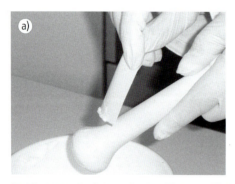
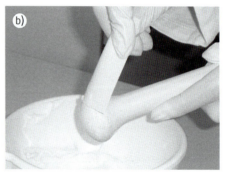

○ **Abb. 4.14** Abschaben des Pistills bei der Salbenherstellung. Foto: KS

○ **Abb. 4.15** Abschaben der Konzentratanreibung vom Schalenboden. Foto: KS

Die tatsächlichen Herstellungsschritte sowie Durchführung und Ergebnisse der Inprozesskontrollen werden dokumentiert.

### Herstellung von Zubereitungen mit automatischen Rührsystemen
Für die Herstellung von Zubereitungen mit automatischen Rührsystemen wird die sogenannte Sandwich-Technik empfohlen. Die Sandwich-Technik trägt wesentlich dazu bei, dass Substanzen und Grundlage optimal vermischt werden. Zu beachten ist aber, dass mit dem Rührsystem generell keine Teilchenzerkleinerung möglich ist.

**Sandwich-Technik**
1. Vorlegen von Grundlage,
2. feste Substanzen, Verreibungen oder Rezepturkonzentrate dezentral zugeben,
3. Grundlage auffüllen.

Dabei sollen alle Schichten gleichmäßig über die Krukenfläche verteilt werden. Bei größeren Mengen an Zubereitung (etwa ab 500 g) sind mehrere Schichten empfehlenswert.

**Allgemeine Empfehlungen zur Herstellung von Rezepturen mit elektrischen Rührsystemen**
- Gerätespezifische Angaben der Hersteller der Rührsysteme beachten;
- gering dosierte Wirkstoffe als Verreibung einsetzen;
- zu suspendierende Wirkstoffe möglichst mikronisiert einsetzen;

- Sandwich-Technik anwenden;
- Erwärmung verhindern durch:
  - niedrige Umdrehungszahlen,
  - Einhalten von Rührintervallen mit ausreichend langen Pausen und
  - Verwendung von vorgekühlten Grundlagen;
- vor Beginn des Rührvorgangs Luft aus der Spenderdose entfernen;
- Endkontrolle durchführen.[1]

**Hydrophile Erythromycin-Creme 4 % (NRF 11.77.)**
**Zusammensetzung für 100 g:**

| | |
|---|---|
| Erythromycin | 4,0 g |
| (ggf. Einwaagekorrektur vornehmen, NRF-Gruppe 4!) | |
| (Mittelkettige Triglyceride[1]) | (4,0 g) |
| Propylenglycol | 10,0 g |
| Gereinigtes Wasser | 22,0 g |
| Citronensäure-Lösung 0,5 % | 14,0 g |
| Basiscreme DAC | q. s. |

**Geräte:** Automatisches Rührsystem inklusive Zubehör und Mischgefäß, Waage, Spatel und Spatelschlitten, Kartenblätter aus Kunststoff, Utensilien zum Arbeitsschutz.
→ entsprechend Herstellungsanweisung

> **Praxistipp**
> Bei programmierbaren Geräten ist ein Abspeichern der Einstellungen möglich. Außerdem gibt es bei bestimmten Geräten eine Schnittstelle zum Rezeptur-PC. Damit können Rührparameter elektronisch dokumentiert werden.

**Herstellung mit TopiTec Automatic® (nach Rezepturhandbuch der Fa. WEPA):** Die Dreh-Dosier-Kruke wird inklusive der eingeschobenen Werkzeugwelle und TopiTec®-Mischscheibe tariert. Etwa die Hälfte der Basiscreme DAC wird vorgelegt, die abgewogene Menge des mikronisierten Erythromycins dezentral aufgestreut und mit der Restmenge Basiscreme DAC vollständig bedeckt. Die übrigen Stoffe werden in der oben angegebenen Reihenfolge hinzugefügt. Der Hubboden wird aufgesetzt und die Luft aus der Kruke durch tiefes Niederschieben des Bodens entfernt. Nach dem Einspannen der Kruke in das Rührgerät wird 5 Minuten bei 1500 UpM maschinell gerührt. Das Tara-Gewicht des Gefäßes, Chargenbezeichnungen und Einwaagen der Ausgangssubstanzen sowie die Geräteparameter werden dokumentiert. Die Kruke wird geöffnet und die Zubereitung visuell geprüft.

---

[1] Zugabe bei Herstellung im TopiTec Automatic® nicht notwendig (siehe Rezepturhandbuch der Fa. WEPA)

> **Praxistipp**
> Das mehrmalige Ausstreichen von Zubereitungen auf einem Objektträger und das Betrachten im Gegenlicht sind empfehlenswert, da Erythromycin mit wasserhaltigen Grundlagen schlecht benetzbar ist und bei der Herstellung leicht Klümpchen entstehen können. Im Zweifelsfall sollte eine lichtmikroskopische Prüfung durchgeführt werden.

Die Prüfung auf Homogenität und Pulvernester wird als Inprozesskontrolle dokumentiert. Ist die Homogenität nicht gegeben, kann eine Verlängerung der Mischzeit erforderlich sein, die Kontrolle auf Homogenität ist zu wiederholen. Ergebnisse weiterer Inprozesskontrollen (z. B. auf Farbe, Geruch, Fremdstoffe, Konsistenz) werden ebenfalls dokumentiert. Ergebnisse weiterer Inprozesskontrollen werden ebenso dokumentiert.

> **Hinweis**
> Das NRF empfiehlt bei maschineller Verarbeitung stets das Herstellen einer Konzentratanreibung mit einem Teil der Grundlage. Alternativ kann die Anreibung des Wirkstoffes mit Mittelkettigen Triglyceriden auch in der Fantaschale vorgefertigt werden. Nur die weitere Verarbeitung wird im automatischen Rührsystem ausgeführt.

### Herstellung von flüssigen Zubereitungen

Tab. 4.2 enthält einige praktische Rezepturhinweise zu Beispielrezepturen flüssiger Zubereitungen des NRF.

**Tab. 4.2** Praktische Rezepturhinweise zu Beispielrezepturen des NRF

| NRF-Rezeptur | Praktischer Rezepturhinweis |
|---|---|
| Abwaschbares Salicylsäure-Öl 2 %, 5 %, 10 % (NRF 11.85.) | Lösen des Wirkstoffs nach Erwärmung des Vehikels unter Rühren möglich |
| Konserviertes Wasser (NRF S.6.) | Filtrieren der Lösung nur zur Entfernung von Schwebeteilchen – aber nicht von ungelösten PHB-Estern – vornehmen |
| Polidocanol-Zinkoxid-schüttelmixtur 3 %, 5 %, 10 % (NRF 11.66.) | Aufschäumen wegen grenzflächenaktiver Eigenschaft von Polidocanol 600 beobachtbar |
| Silbernitrat-Lösungen (siehe NRF 11.98. und 11.99.) | Irreversible Verfärbung der Arbeitsfläche möglich; Schutz durch zusätzliche Unterlage empfehlenswert |
| Nystatin-Suspensionen (siehe NRF 21.3. und 21.4.) | Zügiges Verarbeiten von Nystatin wegen Temperaturempfindlichkeit; Einwaagekorrektur für Nystatin (NRF-Gruppe 8) vornehmen |

□ **Tab. 4.2** Praktische Rezepturhinweise zu Beispielrezepturen des NRF (Fortsetzung)

| NRF-Rezeptur | Praktischer Rezepturhinweis |
| --- | --- |
| Dexpanthenol-Lösung 5 % (NRF 7.3.) | Zu lösende Stoffe nacheinander lösen und jeweils Inprozesskontrolle durchführen; Einwaagekorrektur Dexpanthenol (NRF-Gruppe 4) vornehmen |
| Ölige Dronabinol-Tropfen 2,5 % (NRF 22.8.) | $\Delta^9$-Tetrahydrocannabinol muss vor Verwendung im Vorratsbehältnis durch Erwärmen verflüssigt werden |

■ **MERKE** Bei der Herstellung von Lösungen wird i. d. R. das Lösungsmittel vorgelegt, dann erfolgt unter Rühren die Zugabe der zu lösenden Bestandteile. Diese werden nacheinander zur Lösung gebracht. Die vollständige Auflösung sollte jeweils als Inprozesskontrolle visuell geprüft und dokumentiert werden. Wird Wasser als Lösungsmittel eingesetzt, müssen Verdunstungsverluste ergänzt werden (○ Abb. 4.16).

○ **Abb. 4.16** Verdunstungsverlust ergänzen. Foto: KS/MO

Bei der Herstellung von alkoholischen Lösungen (z. B. Ethanolhaltige Eosin-Dinatrium-Lösung 0,5 % NRF 11.94.) werden Verdunstungsverluste i. d. R. nicht ergänzt. Eine zügige Abeitsweise ist zwingend notwendig. Bei wässrig-alkoholischen Rezepturen mit Salicylsäure ist das Ergänzen mit Alkohol aber zur Vermeidung von Rekristallisationserscheinungen notwendig, da die Löslichkeitsgrenze auch bei zügiger Arbeitsweise schnell erreicht wird.

> **Praxistipp**
> Ist an der elektronischen Präzisionswaage ein Drucker angeschlossen, kann durch Tastenbetätigung an der Waage die Einwaage bei der Herstellung einer Lösung schnell festgehalten werden. Dadurch wird die herstellungsbegleitende Erstellung der Dokumentation vereinfacht, Verzögerungen im direkten Herstellungsprozess werden minimiert.

Eine Filtration wird oft nur dann nötig, wenn Schwebeteilchen enthalten sind oder die Herstellungsvorschrift diese Maßnahme vorsieht. Filtriert werden kann mittels Erdanziehungskraft durch einen (in einen Glastrichter eingelegten) Papierfilter oder mittels Unterdruck durch eine Filternutsche. Schließt sich der Herstellung eine Sterilfiltration durch einen Filter mit 0,22 µm Porenweite an, werden dabei auch Schwebeteilchen entfernt.

### Wärmeanwendung bei der Arzneimittelherstellung
In der Apothekenrezeptur stehen verschiedene Geräte zur Wärmezufuhr zur Verfügung:
- Wasserbad (o Abb. 4.17),
- Heizplatte,
- Trockenschrank,
- Autoklav,
- Bunsenbrenner.

o **Abb. 4.17** Rezeptur-Wasserbad.
Foto: KS/MO

> **Hinweis**
> Mikrowellen erwärmen Zubereitungen nicht gleichmäßig, sodass es leicht zu Überhitzungserscheinungen kommen kann. Zudem ist eine Mikrowelle im Personalbereich aus hygienischen Gründen nicht für die Arzneimittelherstellung geeignet.

Die betriebsinternen Reinigungspläne für die Geräte müssen beachtet werden. Vor allem Wasserbäder müssen regelmäßig gereinigt und sollten vor jeder Inbetriebnahme nochmals inspiziert werden. Beim Umgang mit Geräten und erhitzten Ansätzen sind die in der

Betriebsanweisung festgelegten Arbeitsschutzmaßnahmen zu beachten. ◘ Tab. 4.3 nennt für einige Stoffe zu beachtende Aspekte beim Einsatz von Wärme in der Rezepturherstellung.

◘ **Tab. 4.3** Einsatz von Wärme bei der Herstellung von Rezepturen (Beispiele)

| Wärmeanwendung notwendig, da ... | Wärmeanwendung ungünstig, weil ... |
|---|---|
| Hartparaffin, feste Emulgatoren oder feste Fette oder Wachse vor Verwendung geschmolzen werden müssen. | Steinkohlenteer und ätherische Öle flüchtig sind. |
| Polidocanol 600 oder Dronabinol vor der Verwendung leicht erwärmt werden müssen. Die Homogenität wäre sonst nicht sichergestellt. | alkoholische Lösungen und Lösungsmitteln flüchtig sind. CAVE: Brandgefahr! |
| Salicylsäure, Menthol oder Campher in einer mild erwärmten Fettgrundlage leichter in Lösung gebracht werden können. | Salicylsäure, Metronidazol und Miconazolnitrat zur Rekristallisation neigen. CAVE: Suspensionszubereitung; automatisches Rührsystem! |
| PHB-Ester oder Sorbinsäure sowie Zucker (Saccharose) bis zur Lösung in Wasser unter Rühren stark erwärmt werden müssen. | Harnstoff, Nystatin und Dithranol thermolabil sind. CAVE: Automatisches Rührsystem! |
| das Erhitzen von Materialien und Zubereitungen im Trockenschrank oder Autoklav sowie 5-minütiges, sprudelndes Abkochen von Wasser zur Abtötung von Keimen geeignete Maßnahmen sind. | heiße Lösungen starke Hautverletzungen verursachen können. CAVE: Brandgefahr bei öligen Lösungen! |

■ **MERKE** Die Herstellung folgender Rezepturen muss generell **ohne** Wärmeanwendung erfolgen:
- Suspensionszubereitungen (Salicylsäure, Glucocorticoide, Miconazolnitrat),
- Zubereitungen mit flüchtigen Stoffen (ätherische Öle, Steinkohlenteer, Alkohol),
- Zubereitungen mit thermolabilen Stoffen (Dithranol, Nystatin, Harnstoff).

> **Praxistipp**
> Wird der Verschluss eines Gefäßes sterilisiert, muss auf seine Beständigkeit gegenüber Hitzeeinwirkung geachtet werden! So können ölige Augentropfen nicht durch Autoklavieren sterilisiert werden, da das Kunststoffmaterial der Augentropfflaschen nicht ausreichend thermostabil ist.

### Lichtschutz bei der Herstellung

Zubereitungen mit sehr licht- und oxidationsempfindlichen Substanzen (wie z. B. Dithranol, Tretinoin, Methoxsalen, Oxytetracyclinhydrochlorid, Minoxidil und Chloralhydrat) sollen zügig hergestellt werden. Zum Lichtschutz ist es empfehlenswert, beim Herstellen von Lösungen das Becherglas mit Aluminiumfolie zu umwickeln (siehe NRF 11.102.).

### Besondere Maßnahmen zur Herstellung steriler Arzneimittel

Sollen in der Apotheke Zubereitungen hergestellt werden, die
- auf schwer geschädigter Haut,
- am Auge oder
- parenteral

angewendet werden sollen, sind zusätzliche Maßnahmen notwendig, um den Keimeintrag ins Endprodukt zu minimieren bzw. Keime im Endprodukt zu eliminieren. Im Folgenden werden wichtige Maßnahmen kurz vorgestellt.

#### Herstellung mit Laminar-Air-Flow-(LAF-)System

Die aseptische Herstellung steriler Zubereitungen, die weder durch Hitzebehandlung noch durch Keimfiltration sterilisiert werden können, ist praktisch nur unter laminarer Strömung in einer speziell ausgestatteten Werkbank oder in einem Reinraum möglich. Bei ordnungsgemäßem Betrieb kann so der Keimeintrag in das Produkt minimiert werden.

> **Hinweis**
> Ophthalmika sollen vorzugsweise unter Laminar-Air-Flow-Bedingungen hergestellt werden. Zwingend einzuhalten sind diese Bedingungen bei halbfesten Zubereitungen und unkonservierten, wässrigen Augentropfen und Augenbädern (BAK-Leitlinie „Anwendungsbeispiel Herstellung der Zubereitungen zur Anwendung am Auge")

In der pharmazeutischen Industrie und in Krankenhausapotheken gehören LAF-Bereiche zur Standardausstattung bei der aseptischen Herstellung steriler Arzneimittel.

> **Praxistipp**
> Für den „kleinen Rezepturbetrieb" einer öffentlichen Apotheke sind kleine LAF-Systeme im Handel (z. B. Laminar-Flow-Tischaufsatz-Module oder LAF-Boxen im Kleinformat von ca. 60 × 40 cm). Fragen Sie Ihren Apothekenausstatter danach!

#### Verwendung von Wasser für Injektionszwecke (WFI)

Zahlreiche NRF-Rezepturen sehen den Gebrauch von Wasser für Injektionszwecke als Ausgangsstoff vor. Bei Arzneimitteln wie Ophthalmika oder Zubereitungen zur Anwendung auf schwer geschädigter Haut, die nach Ph. Eur. steril sein müssen, ist WFI als Lösungsmittel zwingend einzusetzen. Auch bei Lösungen zur Infektionsprophylaxe, die nicht steril (aber besonders keimarm) sein sollen, werden zur Herstellung zusätzliche keimreduzierende Maßnahmen empfohlen, wie der Einsatz von WFI und die Keimfiltration.

### Aseptische Entnahme von Ausgangsstoffen

Sollen Arzneimittel steril (oder besonders keimarm) sein, ist auf die aseptische Entnahme von Ausgangsstoffen aus dem Standgefäß zu achten. Das bedeutet, dass alle Arbeitsgeräte (Spatel, Löffel, Becherglas, Glasstab etc.) vor Benutzung sterilisiert und so gelagert werden müssen, dass der sterile Zustand erhalten bleibt. Zur Herstellung von Polihexanidzubereitungen zur Anwendung auf schwer geschädigter Haut wird nach NRF die Entnahme der Substanz aus dem Vorratsgefäß mit einer sterilen Kanüle vorgeschrieben.

### Sterilfiltration

Bei der Herstellung besonders keimarmer oder steriler, flüssiger Zubereitungen sieht das NRF am Ende der Herstellung die Filtration durch Bakterien zurückhaltende Filter mit einer Porenweite von maximal 0,22 µm (Sterilfilter) vor. Das Verfahren wird bei der Herstellung steriler Arzneimittel vorgeschrieben, wenn das Arzneimittel nicht im Endbehältnis sterilisiert werden kann. Aber auch bei der Herstellung nichtsteriler Arzneimittel kann die Keimreduktion der Zubereitung durch Filtration erwogen werden. Im Anschluss an die Filtration muss die Filterintegrität geprüft werden. In der Apotheke erfolgt die Prüfung i. d. R. mit dem Bubble-Point-Test (▶ Kap. 1 „Schritt 1: Hygienestandards einhalten"). Besteht der Filter diesen Test nicht, ist die Filtration mit einem neuen Filter zu wiederholen, dieser muss anschließend ebenfalls überprüft werden. ◘ Tab. 4.4 enthält Beispiele für NRF-Rezepturen, bei denen eine Keimreduktion durch Filtration vorgesehen ist.

◘ **Tab. 4.4** Beispiele für NRF-Rezepturen, bei denen eine Keimreduktion durch Filtration vorgesehen ist

| NRF-Rezeptur | Anwendung |
| --- | --- |
| Silbernitrat-Lösung 0,5 %/1 % (NRF 11.98.) | Zur Infektionsprophylaxe bei Verbrennungswunden |
| Silbernitrat-Lösung 10 % (NRF 11.99.) | Als Adstringens und Ätzmittel zum Touchieren von Haut- und Schleimhautläsionen |
| Povidon-Iod-Augenbad 1,25 % (NRF 15.27.) | Als präoperatives Augenantiseptikum |
| Atropinsulfat-Augentropfen 0,5 %, 1 %, 2 % (NRF 15.2.) | Als Mydriatikum und zur Akkomodationslähmung |
| Neutrale Indometacin-Augentropfen 0,1 % ohne Konservierung (NRF 15.15.) | Als Antiphlogistikum bei Kataraktoperationen |
| Carbachol-Konzentrat 2 % (m/V) zur Inhalation (NRF 13.5.) | Als Diagnostikum in der Pulmonologie |
| Ethanolhaltige Polidocanol 600-Sklerosierungslösung 10 % (m/V) (NRF 5.8.) | Als Sklerotherapeutikum |

### Sterilisation im Autoklav

Können Zubereitungen im Endbehältnis sterilisiert werde, ist das Autoklavieren die Sterilisationsmethode der Wahl. Das Standardverfahren ist die Behandlung mit gespanntem, gesättigtem Wasserdampf bei 121 °C für 15 Minuten (Druck: 2 bar; 200 kPa). Verschiedene Sklerosierungs- und Installationslösungen werden nach NRF durch Autoklavieren sterilisiert.

> **Hinweis**
>
> Abweichend von den Standardbedingungen sind modifizierte Sterilisationsverfahren möglich, wenn deren Eignung nachgewiesen wurde. Die geprüften Angaben zu Dauer, Druck und Temperatur der Behandlung werden in der Herstellungsvorschrift festgelegt (z. B. NRF-Monographie oder SOP).
> Beispiele für modifizierte Verfahren im NRF:
> - Sicherheitskochtopf (im gespannten Wasserdampf) bei 121 °C für 20 min (Polihexanid-Lösung nach NRF 11.128., Polihexanid-Gel nach NRF 11.131., Kohle-Suspension nach NRF 19.5.),
> - Sicherheitskochtopf (im gespannten Wasserdampf) bei 121 °C für 30 min (Zinkoxidschüttelmixtur-Konzentrat (nach NRF S.13.).

Auch bei Zubereitungen zur Anwendung auf schwer geschädigter Haut wird das Autoklavieren zur Keimreduktion vorgeschrieben, z. B. Ethacrdidinlactat-Monohydrat-Lösung 0,1 % (NRF 11.61.) oder Hydrophiles Polihexanid-Gel 0,04 % (NRF 11.131.).

Zinkoxidschüttelmixtur-Konzentrat (NRF S.13.) wird zum Abschluss der Herstellung autoklaviert, da das verarbeitete Talkum als Ausgangsstoff häufig nicht die geforderte mikrobiologische Qualität aufweist und deshalb die Keimzahl im Endprodukt über dem Grenzwert nach Ph. Eur. ohne zusätzliche Maßnahmen nicht sichergestellt werden kann.

> **Wussten Sie, dass ...**
>
> ... Talkum bergmännisch gewonnen wird? Traditionelle Abbaugebiete von Speckstein liegen in den Süd- und Westalpen, in Ägypten und Russland. Aufgrund der jahrhundertelangen Ausbeutung und Nutzung des Talks für die Herstellung von Gebrauchsgegenständen gelten Lagerstätten in Deutschland als weitgehend erschöpft.

### Keimabtötung im Trockenschrank

Hitzeunempfindliche Arbeitsmaterialien und -gefäße sowie Zubereitungen können im Trockenschrank sterilisiert werden – Standardverfahren: 180 °C für mind. 30 Minuten. ◘ Tab. 4.5 enthält Beispiele für NRF-Rezepturen, bei denen eine Sterilisation mit trockener Hitze vorgesehen ist.

> **Praxistipp**
>
> Metallspatel/-löffel und Glasstäbe können in einem schmalen Becherglas, welches mit Aluminiumfolie abgedeckt ist, im Trockenschrank sterilisiert werden.

**Tab. 4.5** Beispiele für NRF-Rezepturen, bei denen eine Sterilisation mit trockener Hitze vorgesehen ist

| NRF-Rezeptur | Bemerkung |
|---|---|
| Emulgierende Augensalbe DAC (NRF 15.20.) – früher: Oculentum simplex SR | Behandlung mit trockener Hitze vor aseptischer Abpackung in sterile Tuben bei 140°C für 30 Minuten |
| Einfache Augensalbe DAC (NRF 15.19.) | |
| Phenol-Erdnussöl-Injektionslösung 5 % (NRF 5.3.) | Sterilisation der gefüllten Injektionsflaschen bei 140 °C für 30 Minuten |
| Ethanolhaltige hydrophile Zinkoxid-Paste 18 % (NRF 11.49.) – „18er-Lotio" | Talkum vor der Verwendung bei 180 °C 1 h im Trockenschrank in einer dünn ausgebreiteten Schicht erhitzen (falls kein Nachweis über die mikrobiologische Qualität von ≤ 100 KBE/g vorliegt) |
| Polidocanol-600-Zinkoxidschüttelmixtur 3 %, 5 %, 10 % (NRF 11.66.) | |
| Zinkoxid-Talkumpuder 50 % (NRF 11.60.) | |

## 4.3 Maßnahmen, die sich unmittelbar an die Herstellung anschließen

**Zur Beachtung:** Im Anschluss an die Herstellung erfolgen Durchführung und Dokumentation der Kontrolle (▶ Kap. 5 „Schritt 5: Kontrollen durchführen"), die Verpackung der Zubereitung (▶ Kap. 6 „Schritt 6: Zubereitung abfüllen") und die Kennzeichnung des Abgabegefäßes (▶ Kap. 7 „Schritt 7: Gefäß etikettieren"). Den Schritten 5–7 sind die folgenden Kapitel gewidmet.

Erst nach Abschluss aller 7 Schritte kann die Dokumentation abschließend geprüft und das Arzneimittel durch den Apotheker freigegeben werden.

Im Folgenden sollen Maßnahmen zusammengestellt werden (◻ Tab. 4.6), die zwar für die Qualität der soeben hergestellten Rezeptur ohne Bedeutung sind, die aber Auswirkungen auf den Zustand der Arbeitsgeräte- und Materialien haben können und deshalb die Qualität folgender Rezepturen beeinflussen können.

◘ Tab. 4.6 Maßnahmen, die sich unmittelbar an die Herstellung der Rezeptur anschließen

| Maßnahmen | Bemerkungen |
|---|---|
| Arbeitsfläche beräumen und reinigen | Zur Reinigung Einmaltücher verwenden |
| Waage reinigen | In der Regel genügt Reinigung mit Pinsel, keine feuchte Reinigung |
| Abfälle entsorgen | Abfallbehälter mindestens täglich leeren |
| Geräte säubern | Nicht im Waschbecken stehen lassen! (weder im ungereinigten noch im gereinigten Zustand) |
| Persönliche Arbeitsschutzmaßnahmen beenden | Ablegen von Schutzhandschuhen, Schutzbrille und Staubschutzmaske (Entsorgung von Einwegmaterialien), Abzug bei geschlossenem Frontschieber und Lüftungsanlage nachlaufen lassen und dann ausschalten |
| Hautpflege der Hände | Mit feuchtigkeitsspendender Creme |

Im Einzelfall ist zu prüfen, ob diese Maßnahmen zeitlich unmittelbar nach der Herstellung der aktuellen Rezeptur – also teilweise noch vor Kontrolle und Kennzeichnung – stattfinden sollten. In der Regel schließen sich diese Tätigkeiten an die Fertigstellung der Rezeptur an. Bei sehr dringenden Tätigkeiten, wie der sofortigen Reinigung besonders verschmutzter Gefäße, ist es evtl. empfehlenswert, Kollegen/-innen um Unterstützung zu bitten.

> **Praxistipp**
> - Kunststoffmaterialien (Reibschale, Pistill, Kartenblätter etc.), die in Kontakt mit **Ethacridinlactat-Monohydrat** gekommen sind, sollen sofort mit Dickflüssigem Paraffin auf Zellstoff abgewischt und danach mit essigsaurer nichtionischer Tensidlösung (z. B. Polysorbate) gereinigt werden.
> - Nach Herstellung von Rezepturen, die **Clioquinol** enthalten, sollen die Arbeitsgeräte gleich nach der Herstellung gereinigt werden, da sonst schwer entfernbare bräunliche Verfärbungen entstehen.
> - Nach der Herstellung von Rezepturen mit **Eisenoxid**-Stammverreibung NRF S.10. lassen sich Braunfärbungen an Reibschale und Pistill (teilweise) mit angefeuchtetem Scheuerpulver beseitigen. Die Entfernung verbliebener Farbmittelreste kann mit Kaliumoxalat- oder Oxalsäurelösung bzw. Natriumedetatlösung versucht werden (siehe NRF 11.60.)

## 4.4 Dokumentation der Herstellung

Für die Herstellung von Defekturarzneimitteln war und ist die chargenbezogene Dokumentation wesentlicher Herstellungsparameter gefordert, für die Herstellung von Rezepturarzneimitteln enthielt die alte Apothekenbetriebsordnung bisher keine Festlegungen zur Dokumentation der Herstellung von Rezepturarzneimitteln. In der novellierten Apothekenbetriebsordnung sind nunmehr grundlegende Anforderungen an die Herstellungsdokumentation auch für die Herstellung von Rezepturarzneimitteln definiert, die Festlegungen zur Dokumentation für die Defektur wurden weiter detailliert.

Aufgenommen in die Apothekenbetriebsordnung wurde die Forderung der **Freigabe** des hergestellten Arzneimittels durch einen Apotheker. Diese Forderung ergab sich bisher bereits u. a. aus den Leitlinien der Bundesapothekerkammer zur Qualitätssicherung „Herstellung und Prüfung der nicht zur parenteralen Anwendung bestimmten Rezeptur- und Defekturarzneimittel". Die Freigabe ist für die Herstellung von Arzneimitteln ein grundlegender Bestandteil der Qualitätssicherung.

■ **MERKE** In der Apotheke hergestellte Arzneimittel müssen vor der Abgabe an den Kunden von einem Apotheker – schriftlich – freigegeben werden.

### Rezepturarzneimittel

Werden in der Apotheke Rezepturarzneimittel angefertigt, so muss eine begleitende und nachvollziehbare Dokumentation des Herstellungsvorgangs erfolgen. Die Apothekenbetriebsordnung legt die Mindestanforderungen an die Dokumentation in § 7 fest:
- Ausgangsstoffe und Einwaage,
- Name des Patienten/Kunden und bei Verschreibung den Namen des Arztes oder bei Tierarzneimitteln: Name des Tierarztes, Name des Tierhalters und Tierart,
- Herstellungsparameter und Inprozesskontrollen,
- Herstellende Person und formale Freigabe durch den Apotheker.

Es ist sinnvoll, auch die Durchführung der in der Herstellungsanweisung zur Herstellung dieses Arzneimittel festgelegten Hygienemaßnahmen zu dokumentieren. Als Anlage zum Protokoll können Herstellungsanweisung und Musteretikett beigefügt werden. Im Online-Plus-Angebot findet sich eine Dokumentationsvorlage zum Download (o Abb. 4.18).

Das NRF gibt in Kapitel II Empfehlungen für die praxisnahe Dokumentation bei der Herstellung und Prüfung von Rezepturarzneimitteln. Für die im NRF monographierten Rezepturen finden sich konkrete Arbeitsvorlagen, die zur standardisierten Dokumentation genutzt werden können.

**Herstellungsdokumentation Rezepturarzneimittel nach § 7 ApBetrO**

**Apothekenstempel**

Dokumentation notwendiger Angaben nach §7 ApBetrO (z.B. KOPIE der VERORDNUNG)

Wesentliche Herstellungsparameter und weitere Bemerkungen, z.B. zu Plausibilitätsprüfung, Einwaagekorrektur, Herstellungsparameter, Ergebnis der Inprozesskontrollen, Endproduktprüfung, Packmittel:

Weitergehende Ausführungen siehe Rückseite/nächste Seite JA ☐ NEIN ☐

| Ausgangsstoff | Charge oder Prüfnummer | Soll-Einwaage in [...] | Ist-Einwaage in [...] | Signum Herstellender |
|---|---|---|---|---|
| | | | | |

| | JA | NEIN |
|---|---|---|
| Hygienemaßnahmen durchgeführt | ☐ | ☐ |
| Checkliste im Anhang | ☐ | ☐ |
| Plausibilität geprüft | ☐ | ☐ |
| Checkliste im Anhang | ☐ | ☐ |
| Herstellungsanweisung erstellt | ☐ | ☐ |
| Checkliste im Anhang | ☐ | ☐ |
| Musteretikett siehe Rückseite/Anlage | ☐ | ☐ |
| Sonstiger Anhang ............ | ☐ | ☐ |

Name des Herstellenden/Datum

Freigabe nach § 7 ApBetrO: ja ☐ nein ☐

Unterschrift des Apothekers oder der zur Vertretung berechtigter Person/Datum

**○ Abb. 4.18** Beispiel für Herstellungsdokumentation eines Rezepturarzneimittels

**Praxistipp**

Eine Dokumentationsvorlage zur Herstellung von Rezepturarzneimitteln steht unter www.Online-PlusBase.de zum Download und zur interaktiven Bearbeitung am PC zur Verfügung.

## Defekturarzneimittel

Wird ein Defekturarzneimittel hergestellt, muss der Herstellungsprozess nach § 8 ApBetrO dokumentiert werden. Bestandteil der Dokumentation sollten mindestens folgende Angaben sein:

- Benennung der Herstellungsanweisung,
- Herstellungsdatum bzw. Chargenbezeichnung,
- Einwaagen der Ausgangssubstanzen inklusive Chargenbezeichnung oder Prüfnummern,
- Ergebnisse der Inprozesskontrollen,
- Herstellungsparameter, z. B. ggf. Geräteparameter bei der Herstellung mit automatischen Rührsystemen,
- Gesamtausbeute, ggf. Anzahl der abgeteilten Darreichungsformen,
- ggf. Besonderheiten (z. B. Berechnungen, besondere Vorkommnisse),
- Verfalldatum oder Nachtestdatum,
- Signum des Herstellenden (ggf. der beaufsichtigenden Person) und nach
- Prüfung des Defekturarzneimittels Freigabe durch den verantwortlichen Apotheker.

Die Dokumentation der Herstellung muss nach ApBetrO „zum Zeitpunkt der Herstellung" erfolgen; insbesondere Chargenbezeichnungen, Einwaagen von Ausgangsstoffen und Ergebnisse von Inprozesskontrollen sind sofort zu notieren und mit Signum zu quittieren. Bei kritischen Herstellungsschritten (z. B. Einwaagen geringer Substanzmengen, Berechnungen) sollten Herstellung und Dokumentation im 4-Augen-Prinzip erfolgen, d. h. von einem zweiten Mitarbeiter geprüft werden.

> **Hinweis**
> Sind Berechnungen notwendig, z. B. zur Einwaagekorrektur von Stoffen, müssen diese auf dem Herstellungsprotokoll nachvollziehbar dokumentiert werden.
> Unter **Soll-Einwaage** wird im Protokoll die um den berechneten Faktor korrigierte Einwaage angegeben.

Ein „Vorabschreiben" der Dokumentation ist nicht zulässig, da der tatsächliche Ablauf nachvollziehbar festgehalten werden muss – mit allen Pannen und Fehlern! Ebenso wird auch ein nachträgliches Ausfüllen des Protokolls oder der Vorlage nicht den Ansprüchen an eine herstellungsbegleitende Dokumentation gerecht.

> ■ **MERKE** Die Herstellungsdokumentation hat Urkundencharakter. Sie muss herstellungsbegleitend erstellt werden, damit der tatsächliche Herstellungsverlauf nachvollziehbar wird.
> Die Dokumentation muss sauber und ordentlich erfolgen. Fehlerhafte Eintragungen werden einfach gestrichen, korrigiert und die Korrektur mit Angabe des Datums absigniert. Wenn anwendbar, sollte der Grund für die Streichung vermerkt werden (z. B. „verschrieben"). Gestrichene Eintragungen müssen in jedem Fall lesbar bleiben!

Der Apotheker erteilt durch seine Unterschrift die Freigabe des hergestellten Arzneimittels. Danach dürfen keine Änderungen der Angaben im Protokoll mehr vorgenommen werden!

> **Ein Blick über den Tellerrand**
> Nach den Regeln der Guten Herstellungspraxis werden bei der Arzneimittelherstellung in der pharmazeutischen Industrie alle qualitätsrelevanten Herstellungs- und Prüfparameter lückenlos dokumentiert und mehrfach kontrolliert. Die chargenbegleitende Dokumentation kann mehrere Hundert Seiten betragen, die nach dem 4-Augen-Prinzip mindestens zweifach kontrolliert und bestätigt werden muss.

## 4.5 Zusammenfassung und Wiederholung

**Tab. 4.7** Qualitätssicherung im Schritt 4: Rezeptur herstellen

| Schwerpunkt | Maßnahmen |
|---|---|
| Hygiene | Nach Hygieneplan durchführen, im Besonderen:<br>- Hände- und Handschuhdesinfektion vor und bei Unterbrechungen der Herstellung,<br>- Reinigung des Arbeitsplatzes, ggf. auch zwischendurch,<br>- Tragen der festgelegten Hygieneschutzkleidung,<br>- während der Herstellung nicht husten oder niesen, Sprechen vermeiden. |
| Arbeitsschutz | Entsprechend der Gefährdungsbeurteilung/Betriebsanweisung:<br>- ggf. FFP2-Maske, Schutzbrille, Handschuhe tragen,<br>- Laborlüftung anschalten,<br>- unter dem Abzug arbeiten. |
| Vorbereitung | - Ausgangsmaterialien und -geräte bereitstellen;<br>- Zeiten für Inbetriebnahme von Geräten beachten;<br>- Türen und Fenster schließen. |
| Herstellung | - Ordnung am Arbeitsplatz einhalten, Übersicht sicherstellen;<br>- saubere und benutzte Arbeitsmittel trennen;<br>- Herstellung nach Herstellungsanweisung durchführen;<br>- galenisches Profil der zu verarbeitenden Stoffe und Spezifik der Arbeitsmaterialien und Arbeitsmethode beachten;<br>- Angaben der Gerätehersteller berücksichtigen;<br>- Einwaagen korrekt vornehmen – Einwaagekorrektur beachten;<br>- Zwischenprodukte abdecken, Gefäße mit Zwischenprodukten beschriften;<br>- Behältnisse sofort nach Gebrauch säubern und schließen;<br>- gefüllte Behältnisse kennzeichnen;<br>- ggf. zusätzliche Maßnahmen zur Keimreduzierung anwenden;<br>- nach Beendigung der Herstellung Arbeitsfläche abräumen, Reinigung und Hygienemaßnahmen durchführen. |
| Dokumentation | - Herstellungsbegleitende Dokumentation, ggf. nach dem 4-Augen-Prinzip;<br>- Nutzung der Dokumentationsvorlage „Herstellungsdokumentation Rezepturarzneimittel" oder der NRF-Arbeitsvorlage. |
| Personal | - Regelmäßige Schulung der Mitarbeiter der Herstellung;<br>- Teamabsprachen zu Arbeitsorganisation und Zeitmanagement. |
| Weitere qualitätssichernde Maßnahmen | - **Ausreichend Zeit für die Herstellung einplanen – nur herstellungsbedingte Unterbrechungen zulassen!**<br>- Anbrüche deklarieren und Aufbrauchfristen konkret angeben;<br>- schriftliche Standardarbeitsanweisung (SOP) erstellen;<br>- regelmäßige externe Qualitätskontrolle zum Nachweis der Produktqualität und Bestätigung der Herstellungsmethode. |

## 4.6 Cora Emsig in der Rezeptur, Teil 4

Gerade als PTA Cora Emsig mit der Herstellung von 100 g „Hydrocortisonacetat-Suspension 0,5 % mit Lidocainhydrochlorid und Dexpanthenol (NRF 7.14.)[1]" beginnen will, öffnet sich die Tür der Rezeptur. Ihre Kollegin reicht ihr eine individuelle Verordnung herein mit den Worten: „Kannst Du die 5 g Cefuroxim-Augentropfen 5 % ohne Konservierung (NRF 15.30.) bitte gleich noch mit herstellen? Es wird beides gemeinsam abgeholt!" Cora Emsig ist von der Unterbrechung nicht begeistert und antwortet: „Augentropfen herzustellen erfordert andere Bedingungen! Wir verfügen weder über den Wirkstoff noch haben wir Wasser für Injektionszwecke oder die geeigneten Packmaterialien da! Unsere Rezeptur ist nicht mit einer Laminar-Box ausgestattet. Wir sollten uns im Team überlegen, ob wir dann solche Rezepturen überhaupt herstellen können!" Bevor sie die Tür schließt, gibt sie der Kollegin die Verschreibung zurück und setzt kurz angebunden fort: „Vor morgen wird das nichts, denn die Materialien für die Sterilfiltration müssen auch noch bestellt werden!"

Für die Herstellung der Suspension waren zu diesem Zeitpunkt bereits alle vorbereitenden Maßnahmen erledigt. Trotzdem desinfiziert Cora Emsig nochmals die Einmalhandschuhe. Die Einwaage von Hydrocortison in das Propylenglycol enthaltende Becherglas nimmt sie unter dem ausgeschalteten Abzug auf einer Präzisionswaage mit d = 0,01 vor, dessen Frontscheibe weit heruntergezogen ist. Auf dem Wasserbad stellt sie dann unter Rühren und Erwärmen eine Lösung her.

In einem sauberen Becherglas, löst sie nacheinander im Gereinigten Wasser die separat auf einer Feinwaage mit d = 0,001 abgewogene Menge an Natriummonohydrogenphosphat-Dodecahydrat und die um einen Faktor korrigierte Menge an Lidocainhydrochlorid. Das Dexpanthenol lässt sie gekonnt über einen Glasstab als dünnen, zähen Faden in den Ansatz laufen, bis die Präzisionswaage (d = 0,01) die Endmenge korrekt anzeigt. Mit dem Glasstab homogenisiert sie die Mischung.

Für die Mischung des vorgelegten Solubisators mit dem Pfefferminzöl nutzt sie ein neues, tariertes Becherglas und tröpfelt freihändig das Öl über der Waage dazu. Sogleich gibt sie diesen Ansatz zur vorher hergestellten Lösung und vereinigt auch den Hydrocortisonansatz damit. Dieser wies nach dem Abkühlen einen feindispersen Niederschlag auf, den sie vor der Zugabe nochmals aufschlämmt.

Vor der Abfüllung überprüft sie noch das Endgewicht sowie Geruch und Aussehen. Eine Dokumentation nimmt sie nicht vor. „Das Aufräumen kann die PKA übernehmen!", ist sich Cora Emsig sicher und beginnt nach dem Ablegen der Handschuhe mit der Anfertigung des Etiketts.

→ **Nehmen Sie diese Praxissituation unter die Lupe und finden Sie die Punkte, über die Cora Emsig und die Mitarbeiter dieser Apotheke noch einmal nachdenken sollten.**

→ **Aber nicht nur Sie, das ganze Team ist hier gefragt!**

---

[1] Zusammensetzung für 100 g: Hydrocortisonacetat 0,5 g; Lidocainhydrochlorid (Monohydrat) 1,0 g; Dexpanthenol 5,0 g; Natriummonohydrogenphosphat-Dodecahydrat 0,05 g; Macrogol-40-glycerolhydroxystearat 0,2 g; Propylenglycol 40,0 g; Pfefferminzöl 0,15 g; Gereinigtes Wasser q. s.

**Praxistipp**

Nutzen Sie zur Bearbeitung auch die Materialien des Online-Plus-Angebots! Es enthält für alle 7 Schritte:
- **Qualitäts-Checklisten** sowie
- **Arbeitsmaterial für Teamschulung, Selbststudium und Ausbildung**

und für die Fertigung eines Rezepturarzneimittels die
- **Formatvorlage zur Erstellung einer Herstellungsanweisung** sowie eine
- **Dokumentationsvorlage zur Herstellungsdokumentation.**

Sie finden die Dokumente auf www.Online-PlusBase.de im Bereich „Pharmazie". Für die erstmalige Anmeldung benötigen Sie Ihre E-Mail-Adresse und dieses Buch.

# 5 Schritt 5: Kontrollen durchführen

*„So wie der Receptar das Recept vor der Anfertigung mit Aufmerksamkeit durchzulesen hat, ebenso muss er es nach der Anfertigung wieder durchlesen, um sich zu vergewissern, dass er weder in der Mischung etwas vergessen oder von dem einen oder anderen Arzneistoff zu viel oder zu wenig genommen habe."* Hager (1862): Technik der pharmaceutischen Receptur – Handbuch der Receptirkunst.

5.1 Gesetzliche Anforderungen .................................................. 267
5.2 Methoden zur Kontrolle bei der Arzneimittelherstellung in der Apotheke .............. 270
5.3 Dokumentation .................................................. 278
5.4 Zusammenfassung und Wiederholung .................................................. 279
5.5 Cora Emsig in der Rezeptur, Teil 5 .................................................. 280

Qualität kann in ein Produkt nicht hineingeprüft, sondern muss produziert werden. Entsprechend diesem Grundsatz, stellt die Kontrolle einer Zubereitung einen wichtigen Schritt dar, um die Qualität der Zubereitung zu beurteilen.

## 5.1 Gesetzliche Anforderungen

Für die Herstellung von Arzneimitteln als Rezeptur oder Defektur gibt die Apothekenbetriebsordnung konkrete Anforderungen an die Prüfung vor.

### Apothekenbetriebsordnung (ApBetrO)
**§ 6 Allgemeine Vorschriften über die Herstellung und Prüfung**
„(1) Arzneimittel, die in der Apotheke hergestellt werden, müssen die nach der pharmazeutischen Wissenschaft erforderliche Qualität aufweisen. Sie sind nach den anerkannten pharmazeutischen Regeln ... zu prüfen ..."

**§ 7 Rezepturarzneimittel**
„(2) Bei einem Rezepturarzneimittel kann von einer analytischen Prüfung abgesehen werden, sofern die Qualität des Arzneimittels durch das Herstellungsverfahren, die organoleptische Prüfung des fertig gestellten Arzneimittels und ... die Ergebnisse der Inprozesskontrollen gewährleistet ist."

**§ 8 Defekturarzneimittel**
„(3) Für die Prüfung ... ist eine Prüfanweisung anzufertigen, die von einem Apotheker der Apotheke zu unterschreiben ist. ...
(4) Die Prüfung ist gemäß der Prüfanweisung ... durchzuführen und ... zu dokumentieren ... (Prüfprotokoll) ..."

> **Hinweis**
> Nach dem Produkthaftungsgesetz haftet der Apotheker für alle Fehler des in seiner Apotheke hergestellten Produktes, die nach dem weltweiten Stand von Wissenschaft und Technik zum Zeitpunkt des Inverkehrbringens erkennbar gewesen wären.

### 5.1.1 Rezepturarzneimittel

Die Möglichkeit zur Abgabe von Rezepturarzneimitteln ohne analytische Prüfung sollte nicht unkritisch (aus-)genutzt werden. Denn es kann im eigentlichen Sinne nur dann davon ausgegangen werden, dass ein Herstellungsverfahren die geforderte Qualität gewährleistet, wenn dies auch nachgewiesen worden ist. Dieser Nachweis wird i.d.R. durch Validierung des Verfahrens erbracht, was aber bei der Herstellung von Arzneimitteln in der Apotheke lediglich eingeschränkt möglich ist.

**Kommentar zur „alten" Apothekenbetriebsordnung**
„Bei einem Arzneimittel, das mit wenigen einfachen Herstellungsgängen hergestellt werden kann, wird man eher von einer Prüfung absehen können als bei einem Arzneimittel, das viele komplizierte Herstellungsstufen mit größerer Fehleranfälligkeit benötigt ….
Nach Auffassung des Bundesrates … sollte auch bei Rezepturarzneimitteln nur unter strengen Voraussetzungen von der Pflicht zur Prüfung abgesehen werden." (Cyran/Rotta 2010)

Bei den im NRF beschriebenen Rezepturen kann davon ausgegangen werden, dass die Herstellungsverfahren ausreichend geprüft worden sind. Bei Einhaltung der vorgegebenen Herstellungsanweisung sollte die Qualität des Arzneimittels durch das Herstellungsverfahren gewährleistet sein. Zur Sicherstellung der Qualität gibt das NRF Prüfungen zur Inprozess- oder/und Endkontrolle an. Vorzugsweise werden berührungslose Prüfungen durchgeführt, um die Kontaminationsgefahr zu minimieren und Produktverluste zu vermeiden.

Im NRF häufig vorgesehene Prüfungen bei der Herstellung von Dermatika sind z.B.:
- Aussehen (Klarheit, Opaleszenz, Trübung, Farblosigkeit oder Farbe),
- Konsistenz, Vorhandensein von Schwebeteilchen oder Bodensatz (inkl. Aufschüttelbarkeit von Bodensatz),
- Teilchengröße,
- pH-Wert,
- Verhalten beim Schütteln (z.B. Schaumbildung),
- Temperatur,
- Geruchsprüfungen und
- Tropfenzahl.

Generell sind diese Prüfungen auch zur Kontrolle nichtstandardisierter Individualrezepturen geeignet. Es muss im Einzelfall geprüft werden, welche Prüfungen geeignet und notwendig sind, um die Qualität der Zubereitung zu beurteilen.

■ **MERKE** Im NRF werden Prüfungen zur Inprozess- und Endkontrolle für Individualrezepturen vorgeschrieben. Diese Prüfungen sind der Art nach das Mindestmaß an Prüfungen wie sie auch bei nichtstandardisierten Rezepturen mit individueller Herstellungsvorschrift durchgeführt werden sollten.

Generell müssen Maßnahmen zur Inprozess- und Endkontrolle bereits bei der Herstellungsplanung in die Herstellungsanweisung integriert werden.

---

**BAK-Leitlinie und Kommentar „Herstellung und Prüfung der nicht zur parenteralen Anwendung bestimmten Rezeptur- und Defekturarzneimittel"**
XIV Qualitätsprüfung

Entsprechend der Leitlinie kann die Qualität der Zubereitung bei Nutzung standardisierter Herstellungsverfahren nur gesichert werden, wenn die Inprozesskontrollen konforme Ergebnisse liefern, eine entsprechende Dokumentation zur Herstellung vorliegt und das Herstellungsverfahren regelmäßig überprüft wird. Das beinhaltet die mindestens einmal jährliche Teilnahme an externen Qualitätsüberprüfungen (z. B. ZL-Ringversuche).
„Beispiele für Prüfkriterien und -verfahren: ...
- Visuelle Prüfung auf gleichmäßige Beschaffenheit (Aussehen, Klarheit, Fremdpartikel, Struktur, Homogenität)
- Visuelle Prüfung auf physikalische Stabilität (Flotation, Sedimentation, Brechen der Emulsion)
- Ungelöste Teilchen (bei Salben Ausstrich einer Probe)
- Pulveragglomerate
- Farbe
- Geruch
- pH-Wert (Tüpfeln auf fein skaliertes Indikatorstäbchen oder -papier)
- Filterintegritätsprüfung durch Blasendrucktest bei der Sterilfiltration"

Die Prüfungen werden i. d. R. als Inprozessprüfungen durchgeführt. Abschließend sind mindestens die Herstellungsdokumentation und die Kennzeichnung der Zubereitung zu prüfen. Da der Apotheker für die Qualität der in seiner Apotheke hergestellten Produkte verantwortlich ist, muss er nach BAK-Leitlinie diese Prüfungen durchführen (und dokumentieren).

---

Geplante Kontrollen werden in der zu erstellenden Herstellungsanweisung schriftlich fixiert. Bei der Herstellung selbst werden die Ergebnisse dokumentiert.

## 5.1.2 Defekturarzneimittel

Ein grundsätzlicher Bestandteil anerkannter pharmazeutischer Regeln ist es, Arzneimittel während und nach der Herstellung zu kontrollieren. Inprozesskontrollen sind zudem notwendig, um der Forderung auf Nachvollziehbarkeit des Herstellungsvorgangs zu entsprechen.

Die Prüfung von Defekturarzneimitteln erfolgt auf der Grundlage einer schriftlichen, von einem Apotheker genehmigten Prüfanweisung, welche mindestens Festlegungen zur Probenahme, zu Art der Prüfung und Prüfmethode sowie die zulässigen Grenzwerte enthält. Prüfungen werden zum Zeitpunkt der Durchführung dokumentiert.

> **MERKE** Bei der Herstellung von Defekturarzneimitteln ist die Prüfung zwingend vorgeschrieben. Es ist nicht (mehr) vertretbar, dass bei der Arzneimittelherstellung über den Einzelfall hinaus auf eine analytische Prüfung zur Feststellung der Qualität des hergestellten Endprodukts verzichtet wird.

## 5.2 Methoden zur Kontrolle bei der Arzneimittelherstellung in der Apotheke

### 5.2.1 Mindestprüfungen

Integrale Bestandteile der Qualitätssicherung bei der Arzneimittelherstellung in der Apotheke sind schnell und einfach durchzuführende **organoleptische Prüfungen** wie die Kontrolle
- von Aussehen und Beschaffenheit,
- des Geruchs und der Farbe,
- der Homogenität bei halbfesten Zubereitungen, Zäpfchen, Teegemischen oder Pulveransätzen,
- der Klarheit bei Lösungen,
- des korrekten Verschlusses bei einzeldosierten Zubereitungen (wie z. B. bei Kapseln oder Eindosis-Ophthiolen) und
- der Funktionalität des Primärpackmittels.

> **Hinweis**
> Geschmacksprüfungen als Inprozess- oder Endprüfungen bei der Herstellung von Zubereitungen in der Apotheke sind nach NRF nicht zulässig. Vor allem aus Arbeitsschutzgründen verbietet sich die Prüfung des Geschmacks von Arzneimitteln.

Weitere Mindestprüfungen sind:
- Kontrolle der Endmasse und
- Prüfung auf physikalische Stabilität der Zubereitung.

Zu Letzterer gehören z. B. die Kontrolle der Aufschüttelbarkeit bei Suspensionen oder die homogene Verteilung der Phasen bei Emulsionen. Diese Prüfungen können allerdings teilweise erst nach der Abfüllung der Zubereitung in das Abgabegefäß durchgeführt werden (▶ Kap. 6 „Schritt 6: Zubereitung abfüllen").

▫ Tab. 5.1 führt Beispiele für Inprozess- und Endkontrollen auf.

◻ **Tab. 5.1** Beispiele für Prüfungen zur Inprozess- und Endkontrolle

| Prüfungen folgender Parameter | Beispiele |
| --- | --- |
| Charakteristischer Geruch | Ethanol, Isopropanol, 4-Hydroxybenzoesäureester, Steinkohlenteer, Ammoniumbituminosulfonat, Bienenwachs, Leinöl, Olivenöl, 8-Chinolinol, Trichloressigsäure, Wollwachs |
| Vollständiges Schmelzen der Grundlage | Cremes, Emulsionen Salben (z. B. Abwaschbare Salbengrundlage (NRF S.31.)) |
| Schäumen beim (kräftigen) Schütteln | Benzalkoniumchlorid-Stammlösung 0,1 % (NRF S.18.), Polihexanid-Stammlösung 0,1 % (NRF S.30.), Polidocanol-600-Zinkoxidschüttelmixtur (NRF 11.66.) |
| Aufschüttelbarkeit | Flüssige Suspensionen |
| Charakteristische Farbe | Povidon-Iod, Steinkohlenteer, Dithranol, Farbstoffe |
| Fließverhalten | Povidon-Iod-Zuckersalbe 2,5 % (NRF 11.42.), Natriumchlorid-Gel 23 % (NRF 11.88.) |
| Konsistenz (weich, zäh, zähflüssig, hart, dickflüssig, viskos) | Flüssige und halbfeste Zubereitungen |
| Klumpen, Feststoffaggregate, Pulvernester | Suspensionszubereitungen, Gele, Verreibungen, z. B. Natriumdodecylsulfat-Verreibung 50 %, Lipophile Triclosan-Creme (NRF 11.122.), Hydrophile Erythromycin-Creme mit Metronidazol (NRF 11.138.) |
| Temperatur | Erwärmungs- und Erhitzungsprozesse, z. B. bei der Herstellung von Lösungen, Schmelzen oder Zäpfchen |
| Filterintegrität | Bubble-Point-Test |

Die manuelle Herstellung von Rezepturen mit Fantaschale und Pistill ermöglicht die unproblematische Durchführung von Inprozess- und Endkontrollen. Demgegenüber sind die Möglichkeiten zur haptischen und visuellen Beobachtung des Zubereitungsprozesses durch den Rezeptar bei der Herstellung von Zubereitungen im geschlossenen System stark eingeschränkt.

▪ **MERKE** Auch bei der Herstellung von Arzneimitteln in geschlossenen Systemen (TopiTec®, Unguator®, TUBAG-System, NRF-Emulsion nach Schütteltechnik) ist die Zubereitung vor der Abgabe zu kontrollieren!

Erst nach Ablauf des automatischen Rührprozesses kann der Erfolg des Herstellungsvorganges beurteilt werden. Auch bei standardisierten Herstellungsvorgängen, kann eine Fehlbedienung (z. B. nicht korrekt eingerastete Mischscheibe) nicht ausgeschlossen werden. Des Weiteren neigen insbesondere mikronisierte Ausgangsstoffe dazu, sich an Gefäßboden, Rührer oder Deckel anzulagern. Die Zubereitung muss deshalb nach der Herstellung kontrolliert werden!

Da bei der Herstellung mit elektronischen Rührsystemen physikalische Stabilität „vorgetäuscht" werden kann, sollten die Rezepturen nach einer Ruhephase nochmals geprüft werden.

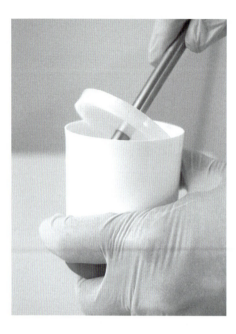

**Abb. 5.1** Abnehmen des Hubbodens einer Dreh-Dosier-Kruke durch sanftes Verkanten der Werkzeugwelle. Foto: KS/MO

> **Praxistipp**
> Nach der Entnahme aus dem automatischen Rührgerät TopiTec® wird der Hubboden der Dreh-Dosier-Kruke entfernt (o Abb. 5.1). Die Zubereitung wird den organoleptischen Mindestprüfungen und einer Prüfung auf Klümpchen, Pulvernester, Kristalle bzw. Inhomogenitäten unterzogen. Dazu wird an drei verschiedenen Stellen der Zubereitung eine geringe Menge der Zubereitung entnommen, nacheinander auf einem Objektträger ausgestrichen und im Gegenlicht betrachtet bzw. mikroskopisch überprüft.

Zum Abschluss der Herstellung wird eine Massekontrolle durchgeführt. Dies ist notwendig, um z. B. Fehleinwaagen oder Verdunstungsverluste erkennbar werden zu lassen. Außerdem wird kontrolliert, ob vor der Abfüllung genug Masse vorhanden ist, um den geforderten Abfülltoleranzen entsprechen zu können.

### Gesetz über das Mess- und Eichwesen (Eichgesetz)

Nach dem Gesetz über das Mess- und Eichwesen (Eichgesetz) dürfen Fertigpackungen – das sind Erzeugnisse, „… die in Abwesenheit des Käufers abgepackt und verschlossen werden, wobei die Menge des darin enthaltenen Erzeugnisses ohne Öffnen oder merkliche Änderung der Verpackung nicht verändert werden kann …" – nur in den Verkehr gebracht werden, wenn „… die Nennfüllmenge angegeben ist und die Füllmenge den festgelegten Anforderungen entspricht."

Geregelt sind diese Anforderungen in der Verordnung über Fertigpackungen (Fertigpackungsverordnung). Entsprechend § 22 müssen Fertigpackungen so hergestellt werden, dass die Nennfüllmenge im Schnitt nicht unterschritten wird und gleichzeitig festgelegte Grenzwerte für die Minusabweichung der Nennfüllmenge eingehalten werden. Da bei der Apothekenrezeptur i. d. R. nur eine einzelne Packung abgegeben wird, kommt die Berechnung der mittleren Füllmenge nicht in Betracht. Für die Kontrolle der Endmasse von in der Apotheke hergestellten Zubereitungen können dennoch die Grenzwerte als Prüfkriterien herangezogen werden.

| Bei Nennfüllmengen von (g oder ml) | betragen die zulässigen Minusabweichungen |
|---|---|
| 5 bis 50 | 9 % |
| 50 bis 100 | 4,5 g oder ml |
| 100 bis 200 | 4,5 % |
| 200 bis 300 | 9 g oder ml |
| 300 bis 500 | 3 % |
| 500 bis 1 000 | 15 g oder ml |
| 1 000 bis 10 000 | 1,5 % |

Erfolgte eine Filtration durch Bakterien zurückhaltende Filter, muss ein Blasendrucktest (Bubble-Point-Test) zur Prüfung der Filterintegrität erfolgen. Die Vorgehensweise ist im NRF und im ▶ Kap. 1.3.2 beschrieben.

## 5.2.2 Beispiele für analytische Prüfungen

### Bestimmung der Teilchengröße

Die mikroskopische Bestimmung der Teilchengröße hat vor allem in Suspensionszubereitungen Bedeutung. NRF und DAC fordern die Prüfung insbesondere bei der Herstellung von Rezepturkonzentraten als Inprozess- oder/und Endkontrolle.

Entsprechend der regulatorischen Vorgaben ist die mikroskopische Größenbestimmung und Auszählung der Teilchen auch nicht notwendig, wenn durch die Herstellung – insbesondere durch Verwendung mikronisierter Substanzen bzw. Einsatz von Rezepturkonzentraten – sichergestellt wird, dass die Teilchengröße für den Anwendungszweck angemessen ist. Die fertige Zubereitung sollte aber in jedem Fall auf das Vorhandensein von Klümpchen oder Pulvernestern geprüft werden.

#### Prüfung der Teilchengröße als Inprozess- bzw. Endkontrolle im NRF

„An 3 verschiedenen Stellen werden Proben von mindestens 1 mg Paste entnommen und jeweils mit der etwa doppelten Menge Dickflüssigem Paraffin auf einem Objektträger gemischt. Nach Auflegen des Deckglases soll das Präparat jeweils etwa 1 cm Durchmesser haben. Um eventuell vorhandene große Kristalle beim Herstellen des Präparates nicht zu zerkleinern, ist das Deckglas vor der Betrachtung ohne Druck aufzulegen und nur bei Bedarf schwach anzudrücken. Bei etwa 50-facher Vergrößerung werden die ... Kristalle ... ausgezählt" (siehe Harnstoff-Stammverreibung 50 %, NRF S.8.).

#### Prüfung der Teilchengröße im DAC

Teilchengröße: „An drei unterschiedlichen Stellen der Zubereitung werden Proben genommen. Davon wird jeweils 1 mg Zubereitung auf einem Objektträger gebracht und mit etwa 2 μl Wasser R gemischt. Anschließend wird ohne Druck oder mit möglichst geringem Druck ein Deckglas so aufgelegt, dass der Film einen Durchmesser von etwa 1 cm aufweist. Unter dem

Mikroskop wird im polarisierten Licht bei mindestens 60-facher Vergrößerung die Teilchengröße beurteilt" (siehe Clobetasolpropionat-Verreibung 0,5 Prozent, Prüfung auf Reinheit).

**Prüfungen von Zubereitungen auf Klümpchen oder Pulvernester**
Zur Kontrolle wird ein kleiner Anteil Zubereitung auf einem Objektträger aus Glas dünn verstrichen. Feststoffaggregate oder große Kristalle lassen sich so gut erkennen (o Abb. 5.2). Das Verstreichen von Zubereitung auf der Haut des Rezeptars ist aus Arbeitsschutzgründen nicht zu empfehlen.

o **Abb. 5.2** Objektträgerausstrich im Gegenlicht. Foto: KS/MO

### Bestimmung des pH-Wertes in der Apothekenrezeptur

■ **DEFINITION** „Der **pH-Wert** beschreibt in einer konventionell festgelegten logarithmischen Skala die Konzentration der Hydroxonium-Ionen in einer **wässrigen** Lösung."
(Ph. Eur. 2.2.3)

Die Bestimmung des pH-Wertes kann sowohl als Inprozess- als auch Endkontrolle sinnvoll sein, insbesondere bei der Herstellung individuell komponierter Rezepturen, bei denen der pH-Wert nicht mit hinreichender Sicherheit vorhergesagt werden kann, aber ein Einfluss auf die Qualität der Rezeptur zu erwarten ist. Im Ph. Eur. werden zwei Methoden zur Bestimmung des pH-Wertes beschrieben.

**Methoden zur Bestimmung des pH-Wertes im Ph. Eur.**
2.2.3 Potenziometrische Methode
2.2.4 Indikatormethode

Die potenziometrische Methode basiert auf der Messung der Potenzialdifferenz, die aufgrund der Hydroxonium-Ionenkonzentration an einer pH-empfindlichen Elektrode auftritt. Nach Ph. Eur. zeigt die Indikatormethode die „Beziehung zwischen der Reaktion einer Lösung, dem ungefähren pH-Wert und der Färbung bestimmter Indikatoren" an.

**Bestimmung des pH-Wertes mit Indikatorfarbstoffen**
Die recht einfach durchzuführende Bestimmung des pH-Wertes mithilfe von Indikatorfarbstoffen bzw. -papier ist i. d. R. nur für wässrige Lösungen geeignet. Bei Rezepturansätzen ist diese Methode meist nicht oder nur mit Einschränkungen möglich. Insbesondere an lipophilen Emulsionen und Cremes, an Suspensionen oder an Hydrogelen mit hoher Konsistenz kann der pH-Wert nicht mit der erforderlichen Sicherheit bestimmt werden.

An gefärbten Lösungen ist die Methode nur bedingt anwendbar. Der pH-Wert von Eosin-Dinatrium-Lösungen (NRF 11.94. und 11.95.) kann aufgrund der Färbung der Lösung nicht mit der Indikatormethode bestimmt werden.

Unverträglichkeiten (z. B. Oxidation der Indikatorfarbstoffe durch Wasserstoffperoxid oder Natriumhypochlorit) können zur Veränderung der Indikatorfarbstoffe führen und damit die Aussagekraft der Methode vermindern.

### Indikatormethode nach Ph. Eur.
10 ml zu untersuchende Lösung werden mit 0,1 ml Indikatorlösung versetzt.
Im Ph. Eur. Kapitel 2.2.4 finden sich konkrete Angaben zu den Indikatorlösungen mit Färbung im entsprechenden pH-Bereich.

### Indikatormethode zur Bestimmung des pH-Wertes in Lösungen im NRF
Nach NRF wird der pH-Wert durch Tüpfeln auf ein fein skaliertes Indikatorstäbchen oder auf Indikatorpapier bestimmt; siehe Benzalkoniumchlorid-Stammlösung 0,1 % (NRF S.18.), Wasserstoffperoxid-Lösung 3 % (NRF 11.103.).

In der Praxis haben sich zur Bestimmung des pH-Wertes in wässrigen Lösungen Indikatorpapier bzw. -stäbchen bewährt. Entsprechend wird diese Methode nach NRF beschrieben. Sie liefert bei minimalem Substanzverlust vergleichbare Ergebnisse wie die Arzneibuchmethode.

### Potenziometrische Messung
Als Alternative zur Testung mit Indikatorfarbstoffen kommt die potenziometrische Messung infrage. Diese Methode ist aber für die Apotheke kaum anwendbar, weil die benötigte pH-sensitive Elektrode (zumeist Glaselektrode) nicht als Standardausrüstung in der Apotheke vorhanden ist. Diese Methode ist auch nicht bzw. nur beschränkt zur Messung des pH-Wertes in elektrolytarmen Lösungen anwendbar.

■ **MERKE** Zur Bestimmung des pH-Wertes in chlorhexidinhaltigen Lösungen ist die potenziometrische Methode nicht geeignet, da die Elektrode durch Ausfällung unbrauchbar wird (siehe NRF 11.116.).

### Probenvorbereitung
Generell muss zur Bestimmung des pH-Wertes die notwendige Menge Zubereitung entnommen werden – sogenannte „zerstörende Inprozessprüfung". Auch wenn die Prüfung im Prinzip im Produkt möglich ist, ist dieses Vorgehen aus hygienischen Gründen nicht zu vertreten. Des Weiteren ist oft eine zusätzliche Vorbereitung der Probe notwendig, sodass die Messung direkt im Produkt nicht möglich ist. Beispiele für Probenvorbehandlungen sind:
- Zusatz von Kaliumnitrat zu elektrolytarmen Lösungen, kolloidalen Lösungen, Suspensionen oder Gelen,
- Verdünnung von hydrophilen Emulsionen und Cremes mit Wasser,
- Tiefkühlen, Erhitzen, Zentrifugieren o. Ä. zur Phasentrennung bei Suspensionen, Emulsionen und Cremes.

In der Regel führt die Verdünnung einer Probe mit Wasser zu pH-Werten, die sich mit zunehmender Verdünnung dem Neutralbereich nähern. Deshalb kann es sinnvoll sein, den pH-Wert bei mehreren Verdünnungsgraden zu messen und auf die unverdünnte Probe zu extrapolieren. Das ist bei einmaliger Herstellung einer Rezeptur in der Apotheke kaum möglich.

### Nichtionisches wasserhaltiges Liniment DAC (entspricht NRF S.39.)
**Prüfung auf Reinheit**
pH-Wert: „2,0 g Zubereitung werden in 18 ml kohlendioxidfreiem Wasser R verdünnt. Der pH-Wert der Mischung muss zwischen 4,0 und 5,0 liegen."

DAB, DAC und NRF sehen bei halbfesten Zubereitungen – u. a. wegen der methodischen Schwierigkeiten – meist keine pH-Wert-Bestimmung vor. Zur Reinheitsbestimmung bei Halbfertigware wird teilweise die Prüfung auf „Sauer oder alkalisch reagierende Substanzen" vorgeschrieben (siehe z. B. Nichtionische hydrophile Creme DAB).

**Abschätzung des pH-Wertes**
Entsprechend NRF-Rezepturhinweis „pH-Bestimmung" kann der pH-Wert in der Wasserphase von Cremes „oft plausibel geschätzt werden, indem man den pH-Wert in reduzierten Rezepturen bestimmt:
- in der isoliert komponierten hydrophilen Phase ohne Emulgatoren, aber mit allen pH-aktiven Bestandteilen,
- in der Rezeptur ohne Lipidanteile, aber mit Emulgator oder
- in der Wasserphase der Rezeptur mit Lipidanteilen, aber ohne Emulgator."

Nicht geeignet ist die pH-Wert-Bestimmung ohne Lipidphase bei Salzen lipophiler Basen oder lipophiler Säuren mit hoher Löslichkeit in der Lipidphase. Aufgrund der Lösung der Salze in der Lipidphase ist in der Rezeptur mit einem niedrigeren pH-Wert zu rechnen im Vergleich zur wässrigen Lösung (z. B. Natriumbenzoat-Lösung).

Bei Rezepturen, die nur einen pH-aktiven Bestandteil mit bekannter molarer Konzentration sowie Azidität enthalten, kann der pH-Wert oft relativ genau geschätzt werden. Zu beachten ist, dass für die Berechnung der Konzentration nur der in der Wasserphase gelöste Anteil des pH-aktiven Bestandteils relevant ist. Liegt der pH-aktive Bestandteil in der Rezeptur in suspendierter Form vor, ergibt sich der pH-Wert der gesättigten wässrigen Lösung. Zum Beispiel kann bei ausreichend konzentrierten Salicylsäurecremes mit pH 2,4 gerechnet werden. Salicylsäurelösungen in wässrig-alkoholischen Lösungsmitteln können dagegen niedrigere pH-Werte haben.

### NRF-Rezepturhinweis „pH-Bestimmung"
„Bei mittelstarken Säuren und Basen oder deren Alkalisalzen kann der pH-Wert aus der durch den $pK_s$-Wert charakterisierten Azidität und der molaren Konzentration c geschätzt werden:
- bei Säuren nach: $pH = (pK_s - \lg c) / 2$,
- bei Basen nach: $pH = (14 + pK_s + \lg c) / 2$."

Berechnungsbeispiele siehe ◘ Tab. 5.2.

◘ **Tab. 5.2** Beispiele zur Berechnung des pH-Wertes in Rezepturen mit einem pH-aktiven Bestandteil (nach NRF-Rezepturhinweis)

| Beispiel | Berechnung |
| --- | --- |
| Essigsäure 1,5 % ($M_r$ 60,1; $pK_s$ 4,75) | 1,5 % entspricht 0,25 mol/L<br>pH = [4,75 − (−0,42)] / 2 = 2,585;<br>gerundet pH 2,6 |
| Natriumfusidat 1-prozentige Creme mit 60 % Wasserphase ($M_r$ 538,7; $pK_s$ 5,35) | Konzentration in Wasserphase 0,031 mol/L<br>pH = [14 + 5,35 + (−1,51)] / 2 = 8,92;<br>gerundet pH 8,9 |

Vorsicht bei der Schätzung von pH-Werten ist bei Rezepturen geboten, die pH-aktive Wirk- und Hilfsstoffe enthalten. Auch der Einfluss anderer Bestandteile mit Puffereigenschaften wird oft unterschätzt.

> **Praxistipp**
> Zur Abschätzung des pH-Wertes bei der Herstellung von halbfesten Zubereitungen können Indikatorstäbchen oder Indikatorpapier hilfreich sein. Das Indikatormaterial sollte zuvor mit Wasser befeuchtet werden. Die zu prüfende Zubereitung sollte dann mehrere Minuten lang Kontakt mit dem Indikator haben.

### Weitere analytische Prüfungen
Das Ph. Eur. empfiehlt – falls erforderlich – die Durchführung von Prüfungen zum **Nachweis der rheologischen Eigenschaften**. Diese sind i. d. R. aufwendig und teilweise nur mit großem Produktverlust durchzuführen.

### Halbfeste Zubereitungen zur kutanen Anwendung Ph. Eur.
„Bei der Herstellung ... muss durch geeignete Maßnahmen sichergestellt sein, dass die festgelegten rheologischen Eigenschaften erzielt werden. Falls erforderlich, können die folgenden, nicht verbindlichen Prüfungen durchgeführt werden: Prüfung der Konsistenz durch Penetrometrie (2.9.9), (scheinbare) Viskosität (2.2.10) und eine geeignete Prüfung zum Nachweis der gewünschten Freisetzung des Wirkstoffs/der Wirkstoffe."

Bei der Herstellung von sterilen Arzneimitteln fordert die Ph. Eur. die **Prüfung auf Sterilität**. Aufgrund der benötigten Mengen an Zubereitung ist diese Prüfung für den Rezepturmaßstab kaum durchführbar. Nach § 7 ApBetrO kann bei der Herstellung von Rezepturarzneimitteln auf diese Prüfung verzichtet werden, wenn „die Qualität des Arzneimittels durch das Herstellungsverfahren und die Ergebnisse der Inprozesskontrollen gewährleistet ist". Demnach kommt dem Apotheker große Verantwortung bei der Beurteilung des verwendeten Verfahrens zu. In jedem Fall muss ein zur Keimfiltration verwendeter Filter auf Integrität geprüft werden (Bubble-Point-Test nach NRF-Kapitel I.8.).

Für einzeldosierte Arzneiformen wie Kapseln, Pulver, Suppositorien und Vaginalzäpfchen sieht die Ph. Eur. die **Prüfung auf Gleichförmigkeit der Masse** bzw. die **Prüfung auf Gleichförmigkeit des Gehaltes** vor. Werden orale Darreichungsformen in Mehrdosenbehältnissen mit einer Dosiervorrichtung in den Verkehr gebracht, müssen sie der Prüfung auf Gleichförmigkeit der Masse der abgegebenen Dosen aus Mehrdosenbehältnissen entsprechen. Bei halbfesten Zubereitungen zur kutanen Anwendung besteht die Forderung auf Prüfung der Gleichförmigkeit nur bei transdermaler Wirkstofffreisetzung mit systemischer Wirkung. Die vormals vorgesehene **Prüfung der entnehmbaren Masse** oder des entnehmbaren Volumens bei halbfesten und flüssigen Zubereitungen wurde mit Ausgabe 6.5 der Ph. Eur. gestrichen.

> **Ein Blick über den Tellerrand**
> Nach der „Verordnung über die Anwendung der Guten Herstellungspraxis bei der Herstellung von Arzneimitteln und Wirkstoffen und über die Anwendung der Guten fachlichen Praxis bei der Herstellung von Produkten menschlicher Herkunft" (Arzneimittel- und Wirkstoffherstellungsverordnung – AMWHV) müssen von jeder Charge eines Fertigarzneimittels **Rückstellmuster** in ausreichender Menge aufbewahrt werden. Sie dienen einer gegebenenfalls erforderlichen analytischen Nachtestung und zum Nachweis der Kennzeichnung einschließlich der Packungsbeilage. Die Aufbewahrungsdauer beträgt mindestens 1 Jahr über den Ablauf des Verfalldatums hinaus.
> Des Weiteren sind Rückstellmuster von Ausgangsstoffen, die für die Arzneimittelherstellung verwendet worden sind, aufzubewahren. Das gilt für jede Charge der für die Arzneimittelherstellung verwendeten Ausgangsstoffe. Die Aufbewahrungsdauer beträgt mindestens 2 Jahre nach Freigabe der unter Verwendung dieser Ausgangsstoffe hergestellten Arzneimittel.
> Bisher wird das Aufbewahren von Rückstellmustern bei der Herstellung von Defektur- und Rezepturarzneimitteln im Rahmen des üblichen Apothekenbetriebs nicht gefordert.

## 5.3 Dokumentation

Die Apothekenbetriebsordnung fordert nunmehr explizit die Dokumentation durchgeführter Prüfungen bei der Herstellung von Rezeptur- **und** Defekturarzneimitteln.

> **Praxistipp**
> Inprozesskontrollen und Mindestprüfungen zur Endkontrolle bei der Herstellung von Rezepturarzneimitteln, wie
> - Massekontrolle,
> - organoleptische Prüfungen und
> - ggf. Temperaturkontrollen, Prüfung der Teilchengröße
> 
> werden auf der Herstellungsdokumentation vermerkt.
> Bei umfangreichen Prüfungen zur Endkontrolle – insbesondere bei der Herstellung nichtstandardisierter Rezepturarzneimittel – kann ein separates Prüfprotokoll sinnvoll sein.
> Nutzen Sie die Qualitäts-Checkliste „Kontrollen durchführen" und die Dokumentationsvorlage „Herstellungsdokumentation Rezepturarzneimittel" aus dem Online-Plus-Angebot dieses Praxishandbuches!

Für die Prüfung von Defekturarzneimitteln fordert die ApBetrO Prüfvorschrift und -protokoll. Demnach gehören zur vollständigen Dokumentation bei der Herstellung von **Defekturarzneimitteln** (Bulkware, Fertigarzneimittel) in der Apotheke neben Herstellungsanweisung und -protokoll auch Prüfanweisung und -protokoll. Durchgeführte Inprozesskontrollen sind Bestandteil des Herstellungsverfahrens und werden als solche auf dem Herstellungsprotokoll dokumentiert.

**Apothekenbetriebsordnung (ApBetrO)**
§ 8 Defekturarzneimittel
„(3) Für die Prüfung von Defekturarzneimitteln ist eine Prüfanweisung anzufertigen, die von einem Apotheker der Apotheke zu unterschrieben ist. Die Prüfanweisung muss mindestens Angaben enthalten zur Probenahme, zur Prüfmethode und zu der Art der Prüfungen, einschließlich der zulässigen Soll- oder Grenzwerte.
(4) Die Prüfung ist gemäß der Prüfanweisung nach Absatz 3 durchzuführen und von der Person zu dokumentieren, die die Prüfung durchgeführt hat (Prüfprotokoll). Das Prüfprotokoll muss die zugrunde liegende Prüfanweisung nennen und insbesondere Angaben enthalten
1. zum Datum der Prüfung,
2. zu den Prüfergebnissen und deren Freigabe durch den verantwortlichen Apotheker, der die Prüfung durchgeführt oder beaufsichtigt hat."

## 5.4 Zusammenfassung und Wiederholung

Tab. 5.3 Qualitätssicherung im Schritt 5: Kontrollen durchführen

| Schwerpunkte | Maßnahmen |
|---|---|
| Mindestprüfungen zur Inprozess- und Endkontrolle | - Organoleptische Prüfungen;<br>- Funktionalität des Packmittels;<br>- physikalische Stabilität der Zubereitung (inkl. Teilchengröße, Aufschüttelbarkeit, Homogenität).<br>BEACHTEN: Kontrolle auch bei Herstellung im geschlossenen System!<br>Zusätzlich ggf.:<br>- Temperaturkontrolle während und nach der Herstellung;<br>- Kontrolle der Endmasse;<br>- Blasendrucktest zur Prüfung der Filterintegrität nach Keimfiltration. |
| Analytische Prüfungen (Beispiele) | - Mikroskopische Bestimmung der Teilchengröße;<br>- Bestimmung des pH-Wertes;<br>- Prüfung auf Sterilität;<br>- Prüfung auf Gleichförmigkeit der Masse/des Gehaltes bei einzeldosierten Zubereitungen. |

◘ **Tab. 5.3** Qualitätssicherung im Schritt 5: Kontrollen durchführen (Fortsetzung)

| Schwerpunkte | Maßnahmen |
|---|---|
| Dokumentation | ▪ Festlegung der Maßnahmen zur Kontrolle – Inprozess- und Endkontrolle – bei der Herstellungsplanung;<br>▪ Dokumentation von Inprozesskontrollen auf der Herstellungsdokumentation;<br>▪ schriftliche Prüfvorschrift für Defekturarzneimittel verbindlich vorgeschrieben;<br>▪ Dokumentation der durchgeführten Prüfungen inkl. Ergebnis auf dem Herstellungs- (Rezepturarzneimittel) bzw. Prüfprotokoll (Defektur- und evtl. Rezepturarzneimittel);<br>▪ Endkontrolle und Freigabe der Zubereitung zur Abgabe durch den Apotheker. |
| Weitere qualitätssichernde Maßnahmen | ▪ Schriftliche Festlegung zur Durchführung von Prüfungen (Standardarbeitsanweisung);<br>▪ regelmäßige Schulung der Mitarbeiter;<br>▪ regelmäßige Prüfung standardisierter Herstellungsverfahren (mind. jährlich externe Qualitätskontrolle). |

## 5.5 Cora Emsig in der Rezeptur, Teil 5

Heute arbeitet die PTA Cora Emsig gemeinsam mit der Praktikantin in der Rezeptur. Die Praktikantin überwacht die Rührmechanik des automatischen Rührsystems TopiTec®. In einer eingespannten Dreh-Dosier-Kruke heben und senken sich 20 g „Hydrophile Triamcinolonacetonid-Creme 0,05 % (NRF 11.38.)", die auf Vorrat hergestellt wird.

Zuvor haben die Kolleginnen gemeinsam 20 g „Silbernitrat-Lösung 1 % (NRF 11.98.)" hergestellt und die Lösung auf Klarheit, Farblosigkeit sowie Geruchlosigkeit überprüft. Da dies eine Einzelanfertigung für den Praxisbedarf der nahe gelegenen chirurgischen Praxis war, wurde keine Dokumentation vorgenommen.

Im Moment als Cora Emsig gerade den Bubble-Point-Test für die Überprüfung der Integrität des Sterilfilters durchführen möchte, beobachtet die erfahrene PTA im Augenwinkel, wie die Praktikantin die Dreh-Dosier-Kruke aus dem automatischen Rührsystem entnimmt und die Werkzeugwelle entfernt. Beim Versuch die Kruke endgültig zu verschließen, unterbricht Cora Emsig die Praktikantin in ihrem Tun mit den Worten: „Vertrauen ist gut – Kontrolle ist besser!"

Die Praktikantin entgegnet ihr, dass sie bereits beim Entfernen der Werkzeugwelle „genug gesehen" habe. Cora Emsig ist mit dieser Vorgehensweise nicht einverstanden. Sie weist die Praktikantin darauf hin, dass die Maßnahmen zur Endkontrolle bei Anfertigung von Zubereitungen in automatischen Rührsystemen in einer apothekeninternen Standardarbeitsanweisung festgelegt worden sind. Noch etwas zweifelnd wegen des betriebenen Aufwandes beobachtet die Praktikantin, wie Cora Emsig den Hubboden der Dreh-Dosier-Kruke entfernt. Mehrmals solle sie nun nach kurzer Sichtkontrolle einen Ausstrich auf einem Objektträger anfertigen und im Gegenlicht betrachten, erklärt ihr Cora Emsig. Bereits nach kurzer Zeit können Praktikantin und PTA die Ergebnisse im Herstellungsprotokoll vermerken.

Gemeinsam führen Sie dann den Bubble-Point-Test durch. Der Membranfilter mit einer maximalen Porengröße von 0,2 µm ist in Ordnung, da er dem angestauten Druck bis zur vorgegebenen Höhe standhält.

Die Maßnahmen zur Endkontrolle für die nächste, auf Vorrat anzufertigende Rezeptur – 3 × 50 g „Hydrophile Metronidazol-Creme 1 % (NRF 11.91.)" – diskutiert Cora Emsig mit der Praktikantin lieber bereits bei Herstellungsbeginn. Sie sind sich einig, dass bei einer manuell hergestellten Creme die Masseendkontrolle nicht fehlen darf. „Muss ich nun jedes Mal Ausstriche auf dem Objektträger vornehmen?", erkundigt sich die Praktikantin. „Im Zweifelsfall schon!", antwortet Cora Emsig fachkundig und ergänzt: „Seit einer Kundenreklamation im letzten Jahr fertigen wir bei dieser Rezeptur immer ein Rückstellmuster an."

→ Nehmen Sie diese Praxissituation unter die Lupe und finden Sie die Punkte, über die Cora Emsig und die Mitarbeiter dieser Apotheke noch einmal nachdenken sollten.

→ Aber nicht nur Sie, das ganze Team ist hier gefragt!

> **Praxistipp**
> Nutzen Sie zur Bearbeitung auch die Materialien des Online-Plus-Angebots! Es enthält für alle 7 Schritte:
> - **Qualitäts-Checklisten** sowie
> - **Arbeitsmaterial für Teamschulung, Selbststudium und Ausbildung**
>
> und für die Fertigung eines Rezepturarzneimittels die
> - **Formatvorlage zur Erstellung einer Herstellungsanweisung** sowie eine
> - **Dokumentationsvorlage zur Herstellungsdokumentation**.
>
> Sie finden die Dokumente auf www.Online-PlusBase.de im Bereich „Pharmazie". Für die erstmalige Anmeldung benötigen Sie Ihre E-Mail-Adresse und dieses Buch.

# 6 Schritt 6: Zubereitung abfüllen

*„Je nachdem die Umstände es rathsam erscheinen lassen, verabreicht man das Medikament versiegelt (siyillo munitum). Das Versiegeln der Medikamente hat viel Zweckmäßiges für sich, sodass dieser Gebrauch überall eingeführt zu werden verdient."* Hager (1862): Technik der pharmaceutischen Receptur – Handbuch der Receptirkunst

| | |
|---|---|
| 6.1 Behältnisse | 283 |
| 6.2 Auswahl von Behältnissen | 287 |
| 6.3 Applikations- und Dosierhilfen | 296 |
| 6.4 Praktische Hinweise zum Abfüllen | 297 |
| 6.5 Zusammenfassung und Wiederholung | 300 |
| 6.6 Cora Emsig in der Rezeptur, Teil 6 | 300 |

---

**Apothekenbetriebsordnung (ApBetrO)**
**§ 6 Allgemeine Vorschriften über die Herstellung und Prüfung**
„(2) Bei der Herstellung von Arzneimitteln ist Vorsorge zu treffen, dass eine gegenseitige nachteilige Beeinflussung der Arzneimittel sowie Verwechslungen der Arzneimittel und der Ausgangsstoffe sowie des Verpackungs- und Kennzeichnungsmaterials vermieden werden."

**§ 13 Behältnisse**
„Zur Herstellung von Arzneimitteln dürfen nur primäre Verpackungsmaterialien verwendet werden, die gewährleisten, dass die Arzneimittel vor physikalischen, mikrobiologischen oder chemischen Veränderungen geschützt sind und die daher für die beabsichtigen Zwecke geeignet sind."

---

Verpackungsmaterialien sind Behältnisse, Umhüllungen, Etiketten und Packungsbeilagen. Sie werden unterteilt in **Primärpackmittel**, die direkt mit der Zubereitung in Berührung kommen und **Sekundärpackmittel**, die als äußere Umhüllung dem Schutz der Primärverpackung und der Kennzeichnung dienen.

Bei der Rezepturherstellung in der Apotheke kommen vor allem Primärpackmittel zum Einsatz, die die Zubereitung vor dem Einfluss von Licht und Sauerstoff sowie vor Verdunstungsverlusten schützen sowie die einfache Entnahme und Applikation ermöglichen sollen (o Abb. 6.1). Aber auch spezielle Anforderungen der Kunden sollten bei der Auswahl der Packmittel entsprechend berücksichtigt werden.

**Abb. 6.1** Primärpackmittel: a) Spenderdose, b) Dreh-Dosier-Kruke, c) Aluminiumtube.
Fotos: KS/MO

## 6.1 Behältnisse

### 6.1.1 Anforderungen an Behältnisse

Packmittel sind im Arzneibuch beschrieben. Im Ph. Eur. Kapitel 3 „Material zur Herstellung von Behältnissen; Behältnisse" finden sich allgemeine Forderungen an Behältnisse und Verschlüsse aus Glas und Kunststoff. Spezielle Anforderungen gelten für Behältnisse zur Herstellung von Parenteralia und Blutprodukten.

Bei der Auswahl von Behältnissen muss gewährleistet sein, dass das Material keine Substanzen abgibt, die die Stabilität des Arzneimittels beeinträchtigen können. Je nach hydrolytischer Resistenz werden nach Arzneibuch **3 Glas-Typen** unterschieden (Tab. 6.1). Die Unterscheidung ist insbesondere relevant, wenn es um die Abfüllung von parenteralen Arzneiformen geht. Für die Abfüllung nichtsteriler Dermatika sind im Allgemeinen alle 3 Glas-Typen geeignet.

> **DEFINITION** Die **hydrolytische Resistenz** oder Beständigkeit von Glasbehältnissen zur pharmazeutischen Verwendung nach Ph. Eur. ist ein Maß für die Menge an löslichen mineralischen Substanzen, die das Glas im Kontakt mit Wasser abgibt. Glasgefäße mit einer hohen hydrolytischen Resistenz geben geringe, Glas mit einer geringen hydrolytischen Resistenz gibt größere Mengen an Mineralstoffen ab, die durch Titration bestimmt werden können.

**Tab. 6.1** Glasbehältnisse zur pharmazeutischen Verwendung nach Ph. Eur.

| Typ | Bemerkungen |
| --- | --- |
| Typ I | Neutralglas (Borosilicatglas), große hydrolytische Resistenz, geeignet für die meisten Zubereitungen einschließlich Parenteralia |
| Typ II | Natronkalk-Silicatglas mit geeigneter Oberflächenbehandlung, große hydrolytische Resistenz, geeignet für die meisten sauren und neutralen wässrigen Zubereitungen einschließlich Parenteralia |
| Typ III | Natronkalk-Silicatglas, mittlere hydrolytische Resistenz, geeignet für nicht wässrige Zubereitungen zur parenteralen Anwendung und für Zubereitungen zur nicht parenteralen Anwendung |

> **Hinweis**
> Die Glasart der meisten in der Apotheke verwendeten Medizingläser entspricht Typ III (Quelle: WEPA-Produktkatalog).

Zu den am häufigsten für die Herstellung von Behältnissen eingesetzten **Kunststoffen** zählen Polyethylen, Polypropylen, Polyvinylchlorid (PVC), Polyethylenterephthalat und Polyethylenvinylacetat. Zulässige Zusatzstoffe wie Antioxidanzien, Stabilisatoren, Weichmacher, Gleitmittel, Farbmittel oder mechanische Verstärker sind jeweils zum Materialtyp im Arzneibuch beschrieben. Zu beachten ist, dass Verschlüsse ein Teil des Behältnisses sind und somit die Anforderungen generell auch für Schraubkappen, Tropfeinsätze, Pipetten u. a. gelten.

Insbesondere bei der Auswahl und Verwendung von Kunststoffverpackungen ist zu beachten, dass diese durch Adsorptions- oder Migrationseffekte die Qualität der Zubereitung beeinträchtigen können. Aus diesem Grund ist die Auswahl eines geeigneten Gefäßes sehr sorgfältig vorzunehmen, damit

- die Bestandteile der Zubereitung nicht in nennenswerter Menge von der Oberfläche des Kunststoffs adsorbiert werden bzw. nicht in nennenswerter Menge in oder durch den Kunststoff wandern können,
- die Bestandteile des Kunststoffs nicht in solchen Mengen an die Zubereitung abgegeben werden, dass die Haltbarkeit der Zubereitung beeinträchtigt wird oder ein Toxizitätsrisiko besteht.

Entsprechend fordert die Ph. Eur., dass es zur Auswahl eines Behältnisses aus geeignetem Kunststoff notwendig ist, „die vollständige Zusammensetzung des Kunststoffs einschließlich aller Zusatzstoffe zur Herstellung des Behältnisses zu kennen, um mögliche Risiken bewerten zu können."

Die Ph. Eur. weist in der Monographie „Halbfeste Zubereitungen zur kutanen Anwendung" des Weiteren darauf hin, dass bei der Herstellung, Verpackung, Lagerung sowie dem Inverkehrbringen geeignete Maßnahmen zu ergreifen sind, um die mikrobiologische

Qualität zu gewährleisten. Die mikrobiologische Qualität der Zubereitung wird insbesondere durch nicht dicht schließende Gefäße gefährdet. Besonderes Augenmerk ist demnach auch auf die Auswahl des Verschlusssystems zu legen.

> ■ **MERKE** Beim Abfüllen der Zubereitung in ein geeignetes Abgabegefäß ist darauf zu achten, dass der Verschluss (insbesondere das Gewinde) nicht verunreinigt wird. Sogenannte „Flüssigkeitsbrücken" können sonst das Einwandern von Keimen in das geschlossene Gefäße begünstigen.

## 6.1.2 Prüfung von Behältnissen

Nach § 13 ApBetrO dürfen nur geeignete primäre Verpackungsmaterialien eingesetzt werden. Zum Nachweis der Eignung kann ein Prüfzertifikat herangezogen werden.

### Prüfung von Behältnissen nach BAK-Leitlinie

Die BAK-Leitlinie „Prüfung und Lagerung der Primärpackmitteln" und der zugehörige Kommentar wurden 2006 veröffentlicht. Sie beschreiben die Verfahrensweise zur Prüfung und Lagerung von Primärpackmitteln, die zur Abfüllung und Abgabe von in der Apotheke hergestellten Arzneimitteln bestimmt sind. Verschlüsse und Applikationshilfen sind explizit eingeschlossen.

Die Leitlinie schreibt in Anlehnung an die §§ 6 und 11 ApBetrO für Primärpackmittel ein vereinfachtes Prüfverfahren in der Apotheke vor. Voraussetzung ist, dass ein qualifiziertes **Prüfzertifikat** des Herstellers vorliegt, welches alle Prüfkriterien enthält, die zum Nachweis der pharmazeutischen Qualität erforderlich sind.

Die vereinfachte Prüfung in der Apotheke umfasst mindestens:
- Feststellung der Identität durch visuelle Kontrolle,
- Prüfung auf Sauberkeit und Unversehrtheit sowie
- Kontrolle des Prüfzertifikats.

Weitere Prüfungen sind bei Vorhandensein qualifizierter Prüfzertifikate des Herstellers nicht erforderlich.

Analog der Prüfung von Ausgangsstoffen wird in der Apotheke ein Prüfprotokoll angefertigt, dem das Prüfzertifikat des Herstellers beigelegt wird. Die Bundesapothekerkammer hat als Arbeitshilfe ein Formblatt zur Verwendung als Prüfprotokoll für Packmittel gemäß § 13 ApBetrO veröffentlicht (siehe www.abda.de).

### Prüfungen für Packmittel (aus BAK-Leitlinie)
**Prüfungen nach Ph. Eur.**
- Unbedenklichkeit der eingesetzten Materialien der Behältnisse (Ph. Eur., BfR),
- Lichtdurchlässigkeit bei gefärbten, vor Licht schützenden Behältnissen (Ph. Eur.),
- Hydrolytische Resistenz von Behältnissen aus Glas (Ph. Eur.),
- Prüfung auf Sterilität, z. B. steril verpackte Augentropfenflasche (Ph. Eur.).

**Prüfungen nach DAC**
- Visuelle Prüfung auf Schwebeteilchen (DAC-Probe 5), z. B. Augentropfenflaschen,
- Mikrobielle Verunreinigung (DAC-Probe 16),
- Partikelkontamination (DAC-Probe 17),
- Dichtigkeit (DAC-Probe 18).

**Sonstige Prüfungen**
- Migration von Farbstoffen (BfR, ZL-Prüfvorschrift),
- Innendruckbeständigkeit, z. B. Infusions- und Injektionsflaschen (DIN-Norm),
- Prüfung auf Wasserverlust – Permeabilität (ZL-Prüfvorschrift).

### Prüfungen von Behältnissen aus Glas nach DAC Anlage H
Der DAC beschreibt in der Anlage H (Qualität von Behältnissen aus Glas DAC) in Ergänzung der Ph. Eur. verschiedene Prüfungen für Behältnisse aus Glas. Die nach DAC geprüften Glasflaschen sind zur Aufnahme flüssiger, halbfester oder fester Arzneimittel bestimmt. Sie sind aber nicht geeignet zur Aufbewahrung von parenteralen Arzneimitteln bzw. von Zubereitungen zur Anwendung am Auge.

> ■ **DEFINITION** „Gebinde sind gekennzeichnete Vertriebseinheiten, die eine bestimmte Anzahl keimarm verpackter Glasflaschen umfassen, die diese durch eine Einstoff-Schrumpfverpackung vor Beschädigungen bzw. Verunreinigung schützen und aus denen Flaschen innerhalb des Vertriebsweges nicht ausgeeinzelt werden sollen" (aus DAC-Anlage H).

> **Wussten Sie, dass ...**
> ... die Hersteller von Glasbehältnissen die Gefäße regelmäßig auf mikrobielle Verunreinigung prüfen müssen?
> Als DAC-Probe 16 der Anlage H ist die Prüfung von Glasbehältnissen auf vermehrungsfähige Bakterien und Pilze mit der Filtermethode beschrieben. Pro ml Nennvolumen des Gefäßes ist maximal 1 KBE an Bakterien oder Pilzen akzeptabel. *Escherichia coli*, Salmonellen, *Pseudomonas aeruginosa* oder *Staphylococcus aureus* dürfen nicht nachweisbar sein.

### 6.1.3 Lagerung und Verwendung von Packmitteln
Packmittel werden keimarm und verpackt in den Verkehr gebracht. Sie können ohne vorherige Reinigung eingesetzt werden. Sie müssen so gelagert werden, dass eine nachträgliche Kontamination durch Partikel oder Mikroorganismen verhindert wird.

**Hinweise zur Lagerung von Primärpackmitteln:**
- Übersichtliche Lagerung in Rezeptur oder Vorratsraum – getrennt nach Art, Größe und Chargenbezeichnung;
- Lagerung von Behältnissen nur in geschlossenem Zustand;
- Lagerung von Tropfer- und Pipettenmonturen bzw. weiteren Applikationshilfen in verschließbaren Behältnissen;
- Lagerung von Packmitteln trocken und kühl.

■ **MERKE** Nach Ph. Eur. sind „Glasbehältnisse zur pharmazeutischen Verwendung i. d. R. nicht zur Wiederverwendung bestimmt."

Die Wiederverwendung von Gefäßen für die Abfüllung und Abgabe von Arzneimitteln ist in der Regel nicht zu vertreten. Ausnahmen sind möglich, wenn es sich um Gefäße handelt, die als Praxisbedarf in einer ärztlichen Praxis Anwendung finden und entsprechend gehandhabt sowie analog den in der Apotheke üblichen Standgefäßen gereinigt und sterilisiert bzw. mindestens desinfiziert werden. In jedem Fall ist eine Wiederverwendung sorgfältig zu prüfen. Die nachteilige Beeinflussung des Arzneimittels durch das Packmittel muss ausgeschlossen werden. Die Wiederverwendung von Flaschen für Augentropfen ist nicht mit den generellen Grundsätzen der Arzneimittelsicherheit zu vereinbaren.

> **Wussten Sie, dass ...**
> ... auch die Apotheke verpflichtet ist, restentleerte Verkaufsverpackungen vom Endverbraucher unentgeltlich zurückzunehmen? Diese Verpflichtung ergibt sich aus der Verpackungsverordnung. Die Verpackungen müssen entsprechend der Vorschrift verwertet werden.

## 6.2 Auswahl von Behältnissen

### 6.2.1 Grundausstattung nach Empfehlung der BAK

Entsprechend den Empfehlungen der BAK müssen in der Apotheke Primärpackmittel und Applikationshilfen zur Abfüllung der wichtigsten Darreichungsformen vorrätig gehalten werden, damit die Apotheke der Verpflichtung zur unverzüglichen Ausführung einer Verordnung nachkommen kann. Eine Übersicht über die Grundausstattung ist im Kommentar der Leitlinie enthalten (◘ Tab. 6.2).

◘ **Tab. 6.2** Grundausstattung an Packmitteln in der Apotheke. (Nach Kommentar zur BAK-Leitlinie: Prüfung und Lagerung der Primärpackmittel)

| Arzneiform | BAK-Leitlinie | Ergänzende Empfehlung |
|---|---|---|
| Flüssige Arzneiformen | Augentropfenflaschen aus Glas (nach Cyran/Rotta 2010 Glasart I) und Kunststoff, steril verpackt, Gewindeflaschen aus Braunglas, einschließlich Tropfflaschen und Weithalsgläser | Originalitätsverschluss für Augentropfenflaschen, Pipettenflaschen |
| Halbfeste Arzneiformen | Tuben aus Aluminium mit Innenschutzlackierung, Dosen aus Kunststoff, Spenderdosen | Weithalsgläser, Dreh-Dosier-Kruken |
| Feste Arzneiformen | Teebeutel verschiedener Größen, innen beschichtet | Kapselbox mit Originalitätsverschluss, Stanniol-Einwickler aus Aluminiumfolie und Zäpfchenschachtel für Suppositorien, Puderdose |

◘ **Tab. 6.2** Grundausstattung an Packmitteln in der Apotheke. (Nach Kommentar zur BAK-Leitlinie: Prüfung und Lagerung der Primärpackmittel) (Fortsetzung)

| Arzneiform | BAK-Leitlinie | Ergänzende Empfehlung |
|---|---|---|
| Applikationshilfen, spezielle Verschlüsse | Tropfer, Pipetten, Einmalspatel, Pinsel kindergesicherte Verschlüsse, Schraubverschlüsse mit Druckausgleichsventil, z. B. für Wasserstoffperoxidlösungen | Senkrecht- und Waagerechttropfer, Sprayaufsatz, Schraubverschlüsse mit Dosierkappe, Dosierlöffel/-becher |

## 6.2.2 Rezepturübliche Gefäße

Im Folgenden sollen Beispiele für in der Apotheke übliche Gefäße zur Abfüllung von Dermatika mit den jeweiligen Vor- und Nachteilen zusammengefasst werden (◘ Tab. 6.3).

◘ **Tab. 6.3** Gefäße für halbfeste Zubereitungen

| Gefäß | Bemerkung |
|---|---|
| Salbenkruken (Schraubdeckeldosen) | − Aus hygienischen Gründen für die Aufnahme wasserhaltiger Zubereitungen ungeeignet |
| Spenderkruken (Spenderdosen) Dreh-Dosier-Kruken | + Hygienische Entnahme möglich |
| | − Verdunstung durch Kunststoff möglich, kein ausreichender Lichtschutz, Entnahme pastöser Zubereitungen schwierig, Emulsionen können am Hubboden ausfließen |
| Weithalsgläser | + Geeignet für (dick-)flüssige oder pastöse Zubereitungen, mit Dichtscheibe relativ gute Dichtigkeit gegen Luft- und Feuchtigkeitszutritt |
| | − Entnahme halbfester Zubereitungen schwierig |
| Aluminiumtuben mit Innenschutzlackierung | + Hygienische Entnahme möglich, Licht und Verdunstungsschutz |
| | − Meist Hilfsmittel zum Befüllen notwendig |
| Tuben aus Kunststoff | + Hygienische Entnahme möglich |
| | − Verdunstung durch Kunststoff möglich, kein ausreichender Lichtschutz |

+ Vorteil; − Nachteil

Zur Verpackung von Gelen eignen sich auch flexible Rundflaschen aus Polyethylen mit Spritzverschluss – siehe Natriumchlorid-Gel 23 % (NRF 11.88.).

Salbenkruken, bei denen zur Entnahme der Zubereitung der Deckel vollständig abgenommen wird, haben aus hygienischen Gründen stark an Bedeutung verloren. Sie kommen nur noch zur Abfüllung mikrobiologisch nicht anfälliger Rezepturen in Betracht.

Zur Verpackung pastöser Zubereitungen kann ihr Einsatz in Erwägung gezogen werden, da diese z. B. aus Spenderkruken und Tuben nicht ohne größere Kraftaufwendung zu entnehmen sind.

In der Regel sind Tuben und Kruken ungeeignet zur Abgabe flüssiger Zubereitungen. Mithilfe automatischer Rührsysteme in Spenderkruken hergestellte Zubereitungen sollen in ein Weithalsglas oder eine Flasche umgefüllt werden; entsprechende Empfehlungen finden sich im NRF bei Zinkoxidöl DAC (NRF 11.20.), Zinkoxid-Neutralöl 50 % (NRF 11.113.) und Hydrophiler Betamethasonvalerat-Emulsion (NRF 11.47.). Geeignete Abgabegefäße sind in ◻ Tab. 6.4. zusammengestellt.

◻ **Tab. 6.4** Behältnisse für flüssige Zubereitungen

| Gefäß | Bemerkung |
| --- | --- |
| Flaschen/Tropfgläser | Geeignet zur Aufnahme dünnflüssiger Zubereitungen, Möglichkeit der Entnahme mit Tropfermontur oder Pipetten- bzw. Pinselaufsatz oder Einsatz eines Gießrings |
| Weithalsgläser | Geeignet zur Abgabe dickflüssiger Zubereitungen, evtl. Applikationshilfe zur Entnahme notwendig |
| Roll-on-Glas | Geeignet zur Abgabe von Arzneimitteln, die als Deo-Roller angewendet werden sollen |

Nach NRF ist die Abgabe von Schüttelmixturen in Weithalsgläsern nicht immer vorteilhaft. Die flüssigen Suspensionen, z. B. Ammoniumbituminosulfonat-Zinkoxidschüttelmixtur (NRF 11.2.), lassen sich aus Gewindeflaschen bzw. Kunststoffspritzflaschen einfacher und sauberer entnehmen.

> **Praxistipp**
> Bei der Abfüllung von Schüttelmixturen ist in jedem Fall darauf zu achten, dass das Gefäß ausreichend groß ist, um das Aufschütteln der Suspension zu ermöglichen.

Das NRF sieht als Packmittel für flüssige Arzneimittel des Weiteren Vierkantflaschen aus Polyethylen hoher Dichte (HDPE) vor, z. B. für Methoxsalen-Badekonzentrat 0,5 % (m/V) (NRF 11.83.). Die Flaschen sind z. B. von der Firma WEPA zu beziehen und eignen sich zur Verwendung mit kindergesicherten Verschlüssen.

■ **MERKE** Methoxsalen soll aufgrund der toxikologischen Eigenschaften nicht in Glasflaschen abgefüllt werden. Für Methoxsalen-Badekonzentrat (NRF 11.83.) wird die Verwendung von braun gefärbten Kunststoffflaschen empfohlen.

**Einmaldosenbehältnisse:** Für besondere mikrobiologische Anforderungen ist die Abfüllung in Einmaldosenbehältnissen möglich. Diese werden z. B. zur Abgabe von Polihexanid-Lösung (NRF 11.128.) empfohlen. Das Antiseptikum wird zu Anwendung auf offenen Wunden eingesetzt und deshalb aseptisch unter Verwendung von Wasser für Injektionszwecke hergestellt.

**Tab. 6.5** Gefäße für Pulver

| Gefäß | Bemerkung |
|---|---|
| Pulverkapseln | Einzeldosenbehältnis |
| Kruke (Schraubdeckeldose) | Nicht geeignet bei hygroskopischen Pulvern bzw. bei staubenden Pulvern mit Gefährdungspotenzial |

Pulver können, je nach Zweckbestimmung, in Einzel- oder Mehrdosenbehältnisse abgefüllt werden (Tab. 6.5). Bei der Abgabe von Pulvern zum Einnehmen, die in Mehrdosenbehältnisse abgefüllt werden, muss eine Dosiervorrichtung vorhanden sein. Bei der Abgabe von Pulvern zur kutanen Anwendung besteht diese Verpflichtung nicht. Nichtsdestotrotz ist im Einzelfall zu prüfen, ob eine Applikationshilfe (z. B. Gefäß mit perforiertem Deckel) geeignet erscheint.

### 6.2.3 Aspekte zur Auswahl

Das Abgabegefäß ist generell so zu wählen, dass bei der Anwendung über den Anwendungszeitraum die Produktqualität gewährleistet bleibt und die Applikation des Arzneimittels für den Patienten auf einfache Weise möglich ist. Für NRF-Rezepturen finden sich konkrete Empfehlungen zu geeigneten Packmitteln in den Monographien.

**Größe des Gefäßes**

Die Größe des Gefäßes sollte der Inhaltsmenge angepasst sein. Die Verwendung zu großer Gefäße ist zu vermeiden, um die Wechselwirkungen der Zubereitung mit Luftsauerstoff zu minimieren. Sollen aber Suspensionen und Emulsionen abgefüllt werden, ist auf die Auswahl ausreichend großer Gefäße zu achten, damit die Zubereitung vor der Anwendung aufgeschüttelt werden kann.

Zu beachten ist, dass für die Abfüllung alkoholischer Lösungen aufgrund der geringeren Dichte ein größeres Gefäß benötigt wird, als es für die Abfüllung der gleichen Masse wässriger Lösung notwendig wäre. Pastöse Zubereitungen mit Zinkoxid sind dagegen bezogen auf das Volumen relativ schwer. Daher sind kleinere Gefäße oft ausreichend.

> **Hinweis**
>
> Bei der Bearbeitung von hydrophilen Cremes und Emulsionen kann durch zu starkes Rühren Luft in die Zubereitung eingearbeitet werden. Das der Menge an Zubereitung entsprechende Gefäß kann dann die Zubereitung nicht vollständig aufnehmen. Durch die Einarbeitung von Luft(-sauerstoff) kann die Stabilität der Zubereitung beeinträchtigt werden – zu starkes Rühren der Zubereitung ist deshalb zu vermeiden.

**Entnahme zur Applikation**

Emulsionen können nach Ph. Eur. Aufrahmungserscheinungen zeigen, die zulässig sind, solange die Zubereitung wieder homogenisiert werden kann. Dazu ist das Schütteln der Zubereitung notwendig, weshalb Tuben als Packmittel nicht geeignet sind, z. B. Hydrophile Harnstoff-Emulsion (NRF 11.72.).

Pastöse Zubereitungen lassen sich aus Tuben oder Spendergefäßen schlecht entnehmen und sollten daher in Schraubdeckelkruken abgefüllt werden. Zur Entnahme und Applikation der Zubereitung ist ein Spatel empfehlenswert.

> **Praxistipp**
> Macrogolsalben härten nach dem Erkalten nach und können aufgrund der hohen Konsistenz nicht oder nur schwer aus Aluminiumtuben herausgedrückt werden. Die Zubereitungen sollten einige Zeit nach dem Erstarren nochmals bearbeitet werden (siehe NRF 11.17.) und erst dann in Aluminiumtuben mit Innenschutzlackierung oder Spenderdosen gefüllt werden

> **Hinweis**
> Mitunter führen Schmerzen im Hand- oder Fingerbereich des Anwenders zu Problemen bei der Entnahme von Zubereitungen aus Tuben und Spendergefäßen, sodass hier eine sinnvolle Alternative gesucht werden sollte.
> Es kann in diesem Fall angebracht sein, entgegen den allgemeinen Empfehlungen auch für wasserhaltige Zubereitungen Schraubdeckelkruken zu verwenden und einen Spatel als Applikationshilfe anzubieten. Die verkürzte Aufbrauchfrist ist zu beachten.

### Visuelle Kontrolle der Zubereitung
Glasgefäße ermöglichen i. d. R. die visuelle Kontrolle der Zubereitung; beim Einsatz von Tuben oder Spenderdosen kann die Zubereitung nur bei der Entnahme überprüft werden.

### Schutz der Zubereitung vor mikrobieller Kontamination
Aus Tuben und Spenderdosen erfolgt die Entnahme der Zubereitung über eine kleine Kontaktfläche zur Umgebung. Das Risiko einer mikrobiellen Verunreinigung des Inhaltes ist dadurch geringer als bei Entnahme der Zubereitung aus eine Kruke, bei der zur Entnahme der Deckel vollständig geöffnet werden muss.

Das Risiko der mikrobiellen Verunreinigung der Zubereitung kann durch Entnahme mit geeigneten Applikations- und Dosierhilfen weiter reduziert werden. Zu beachten ist, dass diese Hilfen regelmäßig gereinigt und evtl. desinfiziert werden müssen.

■ **MERKE** Die Abgabe unkonservierter, aber mikrobiell anfälliger Zubereitungen in Kruken ist in der Regel nicht vertretbar.

### Schutz der Zubereitung vor Luftfeuchtigkeit bzw. vor Verdunstung
Zubereitungen wie Pulver, Hartgelatinekapseln oder Teegemische müssen besonders vor dem Einfluss von Luftfeuchtigkeit geschützt werden. Geeignete Packmittel sind z. B. Weithalsgläser mit dichtem Verschluss oder doppelwandige Klotzbodenbeutel.

Bei Zubereitungen mit leicht flüchtigen Bestandteilen wie alkoholischen Lösungen kommt dem Schutz vor Verdunstung besondere Bedeutung bei der Auswahl der Primärpackmittel zu. Geeignet sind i. d. R. Gefäße mit kleinen Entnahmeöffnungen (z. B. Enghalsflasche bei alkoholischen Lösungen) oder mit speziellen Aufsätzen wie Spritztüllen bei Dreh-Dosier-Kruken.

Wenn möglich, sind halbfeste Zubereitungen in Tuben abzufüllen. Aluminiumtuben schützen Zubereitungen sowohl vor dem Zutritt von Luftfeuchtigkeit als auch vor Verdunstung von flüchtigen Bestandteilen. Kunststoffbehältnisse sind teilweise wasserdampf- und gasdurchlässig und deshalb für die Aufbewahrung von flüchtigen Stoffen bzw. Zubereitungen mit flüchtigen Stoffen nur bedingt geeignet.

### Schutz der Zubereitung vor Licht und Sauerstoff

Zubereitungen mit lichtempfindlichen Bestandteilen sollten nicht in lichtdurchlässige Behältnisse verpackt werden. Auch weiße Kunststoffgefäße bieten keinen ausreichenden Schutz. Gefäße mit ausreichendem Lichtschutz sind z. B. Aluminiumtuben und Gefäße aus Braunglas. Tuben sind allerdings für die Vorratshaltung größerer Ansätze ungeeignet.

Generell ist davon auszugehen, dass alle organischen Wirk- und Hilfsstoffe mehr oder weniger empfindlich gegenüber dem Einfluss von Licht und Sauerstoff sind. Beispiele für Wirkstoffe mit besonderer Empfindlichkeit sind Clioquinol, Dithranol, Methoxsalen und Tretinoin sowie Glucocorticoide.

> **Praxistipp**
> Lassen Sie sich durch den Hersteller der Kunststoffdosen für das in der Apotheke genutzte elektrische Rührsystem belegen, dass diese für die Lagerung der Rezepturen mit lichtempfindlichen Wirkstoffen geeignet sind. Kann dieser Nachweis nicht erbracht werden, müssen entsprechende Rezepturen vor der Abgabe umgefüllt werden, z. B. in Aluminiumtuben.

### Packmittel für sterile Zubereitungen

Sterile Zubereitungen müssen nach Ph. Eur. im dicht verschlossenen Behältnis mit Originalitätsverschluss abgefüllt werden. Eine Möglichkeit ist der Einsatz von Braunglasgefäßen mit Pilferproof-Gewinde bzw. Schraubkappen aus Aluminium mit Pilferproof-Gewinde (siehe Ethacridinlactat-Monohydrat-Lösung, NRF 11.61.).

Zur Abfüllung von Ophthalmika in der Apotheke sind sterile Packmittel im Handel (◘ Tab. 6.6). Das NRF gibt Hinweise zur Herstellung und Verpackung von Ophthalmika (Kapitel I.8.) und nennt Bezugsquellen für Packmittel (Kapitel III.3.).

> **Praxistipp**
> Steril verpackte Einmalartikel und Packmittel dürfen erst unmittelbar vor Verwendung geöffnet werden. Wurden sterile Verbindungsstellen in Kontakt mit unsterilen Gegenständen gebracht oder berührt, muss das Packmittel verworfen werden (NRF I.8.)

◘ Tab. 6.6 Beispiele für Packmittel bei Ophthalmika

| Zubereitung | Packmittel |
|---|---|
| Wässrige oder glycerolische Augentropfen – konserviert – | 10-ml-AT-Flasche aus Neutralglas oder PE in Sterilschutzfolie eingeschweißt oder sterile 1-ml-Einmalspritzen mit Verschlusskonus oder unsterile, autoklavierbare 1-ml-PP-EDO plus PE-Beutel mit Micro-Snap-Verschluss als Sekundärverpackung (○ Abb. 6.2) |
| Wässrige oder glycerolische Augentropfen – unkonserviert – | Sterile 1-ml-Einmalspritzen mit Verschlusskonus oder autoklavierbare 1-ml-PP-EDO plus PE-Beutel mit Micro-Snap-Verschluss als Sekundärverpackung |
| Ölige Augentropfen | Sterile ölresistente 10-ml-PE-Flasche plus lichtschützende Umverpackung oder sterile 1-ml-Einmalspritzen mit Verschlusskonus oder unsterile, autoklavierbare 1-ml-PP-EDO plus PE-Beutel mit Micro-Snap-Verschluss als Sekundärverpackung |
| Augensalben/-cremes | Sterile Augensalbentuben 3,5 ml/15 ml |
| Augenbäder | Sterile Eindosis-Gewindeflasche in Schutzfolie mit Kunststoffverschlusskappe und Durchstichstopfen oder sterile 10-ml-AT-Flasche in Schutzfolie |

AT = Augentropfen, EDO = Eindosis-Ophthiolen, PE = Polyethylen, PP = Polypropylen

### Praxistipp
Vor dem Durchstechen der Sterilschutzfolie einer eingeschweißten Augentropfflasche mittels einer Kanüle, an der die Einmalfiltrationseinheit angeschlossen ist, wird die Durchstichstelle mit Isopropanol 70 % (V/V) desinfiziert – Einwirkzeit beachten!

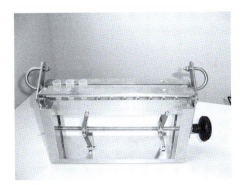

○ Abb. 6.2 Redipac®-Gerät zum Befüllen von autoklavierbaren Eindosis-Ophthiolen. Foto: KS

### 6.2.4 Inkompatibilitäten mit Packmitteln

**Adsorption an Behältermaterialien**

Schlecht wasserlösliche und mizellbildende Stoffe adsorbieren leicht an Behältermaterialien wie Elastomeren (Naturgummi, Butyl- oder Silikonkautschuk). Bedeutung hat die Adsorption vor allem für niedrig dosierte Wirk- und Hilfsstoffe wie z. B. Benzalkoniumchlorid. Für die Aufbewahrung dieser Rezepturen kommen insbesondere Glasgefäße in Betracht.

> **Hinweis**
> Benzalkoniumchlorid adsorbiert an Kunststoff-, Elastomer- und Filtermaterialien, weshalb Filtereinheiten vor der Filtration mit der Konservierungsmittellösung vorgespült werden sollten.

**Korrosion von Behältnismaterialien**

Aluminiumchlorid-Hexahydrat-Gel kann nicht in Aluminiumtuben verpackt werden, da der Tubenmantel zerstört wird. Geeignet sind Behältnisse aus Glas oder Kunststoff, z. B. Einwegspritzen mit Verschlusskonus.

Bei Zubereitungen mit Povidon-Iod kann es an Fehlstellen der Innenschutzlackierung von Aluminiumtuben zur Korrosion kommen. Da der Gehalt an korrosiv wirkendem, freiem Iod gering ist, empfiehlt das NRF trotzdem, z. B. für Hydrophile Povidon-Iod-Salbe 10 % (NRF 11.17.), Aluminiumtuben als Packmittel – weist aber auf die möglicherweise eingeschränkte Stabilität hin.

**Zerstörung von Kautschukmaterialien**

Ölige Augentropfen oder Zubereitungen mit ätherischen Ölen dürfen nicht in Gefäßen mit (Brom- oder Chlorbutyl-)kautschukhaltigen Pipetteneinsätzen aufbewahrt werden. Da die Öle zur Zerstörung des Materials führen, werden die Pipettensauger porös. Als geeignete Alternative sind Pipettensauger aus Nitrilkautschuk bzw. Augentropfenflaschen aus Polyethylen im Handel.

> **Praxistipp**
> Fragen Sie bei Ihrem Apothekenausstatter nach einer tabellarischen Übersicht über die Beständigkeiten von Packmaterialien gegenüber üblichen Füllgütern! Legen Sie dann in der betriebsinternen Herstellungsanweisung für nichtstandardisierte Zubereitungen geeignete Packmittel fest.

Der Kommentar zur BAK-Leitlinie „Herstellung und Prüfung der nicht zur parenteralen Anwendung bestimmten Rezeptur- und Defekturarzneimittel" enthält eine Auflistung mit Beispielen für mögliche Inkompatibilitäten von Arzneimitteln mit Packmitteln (siehe auch Tab. 6.7).

**Tab. 6.7** Beispiele für Inkompatibilitäten von Zubereitungen mit Packmitteln

| Zubereitung mit | Geeignete Gefäße | Nichtgeeignete Gefäße |
|---|---|---|
| flüchtigen Substanzen | Glasbehältnisse mit Polypropylenverschluss | Gefäße aus Polyethylen (Spenderdosen) |
| Benzalkoniumchlorid | Glasbehältnisse | Gefäße aus Kunststoff, Elastomermaterialien |
| Macrogolsalbe DAC | Behältnisse aus Polypropylen (PP), Polyethylen (PELD, PEHD), Polyoxymethylen (POM), hartes Polyvinylchlorid (PVCh), eingebrannte Tubeninnenlacke | Gefäße aus weichem Polyvinylchlorid (PVCw), Polymethylacrylat (PMMA), Celluloseacetat (CA), Celluloseacetobutyrat (CAB), Celluloid, Polyurethan-Elastomere (PUR) |
| Aluminiumchlorid-Hexahydrat | Behältnisse aus Glas oder Kunststoff | Aluminiumtuben |
| Öle, ätherische Öle | Pipettensauger aus Nitrilkautschuk bzw. Augentropfenflaschen aus Polyethylen | Gefäße mit (Brom- oder Chlorbutyl-)kautschukhaltigen Pipetteneinsätzen |
| Mittelkettigen Triglyceriden | Glasgefäße | Gefäße mit Polystyrol |

## 6.2.5 Kindergesicherte Verschlüsse

Bei Fertigarzneimitteln ist die Verwendung kindergesicherter Behältnisse durch Rechtsverordnung geregelt. Bei nichtzulassungspflichtigen Rezeptur- und Defekturarzneimitteln ist die Verordnung nicht anwendbar. Allgemeine Hinweise zu kindergesicherten Verschlüssen finden sich in NRF Kapitel I.2.2.2. „Kindergesicherte Behältnisse und Verschlüsse".

> **Praxistipp**
> Unter www.abda.de/1135.html finden sich Arbeitshilfen zur Abgabe von Chemikalien zum Download, u. a. eine Übersicht „Tastbarer Gefahrenhinweis und kindergesicherte Verschlüsse".

Es muss grundsätzlich bei jeder Rezeptur geprüft werden, ob die Verwendung spezieller gesicherter Behältnisse notwendig ist, insbesondere bei Verarbeitung von Arzneistoffen mit geringer therapeutischer Breite (Tab. 6.8). Zwingend notwendig ist nach § 12 BtMVV die Verwendung kindergesicherter Behältnisse bei Abgabe von Substitutionsmitteln zur Take-home-Versorgung.

◘ **Tab. 6.8** Beispiele für Wirkstoffe, bei denen die Abgabe von Rezepturarzneimitteln in kindergesicherten Behältnissen empfohlen wird

| Opioide und andere Betäubungsmittel | Sonstige Arzneistoffe |
|---|---|
| ▪ Amfetaminsulfat<br>▪ Dexamfetaminsulfat<br>▪ Dihydrocodeintartrat<br>▪ Dronabinol<br>▪ Levomethadonhydrochlorid<br>▪ Methadonhydrochlorid<br>▪ Morphinhydrochlorid<br>▪ Naproxen<br>▪ Opiumtinktur | ▪ Chloralhydrat<br>▪ 3,4-Diaminopyridin<br>▪ Kaliumpermanganat<br>▪ Natriumfluorid<br>▪ Oxalsäure |

In der Regel handelt es sich bei den „Kindersicherungen" um Schraubverschlüsse mit Druck-Dreh-Mechanismus für Gewindeflaschen aus Glas, spezielle Kunststoffbehältnisse für Kapseln bzw. beklebte Alufolie bei Verpackungen für Tabletten oder Kapseln. Zu beachten ist, dass bei Verwendung von Tropfermonturen in Flaschen Tropfeinsatz und kindergesicherte Schraubkappe aufeinander abgestimmt werden müssen und dass die Handhabung der Öffnungsmechanismen bei der Abgabe der Arzneimittel besonders erklärungsbedürftig sein kann.

## 6.3 Applikations- und Dosierhilfen

Applikationshilfen dienen der hygienischen Entnahme der Zubereitung aus dem Abgabegefäß sowie der einfachen Applikation der Zubereitung. Für Dermatika kommen vor allem **Spatel** zum Einsatz. Empfohlen wird die Abgabe insbesondere zur Entnahme und Applikation von Zubereitungen aus Weithalsgläsern oder Salbenkruken, z. B. Zinkoxidöl DAC (NRF 11.20.).

Zur Entnahme und Dosierung von flüssigen Zubereitungen können **Tropfermonturen** eingesetzt werden, z. B. für Kaliumpermanganat-Lösungskonzentrat 1 % (NRF 11.82.). Zu beachten ist, dass je nach Art der Zubereitung unterschiedliche Tropfer zum Einsatz kommen (◘ Tab. 6.9 und ◓ Abb. 6.3). Weitere Dosierhilfen sind **graduierte Dosierbecher**, **graduierte Pipettenmonturen** mit Gewinde für Tropfflasche oder separat beizulegende **Dosierpipetten** bzw. **Einmalspritzen**.

◻ Tab. 6.9 Beispiele für Tropfermonturen (nach NRF III.)

| Packmittel | Merkmale |
|---|---|
| Waagerechttropfer | Standardartikel im Apothekenbedarfshandel; **nicht** zur tropfengenauen Dosierung geeignet |
| Senkrechttropfer für dünnflüssige Arzneimittel | z. B. Konserviertes Wasser NRF S.6. aponorm®-Tropfermontur I |
| Senkrechttropfer für schwach viskose Flüssigkeiten | z. B. Neutralöl aponorm®-Tropfermontur II |
| Senkrechttropfer für mittelviskose Flüssigkeiten | z. B. Glycerol 85 % oder Erdnussöl aponorm®-Tropfermontur III |

a) 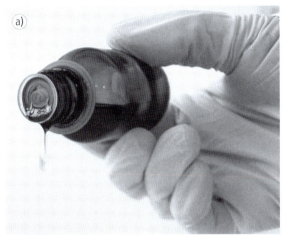 b)

◌ **Abb. 6.3** Arten von Tropfern. a) Waagerechttropfer, b) Senkrechttropfer. Fotos: KS/MO

Zur Verpackung von Lösungen mit Aluminiumchlorid-Hexahydrat bieten sich sogenannte **Roll-on-Gläser** (ähnlich Deoroller) an. Diese dienen gleichzeitig der Applikation der Lösung auf den betroffenen Hautarealen. Zur Applikation von milchsäurehaltigem Salicylsäure-Collodium 10 % (NRF 11.18.) empfiehlt das NRF Braunglasflaschen mit einem **Pinselverschluss**. Als Applikationshilfe zur Anwendung von dithranolhaltigen Zubereitungen empfiehlt das NRF **Fingerlinge** oder **Einmalhandschuhe**, z. B. für Warzensalbe (NRF 11.31.) oder Dithranol-Vaselin (NRF 11.51.). Auch für die Applikation von Capsaicinoid-Creme (NRF 11.125.) werden Einmalhandschuhe empfohlen. Des Weiteren ist die Abgabe von **Wattestäbchen** als Applikationshilfe möglich.

## 6.4 Praktische Hinweise zum Abfüllen

Wenn die Herstellung nicht direkt im Abgabegefäß erfolgt, ist die unverzügliche Abfüllung in ein geeignetes Behältnis notwendig. Jede Verzögerung birgt die Gefahr von mikrobiellen Verunreinigungen der Zubereitung, von Verwechslungen etc. Auch bei der Abfüllung ist – wie bei der Herstellung – größtmögliche Sorgfalt auf Hygiene und Arbeitsschutz zu legen. Das gewählte Packmittel, die Ausbeute und die Endkontrolle werden dokumentiert. Im Folgenden sollen praktische Hinweise zur Abfüllung der Zubereitung gegeben werden.

Die Abfüllung der Zubereitung in das Gefäß muss möglichst vollständig erfolgen. Zur Kontrolle der Masse der abgefüllten Zubereitungen wird das Gewicht des Packmittels vorab bestimmt werden. Das gefüllte Abgabegefäß wird erneut gewogen und so die Masse der enthaltenen Zubereitung bestimmt. Die Abfüllung direkt auf dem Wägeteller ist nicht zu empfehlen, da durch „Missgeschicke" während der Abfüllung die Waage stark verunreinigt werden kann.

> **Praxistipp**
> Für die Kontrolle der Endmasse von in der Apotheke hergestellten Zubereitungen können die Grenzwerte der Verordnung über Fertigpackungen (Fertigpackungsverordnung) als Prüfkriterien herangezogen werden (▶ Kap. 5 „Schritt 5: Kontrollen durchführen"). Fragen Sie bei der für Ihre Apotheke zuständigen Behörde bzw. Landesuntersuchungsanstalt nach, welche Akzeptanzkriterien für die Füllmenge bei Rezepturen und Defekturen gelten.

Es ist darauf zu achten, dass das Gewinde von Kruken oder Flaschen bei der Abfüllung nicht verunreinigt bzw. im Falle einer Verunreinigung sorgfältig gereinigt wird. Im Gewinde verbleibende Reste der Zubereitung können als sogenannte „Flüssigkeitsbrücken" die Kontamination der Zubereitung fördern. Aus diesem Grund ist auch die hygienische Entnahme ein wesentlicher Aspekt zur Gewährleistung der mikrobiologischen Qualität der Zubereitung über den angegebenen Anwendungszeitraum.

> **Praxistipp**
> Die Zubereitung sollte ohne Lufteinschlüsse abgefüllt werden. Bei der Abfüllung von (pastösen) Salben kann durch kurzes Aufstoßen des Gefäßes enthaltene Luft entfernt werden.
> Bei Suspensionen oder kolloidalen Lösungen ist aufschlämmendes Rühren vor und während der Abfüllung wichtig, um Homogenitätsunterschiede zu vermeiden. Am Boden des Herstellgefäßes abgesetzte Partikel müssen durch Umschwenken gemeinsam mit dem Dispersionsmittel ausgespült werden.

Zur hygienischen Abfüllung können geeignete Hilfen wie Spatel, Trichter oder Abfüllpumpen (z. B. zur Konfektionierung größerer Mengen im Krankenhaus) eingesetzt werden. Zum Befüllen von Tuben sind geeignete Geräte erhältlich (◐ Abb. 6.4). Zu beachten ist, dass die Abfüllhilfen ebenso wie alle Gerätschaften in der Apothekenrezeptur sorgfältig gereinigt und gegebenenfalls desinfiziert oder sterilisiert werden müssen.

**Abb. 6.4** Tube füllen mit Tubenfüllgerät: a) Hohlgefäß mit der Zubereitung massemäßig füllen, b) Durch vorsichtiges Niederdrücken des Stempels die Zubereitung in die aufgeschraubte Tube überführen, c) Tube mit Deckel verschließen und am anderen Ende mit Tubenzange mehrfach flach verdrillen. Fotos: KS/MO

### Endkontrolle nach der Abfüllung

Nach der Abfüllung der Zubereitung schließen sich Maßnahmen zur Endkontrolle an. Insbesondere die Kontrolle der Endmasse und die Überprüfung der Funktionsfähigkeit des Packmittels (z. B. bei Dreh-Dosierkruken, Spenderdosen und Tropfern) können erst nach der Abfüllung der Zubereitung erfolgen.

Des Weiteren sind Verpackung und Applikations- sowie Dosierhilfen auf Sauberkeit zu prüfen. Verunreinigungen auf der Verpackung verhindern das dauerhafte Anbringen des Etiketts und sind deshalb zu entfernen.

> **Praxistipp**
> Nach dem Befüllen von Spenderdosen sollte der Hubboden so weit nach oben geschoben werden, bis die Tülle Zubereitung enthält. Das Abgabegefäß enthält dann keine Luft mehr und der Patient wird nicht „verführt" den gesamten Deckel zur Entnahme abzuschrauben.

## 6.5 Zusammenfassung und Wiederholung

◘ Tab. 6.10 Qualitätssicherung im Schritt 6: Zubereitung abfüllen

| Schwerpunkte | Maßnahmen |
|---|---|
| Auswahl des Packmittels | ■ Geprüfte Packmittel verwenden;<br>■ Besonderheiten der Zubereitung beachten (Aggregatzustand, Eigenschaften der Bestandteile, Sterilität);<br>■ Wechselwirkungen mit der Zubereitung vermeiden;<br>■ Kundenbedürfnisse beachten;<br>■ Auswahl des Packmittels im Rahmen der Herstellungsplanung. |
| Lagerung/Verwendung von Packmitteln | ■ Lagerung übersichtlich, verschlossen, trocken, kühl, in geschlossenem Zustand;<br>■ Prüfung auf Sauberkeit und Unversehrtheit vor der Verwendung;<br>■ keine Wiederverwendung von Primärpackmitteln. |
| Kontrollen nach der Abfüllung | ■ Endmasse;<br>■ Sauberkeit von Verpackung und Applikations- sowie Dosierhilfen;<br>■ Funktionsfähigkeit des Packmittels. |
| Weitere qualitätssichernde Maßnahmen | ■ Standardarbeitsanweisung zur Auswahl von Packmitteln (insbesondere Beachtung von Unverträglichkeiten mit der Zubereitung);<br>■ regelmäßiges Training der Mitarbeiter;<br>■ regelmäßige externe Kontrolle (z. B. ZL-Ringversuch). |

## 6.6 Cora Emsig in der Rezeptur, Teil 6

Als PTA Cora Emsig den Telefonhörer der Apotheke abnimmt, lässt die Stimme am anderen Ende der Leitung sie nach der gewohnt freundlichen Begrüßung nicht zu Wort kommen. Eine Stammkundin der Apotheke, Frau van That, erklärt aufgeregt, dass sie aufgrund ihrer rheumatischen Beschwerden nicht in der Lage sei, den kindergesicherten Verschluss der Nystatin-Suspension zu öffnen. Sie habe soeben erst 30 g des angefertigten Arzneimittels „bei einem jungen Angestellten der Apotheke" abgeholt. Sie sei ganz verzweifelt, da ihre kleine Enkeltochter doch dringend die erste Gabe benötige. Die mitgegebene 1-ml-Einmalspritze nütze ihr auch nicht viel, wenn sie an den Inhalt nicht herankomme!

Frau van That hält in ihrer Redeflut nicht einen Moment inne und fährt ungestört fort. Auch bei der kürzlich erhaltenen Aluminiumchlorid-Lösung[1] sei sie zuerst etwas irritiert gewesen über die Abfüllung in ein Deo-Roll-on-Glas. Vormals habe sie die Lösung immer von der mitgegebenen Medizinflasche in eine alte Sprühflasche umgefüllt, die sie noch

---

[1] 2-Propanolhaltige Aluminiumchlorid-Hexahydrat-Lösung 15 % (NRF 11.1.).

von einem früher verordneten und angefertigten Dexpanthenol-Rachenspray[1] zu Hause gehabt habe. „Damit ließ sich die Lösung einfach besser in der Achselhöhle verteilen – genau wie mit dem Roll-on-Glas jetzt", erklärt Frau van That der PTA ihre Eigeninitiative. Nach kurzer Atempause schließt die Kundin ihre Rede mit folgenden Worten ab: „Am besten ist, ich bringe die Flasche mit der Suspension für meine Enkeltochter gleich noch einmal in der Apotheke vorbei und Sie füllen mir den Inhalt in ein anderes Gefäß. Das jetzige ist sowieso zu groß!"

Frau Emsig nimmt sich sofort des Problems an und schlägt Folgendes zur Lösung vor: „In einer halben Stunde bringen wir Ihnen eine neu zubereitete Nystatin-Suspension in einer neuen Flasche zu Hause vorbei!" Frau van That freut sich, dass sie nun nicht noch einmal mit der kranken Enkelin aus dem Haus muss.

Eine halbe Stunde später übergibt Cora Emsig Frau van That eine ZL-zertifizierte Tropfflasche mit Senkrechttropfer, die 30 g Nystatin-Suspension 50 000 I. E./g (NRF 21.3.) enthält und gibt ihr wichtige Hinweise zu Anwendung und Applikation.

→ Nehmen Sie diese Praxissituation unter die Lupe und finden Sie die Punkte, über die Cora Emsig und die Mitarbeiter dieser Apotheke noch einmal nachdenken sollten.

→ Aber nicht nur Sie, das ganze Team ist hier gefragt!

> **Praxistipp**
> Nutzen Sie zur Bearbeitung auch die Materialien des Online-Plus-Angebots! Es enthält für alle 7 Schritte:
> - **Qualitäts-Checklisten** sowie
> - **Arbeitsmaterial für Teamschulung, Selbststudium und Ausbildung**
> 
> und für die Fertigung eines Rezepturarzneimittels die
> - **Formatvorlage zur Erstellung einer Herstellungsanweisung** sowie eine
> - **Dokumentationsvorlage zur Herstellungsdokumentation**.
> 
> Sie finden die Dokumente auf www.Online-PlusBase.de im Bereich „Pharmazie". Für die erstmalige Anmeldung benötigen Sie Ihre E-Mail-Adresse und dieses Buch.

---

[1] Dexpanthenol-Lösung 5 % (NRF 7.3.)

# 7 Schritt 7: Gefäß etikettieren

*„So wie eine Arznei gefertigt ist, werde sie auch sogleich mit ihrer Signatur versehen. Ein Irrthum ist sehr leicht möglich, wenn mehrere Arzneien erst angefertigt und dann hintereinander signirt werden. ... Wo mehrere Receptarien beschäftigt sind, soll der Anfertiger der Arznei seinen Namen am Rande der Signatur vermerken."* Hager (1862): Technik der pharmaceutischen Receptur – Handbuch der Receptirkunst.

| | | |
|---|---|---|
| 7.1 | Rechtliche Anforderungen | 302 |
| 7.2 | Kennzeichnung von Rezepturarzneimitteln | 303 |
| 7.3 | Kennzeichnung von Fertigarzneimitteln | 308 |
| 7.4 | Kennzeichnung von Defekturen im Standgefäß | 311 |
| 7.5 | Kennzeichnung von Medizinprodukten | 314 |
| 7.6 | Haltbarkeitsfristen | 315 |
| 7.7 | Vorbereitung der Patientenberatung | 317 |
| 7.8 | Freigabe | 319 |
| 7.9 | Zusammenfassung und Wiederholung | 320 |
| 7.10 | Cora Emsig in der Rezeptur, Teil 7 | 321 |

Die Kennzeichnung von in der Apotheke hergestellten Arzneimitteln wird von verschiedenen Rechtsvorschriften geregelt. Die neue Apothekenbetriebsordnung enthält genaue Aussagen zur Deklaration von Rezeptur- und Defekturarzneimitteln. Leitlinien und Empfehlungen der Standesorganisation oder der Prüfbehörden der Länder ergänzen die gesetzlichen Vorgaben. Generell ist es empfehlenswert, sich als Rezeptar folgende Fragen zu stellen.
- Welche Angaben **müssen** auf dem Etikett zu finden sein? → „MUSS"-Angaben
- Welche Angaben **sollen** die gesetzlichen Vorgaben ergänzen, damit die Sicherheit für den Anwender erhöht wird? → „SOLL"-Angaben
- Welche Angaben **können** sinnvoll die „MUSS"- und „SOLL"-Angaben ergänzen? → „KANN"-Angaben

> **Hinweis**
> Eine wichtige Maßnahme zur Qualitätssicherung ist, auch bei Individualrezepturen, die Dokumentation von Herstellung und Prüfung – inkl. der Aufbewahrung eines Musters bzw. einer Kopie des erstellten Etiketts als Bestandteil dieser Dokumentation.

## 7.1 Rechtliche Anforderungen

Die Basis für die Kennzeichnung von Zubereitungen in der Apotheke stellen u. a. folgende rechtliche Bestimmungen dar:
- Arzneimittelgesetz (AMG),
- Apothekenbetriebsordnung (ApBetrO),
- Medizinproduktegesetz (MPG),
- Betäubungsmittelgesetz (BtMG),
- Gefahrstoffverordnung (GefStoffV),

- Arzneimittelverschreibungsverordnung (AMVV),
- Arzneimittel-Warnhinweis-Verordnung (AMWarnV),
- Blindenschrift-Kennzeichnungs-Verordnung (BlindKennzV) und
- Verordnung über die Angabe von Arzneimittelbestandteilen (AMBtAngV).

In den folgenden Abschnitten wird die Umsetzung dieser rechtlichen Bestimmungen theoretisch und beispielhaft für den Fall der Herstellung eines Rezepturarzneimittels, einer Fertigarzneimittelherstellung und von Halbfertigware (Bulkware) erläutert.

**Grundlegende Vorschriften zur Kennzeichnung von Rezeptur- und Defekturarzneimitteln**
Rezepturarzneimittel → § 14 ApBetrO Abs. 1;
Defekturarzneimittel als Fertigarzneimittel → § 14 ApBetrO Abs. 2 und § 10 AMG;
Defekturarzneimittel als Halbfertigware → § 16 ApBetrO.

## 7.2 Kennzeichnung von Rezepturarzneimitteln

### 7.2.1 MUSS-Angaben bei der Kennzeichnung von Rezepturarzneimitteln

Die Kennzeichnung von Rezepturarzneimitteln erfolgt entsprechend § 14 ApBetrO. Es müssen alle Angaben **in gut lesbarer Schrift** und **dauerhaft** erfolgen. Individuell zu stark ausgeprägte Handschriften werden von den Prüfbehörden i. d. R. bemängelt. Deshalb ist es empfehlenswert, Etiketten mit dem PC zu schreiben. Als gut lesbar gilt meist die Schriftart Arial in der Größe von mindestens 6 pt, wenn sie auf neutralem, kontrastierendem Hintergrund aufgebracht wird. Die Schrift muss ohne Konzentration bzw. Anstrengung lesbar sein.

Zur Gewährleistung der Übersichtlichkeit empfiehlt es sich, die Angaben zur Arzneimittelzusammensetzung, die Anwendungshinweise für den Patienten und die Informationen zur herstellenden Apotheke zusammenzufassen und möglichst optisch getrennt auf dem Etikett aufzubringen.

Die Schrift muss dauerhaft aufgebracht sein. Das bedeutet: Sie muss mindestens innerhalb des Verwendungszeitraumes dem haushaltsüblichen Gebrauch standhalten (z. B. bzgl. der Wischfestigkeit).

> **Praxistipp**
> Fragen Sie bei Ihrem Apothekenausstatter nach selbstklebenden, durchsichtigen Überzugsfolien für ihre PC- bzw. handgeschriebenen Etiketten. Die Folie gibt Schutz für die Schriftfarbe und das Etikettenpapier. Sie sorgt außerdem für zusätzliche Haftung, wenn sie über den Papierrand hinaus aufgeklebt wird.

Entsprechend § 14 ApBetrO Abs. 1 sind in deutscher Sprache – außer 5. – anzugeben:
1. Name und Anschrift der Apotheke bzw. des Herstellers,
2. Inhalt nach Gewicht, Rauminhalt oder Stückzahl,
3. Art der Anwendung,
4. Gebrauchsanweisung,
5. Wirkstoffe nach Art und Menge und sonstige Bestandteile nach der Art (z. B. Konservierungsstoffe), ggf. die Bezeichnung eingesetzter Fertigarzneimittel,

6. Herstellungsdatum,
7. Verwendbarkeitsfrist unter Angabe von Tag, Monat und Jahr mit dem Hinweis „verwendbar bis", ggf. Angabe der Haltbarkeit nach dem Öffnen des Behältnisses bzw. nach Herstellung der gebrauchsfertigen Zubereitung,
8. erforderliche Hinweise auf besondere Vorsichtsmaßnahmen für die Aufbewahrung oder für die Beseitigung von Arzneimittelresten bzw. besondere Maßnahmen zum Umweltschutz (ggf. im Begleitdokument),
9. Name des Patienten bei Herstellung auf Verschreibung.

> **Hinweis**
> Die Größe des Apothekenlogos sollte 1/3 der Gesamtgröße des Etiketts nicht überschreiten. Die Prüfbehörden der Länder stellten teilweise überdimensionierte Größenverhältnisse fest und empfehlen deshalb, geeignete Relationen einzuhalten.

Besonderer Erläuterung bedürfen die Punkte 3 (Art der Anwendung) und 4 (Gebrauchsanweisung) nach § 14 ApBetrO Abs. 1. Die Hinweise: „Nicht zum Einnehmen" oder „Äußerlich" werden als veraltet angesehen, da sie die Applikation des Arzneimittels zu ungenau beschreiben. Die Art der Anwendung muss zum Schutz des Anwenders eindeutig angegeben sein, z. B. „Zum Auftragen auf die Haut" oder „Zum Spülen des Mund- und Rachenraumes".

> **Wussten Sie, dass ...**
> ... im Kommentar der Apothekenbetriebsordnung Hinweise zu den Anwendungsarten übersichtlich zusammengestellt sind?

Entsprechend der Arzneimittelverschreibungsverordnung ist die Gebrauchsanweisung bei verschreibungspflichtigen Arzneimitteln eine Pflichtangabe auf der ärztlichen Verordnung. Bei Unklarheiten auf der Verschreibung (z. B. dem Fehlen der Gebrauchsanweisung) ist der Rezeptar nach § 7 ApBetrO verpflichtet, diese – i. d. R. durch Rücksprache mit dem verordnenden Arzt – zu beseitigen. Die Gebrauchsanweisung kann sinnvollerweise mit der Art der Anwendung in einer Wortgruppe verbunden werden. Beispiel: „Den Spray 2-mal täglich (morgens und abends) auf die betroffene Hautstelle aufsprühen".

Entsprechend § 14 ApBetrO Abs. 1 Nr. 5 besteht die Verpflichtung zur Angabe in der Zubereitung enthaltener Konservierungsmittel bzw. zur Deklaration weiterer Hilfsstoffe.

> ■ **MERKE** Die Kennzeichnung eines Rezepturarzneimittels muss so erfolgen, dass die **Nachrezeptierbarkeit** gewährleistet ist. Standardisierte Vorschriften aus DAB, DAC, NRF sowie Standardzulassungen sind für jeden Rezeptar zugänglich. Damit ist die konkrete Zusammensetzung der Vorschriften leicht bestimmbar. Alte Standardvorschriften der DDR (SR 90), die nicht ins NRF übernommen worden sind, können jedoch nicht als standardisierte Rezepturen betrachtet werden!
> Bei individuellen Rezepturvorschriften ist die Nachrezeptierbarkeit gefährdet, wenn nicht alle Bestandteile nach Art und Menge angegeben werden. Entsprechend sind bei diesen Arzneimitteln alle Bestandteil nach Art und Menge – inkl. der Konservierungsstoffe – anzugeben.

Die anzugebende Menge des Wirkstoffs ist die sogenannte Nominaleinwaage – d. h. die tatsächlich in der Zubereitung enthaltene Stoffmenge – und nicht die durch Einwaagekorrektur berechnete Solleinwaage

Nach ApBetrO ist die Aufbrauchfrist mit dem Hinweis „verwendbar bis" anzugeben. Das NRF gibt im Kapitel I.4 allgemeine Hinweise zur Haltbarkeit von Zubereitungen in Abhängigkeit vom Abgabegefäß. Zu beachten ist, dass diese Empfehlungen nur dann anwendbar sind, wenn es sich um stabile Rezepturen handelt. Spezielle Aufbrauchfristen für NRF-Rezepturen sind in Tabelle 3 (Kapitel I.4. NRF) zu finden.

Des Weiteren müssen wichtige Hinweise zur arzneimittelspezifischen Anwendung (z. B. „Vor Gebrauch umschütteln!" oder „Nicht in Augenkontakt bringen!"), zur Lagerung (z. B. „ Im Kühlschrank aufbewahren") oder zur Entsorgung die Angaben auf dem Etikett ergänzen. Anwender müssen ggf. durch die Hinweise „Beeinträchtigt das Reaktionsvermögen!" oder „Vorsicht Farbstofflösung!" vor möglichem Schaden bewahrt werden.

> **Ein Blick über den Tellerrand**
> In Österreich ist durch eine Kennzeichnungsverordnung bundesrechtlich geregelt, dass Arzneispezialitäten, die die Verkehrstüchtigkeit oder das Bedienen von Maschinen beeinträchtigen, mit einem entsprechenden Hinweis zu kennzeichnen sind.

Arzneimittel, die gefährliche physikalische Eigenschaften aufweisen, mussten bisher mit einer Gefahrenkennzeichnung versehen werden. Die ApBetrO schreibt nun vor, dass erforderliche Hinweise auf besondere Vorsichtsmaßnahmen für die Aufbewahrung zu geben sind. Die konkrete Forderung nach Kennzeichnung der Arzneimittel mit Gefahrensymbol, Gefahrenbezeichnung, den Hinweisen auf die besonderen Gefahren und Sicherheitsratschlägen besteht nicht mehr. Alle Arzneimittel, die Gefahrstoffe enthalten, aber keine physikalisch gefährlichen Eigenschaften aufweisen, werden durch die Gefahrstoffverordnung wie bisher nicht berührt. Sie müssen also nicht entsprechend gekennzeichnet werden.

> **Praxistipp**
> Auch wenn die novellierte Apothekenbetriebsordnung die Gefahrenkennzeichnung nach Gefahrstoffverordnung nicht vorschreibt, ist auf besondere Vorsichtsmaßnahmen bei der Aufbewahrung hinzuweisen. Leicht verständliche Hinweise wie „Vor Feuer schützen!" oder „Von Zündquellen fernhalten!" sind insbesondere geeignet, diese Forderung zu erfüllen.

Arzneimittel müssen nach Arzneimittel-Warnhinweisverordnung mit einem Warnhinweis versehen sein, wenn sie Ethanol zur innerlichen Anwendung enthalten oder wenn der Farbstoff Tartrazin zugesetzt wurde.

**Kennzeichnung nach Arzneimittel-Warnhinweisverordnung**
Ab einer Menge von 0,05 g Ethanol in der maximalen Einzeldosis muss die Kennzeichnung einen Hinweistext auf den Volumengehalt der Zubereitung enthalten. Ab einer Ethanoldosis von 0,5 g pro Einzelgabe ist ein detaillierter Warnhinweistext auf das Etikett aufzubringen, der auch vor gesundheitlichen Risiken warnt. Steigt die Ethanoldosis in der Einzelgabe über 3,0 g an, muss zusätzlich vor der Beeinträchtigung des Reaktionsvermögens gewarnt werden.

Azofarbstoffe finden allerdings in der heutigen Rezepturpraxis kaum noch Verwendung.

> **Wussten Sie, dass ...**
> ... Lebensmittel, die Azofarbstoffe enthalten, seit Juli 2010 mit einem Hinweis versehen werden müssen, der klarstellt, dass bei Einnahme die Aufmerksamkeit und Aktivität von Kindern beeinträchtigt werden kann?
> Der Einsatz des wasserlöslichen Azofarbstoffs Tartrazin (E 102) ist aufgrund seines pseudoallergenen Potenzials in Norwegen verboten. Kreuzallergien mit Benzoe- und Acetylsalicylsäure sind bekannt.

Die Angabe des Patientennamens ist nach ApBetrO eine Pflichtinformation bei der Kennzeichnung eines Rezepturarzneimittels, welches aufgrund einer Verschreibung für einen bestimmten Patienten hergestellt worden ist.

In bestimmten Fällen sollten – z. B. wenn die Gefahr der Verunreinigung der Umwelt besteht – Angaben zur Entsorgung des Arzneimittels auf dem Etikett ergänzt werden. Ohne Kennzeichnung dürfen nicht mehr benötigte bzw. nicht mehr verwendbare Arzneimittel vom Kunden mit dem Hausmüll entsorgt werden.

**Kennzeichnung bei Verarbeitung von Fertigarzneimitteln und Fertiggrundlagen**
Ist ein Fertigarzneimittel oder eine Fertiggrundlage in der Rezeptur verarbeitet worden, muss dies aus Gründen der Nachrezeptierbarkeit auf dem Etikett angegeben werden. Die korrekte Angabe des Produktes ist i. d. R. ausreichend, wenn die Überwachungsbehörden der Länder keine andere Regelung vorsehen.

### 7.2.2 SOLL-Angaben bei der Kennzeichnung von Rezepturarzneimitteln

Werden standardisierte Rezepturen nach NRF hergestellt, so soll der Name der NRF-Rezeptur auf dem Etikett angegeben werden.

Die Angabe des Patientennamens ist im Falle des Kaufwunsches eines Rezepturarzneimittels keine Pflichtinformation bei der Kennzeichnung. Der Patientenname soll – soweit bekannt – auch dann angegeben werden, denn diese Maßnahme trägt zur Arzneimittelsicherheit bei.

> **Praxistipp**
> Wird die Angabe aller Inhaltsstoffe notwendig, ist die Übersichtlichkeit auf dem Etikett oft aus Platzgründen nicht mehr gegeben. Detaillierte Informationen, z. B. zur Zusammensetzung von eingearbeiteten Grundlagen, können dann auch auf einem Zusatzetikett gegeben werden.

Die Telefonnummer der Apotheke ergänzt im Anschriftenteil des Etiketts die Angaben zum Hersteller. Im Fall von notwendigen Rückfragen, die sich für den Patienten erst bei der Anwendung ergeben, stellt dies eine wichtige Information dar (o Abb. 7.1).

| Frau Frieda Muster | Hydrophile Metronizadol-Creme 1% (NRF 11.91.) |
|---|---|
| 2-mal täglich auf die betroffene Körperstelle auftragen. | Inhalt: 50 g |
| Hergestellt am: 07.10.2012 | Metronidazol 0,5 g |
| Verwendbar bis: 06.04.2013 | Nichtionisches wasserhaltiges Liniment DAC (NRF S.39.) 49,5 g |
| | Bei Raumtemperatur – 15 – 25 °C – lagern! |
| Rezepturenapotheke Fantastraße 1, 54321 Salbenhausen Tel. 0123/987654 | Zusammensetzung des Nichtionischen wasserhaltigen Liniments DAC (NRF S.39.): Gereinigtes Wasser, Nichtionische emulgierende Alkohole, 2-Ethylhexyllaurat, Glycerol 85%, Konservierungsmittel Kaliumsorbat, Wasserfreie Citronensäure |

o **Abb. 7.1** Etikettenvorschlag für die Anfertigung eines Rezepturarzneimittels

## 7.2.3 KANN-Angaben bei der Kennzeichnung von Rezepturarzneimitteln

Die Hinweise „Arzneimittel für Kinder unzugänglich aufbewahren!" und Angaben zur Apotheken- bzw. Verschreibungspflicht können zusätzlich auf dem Etikett angegeben werden, wenn dadurch die Übersichtlichkeit nicht gefährdet ist. Sie sind bei der Kennzeichnung von Rezepturarzneimitteln – im Gegensatz zur Kennzeichnung von Fertigarzneimitteln – keine Pflichtangaben.

Ergänzend kann der herstellende Rezeptar sein Signum oder seinen Namen auf dem Etikett aufbringen, z. B. mit den Worten: „Hersteller: Frau Müller". So kann bei Rückfragen zur Rezeptur sogleich der richtige Ansprechpartner gefunden werden.

Rezepturarzneimittel können mit Informationen in Blindenschrift versehen werden, wenn das Arzneimittel für sehbehinderte oder blinde Personen bestimmt ist.

## 7.3 Kennzeichnung von Fertigarzneimitteln

### 7.3.1 MUSS-Angaben bei der Kennzeichnung von Fertigarzneimitteln

Defekturarzneimittel, die im Voraus im Rahmen der 100er-Regel in abgabefertigen Einheiten hergestellt werden, sind Fertigarzneimittel. Die Kennzeichnung erfolgt entsprechend § 14 ApBetrO Abs. 2 und damit § 10 AMG.

Es ergeben sich bezüglich der Pflichtangaben auf dem Etikett von Fertigarzneimitteln wesentliche Unterschiede zur Kennzeichnung von ad hoc gefertigten Rezepturarzneimitteln nach § 14 ApBetrO Abs. 1.

**Arzneimittelgesetz (AMG)**
**§ 10 Kennzeichnung der Fertigarzneimittel**
Nach AMG dürfen Fertigarzneimittel nur dann in den Verkehr gebracht werden, wenn sie entsprechend gekennzeichnet sind. Auf den Behältnissen müssen folgende Angaben „in gut lesbarer Schrift, allgemeinverständlich in deutscher Sprache und auf dauerhafte Weise" aufgebracht sein:
- Name und Anschrift der Apotheke,
- Bezeichnung des Arzneimittels (z. B. NRF-Vorschrift),
- Zulassungsnummer*,
- Chargenbezeichnung mit der Abkürzung „Ch.-B." oder das Herstellungsdatum,
- Darreichungsform,
- Inhalt nach Gewicht, Rauminhalt oder Stückzahl,
- Art der Anwendung,
- Wirkstoffe nach Art und Menge und weitere Bestandteile nach der Art,
- Verfalldatum mit dem Hinweis „verwendbar bis" (Monat und Jahr),
- Hinweis „Verschreibungspflichtig" oder „Apothekenpflichtig",
- Hinweis, dass Arzneimittel unzugänglich für Kinder aufbewahrt werden sollen,
- soweit erforderlich besondere Vorsichtsmaßnahmen für die Beseitigung von nicht verwendeten Arzneimitteln oder sonstige Vorsichtsmaßnahmen, um Gefahren für die Umwelt zu vermeiden,
- Verwendungszweck bei nichtverschreibungspflichtigen Arzneimitteln,
- Bezeichnung des Arzneimittels in Blindenschrift*,
- Warnhinweise, Aufbewahrungshinweise, Lagerungshinweise.

* Ausnahmen siehe folgender Text

Die Interpretation der Formulierung „gut lesbar" und „dauerhaft" wurde bereits im vorhergehenden ▶ Kap. 7.2 „Kennzeichnung von Rezepturarzneimitteln" ausgeführt. Alle Angaben müssen übersichtlich auf dem Etikett angeordnet sein. Die Lesbarkeit darf nicht durch zu kleine Schriftausführung beeinträchtigt sein.

Die Kennzeichnung von Fertigarzneimitteln muss in deutscher Sprache erfolgen. Allgemein verständliche Ausführungen sind eine Grundforderung. Dies gilt auch für die Angabe des Verwendungszwecks bei der Kennzeichnung nichtverschreibungspflichtiger Fertigarzneimittel. Dabei gilt im Interesse des Verbrauchers der Grundsatz, medizinische Fachsprache zu vermeiden, wenn ein adäquates deutsches Wort vorhanden ist.

Die Zulassungsnummer entfällt i. d. R. für Zubereitungen, die in der Apotheke hergestellt werden. Die im Rahmen der 100er-Regel als „verlängerte Rezeptur" in den Verkehr gebrachten Fertigarzneimittel sind von der Zulassungspflicht ausgenommen (§ 21 AMG). Bei Nutzung von Standardzulassungen wird die Zulassungsnummer der entsprechenden Monographie entnommen und auf dem Etikett angegeben.

> **Praxistipp**
> Grundsätzlich kann die Deklaration der konkreten Gebrauchsanweisung auch als Lückentext auf dem Etikett vorbereitet werden. Zum Zeitpunkt der Abgabe an den Kunden wird dann mit der individuellen Anwendungsvorschrift ergänzt.

Bei Fertigarzneimitteln ist der Wirkstoff nach Art und Menge anzugeben, bei weiteren Bestandteilen genügt nach AMG die Angabe nach der Art. Es sind die internationalen Kurzbezeichnungen der WHO oder die gebräuchlichen wissenschaftlichen Namen zu verwenden.

Die Verordnung über die Angabe von Arzneimittelbestandteilen (AMBtAngV) regelt Ausnahmen von der Kennzeichnungspflicht. Sie führt in ihrer Anlage Stoffe auf, deren Angabe nicht notwendig ist. Dazu gehören z. B. den pH-Wert einstellende Stoffe bei Arzneimitteln zur kutanen Anwendung. Des Weiteren können Alkyl-4-hydroxybenzoate beim Einsatz als Konservierungsmittel in Arzneimitteln zur Anwendung auf der Haut oder Schleimhaut (Ausnahme: Ophthalmika) oder in Peroralia mit der Bezeichnung „Parabene" gefolgt von der EWG-Nummer ausgewiesen sein.

Das NRF empfiehlt Angaben zur Haltbarkeit für die beschriebenen Zubereitungen. Teilweise unterscheiden sich die Empfehlungen in Abhängigkeit davon, ob es sich um ein Arzneimittel vor oder nach Anbruch der Verpackung handelt. Ist die Haltbarkeit der Zubereitung nach Anbruch verkürzt, muss das auf dem Etikett angegeben werden.

> **Praxistipp**
> Deklarieren Sie auf dem Etikett folgendermaßen:
> „Verwendbar bis: ........................"
> „Nach Anbruch ... Monate verwendbar" und
> „Anbruch am: ................................"
> „Nach Anbruch nicht mehr anwenden nach dem: ........................!"
> Die Daten des Anbruchs und der Aufbrauchfrist nach Anbruch können dann bei der Abgabe an den Kunden eingetragen werden.

### Kennzeichnung bei Verarbeitung von Fertigarzneimitteln und Fertiggrundlagen in Defekturarzneimitteln

Wurden Fertigarzneimittel oder Fertiggrundlagen verarbeitet, müssen diese auf dem Etikett angegeben werden. Die durch das Fertigarzneimittel oder die Fertiggrundlage hinzugefügten Hilfsstoffe müssen nach der Art gekennzeichnet werden.

> **Praxistipp**
>
> Die Zusammensetzung eines Fertigarzneimittels ist im Beipackzettel zu finden. Eine Kopie dieses Teils der Packungsbeilage kann auf dem Behältnis angebracht werden, gegebenenfalls als „Fahne" fest angehängt oder als auffaltbare „Ziehharmonika" (Leporello) befestigt werden.

### Warnhinweise

Dem Etikett sind Warnhinweise – wenn notwendig – hinzuzufügen. So ist z. B. im Fall einer alkoholischen Zubereitung zur oralen Applikation zu prüfen, ob Hinweise nach der Arzneimittel-Warnhinweisverordnung anzubringen sind. Zur Kennzeichnung besonderer Vorsichtsmaßnahmen bei der Aufbewahrung ▶ Kap. 7.2.1.

### Kennzeichnung von Tierarzneimitteln

Werden Tierarzneimittel auf Vorrat angefertigt, müssen die Kennzeichnung und die Gebrauchsinformation nach § 10 AMG erstellt werden. Zudem ist eine Fachinformation nach § 11a AMG notwendig.

> **Hinweis**
>
> Die Herstellung von Tierarzneimitteln als Fertigarzneimittel ist generell zulassungspflichtig! Die sogenannte 100er-Regel gilt nur für Humanarzneimittel.

## 7.3.2 SOLL-Angaben bei der Kennzeichnung von Fertigarzneimitteln

Auch bei einem Fertigarzneimittel sollte die Apotheke eine taggenaue Aufbrauchfrist angeben. Hilfestellung geben hier die Empfehlungen des NRF (Kapitel I.4.).

Zur Patientensicherheit und Anwenderfreundlichkeit trägt die Angabe der Telefonnummer der Apotheke im Anschriftenfeld bei.

Arzneimittelspezifische Anwendungshinweise (z. B. „Salbe mit dem beigefügten Spatel auftragen") sollten nicht fehlen (o Abb. 7.2).

| | |
|---|---|
| Erwachsene: 2-mal täglich auf die betroffene Körperstelle auftragen.<br><br>Ch.-B.: Apo071012-11.91./1<br><br>Nicht mehr anwenden<br>nach dem: 06.04.2013<br><br>Arzneimittel für Kinder unzugänglich aufbewahren!<br><br>**Rezepturenapotheke**<br>**Fantastraße 1, 54321 Salbenhausen**<br>**Tel. 0123/987654** | **Hydrophile Metronizadol-Creme 1%**<br>**(NRF 11.91.)**<br><br>Inhalt: 50 g<br><br>100 g Creme enthält:<br>1,0 g Metronidazol in<br>Nichtionischem wasserhaltigen<br>Liniment DAC (NRF S.39.)<br><br>Verschreibungspflichtig<br><br>Bei Raumtemperatur – 15–25°C – lagern!<br><br>Zusammensetzung des Nichtionischen wasserhaltigen Liniments DAC (NRF S.39.): Gereinigtes Wasser, Nichtionische emulgierende Alkohole, 2-Ethylhexyllaurat, Glycerol 85%, Kaliumsorbat (0,14 g), Wasserfreie Zitronensäure |

○ **Abb. 7.2** Etikettenvorschlag für die Anfertigung eines Fertigarzneimittels im Rahmen der Defekturherstellung

### 7.3.3 KANN-Angaben bei der Kennzeichnung von Fertigarzneimitteln

Bei der Herstellung von Fertigarzneimitteln in der Apotheke besteht die Möglichkeit, von vornherein nur die Aufbrauchfrist anzugeben, die sich nach Anbruch der Packung ergeben würde. Eine vollständige Ausrezeptierung aller Inhaltsstoffe kann erfolgen, wenn die Übersichtlichkeit erhalten bleibt.

Zum Zeitpunkt der Abgabe ist es möglich, den Namen des Kunden in ein vorbereitetes Feld einzutragen. Damit wird die Arzneimittelsicherheit erhöht.

**Kennzeichnung in Blindenschrift**

Nach § 10 AMG ist die Bezeichnung des Fertigarzneimittels in Blindenschrift auf der Verpackung aufzubringen. Entsprechend § 14 Abs. 2 der Apothekenbetriebsordnung kann jedoch von dieser Vorgehensweise abgesehen werden. Angaben in Blindenschrift sind bei der Abgabe von Fertigarzneimitteln an blinde oder sehbehinderte Personen sicher sinnvoll. Die Informationen können mit einem Klebeetikett auf der Verpackung oder mit einem Informationsblatt übermittelt werden.

Geregelt sind Ausnahmen zur Kennzeichnung in Blindenschrift des Weiteren in der Verordnung über die Kennzeichnung von Arzneimitteln in Blindenschrift bei Kleinstmengen (Blindenschrift-Kennzeichnungs-Verordnung – BlindKennzV).

### 7.4 Kennzeichnung von Defekturen im Standgefäß

Arzneimittel dürfen bei nachweislich häufiger ärztlicher Verschreibung in einer Menge, die einhundert abgabefähigen Packungen pro Tag entspricht, im Voraus hergestellt und bis zur Abgabe im Standgefäß aufbewahrt werden. Die Beschriftung der Standgefäße regelt § 16 ApBetrO.

**Apothekenbetriebsordnung (ApBetrO)**
**§ 16 Lagerung**
„(2) Die Vorratsbehältnisse ... müssen mit gut lesbaren und dauerhaften Aufschriften versehen sein, die den Inhalt eindeutig bezeichnen. Dabei ist eine gebräuchliche wissenschaftliche Bezeichnung zu verwenden. Der Inhalt ist durch zusätzliche Angaben zu kennzeichnen, soweit dies zur Feststellung von Qualität und zur Vermeidung von Verwechslungen erforderlich ist. Auf den Behältnissen ist das Verfalldatum oder gegebenenfalls das Nachprüfdatum anzugeben."

> **Hinweis**
> Die bisher in der Apothekenbetriebsordnung getroffenen Festlegungen zur Kennzeichnung von Vorratsgefäßen mit roter Schrift auf weißem Grund für Separanda bzw. mit weißer Schrift auf schwarzem Grund für Venena sind mit der Novellierung entfallen, da das Arzneibuch keine entsprechenden Vorgaben mehr enthält.

Die Forderung der „guten Lesbarkeit" bei der Kennzeichnung der Standgefäße ist erfüllt, wenn eine normal sehfähige Person die Aufschrift mühelos, ohne Hilfsmittel, auch aus einem Abstand, der wesentlich größer ist als beim Lesen eines Buches, lesen kann. Empfehlenswert ist die Erstellung der Etiketten in ausreichender Schriftgröße mit dem PC.

Die Aufschrift darf nicht durch Feuchtigkeit in Mitleidenschaft gezogen werden oder z. B. beim Reinigen oder Desinfizieren verwischt bzw. unleserlich werden. Es empfiehlt sich, Etiketten mit Transparentklebestreifen zu überziehen – auch bei Verwendung von wasserfestem Stift – oder Kunststoffetiketten zu verwenden.

Zur eindeutigen Kennzeichnung ist die Chargenbezeichnung laut Herstellungsprotokoll auf dem Standgefäß anzugeben. Ist die Zubereitung entsprechend einer offizinellen Vorschrift hergestellt worden, wird die Bezeichnung dieser Vorschrift auf dem Etikett angegeben.

> **Hinweis**
> Handelt es sich um eine NRF-Rezeptur, wird der vollständige Name der Rezeptur inklusive der Nummer der Vorschrift auf dem Etikett angegeben. Falls zutreffend wird das zugesetzte Konservierungsmittel nach Art und Menge ergänzt.
> Ist eine Zubereitung entsprechend einer nichtoffizinellen Vorschrift im Standgefäß enthalten, müssen alle Bestandteile nach Art und Menge angegeben werden, um Verwechslungen zu vermeiden.

Substanzen werden mit der im Synonymverzeichnis aufgeführten Bezeichnung des Arzneibuches benannt. Stoffe, die dort nicht enthalten sind, werden mit vorhandenen gebräuchlichen wissenschaftlichen Bezeichnungen benannt. Es **können** z. B. die internationalen Kurzbezeichnungen, wie INCI-Bezeichnungen (Internationale Nomenklatur kosmetischer Inhaltsstoffe), angegeben werden.

Ergänzt werden die Angaben auf dem Etikett durch notwendige Gefahrenhinweise. Für Standgefäße, die Defekturarzneimittel enthalten, wird – analog zur Kennzeichnung von Ausgangsstoffen – die Gefahrenkennzeichnung empfohlen (auch ▶ Kap. 3.1.3). Die vormals geltenden Regelungen zur vereinfachten Kennzeichnung von Standgefäßen nach Volumeninhalt (TRG 200) sind durch die Regelung nach TRG 201 ersetzt. Entsprechend ist eine vereinfachte Kennzeichnung von Standgefäßen generell möglich, wenn die Gefährdungsbeurteilung das zulässt und wenn die Mitarbeiter auf die Betriebsanweisung geschult worden sind.

> **Hinweis**
> Ein Sicherheitsdatenblatt für jeden Gefahrstoff sowie eine Gefährdungsbeurteilung und Betriebsanweisung für den Umgang mit dem Gefahrstoff müssen für den Rezeptar leicht zugänglich sein.

Weitere notwendige Angaben auf dem Etikett des Standgefäßes sind Verwendbarkeitsfrist bzw. Weiterverarbeitungsfrist und Nachprüfdatum sowie besondere Lagerungstemperaturen. Hinweise zur Weiterverarbeitung, z. B. „Vor Gebrauch schütteln!" bei Zubereitungen, die ein thixotropes Fließverhalten aufweisen und sich in Ruhe verfestigen oder die zur Phasentrennung neigen, ergänzen die Angaben auf dem Standgefäß (o Abb. 7.3).

Es ist sinnvoll, das Tara-Gewicht des Gefäßes (ggf. inkl. zugehörigem Stopfen/Deckel) auf der Umhüllung anzugeben. Die im Standgefäß enthaltene Menge an Zubereitung ist so leicht bestimmbar; so kann unnötiges Aus- und Umfüllen vermieden und damit einer potenziellen Kontamination vorgebeugt werden.

---

**Hydrophile Basisemulsion (NRF S.25.)**

Vor Gebrauch schütteln!

Konserviert mit 0,14 % Kaliumsorbat

Ch.-B.: Apo070712-S.25./1
Spätestens weiterzuverarbeiten bis: 06.01.2013

TARA m.D.: 250,3 g

---

o **Abb. 7.3** Etikettenvorschlag für die Anfertigung einer Defektur, die im Standgefäß gelagert wird

Nach der Zwischenlagerung im Standgefäß kann das Arzneimittel auf Nachfrage als Rezepturarzneimittel abgepackt werden. Das Abgabegefäß ist nach den Regelungen für individuell hergestellte Arzneimittel zu kennzeichnen. Eine Voranfertigung von mehreren abgepackten Einheiten ist ebenso möglich. Es handelt sich dann um eine Fertigarzneimittelherstellung; die Kennzeichnung ist entsprechend der § 10 vorzunehmen.

## 7.5 Kennzeichnung von Medizinprodukten

Wird in der Apotheke ein Medizinprodukt aufgrund ärztlicher Verschreibung individuell für einen Patienten angefertigt (z. B. Natriumchlorid-Nasentropfen), handelt es sich um eine **Sonderanfertigung** nach § 3 MPG. Die Kennzeichnung erfolgt nach den Vorgaben entsprechend § 7 MPG über die Erfüllung der „Grundlegenden Anforderungen". Diese Anforderungen, die im Anhang I der Richtlinie 93/42/EWG beschrieben sind, müssen erfüllt sein, bevor ein Medizinprodukt in den Verkehr gebracht werden darf. Dazu gehören folgende Vorgaben zur Kennzeichnung:

- Name und Anschrift des Herstellers,
- alle Angaben, die erkennbar machen, worum es sich bei dem Produkt und dem Packungsinhalt handelt,
- Herstellungsdatum und Verwendbarkeit (Angabe in Monat und Jahr),
- ggf. den Hinweis „STERIL" und das Sterilisationsverfahren sowie ggf. den Hinweis, dass das Produkt für den einmaligen Gebrauch bestimmt ist,
- Gebrauchsanweisung,
- Hinweise zur sicheren und ordnungsgemäßen Anwendung/Handhabung/Lagerung,
- ggf. Warnungen und entsprechende Hinweise zu Vorsichtsmaßnahmen,
- der Hinweis „Sonderanfertigung".

■ **MERKE** Bei einer Sonderanfertigung von Medizinprodukten wird kein CE-Zeichen aufgebracht, aber der Hinweis „Sonderanfertigung" muss auf dem Etikett platziert werden.

Bevor ein Medizinprodukt, welches im Voraus zur Abgabe an den Verbraucher hergestellt worden ist, in den Verkehr gebracht werden darf, müssen alle medizinprodukterechtlichen Bestimmungen erfüllt werden (▶ Kap. 0 „Einleitung").

> **Praxistipp**
> Fragen zum Inverkehrbringen von Medizinprodukten beantwortet die zuständige Landesbehörde (z. B. Landesdirektion, Regierungspräsidium, Bezirksregierung). Auf der Website des Bundesinstituts für Arzneimittel und Medizinprodukte (www.bfarm.de) finden sich grundsätzliche Informationen zum Inverkehrbringen, weitere Dokumente sowie ein Link zur Website des Deutschen Instituts für Medizinische Dokumentation und Information (DIMDI; www.dimdi.de), die auch die Adressen aller für das Inverkehrbringen von Medizinprodukten zuständigen Landesbehörden enthält.

Bei der Kennzeichnung ist, außer bei Sonderanfertigungen, die Angabe des CE-Kennzeichens nach dem Medizinproduktegesetz verpflichtend. Es gelten ebenso die Regelungen in § 7 MPG über die Erfüllung der „Grundlegenden Anforderungen" nach der Richtlinie 93/42/EWG.

## 7.6 Haltbarkeitsfristen

Auf dem Etikett von Rezeptur- bzw. Fertigarzneimitteln oder Standgefäßen müssen Angaben zur Haltbarkeit der Zubereitung zu finden sein. Ein taggenaues Enddatum für die Haltbarkeit von in der Apotheke hergestellten Arzneimitteln festzulegen, ist für Rezepturarzneimittel verbindlich vorgeschrieben. Für Fertigarzneimittel ist der Apotheker nach § 10 AMG verpflichtet, das Verwendbarkeitsdatum mindestens mit Monat und Jahr anzugeben.

> ■ **DEFINITION** **Laufzeit** oder **Haltbarkeitsfrist** (entspricht Verwendbarkeitsfrist nach § 14 ApBetrO): Die Zeitspanne zwischen Herstellung und dem Ende der angegebenen Verwendbarkeitsfrist **ohne Anbruch** wird als Laufzeit oder Haltbarkeitsfrist bezeichnet.
>
> **Aufbrauchfrist:** Diese Zeitspanne beginnt **mit dem Anbruch** und endet mit dem Datum, nach dem das Arzneimittel nicht mehr angewendet werden darf. Sie wird als Aufbrauchfrist bezeichnet.
> (Siehe NRF I.4.)

Bei einzeln angefertigten Rezepturen ist davon auszugehen, dass der Kunde das Arzneimittel sofort anbricht. Somit ist hier meist nur die Angabe der Aufbrauchfrist sinnvoll. Bei Fertigarzneimitteln oder Defekturen im Standgefäß kann es sinnvoll sein, auf dem Etikett sowohl die Laufzeit als auch die Aufbrauchfrist anzugeben.

Bei standardisierten Rezepturen nach NRF finden sich Empfehlungen für die Laufzeit und die Aufbrauchfrist im Kapitel I.4. in Tabelle 3. Meist sind Laufzeit und/oder Aufbrauchfrist der Zubereitung abhängig von der Art des verwendeten Packmittels. Mitunter müssen spezifische Lagerungsbedingungen eingehalten werden, um die Qualität über den Anwendungszeitraum zu gewährleisten.

Für nichtstandardisierte Rezepturen muss der Apotheker die Haltbarkeit des Arzneimittels festlegen. Zu beachten ist dabei (analog den Empfehlungen des NRF) die erwartete Stabilität der Zubereitung – in Abhängigkeit von Packmittel und Lagerungsbedingungen. Hilfestellung kann auch hier das NRF geben. NRF-Tabelle I.4.-2 gibt Richtwerte für Aufbrauchfristen (◻ Tab. 7.1). Allerdings sind diese Empfehlungen nur für chemisch-physikalisch weitgehend stabile Zubereitungen vorgesehen.

Die Qualität der Zubereitung muss in jedem Fall über den angegebenen Zeitraum gewährleistet sein. Veränderungen der Zubereitung, die nach der Herstellung auftreten und die Qualität unzulässig beeinträchtigen können, sind z. B.:

- Veränderungen aufgrund chemischer, chemisch-physikalischer oder physikalischer Prozesse (z. B. Verfärbungen, Ausflockungen, pH-Wert-Änderung),
- Kontamination und Keimvermehrung,
- Veränderungen der rheologischen Eigenschaften (z. B. Verfestigung, Verflüssigung),
- Qualitätsminderung durch das Packmittel (z. B. Verdunstung flüchtiger Stoffe) sowie
- Entstehung allergener oder toxischer Zersetzungsprodukte.

> **Praxistipp**
> Kommen Sie mit dem Arzt ins Gespräch und empfehlen Sie ihm die Verordnung standardisierter Rezepturen nach NRF. Für NRF-Vorschriften sind rezepturspezifische Aufbrauchfristen und Laufzeiten übersichtlich in der NRF-Tabelle I.4.-3 zusammengestellt. Bei der Festlegung wurden Konservierung, Art der Packmittel und mögliche Qualitätsveränderungen bei der Lagerung berücksichtigt.

**Tab. 7.1** Beispiele für Aufbrauchfristen bei halbfesten und flüssigen Zubereitungen zur kutanen Anwendung nach NRF I.4.-2

| Darreichungsform/Gefäß | Aufbrauchfrist |
|---|---|
| **Hydrophobe Salben, Absorptionsbasen, Pasten, lipophile Gele** | |
| in Tube/Spenderdose | 3 Jahre |
| in Kruke | 6 Monate (nur im Ausnahmefall bei sehr hoher Konsistenz) |
| **Hydrophile Cremes** | |
| konserviert, in Tube | 1 Jahr |
| konserviert, in Spenderdose | 6 Monate |
| nicht konserviert, in Tube | 1 Woche (in starker Abhängigkeit von pH-Wert, Inhaltsstoffen und Temperatur) |
| **Lipophile Cremes** | |
| konserviert, in Tube | 1 Jahr |
| konserviert in Spenderdose | 6 Monate |
| nicht konserviert in Tube | 4 Wochen |
| **Emulsionen, Suspensionen, Lösungen** | |
| konserviert | 6 Monate |
| nicht konserviert | 1 Woche (starke Abhängigkeit von pH-Wert, Inhaltsstoffen und Temperatur) |
| wasserfrei | 6 Monate |

Der „bestimmende" Aspekt bei der Festlegung der Haltbarkeit ist die Qualität der Zubereitung – und nicht die (gewünschte) Anwendungsdauer beim Kunden. Insbesondere die Herstellung unkonservierter, aber mikrobiell anfälliger Arzneimittel erfordert besondere Überlegungen, z. B. zur Auswahl des Packmittels. Durch Abfüllung in Tuben kann die Haltbarkeit von hydrophilen Cremes für einen Zeitraum bis zu 1 Woche vertreten werden.

Bei Abfüllung in Kruken wäre analog den Empfehlungen des NRF zur Haltbarkeit einer unkonservierten Augencreme die Aufbrauchfrist auf 24 Stunden zu begrenzen. Die Kruke ist dann als Eindosenbehältnis aufzufassen, die Menge an abgefüllter Zubereitung auf einen Tagesbedarf zu begrenzen. In der Regel sollten aber unkonservierte Cremes und Hydrogele nicht in Kruken abgegeben werden!

> **Hinweis**
> Die in der veralteten Vorschriftensammlung der DDR (SR 90) angegebenen Verwendbarkeitsfristen müssen kritisch betrachtet werden und gelten als nicht mehr dem Stand der Wissenschaft entsprechend.
> Geprüfte und qualitätsgerechte Empfehlungen zur Festlegung von Aufbrauchfristen und Laufzeiten für physikalisch und chemisch stabile Zubereitungen gibt das NRF.

■ **MERKE** Die Haltbarkeit ist so festzulegen, dass die Qualität der Zubereitung im angegebenen Zeitraum gewährleistet werden kann! Die Dauer der Therapie darf kein Kriterium für die Angabe einer längeren Haltbarkeitsfrist sein.
Eventuell kann durch Verwendung eines alternativen Packmittels die Haltbarkeit der Zubereitung verlängert werden.
Kann die Stabilität der Zubereitung nicht über den (gewünschten bzw. verordneten) Zeitraum der Therapie gewährleistet werden, muss das Arzneimittel gegebenenfalls wiederholt (frisch) hergestellt werden.

## 7.7 Vorbereitung der Patientenberatung

Zubereitungen, die in einer Apotheke angefertigt worden sind, enthalten auf dem Etikett häufig nur eine begrenzte Menge an Informationen. Es ist nicht notwendig, bei der Arzneimittelherstellung im Rahmen der Anfertigung eines Rezeptur- bzw. Defekturarzneimittels eine Packungsbeilage zu erstellen und dem Kunden mitzugeben. Deshalb ergeben sich für das pharmazeutische Personal wichtige Aufgaben für die Kundenberatung bei der Abgabe des angefertigten Arzneimittels. Es muss gelingen, durch korrekte Beratung eine grundlegende Voraussetzung dafür zu schaffen, dass die Qualität des hergestellten Arzneimittels über den gesamten Anwendungszeitraum bzw. bis zum Ende der Aufbrauchfrist erhalten werden kann.

Der Rezeptar kann wichtige Vorarbeit leisten, indem er die für den Anwender notwendigen Informationen zusammenstellt. Die Zusammenstellung dient dem Abgebenden als Übersicht bei der in der ApBetrO geforderten Beratung. Sie kann aber auch so erstellt werden, dass die Informationen z. B. als Flyer mitgegeben werden können. So wird die Compliance beim Anwender unterstützt.

> **Hinweis**
> Besonders empfehlenswert ist die schriftliche Information bei der Abgabe, wenn der Abholer des angefertigten Arzneimittels nicht die Person ist, für die die Zubereitung verordnet wurde. Zu denken ist hier im Besonderen an die ambulante bzw. stationäre Pflege oder die häusliche Krankenpflege.

■ **MERKE** Schriftliche Informationen an den Anwender sollten Folgendes leisten:
- präzise unterweisen,
- einfach instruieren,
- allgemein verständliche Ausdrücke enthalten und
- patientengerecht informieren.

(Nach Kircher 2007)

Die nachfolgend aufgelisteten Informationen sollten Bestandteil der persönlichen Beratung bzw. des Informationsmaterials für den Anwender sein:
1. Hinweise zur korrekten Anwendung:
   - Dosierung und Handhabung von Dosierhilfen (z. B. Pipette),
   - Handhabung von Packmitteln (z. B. Dreh-Dosier-Kruke) inklusive Verschlüssen (z. B. kindergesicherter Verschluss) sowie notwendigen Applikationshilfen (z. B. Spatel),
   - Art und Weise der Applikation,
   - wichtige Gebrauchshinweise, z. B. „Vor Gebrauch schütteln!",
2. Hinweise zur richtigen Aufbewahrung:
   - Lagertemperatur,
   - Haltbarkeit (evtl. verkürzte Aufbrauchfrist nach Anbruch),
3. Informationen zu eventuell auftretenden Gefahren, Neben- und Wechselwirkungen bei der Anwendung sowie
4. Hinweise zur Entsorgung des Arzneimittels.

> **Praxistipp**
> Bei der Abgabe sollte darauf hingewiesen werden, dass sich lipophile zinkoxidhaltige Zubereitungen (z. B. Weiche Zinkpaste) nicht mit Wasser von der Haut abwaschen lassen. Die Entfernung von Rückständen auf der Haut ist mit flüssigen Lipiden oder mit fetten Ölen (z. B. Olivenöl) möglich.

Bei Verwendung von Spenderdosen wird bei der Festlegung der Aufbrauchfrist i. d. R. davon ausgegangen, dass die Entnahme durch die aufgesetzte Tülle des Deckels erfolgt und damit infolge der kleinen Kontaktfläche der Zubereitung mit der Umgebung das Risiko einer mikrobiellen Verunreinigung der Zubereitung gering ist. Wird stattdessen vom Anwender der gesamte Deckel abgeschraubt, besteht bei der Entnahme ein hohes Risiko für die mikrobielle Verunreinigung der Zubereitung (z. B. durch Berührung mit den Fingern oder durch Tröpfchen aus der Luft).

> **Hinweis**
> Bei der Beratung zur Handhabung von Dosier- und Applikationshilfen ist unbedingt darauf einzugehen, wann und wie diese gereinigt werden müssen.

Bedeutsam ist es auch, den Anwender des Arzneimittels zu den Aufbewahrungsbedingungen für das Arzneimittel zu informieren. Arzneimittel sollten generell so aufbewahrt werden, dass Kinder keinen Zugriff erlangen können und dass sie vor dem Einfluss von Licht und Feuchtigkeit geschützt werden. Ist eine Kühllagerung nicht notwendig, erfolgt die Aufbewahrung bei Raumtemperatur zwischen 15–25 °C. Die Aufbewahrung im Badezimmer oder im Auto mag aus Patientensicht praktisch erscheinen und zur notwendigen Compliance beitragen, ist aber aufgrund ungünstiger Umgebungsfaktoren nicht angebracht.

> **Hinweis**
> Die Aufbewahrung im Kühlschrank ist i. d. R. nicht notwendig – bei Ausnahmen ist die Zubereitung entsprechend gekennzeichnet.
> Die Aufbewahrung von Arzneimitteln im Kühlschrank sollte räumlich getrennt von Lebensmitteln erfolgen, um Verwechslungen auszuschließen. Zu beachten ist allerdings, dass die Temperaturen in der Kühlschranktür höher sind als die festgelegten 2–8 °C!
> Geben Sie diese Informationen bei der Arzneimittelabgabe an den Anwender weiter!

Intermittierende Temperaturschwankungen durch längere Aufbewahrung bei Raumtemperatur und späteres (Wieder-)Einstellen in den Kühlschrank können, z. B. bei wasserhaltigen Wirkstoffsalben, unter Umständen zu Stabilitätsproblemen führen:
- physikalisch (Phasentrennung, Rekristallisation),
- chemisch (Zersetzung) oder
- mikrobiell (z. B. infolge von Kondenswasserbildung im Deckel).

Die Lagerung der Zubereitungen bei stark schwankenden Temperaturen ist deshalb zu vermeiden.

> **Praxistipp**
> Da sich die gesetzlichen Regelungen sowie auch die Interpretationen der Behörden zum Thema „Kennzeichnung von in Apotheken hergestellten Zubereitungen" regelmäßig ändern, ist es empfehlenswert, einen Mitarbeiter als Verantwortlichen festzulegen, der Neuerungen verfolgt und das Team informiert.

Nicht zuletzt kann durch dieses letzte Glied in der Kette der Maßnahmen zur Qualitätssicherung erreicht werden, dass die Apotheke ihr Image als Garant für qualitativ hochwertige Arzneimittelbereitstellung behält.

## 7.8 Freigabe

In der Apotheke hergestellte Arzneimittel müssen vor der Abgabe an den Patienten durch einen Apotheker freigegeben werden. Dazu ist mindestens die organoleptische Prüfung sowie formale Prüfung der Herstellungsdokumentation notwendig. Alle Kontrollen müssen vor der Freigabe abgeschlossen sein.

Die Dokumentation der Kontrollen erfolgt bei Rezepturarzneimitteln auf dem Herstellungsprotokoll. Bei Defekturarzneimitteln sind alle Kontrollen laut Prüfanweisung auszuführen und in einem Prüfprotokoll zu dokumentieren. Detaillierte Ausführungen zur Durchführung und Dokumentation von Inprozess- und Endkontrollen sind im ▶ Kap. 5 „Schritt 5: Kontrollen durchführen" zu finden.

Entsprechend § 7 ApBetrO bestätigt der Apotheker auf dem Herstellungsprotokoll, „dass das angefertigte Arzneimittel dem angeforderten Rezepturarzneimittel entspricht". Bei Defekturarzneimitteln muss entsprechend § 8 ApBetrO bestätigt werden, „dass die angefertigten Arzneimittel der Herstellungsanweisung entsprechen". Wird ein Prüfprotokoll angefertigt, so sind die Prüfergebnisse durch den verantwortlichen Apotheker, der die Prüfung durchgeführt oder beaufsichtigt hat, freizugeben.

*„Ehe der Receptar die Arznei aus den Händen giebt, vergleiche er die Signatur und durchfliege er nochmals das Recept, um sich der richtigen Anfertigung zu vergewissern."*
Hager (1862): Technik der pharmaceutischen Receptur – Handbuch der Receptirkunst.

## 7.9 Zusammenfassung und Wiederholung

**Tab. 7.2** Qualitätssicherung im Schritt 7: Abgabegefäß etikettieren

| Schwerpunkte | Maßnahme |
|---|---|
| Kennzeichnung von Gefäßen | ■ MUSS-Angaben sind als rechtliche Vorgaben für die Kennzeichnung der Zubereitungen zu beachten (Rezepturarzneimittel, Fertigarzneimittel, Bulkware, Medizinprodukt, Tierarzneimittel) und übersichtlich anzubringen;<br>■ SOLL- und KANN-Angaben, sofern Übersichtlichkeit erhalten bleibt, ergänzen die MUSS-Angaben;<br>■ Kennzeichnung muss gut lesbar und dauerhaft sein;<br>■ Konkrete Festlegung von Verwendbarkeitsfrist/Laufzeit bzw. Aufbrauchfrist notwendig, ggf. Nachprüfdatum;<br>■ Nachrezeptierbarkeit bei Rezepturen nicht nach NRF-, DAB- DAC- oder Standardzulassungsvorschrift muss gewährleistet sein. |
| Vorbereitung der Patientenberatung | ■ Informationen zur Patientenberatung schriftlich zusammenstellen;<br>■ Informationsmaterial (z. B. Flyer) für den Anwender erstellen. |
| Weitere qualitätssichernde Maßnahmen | ■ Erstellung einer Standardarbeitsanweisung (SOP) zur Kennzeichnung von in der Apotheke hergestellten Produkten (Rezepturarzneimittel, Defekturarzneimittel, Medizinprodukte, ...);<br>■ regelmäßiges Training der Mitarbeiter;<br>■ Etikettenvorlagen erstellen;<br>■ erstellte Etiketten auf dem Rezeptur-PC speichern bzw. Musteretikett bzw. Kopie aufbewahren;<br>■ regelmäßige externe Kontrolle (z. B. ZL-Ringversuch). |
| Freigabe | ■ Organoleptische Prüfung des Arzneimittels, Kontrolle der Herstellungsdokumentation sowie der Kennzeichnung;<br>■ Freigabe des angefertigten Arzneimittels durch den Apotheker. |

## 7.10 Cora Emsig in der Rezeptur, Teil 7

„Hautarzt Dr. Haarspalt ist heute wieder in seinem Element!", spricht PTA Cora Emsig leise vor sich hin, als sie zum wiederholten Male in dieser Woche ein Rezept über den anzufertigenden „Minoxidil-Haarspiritus 5 % (NRF 11.121.) 50 g" in den Händen hält. „Hoffentlich ist noch etwas im Standgefäß davon vorhanden", denkt Frau Emsig, als sie sich auf den Weg in die Rezeptur macht. Schließlich muss sie bereits in einer halben Stunde für das Anmessen von Kompressionsstrümpfen bei dem netten Mittfünfziger Herrn Meier bereit sein. Sie möchte ihm das fertige Rezepturarzneimittel für seine Frau gleich mitgeben.

Nachdem alle Hygienemaßnahmen durchgeführt wurden, will Frau Emsig zielsicher zum Standgefäß greifen. Doch sie stutzt, denn der Platz im Rezepturregal ist leer. An der Stelle, an der sonst der Haarspiritus steht, klebt nur ein Klebenotizzettel mit der Handschrift ihrer Kollegin „Lagert ab sofort im Kühlkeller bei den feuergefährlichen Flüssigkeiten!" Flott macht sich Frau Emsig auf den Weg und ist überglücklich, als sie das Standgefäß, das mit der Aufschrift „Minoxidil-Haarspiritus" und einem „Leichtentzündlich" versehen ist, in den Händen hält. Zurückgekehrt in die Rezeptur führt sie nochmals die notwendigen Hygienemaßnahmen aus. Das Abgabegefäß – eine Pipettenflasche – ist schnell zur Hand und auf der Waage tariert. Gekonnt lässt sie die opaleszierend-trübe Flüssigkeit durch den engen Hals in die Flasche einlaufen. Zufrieden schaut sie mit bloßem Auge auf die Anzeige der Rezepturwaage, als diese die erreichte Endmasse von 50,0 g signalisiert.

Zur Ausführung der Kennzeichnung der Zubereitung nimmt sie sich die Monographie des NRF zur Hand und übernimmt handschriftlich neben dem Namen und der Menge der Rezeptur noch die Gebrauchsanweisung auf das selbstklebende Etikett, das bereits die Apothekenadresse und ein schickes Logo in 2-€-Größe enthält. Damit Frau Meier die 1-ml-Dosierung genau abmessen kann, legt sie der Flasche noch eine entsprechend graduierte Dosierpipette bei. Das Herstellungsdatum wird notiert und eine Laufzeit sowie eine Aufbrauchfrist festgelegt. Fast im Gehen zum Beratungsraum fällt ihr noch ein, was auf dem Etikett noch fehlen könnte: der Hinweis auf besondere Gefahren! Der entsprechende Aufkleber hat leider keinen Platz mehr auf dem Etikett. Frau Emsig dreht die Flasche um. Auf der Rückseite prangt nun in Signalfarbe der Aufdruck „Leichtentzündlich".

→ Nehmen Sie diese Praxissituation unter die Lupe und finden Sie die Punkte, über die Cora Emsig und die Mitarbeiter dieser Apotheke noch einmal nachdenken sollten.

→ Aber nicht nur Sie, das ganze Team ist hier gefragt!

**Praxistipp**

Nutzen Sie zur Bearbeitung auch die Materialien des Online-Plus-Angebots! Es enthält für alle 7 Schritte:
- **Qualitäts-Checklisten** sowie
- **Arbeitsmaterial für Teamschulung, Selbststudium und Ausbildung**

und für die Fertigung eines Rezepturarzneimittels die
- **Formatvorlage zur Erstellung einer Herstellungsanweisung** sowie eine
- **Dokumentationsvorlage zur Herstellungsdokumentation.**

Sie finden die Dokumente auf www.Online-PlusBase.de im Bereich „Pharmazie". Für die erstmalige Anmeldung benötigen Sie Ihre E-Mail-Adresse und dieses Buch.

# Anhang

„Ferner kann der Receptar nur ein tüchtiger werden, wenn er sich die nöthigen Kenntnisse seines Faches zu eigen macht, er genau den Unterschied schlechter, verdorbener und guter Arzneistoffe, ihre Eigenschaften etc. kennt und sein Bestreben dahin geht, stets nach den Regeln der Kunst zu receptiren ..." Hager (1862): Technik der pharmaceutischen Receptur – Handbuch der Receptirkunst

Kleine „Bedienungsanleitung" für die Arbeitsmaterialien des Online-Plus-Angebots ...... 323

## Kleine „Bedienungsanleitung" für die Arbeitsmaterialien des Online-Plus-Angebots

### Checklisten, Arbeitsblätter, Fallbeispiele – Warum?

Alle Arbeitsmaterialien des Online-Plus-Angebots finden Sie unter www.Online-Plus-Base.de im Bereich „Pharmazie". Für die erstmalige Anmeldung benötigen Sie nur Ihre E-Mail-Adresse und dieses Buch.

Die Arbeitsmaterialien des Online-Plus-Angebots sind erstellt worden, um die Leser und Nutzer von „Rezeptur – Qualität in 7 Schritten" anzuregen,

- den Algorithmus der 7 Schritte kompakt und übersichtlich mithilfe von Qualitäts-Checklisten zu wiederholen,
- Rezepturverordnungen aus der täglichen Praxis anhand der Qualitäts-Checklisten nach der 7-Schritt-Methode zu bearbeiten,
- die notwendigen Schritte zur Herstellung einer qualitativ einwandfreien Zubereitung als Verfahrensablauf im apothekeninternen QMS-Handbuch oder als SOP festzulegen,
- sich in Ausbildung, Teamschulungen bzw. beim Selbststudium die „nöthigen Kenntnisse des Faches" zu erarbeiten, zusammenzufassen und zu wiederholen,
- Lösungsmöglichkeiten für Praxisfragen aufzuzeigen.

Die Abfolge der 7 Schritte wird in ○ Abb. A.1 noch einmal dargestellt.

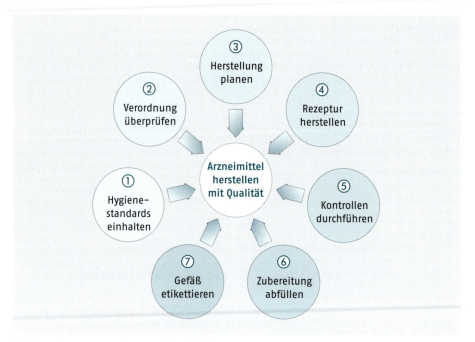

○ **Abb. A.1** Handlungsabfolge 7-Schritt-Methode

**Checklisten und Dokumentationsmaterial**

Um die erforderliche Dokumentation der Rezepturarzneimittelherstellung einfach, schnell und qualitätsgerecht durchzuführen, finden Sie bei den Arbeitsmaterialien entsprechende Dokumentationsvorlagen.

Die Checklisten sollen als qualitätssicherndes Instrument eingesetzt werden. Nicht nur die standardisierten Rezepturen können so qualitätsgerecht hergestellt werden. Im Besonderen eignen sie sich für die Herstellung von individuell zusammengesetzten Rezepturen.

Die Bearbeitung der Checklisten kann und soll dazu beitragen, die Zusammenarbeit zwischen herstellendem Personal und dem die Herstellung leitenden Apotheker zu vertiefen. Auch die Kommunikation mit dem Arzt oder Kunden kann durch die Checklisten erleichtert werden.

Vielleicht möchten Sie als Berufseinsteiger bzw. Berufswiedereinsteiger schnell wieder auf dem neuesten Stand sein? Dann bieten Ihnen die Qualitäts-Checklisten in komprimierter Form einen Überblick über alle qualitätsrelevanten Aspekte bei der Rezepturherstellung in der Apotheke.

Aus-, Fort- und Weiterbildungseinrichtungen für pharmazeutisches Personal von Apotheken können die Qualitäts-Checklisten und Arbeitsmaterialien in den berufstheoretischen oder berufspraktischen Unterricht integrieren. Praktikanten in Apotheken können durch die Arbeit mit den Checklisten schrittweise an die Standards moderner Rezepturarbeit herangeführt werden.

**Arbeitsblätter**
Die Arbeitsblätter sind abschnittsweise gegliedert und methodisch aufbereitet. Handlungsorientierte Anteile regen zur intensiven Beschäftigung mit den einzelnen Themen an. Dazu gehören:
- die Diskussionsanregung im Team durch motivierende Fragestellungen,
- das Arbeiten an Fallsituationen „Cora Emsig in der Rezeptur" in Einzel-, Partner-, Gruppenarbeit oder im Plenum,
- die Bearbeitung von Aufgabenstellungen mit der Mindmap-Methode in Gruppen- oder Partnerarbeit,
- der Einsatz des Multiple-Choice-Fragebogens als Lernanlass, sich allein oder im Team mit der Thematik inhaltlich auseinander zu setzen, oder
- die Selbstgestaltung von Etiketten nach Mustervorlagen.

**Fallbeispiele**
- Die Fallbeispiele der Cora Emsig nehmen typische Praxissituationen unter die Lupe. Sie sollen dazu beitragen, die theoretisch erörterten Abschnitten der 7 Schritte für die eigene Arbeit in der Apotheke anschaulich zu machen.
- Anhand der vorgestellten Praxissituationen sollen Diskussionen im Team der Apotheke, in Studiengruppen, PTA-Klassen oder in anderen interessierten Fachgruppen geführt werden. Arbeitsmaterialien in Form von Arbeitsblättern und einem Multiple-Choice-Fragebogen können ausgedruckt und dann handschriftlich bearbeitet werden. Ein Bearbeiten am PC ist ebenso möglich.

Im folgenden Abschnitt finden Sie eine kurze Aufstellung der Inhalte des Online-Plus-Angebots.

## Inhaltsübersicht über die Materialien
### Herstellungsdokumentation Rezepturarzneimittel
In der neuen Apothekenbetriebsordnung wird die Dokumentation der Herstellung von Rezepturarzneimitteln gefordert. Hierzu finden sie eine praxisorientierte Dokumentationsvorlage in den Arbeitsmaterialien zum Download und interaktiven Bearbeiten.
- Schritt 4:
  - Herstellungsdokumentation Rezepturarzneimittel

### Qualitäts-Checklisten
Zu jedem der 7 Schritte gibt es eine oder mehrere Qualitäts-Checklisten.
- Schritt 1:
  - Hygienestandards einhalten
- Schritt 2:
  - Verordnung überprüfen
- Schritt 3:
  - Herstellung planen
- Schritt 4:
  - Rezeptur herstellen
- Schritt 5:
  - Kontrollen durchführen

- **Schritt 6:**
  - Zubereitung abfüllen
- **Schritt 7:**
  - Fertigarzneimittelgefäß etikettieren
  - Rezepturarzneimittelgefäß etikettieren
  - Standgefäß etikettieren
  - Vorbereitung der Patientenberatung
  - Erstellung einer Packungsbeilage.

Sie können die Qualitäts-Checklisten entweder ausdrucken und als Kopiervorlage verwenden oder nach dem Download im PC bearbeiten.

Die Formatvorlagen enthalten Bemerkungsspalten, die im Rechner oder per Hand ausgefüllt werden können; interaktive Kästchen können im PC mit einem Kreuz versehen oder per Hand angekreuzt werden. Nach Bearbeitung empfiehlt sich das Abspeichern im Rezeptur-PC. Die Unterschrift des Rezeptars und des Apothekenleiters komplettiert diese qualitätssichernde Maßnahme.

### Weitere Arbeitsmaterialien für Teamschulung/Selbststudium/Ausbildung

Im Online-Plus-Angebot befinden sich Ordner für alle Schritte der 7-Schritt-Methode. Diese enthalten weiteres Arbeitsmaterial. Es sind zahlreiche Arbeitsblätter, die zugehörigen Lösungs-/Diskussionsansätze und für den Schritt 7 ein Multiple-Choice-Fragebogen verfügbar.

- **Schritt 1:**
  - Fallbeispiel: Cora Emsig in der Rezeptur, Teil 1
  - Arbeitsblatt 1: Zeitmanagement und Qualitätssicherung
  - Arbeitsblatt 2: Hygienekonzept für Raum, Geräte und Personal
  - Arbeitsblatt 3: Wasser für Rezepturzwecke
  - Lösungs-/Diskussionsansätze für die Arbeitsblätter
- **Schritt 2:**
  - Fallbeispiel: Cora Emsig in der Rezeptur, Teil 2
  - Arbeitsblatt 1: Vollständigkeit der Verschreibung, Fachsprache, Eindeutigkeit der Wirkstoffangabe
  - Arbeitsblatt 2: Konzentration der Wirkstoffe, Indikation und Kontraindikation, Probleme durch die Kombination der Wirkstoffe, pharmazeutische Qualität der Ausgangsstoffe
  - Lösungs-/Diskussionsansätze für die Arbeitsblätter
- **Schritt 3:**
  - Fallbeispiel: Cora Emsig in der Rezeptur, Teil 3
  - Arbeitsblatt 1: Anforderungen an die Applikationsform, pharmazeutische Qualität der Ausgangsstoffe, Einwaagekorrektur
  - Arbeitsblatt 2: Galenisches Profil von Harnstoff und Herstellungstechnik, Galenisches System Wollwachsalkoholsalbe und Herstellungstechnik
  - Arbeitsblatt 3: Rezepturübliche Waagen, Berechnung der Einwaage, Auswahl von Waagen mit der geforderten Genauigkeit, Alternativen zur Einwaage, Wägemodus
  - Arbeitsblatt 4: Arbeitsschutz und Arbeitsschutzmaßnahmen, Gefahrstoffkennzeichnung Standgefäß, Informationsquellen, Dokumentation vorbereiten
  - Lösungs-/Diskussionsansätze für die Arbeitsblätter

- **Schritt 4:**
  - Fallbeispiel: Cora Emsig in der Rezeptur, Teil 4
  - Arbeitsblatt 1: Qualitätssicherung, Dokumentation von Rezepturarzneimittel- und Defekturherstellung
  - Arbeitsblatt 2: Aseptische Herstellungsbedingungen
  - Arbeitsblatt 3: Direkte Vorbereitung der Herstellung, Herstellungsvorgang (Einwaage, Kontrollen), Maßnahmen direkt nach der Herstellung
  - Lösungs-/Diskussionsansätze für die Arbeitsblätter
  - Dokumentationsvorlage „Herstellungsdokumentation Rezepturarzneimittel"
- **Schritt 5:**
  - Fallbeispiel: Cora Emsig in der Rezeptur, Teil 5
  - Arbeitsblatt 1: Vorgaben für die Produktprüfung, allgemeine und spezielle Prüfparameter, Dokumentation, Rückstellmuster
  - Arbeitsblatt 2: Bubble-Point-Test, Prüfungen bei Herstellung im automatischen Rührsystem
  - Lösungs-/Diskussionsansätze für die Arbeitsblätter
- **Schritt 6:**
  - Fallbeispiel: Cora Emsig in der Rezeptur, Teil 6
  - Arbeitsblatt 1: Qualität und Prüfung von Packmaterial und Applikationshilfen, Wiederverwendung von Behältnissen, Qualitätssicherung
  - Arbeitsblatt 2: Kindergesicherter Verschluss, Beständigkeit von Behältnismaterialien, Tropfermonturen
  - Lösungs-/Diskussionsansätze für die Arbeitsblätter
- **Schritt 7:**
  - Fallbeispiel: Cora Emsig in der Rezeptur, Teil 7
  - Arbeitsblatt 1: Zeitmanagement, Arbeitsorganisation, Qualitätssicherung
  - Arbeitsblatt 2: Kennzeichnung nach Gefahrstoffverordnung
  - Arbeitsblatt 3: Kennzeichnung nach Apothekenbetriebsordnung (Standgefäß, Rezepturarzneimittelanfertigung), Kennzeichnung nach Arzneimittelgesetz (Fertigarzneimittelherstellung)
  - Arbeitsblatt 4: Lagerungsbedingungen und Vorbereitung der Patientenberatung
  - Arbeitsblatt 5: Gestaltung von Musteretiketten nach Fallbeispiel
  - Arbeitsblatt 6: MC-Fragebogen zum Thema Etikettierung
  - Lösungs-/Diskussionsansätze für die Arbeitsblätter und den MC-Fragebogen

In den Fallbeispielen „Cora Emsig in der Rezeptur" sind Textpassagen, die einer Erörterung oder Diskussion bedürfen, bereits farbig unterlegt. Mit den Arbeitsblättern können in wiederholender Art und Weise exemplarische Schwerpunkte des jeweiligen Schrittes unter Zuhilfenahme des Buchtextes oder anderer Quellen bearbeitet werden.

Alle Materialien können ausgedruckt und als Kopiervorlage verwendet werden. Ein Bearbeiten mit dem PC ist bei den Arbeitsblättern ebenfalls möglich.

## Didaktisch-methodische Empfehlungen

Im Online-Plus-Bereich finden Lehrkräfte, Ausbilder, Fort- und Weiterbilder sowie alle Interessierten eine Übersicht zu den Einsatzmöglichkeiten der einzelnen Arbeitsmaterialien. Für die methodisch-didaktische Analyse der Lernsituation sind anwendbare Sozialformen übersichtlich aufgeführt. Für die Arbeit im Plenum/Klassenverband werden bestimmte Arbeitsmaterialien zur Verwendung empfohlen. Arbeitet der Lernende allein, mit einem Partner oder in einer Kleingruppe, können die Nutzungsvorschläge der Tabelle im Titelblatt des jeweiligen Schrittes entnommen worden

Je nach didaktischer Ausrichtung können die entsprechenden Materialien im frontalen Lehren & Lernen/Instruieren/Präsentieren/Anleiten, im handlungsorientierten Lernen (HOL), im problemorientierten Lernen (POL) oder zum selbstorganisierten Lernen (SOL) verwendet werden.

> **Praxistipp**
> Nehmen Sie das Wort „Bedienungsanleitung" wörtlich: Bitte bedienen Sie sich!

Wir wünschen allen Nutzern des Buches und des Online-Plus-Angebots viel Spaß und Erfolg bei der täglichen Arbeit, vor allem natürlich bei der qualitätsgesicherten Herstellung von Zubereitungen in der Apotheke.

# Quellenverzeichnis

## Literatur

### Bücher, Zeitschriftenartikel und Broschüren

Becker C. Maske ist nicht gleich Maske. Pharmazeutische Zeitung, *12*: 38–40, 2006

Breitkreutz J, Eifler-Bollen R, Kiefer A. Fit für die Rezeptur – Ein Trainingshandbuch für das Apothekenteam, GOVI Verlag, Eschborn 2008

Cyran W, Rotta C. Apothekenbetriebsordnung – Kommentar. 4. Aufl. inkl. 12. Akt.lfg., Stand April 2010, Deutscher Apotheker Verlag, Stuttgart 2010

Deutsch E, Lippert HD. Kommentar zum Arzneimittelgesetz. 3. Aufl., korr. Nachdruck, Springer, Heidelberg Dordrecht London New York 2011

Eifler-Bollen R, Reimann H. Transparenz bei Dermatika-Grundlagen. Pharmazeutische Zeitung, *150*: 588–599 und 7: Service-Seite 124, 2005

Fischer U, Schüler K. Rezeptur – Wie fit sind Sie wirklich? Fortbildungsskript und Arbeitshefte, Sächsische Landesapothekerkammer, Dresden 2010

Garbe C, Reimann H. Dermatologische Rezepturen. 2. Aufl., Georg Thieme Verlag, Stuttgart 2005

Haffner S, Schultz OE, Schmid W, Braun R. Normdosen gebräuchlicher Arzneistoffe und Drogen. 16. Aufl., Wissenschaftliche Verlagsgesellschaft, Stuttgart 2011

Hager H. Technik der pharmaceutischen Receptur – Handbuch der pharmaceutischen Receptirkunst. 2. Aufl., Verlag Ernst Günther, Lasse 1862

Kampf G, Reichel M, Feil Y, Eggerstedt S, Kaulfers PM. Influence of the rub-in-technique on required time and hand coverage in hygienic hand disinfection. BMC Infect Dis. 2008, Oct 29; 8:149 (Händedesinfektion)

Kaufmann D, Fischer J. Kennzeichnung in der Apotheke. 2. Aufl., Deutscher Apotheker Verlag, Stuttgart 2007

Kircher W. Arzneiformen richtig anwenden. 3. Aufl., Deutscher Apotheker Verlag, Stuttgart 2007

Peuke C, Dreeke-Ehrlich M. Rezeptur – Leitlinien für die Herstellung. 3. Aufl., Deutscher Apotheker Verlag, Stuttgart 2010

Schöffling U, Grabs S. Arzneiformenlehre – Ein Lehrbuch der Galenik für Theorie und Praxis. 5. Aufl., Deutscher Apotheker Verlag, Stuttgart 2009

Schöffling U. Elektronische Rührsysteme. PTAheute, *19*: 70–73, 2010

Schüler K. In 7 Schritten zur Qualität bei der Arzneimittelherstellung in Apotheken – eine qualitative Wirkungsanalyse zu einem neu entwickelten Fortbildungskonzept. Diplomarbeit an der Humboldt Universität Berlin zur Erlangung des akademischen Grades Diplom-Medizinpädagogin, Berlin 2010

Seestädt P, Prus J. Galenisches Praktikum für PTA. Deutscher Apotheker Verlag, Stuttgart 2007

Stapel U. GHS – Betriebsanweisungen und Gefährdungsbeurteilung. 1. Aufl., GOVI Verlag, Eschborn 2007

Widmer HR. Mikrobiologie und Infektiologie für Ärzte und Apotheker. Wissenschaftliche Verlagsgesellschaft, Stuttgart 1992

Wolf G, Süverkrüp R. Rezepturen – Probleme erkennen, lösen, vermeiden. 2. Aufl., Deutscher Apotheker Verlag, Stuttgart 2007

Wurm G. Galenische Übungen. 18. Aufl., GOVI Verlag, Eschborn 2011

### Arzneibücher, Rezepturensammlungen und Arbeitshilfen

Deutscher Arzneimittelcodex – Ergänzungsbuch zum Arzneibuch. Bd. 1 u. 2, Hrsg. ABDA, Stand 01.11.2011, Deutscher Apotheker Verlag, Stuttgart/GOVI Verlag, Eschborn

Deutsches Arzneibuch. Deutscher Apotheker Verlag, Stuttgart/GOVI Verlag, Eschborn 2011

Deutsches Arzneibuch – Kommentar. Gesamtwerk mit 40. Akt.lfg., Wissenschaftliche Verlagsgesellschaft, Stuttgart/GOVI Verlag, Eschborn 2011

Deutsches Arzneibuch 6. Neudruck, Deutsche Demokratische Republik – Ministerium für Gesundheitswesen, 1953

Europäisches Arzneibuch 7. Ausgabe (Grundwerk 2011 inkl. 1. u. 2. Nachtrag), Bd. 1–3, Deutscher Apotheker Verlag, Stuttgart/GOVI Verlag, Eschborn, 2012

Europäisches Arzneibuch Kommentar. Gesamtwerk mit 40. Akt.lfg., Bd. 1–9, Wissenschaftliche Verlagsgesellschaft, Stuttgart/GOVI Verlag, Eschborn, 2011

Neues Rezeptur Formularium. Bd. 1–3, Hrsg. ABDA, Stand 01.11.2011, Deutscher Apotheker Verlag, Stuttgart/GOVI Verlag, Eschborn

Pharmacopoea Helvetica. 9. deutsche Ausgabe, Supplement 10.3, Verlag: Bundesamt für Bauten und Logistik, Bern

Pharmacopoea Helvetica. 10. deutsche Ausgabe, Supplement 10.3, Verlag: Bundesamt für Bauten und Logistik, Bern

Rezeptur nach ApBetrO. Grundwerk 2012, Deutscher Apotheker Verlag, Stuttgart 2012

SR 90 – Standardrezepturen für den Arzt und den Apotheker. 16. Aufl., Nachdruck 1994, Ullstein Mosby Verlag, Berlin 1993

Standardzulassung für Fertigarzneimittel – Text und Kommentar. Bd. 1–3, Grundwerk einschl. 18. Erg.lfg. Oktober 2010, Deutscher Apotheker Verlag, Stuttgart/GOVI Verlag, Eschborn

Tabellen für die Rezeptur – DAC/NRF. Korr. Nachdruck 2010 d. 4. Aufl., GOVI Verlag, Eschborn 2009

## Internetquellen

www.abda.de/bildservice.html (Zugriff 29.02.2011) – Rezepturen in Kruken/Pharmaziestudierende im Sterillabor

www.abda.de/fileadmin/assets/Qualitaetssicherung/Plakat_Leitlinien_Vorderseite_%2004082011.pdf (Zugriff 10.12.2011) – Plakat der Bundesapothekerkammer Qualitätssicherung in der Apotheke Vorderseite

www.abda.de/fileadmin/assets/Qualitaetssicherung/Mustersatzung/Brosch%C3%BCre_QM_System_09_11_01.pdf (Zugriff 10.12.2011) – Qualitätssiegel der Bundesapothekerkammer-Broschüre zur Mustersatzung Stand: 01.11.2009

www.abda.de/ghs.html (Zugriff 10.12.2011) – GHS-Global harmonisiertes System zur Einstufung und Kennzeichnung von Chemikalien

www.abda.de/1135.html (Zugriff 10.12.2011) – Abgabe von Chemikalien

www.abda.de/1136.html (Zugriff 08.07.2012) – Kennzeichnung und Lagerung von Gefahrstoffen in der Apotheke

www.abda.de/arbeitsschutzmassnahmen.html (Zugriff 10.12.2011) – Empfehlungen der BAK zu Arbeitsschutzmaßnahmen

www.abda.de/fileadmin/assets/Praktische_Hilfen/Arbeitsschutz/Gefahrstoffkennzeichnung/Farbkonzept_Standgef%C3%A4%C3%9Fe_10_09_08.pdf (Zugriff 10.12.2011) – Information über die persönliche Schutzausrüstung an Standgefäßen

http://www.abda.de/gefahrstoffverordnung.html (Zugriff 10.12.2011) – Revision der Empfehlungen zum Arbeitsschutz

www.abda.de/leitlinien0.html (Zugriff 28.06.2012):
- Herstellung und Prüfung der nicht zur parenteralen Anwendung bestimmten Rezeptur- und Defekturarzneimittel Stand der Revision: 08.05.2012
- Herstellung und Prüfung der nicht zur parenteralen Anwendung bestimmten Rezeptur- und Defekturarzneimittel (Kommentar) Stand der Revision: 08.05.2012
- Herstellung der Zubereitungen zur Anwendung am Auge – Anwendungsbeispiel zu den Leitlinien Stand der Revision: 14.11.2006
- Hygienemanagement Stand der Revision: 04.05.2010
- Hygienemanagement (Kommentar) Stand der Revision: 04.05.2010
- Abfallentsorgung (Musterplan) – Formblatt – Stand der Revision: 04.05.2010

- Personalhygiene (Musterplan) – Formblatt – Stand der Revision: 04.05.2010
- Raumhygiene (Musterplan) – Formblatt – Stand der Revision: 04.05.2010
- Arbeitshilfe: Checkliste Raumhygiene Stand der Revision: 04.05.2010
- Arbeitshilfe: Checkliste Hygiene Rezepturherstellung (Musterhygieneprotokoll) Stand der Revision: 04.05.2010
- Hautschutz- und Händehygieneplan für Mitarbeiterinnen und Mitarbeiter in der Apotheke TP-HSP-5 (BGW) Stand 01.01.2011
- Prüfung und Lagerung der Ausgangsstoffe Stand der Revision: 08.05.2012
- Prüfung und Lagerung der Ausgangsstoffe (Kommentar) Stand der Revision: 08.05.2012
- Prüfung und Lagerung der Primärpackmittel Stand der Revision: 09.05.2006
- Prüfung und Lagerung der Primärpackmittel (Kommentar) Stand der Revision: 09.05.2006
- Prüfprotokoll für Packmittel gemäß § 13 ApBetrO – FORMBLATT Stand der Revision: 09.05.2006
- Arbeitshilfe: Information und Beratung des Patienten zur richtigen Anwendung von Darreichungsformen – Verfahrensanweisung mit Erläuterungen Stand der Revision: 02.03.2011
- Aseptische Herstellung und Prüfung applikationsfertiger Parenteralia mit CMR-Eigenschaften der Katergorie 1A oder 1B Stand der Revision: 08.05.2012
- Aseptische Herstellung und Prüfung applikationsfertiger Parenteralia mit CMR-Eigenschaften der Katergorie 1A oder 1B (Kommentar) Stand der Revision: 08.05.2012
- Aseptische Herstellung und Prüfung applikationsfertiger Parenteralia ohne CMR-Eigenschaften der Katergorie 1A oder 1B Stand der Revision: 08.05.2012
- Aseptische Herstellung und Prüfung applikationsfertiger Parenteralia ohne CMR-Eigenschaften der Katergorie 1A oder 1B (Kommentar) Stand der Revision: 08.05.2012

www.abda.de/revision_leitlinien.htm (Zugriff 06.07.2012)

www.akdae.de/Arzneimittelsicherheit/Weitere/Bedenkliche-Rezepturarzneimittel.pdf (Zugriff 21.11.2011)

www.apothekerkammer-niedersachsen.de/cms/recht/berufsrecht-von-a-z/werbe-abc/h.html (Zugriff 26.02.2011; nur für Mitglieder möglich) – Berufsrecht von A-Z-Haftung

www.awmf.org/uploads/tx_szleitlinien/013-038l_S2k_Staphyococcus_aureus_2011-09.pdf (Zugriff 06.07.2012) – S2k + IDA Leitlinie: Diagnostik und Therapie Staphylococcusaureus bedingter Infektionen der Haut und Schleimhäute

www.baua.de/de/Themen-von-A-Z/Gefahrstoffe/TRGS/pdf/TRGS-200.pdf;jsessionid=DFCC7E70A 0D5B747A564965607F052B8.1_cid246?__blob=publicationFile&v=7 (Zugriff 10.12.2011) – TRGS 200: Einstufung und Kennzeichnung von Stoffen, Zubereitungen und Erzeugnissen Oktober 2011

www.bfarm.de/DE/BfArM/Presse/mitteil2004/pm01–2004.html?nn=1017808 (Zugriff 26.02.2011) – Nachzulassung von Arzneimitteln: BfArM hat wichtiges Etappenziel erreicht. 01/2004

www.bgw-online.de/internet/generator/Inhalt/OnlineInhalt/Medientypen/bgw__vorschriften-regeln/BGR-GUV-R-190.html; Download-pdf (Zugriff 01.03.2011) – Regel zur Benutzung von Atemschutzgeräten BGR/GUV-R 190 November 2009

www.bode-chemie.de/produkte/index.php (Zugriff 18.04.2011) – Produkte – Umfassend geschützt

www.bode-chemie.de/science/hintergrundwissen/material-bestellen.php (Zugriff 31.12.2011) – Informationsmaterial zur Bestellung Hygiene und Desinfektion: Anwendungspläne und Dosiertabellen, Poster „Eigenverantwortliche Einreibemethode für die hygienische Händedesinfektion", „Handabklatsch"

www.bundesanzeiger.de/old/banz/banzinha/BAnz_62_175.htm (Zugriff 18.04.2011) – Bundesanzeiger Bekanntmachungen Ausgabe Nr. 175 vom 18. November 2010

www.dermotopics.de/german/ausgabe1_05_d/autorenbeitrag220051_05_d.htm (Zugriff 19.02.2011) – Umfrage: Transparenz bei Dermatika-Grundlagen. Eifler-Bollen R., Reimann H., Eschborn 2005

www.deutsche-apotheker-zeitung.de_index.php_eID=tx_nawsecuredl&u=0&file= fileadmin_DAZ. online_ApBetrO_ApBetrO2012-Synopse (Zugriff 02.02.2012)

http://dgk.de/meldungen/topnews-archiv-7/rot-bedeutet-gefahr.html (Zugriff 25.11.2011)
www.edqm.eu/site/page_581.php (Zugriff 24.06.2012, Passwort notwendig) – Ph. Eur. Nachtrag 7.4
www.gd-online.de/german/veranstalt/images2012/DermatologischeRezepturen20042012.pdf (Zugriff 07.07.2012) – Leitlinie der GD (Gesellschaft Dermopharmazie e. V.) „Dermatologische Rezepturen" in der Fassung vom 20.04.2012
www.gd-online.de/german/veranstalt/images2010/GD_Hygieneleitfaden_1.9.2010.pdf (Zugriff 19.02.2011) – „GD-Hygieneleitfaden für Apotheken zur Herstellung von nicht sterilen pharmazeutischen Zubereitungen" vom 19. Januar 2000 in der revidierten Fassung vom 1. September 2010
www.gd-online.de/german/veranstalt/images2010/GD_Wirkstoffdossiers_Version_19.11.2009.pdf – Empfehlung zur Qualitätssicherung „Wirkstoffdossiers für externe dermatologische Rezepturen" vom 19.11.2009
www.hygiene.bbraun.de (Zugriff 18.04.2011) – Fachwissen Desinfektion und Hygiene 2011
www.pharmasuisse.org/data/Oeffentlich/de/AKA-Publikationen/03_14_Aq_Pur_1_d.pdf (Zugriff 20.09.2010) – Herstellung und Lagerung von Aqua purificata in der Offizin (1/2)
www.pharmasuisse.org/data/Oeffentlich/de/AKA-Publikationen/03_15_Aq.Pur_2_d.pdf (Zugriff 20.09.2010) – Herstellung und Lagerung von Aqua purificata in der Offizin (2/2)
www.pharmazeutische-zeitung.de/index.php?id=nrf_datenbank (www.dac-nrf.de) (Zugriff 30.06.2012) – Rezepturhinweise Datenbank:

- Aluminiumchlorid (Stand 26.06.2012)
- Aufbewahrung von Rezepturen im Kühlschrank (Stand 23.02.2009)
- Basiscreme DAC (Stand 18.01.2012)
- Benzalkoniumchlorid zur Konservierung (Stand 13.06.2009)
- Betamethasondipropionat zur Anwendung auf der Haut (Stand 21.04.2009)
- Betamethasonvalerat zur Anwendung auf der Haut (Stand 24.05.2011)
- Borsäure (Stand 01.10.2008)
- Bufexamac (Stand 06.07.2010)
- Carbomergele (Stand 01.02.2011)
- Castellanische Lösung (Stand 01.10.2008)
- Celluloseether (Stand 05.06.2012)
- Cetylalkohol, Stearylalkohol, Cetylstearylalkohol und emulgierender Cetylstearylalkohol (Stand 15.06.2011)
- Cremes – lipophil (Stand 13.02.2012)
- Cremes und Linimente nach SR 90 (Stand 27.02.2012)
- Crotonöl (Stand 01.10.2008)
- Dermatika-Markengrundlagen (Stand 26.05.2009)
- Dithranol zur Anwendung auf der Haut (Stand 09.01.2012)
- Elektrodengel (Stand 21.09.2009)
- Gentamicin zur Anwendung auf der Haut (Stand 08.09.2009)
- Haltbarkeit von Arzneimitteln (Stand 23.01.2012)
- Hautemulsionsgrundlagen – hydrophil (Stand 29.01.2008)
- Hautemulsionsgrundlage – lipophil (Stand 07.03.2012)
- Holzteere zur Anwendung auf der Haut (Stand 01.10.2008)
- Hydrogele (Stand 05.06.2012)
- Hygiene in der Rezeptur (Stand 08.04.2010)
- Konservierung wasserhaltiger Rezepturen (Stand 20.08.2009)
- Kosmetika-Herstellung in der Apotheke (Stand 19.03.2010)
- Lanette-Salben (Stand 12.03.2012)
- Macrogolsalben (Stand 08.08.2011)
- Neomycinsulfat (Stand 16.05.2011)
- Perubalsam (Stand 01.10.2008)

- PHB-Ester (Stand 10.12.2009)
- pH-Bestimmung (Stand 13.01.2011)
- Phenol zur Anwendung auf der Haut (Stand 08.02.2012)
- Plausibilitätsprüfung der Rezeptur (Stand 31.05.2012)
- Polihexanid (Stand 16.07.2010)
- Prednisolon zur Anwendung auf der Haut (Stand 05.06.2012)
- Propylenglycol (Stand 29.11.2006)
- Quecksilber als Konservierungsmittel (Stand 24.11.2011)
- Resorcin (Stand 01.10.2008)
- Rezepturkonzentrate (Stand: 20.09.2011)
- Salbenherstellung (Stand 24.11.2008)
- Salben und Gele – lipophil (Stand 04.12.2007)
- Schwefel (Stand 09.12.2010)
- Steinkohlenteer, Steinkohlenlösung und Steinkohlenteerspiritus (13.05.2011)
- Sulfonierte Schieferöle (Stand 08.12.2009)
- Teebaumöl (Stand 22.11.2010)
- Tenside – Netzmittel, Emulgatoren und Solubilisatoren (Stand: 26.04.2012)
- Tierarzneimittel (Stand 30.11.2006)
- Transparenz von Dermatika-Grundlagen (Stand 05.07.2011)
- Tretinoin zur Anwendung auf der Haut (Stand 10.08.2011)
- Triethanolamin und Trometamol (Stand 07.07.2011)
- Triclosan zur Anwendung auf der Haut (Stand 09.01.2012)
- Umstrittene Rezepturen und Nischenarzneimittel (31.05.2011)
- Unverträglichkeiten bei Dermatika (Stand 08.04.2010)
- Wasser für die rezepturmäßige Herstellung (Stand 02.06.2008)
- Wollwachsalkoholsalbe (Stand 08.03.2012)
- Zinkoxid (Stand 03.11.2011)

www.pharmazeutische-zeitung.de/index.php?id=36001 (Zugriff 06.07.2012) – Gefahrstoffrecht - Neue Regelungen in der Apotheke

www.rki.de/DE/Content/Infekt/Krankenhaushygiene/Desinfektionsmittel/desinfektionsmittel__node.html (Zugriff 01.02.2011) – Liste der vom Robert Koch-Institut geprüften und anerkannten Desinfektionsmittel und -verfahren

www.rote-liste.de (Zugriff 06.07.2012, Passwort notwendig) – Rote Liste® Online

www.scoop-aerzteberatung.de/bericht/recht/1300_2_2927 (Zugriff 22.09.2010) – Apothekenrecht: Verlängerte Rezeptur-Arzneimittel sind nicht zulassungspflichtig. 09/2006

www.topitec.de (Zugriff 12.04.2011) – Galenische Besonderheiten/Kurzanleitung/Bedienungsanleitung/Systemparameter/TopiTec Touch/TopiTec Basic/TopiTec Automatic/TopiTec Zubehör/TopiTec Kruken und Zubehör/Rezepturhandbuch

www.topitec.de/wepa/Homepage/Produkte/ (Zugriff 12.04.2011) – Servicebereich Wissensmanagement

www.wepa-apothekenbedarf.de/wepa/Homepage/Produkte (Zugriff 12.04.2011) – Online-Produktkatalog

www.vah-online.de (Zugriff 04.03.2011) – Desinfektionsmittel-Liste des VAH

www.zentrallabor.com (Zugriff 31.12.2011) – Anmeldung zum Ringversuch und Termine

## Gesetze, Verordnungen, Richtlinien
### Gesetze
Gesetz über den Verkehr mit Arzneimitteln (Arzneimittelgesetz – AMG) vom 12. Dezember 2005 (BGBl. I S. 3394) – zuletzt geändert am 22. Dezember 2011 (BGBl. I S. 2983)
Gesetz über die Durchführung von Maßnahmen des Arbeitsschutzes zur Verbesserung der Sicherheit und des Gesundheitsschutzes der Beschäftigten bei der Arbeit (Arbeitsschutzgesetz – ArbSchG) vom 7. August 1996 (BGBl. I S. 1246) – zuletzt geändert am 5. Februar 2009 (BGBl. I S. 160)
Gesetz über den Verkehr mit Betäubungsmitteln (Betäubungsmittelgesetz – BtMG) vom 1. März 1994 (BGBl. I S. 358) – zuletzt geändert am 11. Mai 2011 (BGBl. I S. 821)
Gesetz über das Meß- und Eichwesen (Eichgesetz – EichG) vom 23. März 1992 (BGBl. I S. 711) – zuletzt geändert am 7. März 2011 (BGBl. I S. 338)
Gesetz über Medizinprodukte (Medizinproduktegesetz – MPG) vom 7. August 2002 (BGBl. I S. 3146) – zuletzt am 8. November 2011 (BGBl. I S. 2178)
Gesetz über die Haftung für fehlerhafte Produkte (Produkthaftungsgesetz – ProdHaftG) vom 15. Dezember 1989 (BGBl. I S. 2198) – zuletzt geändert am 19. Juli 2002 (BGBl. I S. 2674)
Sozialgesetzbuch (SGB) Fünftes Buch (V) – Gesetzliche Krankenversicherung – (Artikel 1 des Gesetzes vom 20. Dezember 1988, BGBl. I S. 2477) – zuletzt geändert am 14. April 2012 (BGBl. I S. 579)
Umwelthaftungsgesetz (UmweltHG) vom 10. Dezember 1990 (BGBl. I S. 2634) –zuletzt geändert durch Artikel 9 Absatz 5 des Gesetzes vom 23.11.2007 (BGBl. I S. 2631)

### Verordnungen
Verordnung über die Verschreibungspflicht von Arzneimitteln (Arzneimittelverschreibungsverordnung – AMVV) vom 21. Dezember 2005 (BGBl. I S. 3632) – zuletzt geändert am 22. Mai 2012 (BGBl. I S. 1204)
Arzneimittel-Warnhinweisverordnung (AMWarnV) vom 21. Dezember 1984 (BGBl. 1985 I S. 22)
Verordnung über die Anwendung der Guten Herstellungspraxis bei der Herstellung von Arzneimitteln und Wirkstoffen und über die Anwendung der Guten fachlichen Praxis bei der Herstellung von Produkten menschlicher Herkunft (Arzneimittel- und Wirkstoffherstellungsverordnung – AMWHV) vom 3. November 2006 (BGBl. I S. 2523) – zuletzte geändert am 2. Dezember 2011 (BGBl. I S. 3044)
Verordnung über apothekenpflichtige und freiverkäufliche Arzneimittel (AMVerkRV) vom 24. November 1988 (BGBl. I S. 2150) – geändert durch Artikel 1 der Verordnung vom 21. Februar 2011 (BGBl. I S. 314)
Verordnung über den Betrieb von Apotheken (Apothekenbetriebsordnung – ApBetrO) vom 26. September 1995 (BGBl. I S. 1195) – zuletzt geändert am 5. Juni 2012 (BGBl. I S. 1254)
Verordnung über Sicherheit und Gesundheitsschutz bei der Bereitstellung von Arbeitsmitteln und deren Benutzung bei der Arbeit, über Sicherheit beim Betrieb überwachungsbedürftiger Anlagen und über die Organisation des betrieblichen Arbeitsschutzes (Betriebssicherheitsverordnung – BetrSichV) vom 27. September 2002 (BGBl. I S. 3777) – zuletzt geändert am 8. November 2011 (BGBl. I S. 2178)
Verordnung über die Angabe von Arzneimittelbestandteilen (AMBtAngV) vom 4. Oktober 1991 (BGBl. I S. 1968)
Blindenschrift-Kennzeichnungs-Verordnung (BlindKennzV) vom 14. Juli 2006 (BGBl. I S. 1696)
Verordnung über das Verschreiben, die Abgabe und den Nachweis des Verbleibs von Betäubungsmitteln (Betäubungsmittel-Verschreibungsverordnung – BtMVV) – vom 20. Januar 1998 (BGBl. I S. 74, 80) – zuletzt geändert am 11. Mai 2011 (BGBl. I S. 821)
Verordnung über Verbote und Beschränkungen des Inverkehrbringens gefährlicher Stoffe, Zubereitungen und Erzeugnisse nach dem Chemikaliengesetz (Chemikalien-Verbotsverordnung –

ChemVerbotsV) vom 13. Juni 2003 (BGBl. I S. 867) – zuletzt geändert am 24. Februar 2012 (BGBl. I S. 212)
Verordnung (EG) Nr. 1272/2008 des europäischen Parlaments und des Rates vom 16. Dezember 2008 über die Einstufung, Kennzeichnung und Verpackung von Stoffen und Gemischen, zur Änderung und Aufhebung der Richtlinien 67/548/EWG und 1999/45/EG und zur Änderung der Verordnung (EG) Nr. 1907/2006 (CLP-Verordnung), (ABl. EG Nr. L 353 S. 1 vom 31.12.2008)
Eichordnung vom 12. August 1988 (BGBl. I S. 1657) – zuletzt geändert am 6. Juni 2011 (BGBl. I S. 1035)
Verordnung über Fertigpackungen (Fertigpackungsverordnung – FertigPackV 1981) vom 8. März 1994 (BGBl. I S. 451, 1307) – zuletzt geändert am 11. Juni 2008 (BGBl. I S. 1079)
Verordnung zum Schutz vor Gefahrstoffen (Gefahrstoffverordnung – GefStoffV) vom 26. November 2010 (BGBl. I S. 1643, 1644) – geändert am 28. Juli 2011 (BGBl. I S. 1622)
Verordnung über kosmetische Mittel (Kosmetik-Verordnung – KosmetikV) vom 7. Oktober 1997 (BGBl. I S. 2410) – zuletzt geändert am 22. Dezember 2011 (BGBl. I S. 3044)
Verordnung über die Erfassung, Bewertung und Abwehr von Risiken bei Medizinprodukten (Medizinprodukte-Sicherheitsplanverordnung – MPSV) vom 24. Juni 2002 (BGBl. I S. 2131) – zuletzt geändert am 10. Mai 2010 (BGBl. I S. 555)
Verordnung über Medizinprodukte (Medizinprodukte-Verordnung – MPV) vom 20. Dezember 2001 (BGBl. I S. 3854) – zuletzt geändert am 10. Mai 2010 (BGBl. I S. 542)
Verordnung über das Errichten, Betreiben und Anwenden von Medizinprodukten (Medizinprodukte-Betreiberverordnung – MPBetreibV) vom 21. August 2002 (BGBl. I S. 3396) – zuletzt geändert am 29. Juli 2009 (BGBl. I S. 2326)
Verordnung über die Verschreibungspflicht von Medizinprodukten (MPVerschreibV) in der Fassung vom 21. August 2002 (BGBl. I S. 3393) – zuletzt geändert am 23. Juni 2005 (BGBl. I S. 1798)
Verordnung über Vertriebswege für Medizinprodukte (MPVertrV) vom 17. Dezember 1997 (BGBl. I S. 3148) – zuletzt geändert am 31. Oktober 2006 (BGBl. I S. 2407)
Betriebsverordnung für pharmazeutische Unternehmer (PharmBetrV) vom 08. März 1985 (BGBl. I S. 546) – zuletzt geändert am 10. Februar 2005 (BGBl. I S. 234); aufgehoben am 3.November 2006 (BGBl. I S. 2523)
Verordnung über Standardzulassungen von Arzneimitteln (StandZV) vom 3. Dezember 1982 (BGBl. I S. 1601) – zuletzt geändert am 19. Oktober 2006 (BGBl. I S. 2287)
Verordnung über die Qualität von Wasser für den menschlichen Gebrauch (Trinkwasserverordnung – TrinkwV 2001) vom 28. November 2011 (BGBl. I S. 2370) – zuletzt geändert am 22. Dezember 2011 (BGBl. I S. 3044)
Verordnung über die Vermeidung und Verwertung von Verpackungsabfällen (Verpackungsverordnung – VerpackV) vom 21. August 1998 (BGBl. I S. 2379) – zuletzt geändert am 24. Februar 2012 (BGBl. I S. 212)
Zusatzstoff-Zulassungsverordnung vom 29. Januar 1998 (BGBl. I S. 230, 231) – zuletzt geändert durch Artikel 1 der Verordnung vom 21. Mai 2012 (BGBl. I S. 1201)
174. Verordnung der Bundesministerin für Gesundheit, Familie und Jugend über die Kennzeichnung von Arzneispezialitäten 2008 (Kennzeichnungsverordnung 2008); Bundesgesetzblatt für die Republik Österreich BGBl. II – ausgegeben am 28. Mai 2008 Nr. 174

### Richtlinien

Richtlinie 67/548/EWG des Rates zur Angleichung der Rechts- und Verwaltungsvorschriften für die Einstufung, Verpackung und Kennzeichnung gefährlicher Stoffe vom 27. Juni 1967 (ABl. EG Nr. P196 S. 1) – zuletzt geändert durch Artikel 55 der Verordnung vom 16. Dezember 2008 (ABl. EG Nr. 353 S. 1); in Kraft getreten am 20. Januar 2009
Richtlinie 1999/45/EG des Europäischen Parlaments und des Rates zur Angleichung der Rechts- und Verwaltungsvorschriften der Mitgliedstaaten für die Einstufung, Verpackung und

Kennzeichnung gefährlicher Zubereitungen vom 31. Mai 1999 (ABl. EG Nr. L 200 S. 1) – zuletzt geändert durch Artikel 56 der Verordnung vom 16. Dezember 2008 (ABl. EG L 353 S. 1); in Kraft getreten am 20. Januar 2009

Richtlinie 93/42/EWG des Rates vom 14. Juni 1993 über Medizinprodukte (ABl. EG L 169 vom 12.7.1993 S. 1) – zuletzt geändert durch Richtlinie 2007/47/EG des Europäischen Parlaments und des Rates vom 5. September 2007 (ABl. EG L 247 vom 21.9.2007)

Richtlinie 2001/83/EG des Europäischen Parlamentes und des Rates vom 6. November 2001 zur Schaffung eines Gemeinschaftskodexes für Humanarzneimittel (ABl. EG Nr. L 311 S. 67, ber. ABl. EG 2003 Nr. L 302 S. 40) Celex-Nr. 3 2001 L 0083 – zuletzt geändert durch Artikel 1 ÄndRL 2011/62/EU vom 8.6.2011 (ABl. EG Nr. L 174 S. 74)

# Sachregister

Die fett gedruckten Seitenzahlen verweisen auf die Hauptfundstelle.

## A

Abfallbehälter 72
Abfülltoleranzen 272
Abfüllung 297
Abgabebeschränkungen 159
Abgabegefäße 43
Ablesbarkeit **215f.**, 218
Abwaschbare Salbengrundlage (NRF S.31.) 122, **124**, 271
Aceton 177
Acriflaviniumchlorid 101
Agglomeratbildung 178
Aldehyde 50
Alkohole 49, 153
Aluminiumchlorid 179
Aluminiumchlorid-Hexahydrat 121, 204, 247, 294
Aluminiumsalze 108
Aluminiumtube 203, 205, 283, 288, 291f., 294
Ameisensäure 90
Amfetaminsulfat 296
Amine, aliphatische 86
AMK-Liste der bedenklichen Stoffe und Zubereitungen 85
Ammoniumbituminosulfonat 97, 101, 103, 132, 142, 209, 271
–, Inkompatibilitäten 99, 103, 129, 179
–, helles 97
Ammoniumsulfobitol 93, 97
Ammoniumverbindungen, quartäre 147, 154
Analytische Prüfungen 279
Anerkannte pharmazeutische Regeln 57
Anionische hydrophile Creme SR DAC (NRF S.27.) 101ff., 133, **135**, 157, 244f.
anionische Stoffe 101
–, Vermeidung von Inkompatibilitäten 106
Anreibemittel 211

Anreiben des Wirkstoffes 211
Anthranol 114
Anwendungszeitraum 114
Apotheke, öffentliche 7
Apothekenbetriebsordnung **7ff.**, 15, 17, 57, 67, 78, 84, 115, 163, 220, 227, 267, 279, 282, 312
Apothekenleiter 13f., 17, 67
–, Vertretung 8
Apothekenpflichtig 308
Applikationshilfen 29, 80, 288, 290f., **296**, 318, 327
Aqua ad injectabilia s. Wasser für Injektionszwecke
Aqua purificata s. Wasser, gereinigtes
Aquaex-Stopfen 237
Arabisches Gummi 138
Arbeitsblätter 325
Arbeitsmaterialien Unterricht 30, 324, 326
Arbeitsschutz **164ff.**, 175, 229, 243, 264, 326
–, Beispiele für Gefahren beim Umgang mit Arznei- und Hilfsstoffen bzw. Zubereitungen 167
–, Gefährdungsbeurteilung 166
–, Gefahrenpiktogramme 173
–, Gefahrstoffverordnung 165
–, Maßnahmen 28, 168, 326
Arnikatinktur 86
Arningsche Lösung 97
Arzneibuch 3, 175
Arzneimittel
–, Herstellung und Prüfung 3
–, Laufzeit 34
–, phenolhaltige 87
–, sterile 45, 69
Arzneimittelgesetz **2ff.**, 52, 76, 84, 302
–, Defekturarzneimittel 4
–, Großherstellung 6
–, Haftung 14

–, Herstellungserlaubnis 4
–, Inverkehrbringen von Fertigarzneimitteln 4, 14
–, Standardzulassungen 2f., 5
–, Zulassung 4
–, Zulassungspflicht 4ff.
Arzneimittel- und Wirkstoffherstellungsverordnung 7
aseptische Herstellung 36, 38
Ätherische Öle 209
Aufbereitungsmonographie 87
Aufbrauchfrist 120, 159, 310, **315**, 317
Aufladung, elektrostatische 178
4-Augen-Prinzip s. Vier-Augen-Prinzip
Ausbeute 298
Ausbildung 30
Ausfällung 148
Ausgangsstoffe 42, 71, **115f.**, 160, 237, 326
–, Apothekenbetriebsordnung 116
–, Arzneimittel-Halbfertigware 117
–, Fertigarzneimittel 117
–, Fertiggrundlagen für Dermatika 115
–, Kosmetika 117
–, Prüfung 115
–, Qualität 115
–, Rezepturgrundstoffe 115
Autoklav 255, **258**
Automatisches Rührsystem 99, 170, 199, 211, 250
–, Drehzahl, empfohlene 201
–, Herstellungsparameter 201
–, Inprozesskontrolle 252
–, Mischdauer, empfohlene 201
Azofarbstoffe 306

## B

Bakterien 47, 49f., 62
Bartschutz 40

basisches Bismutgallat 101, 113
Basis Cordes® RK 117
Basiscreme DAC 102, 123, 126, 133, 211
Bedenklichkeit 77, **84f.**, 90
–, Beispiele für bedenkliche Rezepturarzneimittel 89
Bedienungsanleitung Online-Plus-Angebot 323
Behältnisse **283ff.**, 295, 327
–, Applikationshilfen 296
–, Auswahl, Unverträglichkeit 284
–, Dosierhilfen 296
– für flüssige Zubereitungen 289
–, Gefäße für halbfeste Zubereitungen 288
–, Glas- 284
–, Grundausstattung 287
–, kindergesicherte 295, 318, 327
–, Prüfung 285
Benetzbarkeit 178
Bentonit 101, 137f., **195**
Benzalkoniumchlorid 101, 147, 149, **154f.**, 294
Benzocain 179
Benzoesäure 149ff.
Benzol 86
Benzylalkohol 153
Betamethason 79
Betamethasondipropionat 81
Betamethason-17-valerat 81, 107f., 110f., 158, 178, **181**, 204
Betamethason-21-valerat 79
Betriebsanweisung 164f., 169, 240, 243
betriebsinternes Hygienekonzept 52, **68f.**
Bienenwachs 271
Biofilm 62f.
Bismutgallat, basisches 101, 113
Bismutsalze, basische 178
Bleipflastersalbe 95f.
Blindenschrift 307, 311
Borax 89
boraxfreie Alternativen 89
Borsalbe 89
Borsäure 86, 88f.
Borwasser 89

Bubble-Point-Test 60, 257, 271, 273, 277
Bufexamac 86, 92
Bufexamac-haltige Arzneimittel 92
Bulkware 57
Bunsenbrenner 220, 244
Butanol 93
Butylenglycol 150, 153
Butylhydroxytoluol 131, **194**

**C**
Cadmiumsulfid 93
Campher 209, 255
Cantharidentinktur 90
Capsaicin 81, 121
Carbomer 138ff.
Carbopol® 139
Carboxymethylcellulose 207
Carboxymethylcellulose-Natrium 137, **195**
Carmellose-Natrium 139ff.
– 600 141
– Ph. Eur. 139
Carmellose-Natrium-Gel DAB 102, 123, 207
Castellanische Lösung 96
Cayennepfeffer 90
CE-Kennzeichnung 10, 314
Cetylalkohol 133
Cetylpalmitat 130
Cetylpyridiniumchlorid 101
Cetylstearylalkohol 125, 135
Chinolinolsulfat 121, 224
Chinolinolsulfat-Kaliumsulfat 224
Chinosol® 101
Chloralhydrat 296
Chloramphenicol 81, 107, 110f., 146, 158, **182**
Chlorcarvacrol 93
Chlorhexidindiacetat 81, 101, 150, **155**, 158, 182
Chlorhexidindigluconat 81, 101, 150, **155**, 158, 182, 209
Chlorhexidindigluconat-Lösung 179
Chlorhexidinsalze 104, 107, 110f., 135, 155, 158, **182**
Chlorocresol 150, 153
Chloroform 86

Chlorphenole 153
Chlorquinaldol 93
Chlortetracyclinhydrochlorid 101
Cignolin 114
Ciprofloxacin 149
Citratpuffer pH 4,2 111, 113, 186
Citronensäure, wasserfreie 114, 130, 133, 135ff., 150f., 245
Clioquinol 81, 101, 107f., 110, 146, 158, 178, **183**, 260, 292
Clobetasolpropionat 81, 107, 158, 178f., **183**, 204
Clobetasol-17-propionat 110
Clotrimazol 81, 101, 107, 110f., 121, 149, 158, **184**, 209, 217
CMR-Stoffe 21, 46, 177
Cremes 126ff.
–, hydrophile 132ff.
–, lipophile 129ff.
Cremophor® RH40 102
Crotonöl 86, 90

**D**
Dämpfung 221
Defekturarzneimittel 9, 29, 68, 196, 227, 262, 267
Dermatika 30
Desinfektion 39ff., 43, **46ff.**, 51, 233
– von Flächen 50, 52
– von Instrumenten und Oberflächen 50
– von Wasser und Instrumenten 50
Desinfektionsmittel 46ff., **49ff.**, 52ff., 234
–, Aldehyde 50
–, Alkohole 49
–, Auswahl 48
–, Bendenklichkeit 51
–, Einwirkzeit 48, 52
–, Fein- 51
–, Grob- 51
–, Halogenverbindungen und andere Oxidationsmittel 50
–, Phenol und Phenolderivate 51
–, Stickstoffverbindungen 50

–, Wirksamkeit 47, 49
–, Wirkungsmechanismen 48
Destillation 58, **61**, 66
Destille 62, 233
Dexamethason 81, 107, 110, 158, **184**, 219
Dexamfetaminsulfat 296
Dexpanthenol 121, 179, 204, 209, 253
3,4-Diaminopyridin 296
Dichlorophen 93
didaktisch-methodische Empfehlungen 328
Differenz-Modus 220, 222
Dihydrocodeintartrat 296
Diltiazemhydrochlorid 135
Dimethylphthalat 93
Dimeticon 121, 204
Dithranol 81, 101, 107f., 110, **114**, 158, 179, 185, 205, 255, 271, 292
Dokumentation 16, 28, 227
Dokumentationsvorlage 30, 120, 262
Dosierhilfen **296**, 318
Dreh-Dosier-Kruke 201, 272, 283, 288, 299, 318
Dreiwalzenstuhl 170, 210, 227
Drift 220, 241
Dronabinol 253, 255, 296

**E**
EG-CLP-Verordnung 172
Eichgesetz 215, 272
Eichordnung 215
Eichwert **215f.**, 218
Einmaldosenbehältnisse 289
Einwaagekorrektur 196, 223, 245, 247, 249, 251, 263f., 326
Einwaagekorrekturfaktor 224f.
Einwaage, praktische Hinweise 241
Einwirkzeit 52, 234, 293
Eisen(III)-Salze 108
Eisenoxide 113
Eisensalze 107
Elektrostatik 220, 241f.
Emulgatoren 127ff.
–, anionische 101
–, Beispiele für nichtionische W/O-Emulgatoren 128

–, Beispiele für O/W-Emulgatoren 128
–, Handelsnamen 127
–, HLB-Wert 127
–, Komplex- 129
–, nichtionische 102, 108
Emulgierende Glycerolmonostearate DAC 129
Emulgierender Cetylstearylalkohol
– Typ A 101, 124, 129, 135f., 244
– Typ B 129
Emulgierendes hydrophobes Basisgel DAC 138
Endkontrolle 269, 279
Endotoxine 38
Entkeimungsfiltration 60, 67
Eosin-Dinatrium 121
Erdalkalisalze 108
Erdnussöl, raffiniertes 130
Erythromycin 81, 104, 107f., 110, 112, 146, 158, **185**, 211, 224, 251
Escherichia coli 36f., 286
Essigsäure 112
Estradiol 82
Estradiolbenzoat 82
Estriol 82
Ethacridinlactat 101, 121, 135, 178
Ethacridinlactat-Monohydrat 213
–, Kontakt 260
Ethanol 153, 158
Ethylcrotonanilid 93
2-Ethylhexyllaurat 135ff., 244
Eucerinum® anhydricum 117
Europäisches Arzneibuch 3, 27, 32, 116, 119, 122, 175, 210, 274, 283
–, Wasser für pharmazeutische Zwecke 57

**F**
Fantaschale 198
Farbleitsystem der Bundesapothekerkammer 171
Fehleinwaage 221, 239
Feindesinfektionsmittel 51
Fertigarzneimittel 66, 114

– als Ausgangsstoffe 115
FFP2-Maske 171, 233, 240
Flächendesinfektion 52
Flaschenmethode 206
Flüchtigkeit 178
Fluocinolon 79
Fluocinolonacetonid 79
Formaldehyd 50, 87ff.
Freigabe 196, 227, 263, 319f.
Fuchsin 82
Füllmenge 272
Fumarsäure 93

**G**
galenisches Profil 229, 326
– rezepturüblicher Quellstoffe 195
– von Hilfsstoffen 178
– von Konservierungsstoffen 194
– von Wirkstoffen 178, 181
GD-Leitlinie 22, 68, 70
Gebinde 286
Gebrauchsanweisung 77, 80, 303f., 309
Gefährdung 166
Gefährdungsbeurteilung 166, 240
Gefahren bei der Arzneimittelherstellung 166
Gefahrenhinweise 174
Gefahrenpiktogramme 173
gefährliche physikalische Eigenschaften 305
Gefahrstoff 326
Gelatine 138, 141
gelbes Vaselin 122
Gel Cordes® 117
Gele **137f.**
Genauigkeitsklasse 215f.
Gentamicin 146, 149, 224
Gentamicinsulfat 82, 101, 107, 111, 135, 158, **185**
Gerbsäure 103
Gereinigtes Wasser s. Wasser, gereinigtes
Gesamtkeimzahl 32, 143
GHS-Regelungen 172
Glasart 284
Glucocorticoide 78, 83, 130f., 158, 211, 255, 292

Glycerol 49, 138, 207, 212
Glycerolmonooleat 125, 129, 132
Glycerolmonostearat 60 DAC 128, 133
Glykole 153
GMP-Regeln 7, **13f.**, 16, 42
–, EU-GMP-Leitfaden 15
grenzflächenaktive Stoffe 103, 106, 130
Grobdesinfektionsmittel 51
Großherstellung 9
Grundlagen
–, anionische 101f., 135f.
–, Fertigarzneimittel- 106
–, industriell vorgefertigte 114, 144
–, –, Fertigarzneimittel 13
–, –, Kosmetika 13
–, –, offizinelle 13
–, Kombination 105
–, nichtionische 102, 133, 135ff.
–, offizinelle 78, **105**, 122f., 156
–, –, Cremegrundlagen 123
–, –, Gelgrundlagen 123
–, –, Konservierung 156
–, –, Salbengrundlagen 122
–, wirkstofffreie 115
–, Herstellung 206f.
Guajazulen 93

# H

Haarhaube 39
Haftung 118, 268
Haftungsausschluss 118
Halogene 50
Haltbarkeit 109, 112, 115, 159, 315, 317
Händedesinfektion 53, 234
–, Fluoreszenzmarker 56
–, Hautpflege 56
–, Standardeinreibemethode 54
–, Vorgehensweise 54
Händereinigung 53f.
Handschuhe 39
Handtücher 44
Harnstoff 107, 111, **113**, 131, 158, 179, 186, 209, 227, 245, 255
Hautflora, mikrobielle 53
HEC 140

Herstellung **232f.**, 240
–, Arbeitsschutzmaßnahmen 240
– flüssiger Emulsionen 214
– flüssiger Suspensionen 213
–, Lösungen 212
–, Lösungssalben 209
–, praktische Hinweise 235
–, Suspensionszubereitungen 210, 212
–, Vorbereitung 233
Herstellungsanweisung 8, 28, 30, 118, 163, **196**, 227, 230
– für Rezepturarzneimittel 197
Herstellungsbereich 41
Herstellungsmethode 199, 203
Herstellungspause 235
Herstellungsprotokoll 28, 217, 228, 261, 278, 280, 325
–, Rezepturarzneimittel 262
Herstellungstechnik
–, alternative 199, 250
–, klassische 198, 244
Hexachlorophen 93
Hexylenglycol 150, 153
HLB-Wert 127f.
Hochdisperses Siliciumdioxid 138
Hochdruck-Polyethylen 138
Homogenität 176
H-Sätze 174
Hydrazin 87
Hydrochinon 82
Hydrocortison 82, 108, 111f., 158, **187**
Hydrocortisonacetat 111, 158, 187
Hydrocortison-21-acetat 112
Hydrogelbildner 139
–, nichtionische 102, 108, 140
Hydrogele **138ff.**, 145
–, Carbomergele 139
–, Cellulosegele 140
Hydrolyse 100, 108, 113
hydrolytische Resistenz 283
Hydrophile Basisemulsion DAC (NRF S.25.) **133**, 157, 206, 214, 244

Hydrophile Hautemulsionsgrundlage (NRF S.25.) 123
Hydrophile Salbe DAB **124f.**, 134
Hydrophiles Zinkoxid-Liniment 25% SR (NRF 11.109.) 137
Hydrophobe Basiscreme DAC (NRF S.41.) 123, **130**, 157, 206, 208
Hydrophobes Basisgel DAC 123, **138**, 206, 209
Hydroxychinolinsulfat 101
Hydroxyethylcellulose 102, 137, **195**
– 250 247
– 10000 140
– Ph. Eur. 139
Hydroxyethylcellulosegel DAB 102, 123, **140**, 207
Hydroxymethylcellulose 207
Hydroxypropylcellulose 102
– Ph. Eur. 139
Hygieneanweisung 68
Hygienekleidung 39, 41
Hygienekonzept 69, 326
–, betriebsinternes 52, **68f.**
Hygienemanagement 31, 68
Hygienemaßnahmen 8, 27, 31, 68, 196
Hygieneplan 68f., 264
Hygroskopie 178, 237
Hypromellose 102, 207
– Ph. Eur. 139

# I

Ichthyol® 103, 113
– dunkel 97
Ichthyol®-Natrium 97
Inaktivierung 148
Indikatormethode 274
Indometacin 178
Inkompatibilität **97f.**, 101, 109, 135, 155f., 160
–, Arten 98
– bei Primärpackmitteln 294
–, lavierte 99
–, manifeste 98
–, pH-Wert bedingte 103
–, Ursachen 100

Inprozesskontrollen 28f., 64, 196, **198**, 227f., 262, 267, 269, 279
Instabilität, pH-Wert-bedingte 109
Instabilität von Wirkstoffen, chemische 113
Iod 107f.
Ionenaustauscher 58f., 62, 64, 66, 233
–, Maßnahmen zur Keimreduktion demineralisierten Wassers 60
Ionenpaarbildung 100
Isomerisierung 113
Isopropanol 49, 78, 140, 146, 150, **153**, 158, 234, 271, 293
Isopropylpalmitat 130, 138

## J
Justierung 220

## K
Kalibrierung 220f.
Kaliumpermanganat 82, 121, 296
Kaliumsorbat 148f., 151, 156f., 160, **194**, 208, 245
Kampagnenbetrieb 45
kationische Stoffe 101
–, Vermeidung von Inkompatibilitäten 106
Keime 32, 62
Keimfreiheit 34
Keimquellen 37ff.
Keimreduktion 53
Keimzahl 32, 59, 258
Keimzahlbestimmung 33
Keimzahlreduktion 38
Kennzeichnung 196, 227, **302**, 327
–, Blindenschrift 311
– von Arzneimitteln 8, 29
– von Fertigarzneimitteln 308
– von Gefäßen 320
– von Medizinprodukten 314
– von Rezepturarzneimitteln 303
– von Standgefäßen 171f., 175, 237, **311**
– –, Defekturen 311

kindergesicherte Behältnisse 295, 318, 327
Klotzbodenbeutel 291
Kochsche Handsalbe 89
Komplexbildung 100
Konformitätsbewertungsverfahren 10
Konservierung 120, 130f., 133ff., 140, **143**, 146, 150, 154, 160
– ausgewählter offizineller Grundlagen 157
–, Auswahl der Konservierungsstoffe 148
–, Grundregeln 148
– ohne 144, 244
– von Ophthalmika 155f.
– wirkstoffhaltiger Zubereitungen 157
Konservierungsmittel 49, 92, 99, 102, 112, 143, 148f., 304, 312
–, Wirksamkeit 147
–, Wirkung 146
Konservierungsmittelstammlösung 150
Kontamination 39, 41, 43, 56, 59, 291
Konzentratanreibung 249f.
Konzentration 98, 148, 326
–, therapeutisch übliche 76, **80f.**
Kosmetika 13
– als Ausgangsstoffe 115
Kosmetikaherstellung 13
Kosmetik-Richtlinie 13
Kosmetik-Verordnung 13
Krankenhausapotheke 7
Krappwurzel 87
Kühlsalbe DAB 123, **130**, 145
Kühlschrank 45, 63, 72
Kühlschranklagerung 38, 114, 146, 148, 152, 155, 237, 305, 318f.

## L
Lactatpuffer pH 4,2 186
Laminar-Air-Flow 45, 233, **256**
Lanette® N 129
Lanette® SX 129

Lanolin DAB 123, **130**, 145, 202
Latexhandschuhe 39
Laufzeit des Arzneimittels 34, 159, **315**
lege artis 236
Leinöl 271
Leitfähigkeitsmessung 64
Leitlinien 68
– der Bundesapothekerkammer 15, **20**, 22, 65, 68, 70
– der Gesellschaft für Dermopharmazie e.V. 21
Lernsituationen 30
Leukichthol® 97
Levomethadonhydrochlorid 296
Lichtempfindlichkeit s. Photoinstabilität
Lichtschutz 256
Lidocain 103f., 149
Lidocainhydrochlorid 101
Lipogele 138
Listerien 38
Lorbeeröl 90
Löslichkeit 109, 178f., 203, 209f., 213
Löslichkeitsangaben 180
Lösungssalbe 209

## M
Macrogole 102, 108, 126
Macrogol-80-cetylstearylether 136
Macrogol-20-glycerolmonolaurat DAC 128
Macrogol-20-glycerolmonooleat DAC 128
Macrogol-20-glycerolmonostearat Ph. Eur. 128, 133
Macrogolsalbe DAC 119, 122, **126**, 206, 209
Macrogolsorbitanfettsäureester 127
Macrogolstearat 102
Macrogol-8-stearat Typ I Ph. Eur. 128, 133
Magistralrezepturen 106
Magnesiumsalze 135
Magnesiumsulfat 130

# Sachregister

Massekontrolle 272, 298
Maximallast 215f., 218
MCT 114
Medizinprodukte 10ff., 314
Medizinproduktegesetz 10, 52, 302
Mengenangaben 78
Menthol 209, 255
Methadonhydrochlorid 296
Methoxsalen 82f., 111, 121, 158, 187, 204f., 289, 292
Methylcellulose Ph. Eur. 102, 139, 207
Methyl-4-hydroxybenzoat 135, 140f., 149f., **152**
Methylhydroxyethylcellulose 207
Methylhydroxypropylcellulose 102, 137, **195**
Methylrosaniliniumchlorid 82, 121
Metronidazol 82, 107, 111, 121, 179, **188**, 204, 255
Miconazolnitrat 82, 101, 111, 121, 158, **188**, 204, 255
Miglyol® 114
Mikrobiologische Qualität 31f., 41, 56, 59, 61, 68, 143
–, Akzeptanzkriterien 34
–, Beispiele für Auswirkungen der mikrobiologischen Kontamination 34
–, Escherichia coli 36
–, Gesamtzahl koloniebildender Einheiten, zulässige 31f.
–, Grenzwerte für die Gesamtkeimzahl 33
–, Herstellung von Arzneimitteln 36
–, hygienische Entnahme aus Behältnissen 288, 291
–, Keimbelastung der Ausgangsstoffe 34, 42
–, Keimquellen 37
–, MRSA-Stämme 36
–, Ph. Eur. 31
–, Pseudomonas aeruginosa 35
–, Staphylococcus aureus 35

Mikrowelle 254
Milchsäure 107
– 90% 245
Milchsäure-Natriumlactat-Puffer 113
Mindestlast 215f.
Minimaleinwaage 217f.
Minoxidil 82, 107, 109, 121, 158, **189**, 213
Mise-en-Place-Prinzip 237
mittelkettige Triglyceride 114, 133, 211, 248f., 251
Morphinhydrochlorid 296
Müllentsorgung 41, 45
Multiple-Choice-Fragebogen 325f.
Mundschutz 40, 233

## N

Nachrezeptierbarkeit 304
Nachzulassung von Arzneimitteln 92
Naphthalin 87
2-Naphthol 87
Naproxen 296
Nassverreibung 211
Natives Olivenöl 142
Natriumbenzoat 134, 149, 151, 157
Natriumcetylstearylsulfat 101
Natriumchlorid 121
Natriumdodecylsulfat Ph. Eur. 128
Natriumdodecylsulfat-Verreibung 50% 124
Natriumedetat 156
Natriumfluorid 296
Natriumhydroxid 140
Natriumlactat-Lösung 50% 245
Natriumtetraborat 89
Negativmonographie 93ff.
Neomycinsulfat 78, 101, **189**
Neutralöl 114, 211
Nichtionische emulgierende Alkohole DAC 128, 136f.
Nichtionische hydrophile Creme DAB 102, 123, 133, 135
Nichtionische hydrophile Creme SR DAC (NRF

S.26.) 101ff., 114, 133, **136f.**, 157, 208
Nichtionisches wasserhaltiges Liniment DAC (NRF S.39.) **136**, 157, 205, 276
Nivellierung 219
Normaltropfenzähler 241, 248
Normdosis 80
NRF 119, 122, 143, 196, 204, 208, 216, 223, 276
NRF-Vorschriften 119ff., 156
–, modifizierte 120
Nutzen-Risiko-Verhältnis 86, 92, 94
Nystatin 78, 111, 121, 142, 179, **189**, 204, 252, 255

## O

obere Richtkonzentration 79, 81, 120
obsolete Stoffe 95
Octyldodecanol 113, 180
Off-Label-Use 84
Oleogele 138
Olivenöl 114, 271
Online-Plus-Angebot 30, 70
Opiumtinktur 296
Originalitätsverschluss 292
Oxalsäure 296
Oxidation 108, 113
Oxytetracyclin 137
Oxytetracyclinhydrochlorid 101

## P

Packungsbeilage 317
Parabene s. PHB-Ester
Paracetamol 178
Paraffin, dickflüssiges 124, 130f., 138, 141, 211, 260
Pasten 141
Patientenberatung, Vorbereitung 317, 327
Pentylenglycol 150, 153
Personal 8, 69
Personalhygiene 27, **38**, 69, 71
–, Bartschutz 40
–, Haarhaube 39
–, Handschuhe 39
–, Hygienekleidung 39
–, Mund- und Nasenschutz 40
Perubalsam 97

pflanzliche Öle 114
Pflaster
–, kutane 142
–, wirkstoffhaltige 142
pharmazeutische Tätigkeiten 8
Phasenumkehrmethode 206, 244
PHB-Ester 112, 134, 136, 148, **152**, 156ff., 252, 255, 309
–, E-Nummern 152
pH-Bereich, rezeptierbarer 104f., **110**, 150
pH-empfindliche Stoffe und Zubereitungen, Beispiele 111
pH-Optimum 104, 108, 110, 150
pH-Wert 104f., 110, 112, 130, 149, 179, 268, 274
Phenethylalkohol 149, 153
Phenole 51, 89f., 93, 103, 148
–, Derivate 51
phenolhaltige Arzneimittel 87
phenolische Verbindungen 151
2-Phenoxyethanol 153
Phenylmercuriacetat 156
Phenylmercuriborat 156
Phenylmercurinitrat 156
Phenylquecksilberverbindungen 156
Ph. Eur. s.a. Europäisches Arzneibuch 31
Phosphatpuffer pH 6 113, 186
Photoinstabilität 179, 203
Photosinstabilität **180**, 292
Pilze 50, 62
Pinselverschluss 297
Planung, methodisch-didaktische 30
Plausibilitätsprüfung 8, 28, **75**, 77f., 115, 118, 120, 196, 227, 233
–, Dokumentation 159f.
Polidocanol 103, 107
– 600 82, 158, 179, **190**, 204, 209, 252, 255
Polihexanid 101, 121, **155f.**
Polihexanid-Lösung 20% 149
Poloxamere 138
Polyacrylat 101
Polyacrylsäure 137, **195**, 207

Polyethylenglycole 102
Polysorbat 20 Ph. Eur. 127
Polysorbat 60 Ph. Eur. 128, 135
Polyvidon-Iod 101
potenziometrische Methode 274f.
Povidon-Iod 121, 204, 209, 271, 294
Prednisolon 82, 107f., 111, 134, 158, 176, **190**, 224
Prednisolonacetat 111, 158, **190**, 211, 224f.
Primärpackmittel 29, 126, 155f., 159, 180, 196, **282**, 285, 294, 316
–, Bezugsquellen 292
–, Lagerung 286
1-Propanol 150, 153
2-Propanol s. Isopropanol
2-Propanolhaltiges Carbomergel DAB 123, **140**
Propylenglycol 49, 138, 144, 150, **153**, 157f., 207f., 211f., 251
Propyl-4-hydroxybenzoat 134f., 140f., 149f., **152**
Prüfanweisung 267
Prüfprotokoll 279f.
Prüfungen **268ff.**, 327
–, analytische 273, 279
–, Arzneimittel 16, 28
– auf Gleichförmigkeit der Masse 277
– auf Gleichförmigkeit des Gehaltes 277
– auf Klümpchen oder Pulvernester 274
– auf physikalische Stabilität 270
–, Beispiele 271
–, Bestimmung des pH-Wertes 274
–, Dermatika 268
–, Defekturarzneimittel 269
– für Packmittel 285
–, Kontrolle der Endmassen 270
–, Mindest- 270
–, organoleptische 270
–, Qualitäts 269

–, Rezeptarzneimittel 268
–, Teilchengröße 273
– von Behältnissen 286
Prüfzertifikat 115f., 224
P-Sätze 174
Pseudomonaden 38
Pseudomonas aeruginosa 35, 37, 286
Pulverkapseln 290
Putzlappen 44
Pyrogene 38

**Q**
QMS-Handbuch 323
Qualitäts-Checklisten 30, 324f.
Qualitätskontrolle
–, externe 19, 22, 67, 160, 264, 280
–, interne 22
Qualitätsmanagmentsystem 7f., 20
–, betriebsinterne Abläufe 18
–, Handbuch 18f., **30**
–, Handlungsanweisungen 17
–, Mustersatzung 17
–, Prozessbeschreibungen 18
–, Selbstinspektion 16f.
–, Zertifizierung 17f.
Qualitätssicherung 15, 17, 20, 22, 29, 72, **75**, 326
– aus Rezeptur Formularium 122
–, BAK-Leitlinien für die Arzneimittelherstellung in der Apotheke 21
–, GDF-Leitlinien 21
–, GMP-Regeln 70, 236
–, Grundanforderungen an Arzneimittel 74
–, Herstellungsanweisungen 196, **227**
–, Herstellungsprotokoll 261
–, Herstellung von Wasser für die Arzneimittelherstellung 64, 66
–, Hygienekonzept 70
–, Kennzeichnung von Zubereitungen 302
–, Kompatibilitäts- und Haltbarkeitsprobleme 108

–, Kontrolle einer Zubereitung 267
–, Qualität der Ausgangsstoffe 115
–, Qualitäts-Checkliste 77
–, Qualitätsmanagmentsystem 16
–, Ringversuche des Zentrallaboratoriums Deutscher Apotheker (ZL) 19
–, Selbstinspektion 70
–, Sieben-Schritt-Methode 25
–, Stabilität, galenische 114
–, standardisierte Herstellungsvorschriften 118
–, Überprüfung der Verordnung 75
–, Verpflichtung zur 2
–, Wasser für die Arzneimittelherstellung 16, 56
Qualität von Ausgangsstoffen 115
Quasieemulsion 130
Quecksilber(I)-chlorid 87
Quecksilber(II)-oxid 87
Quecksilbersalze 91
Quecksilberverbindungen 91, 156
Quellung 207

R

Raumhygiene 27, 41, 71
Raumtemperatur 319
Razemisierung 113
Redipac®-Gerät 293
Reduktion 113
Regeln, anerkannte pharmazeutische 3
Regeln zur guten Herstellungspraxis s. GMP-Regeln
Reinigung 69
Reinigungsplan 69
Reinraumbereiche 42, 45
Reinraumklasse 42
Rekristallisation 109, 179, 203, 210, 253, 255
Resistenz 49
Resorcin 91, 93, 96
Rezepturarzneimittel 9, 16, 74, 84, 118, 196, 227, 233, 261ff., 267f., 302, 317, 327

Rezepturen
–, nicht standardisierte 30
–, standardisierte 30
Rezepturkittel 39, 171, 240
Rezepturkonzentrat 169, 177, 202, 210, 226f., 241, 249
–, Lösungskonzentrat 226
–, Suspensionskonzentrat 225ff.
Ringversuche 22
Rivanol® 101
Rizinusöl 211
Rofetan®148 135
Rollierverfahren 207
Roll-on-Glas 289, 297
Rücksprache mit dem Arzt 83, 94, 160
Rückstellmuster 278, 327
Rührsystem, automatisches 40

S

Saccharose 255
Salben
–, hydrophile 126
–, hydrophobe 123
–, Wasser aufnehmende 124f.
Salbenkruke 288, 290f.
Salbenschale 198
Salicylsäure 76, 82, 101f., 104, 107ff., 111f., **113f.**, 158, 176, 178f., 191, 204, 210f., 225, 227, 253, 255
Salzbildung 99f.
Sandwich-Technik 250
Schieferöle, sulfonierte 97
Schimmelpilze 47
7-Schritt-Methode s. Sieben-Schritt-Methode
Schulung **69f.**, 160, 171, 230, 280
Schütteltechnik 206, 271
Schutzbrille 171, 240, 260
Schutzhandschuhe 172, 240, 260
Schwefel 93f.
Schwermetallsalze 108
Sekundärpackmittel 282
Selbstinspektion 17
Selbststudium 30, 323, 326
Senkrechttropfer 297
Separanda 312

Sicherheitsratschläge 174
Sichtkontrolle 211
Sieben-Schritt-Methode **25**, 323
–, Gefäß etikettieren 29, 302ff.
–, Handlungsabfolge 26
–, Herstellung planen 28, 163ff.
–, Hygienestandards einhalten 27, 31ff.
–, Kontrollen durchführen 28, 267ff.
–, Rezeptur herstellen 28, 232ff.
–, Verordnung überprüfen 27f., 74ff.
–, Zeitplanung 26
–, Zubereitung abfüllen 29, 282ff.
Signalwörter 174
Silbereiweiß 90
Silbereiweiß-Acetyltannat
–, boraxfreies 90
–, boraxhaltiges 89
Silbernitrat 121, 178
Silikongreifer 240, 244
Solutio Castellani 89, 96
Sonderanfertigung von Medizinprodukten 11, 314
Sorbinsäure 104, 107, 114, 134, 140f., 147ff., 156ff., 160, **194**, 255
Sorbitanmonooleat 125, 129, 132
Sorbitanmonostearat Typ I Ph. Eur. 124, 128, 133
Sorbitol-Lösung 179
Sozialgesetzbuch V 2
Span® 127
Spenderdose 283, 288, 291, 299
Sporen 47, 49
SR 90 s. Standardrezepturen 1990
SR-Vorschriften 118f., 156, 304, 317
Stabilität 100, 104, 109, 113, 118, 120, 134, 160, 272, 290, 317, 319
–, galenische 114
Stabilität der Zubereitung 28, **108**, 148f., 157, 159

–, chemische 108
–, galenische 108
–, Löslichkeit 108
–, mikrobiologische 143
–, pH-Wert 108
Stabilitätsoptimum 110
Stammlösung 225f.
Stammzubereitung 169, 214, **225**
Standardarbeitsanweisung 65, 67, 69, 72, 118, 229
Standardeinreibemethode zur Händedesinfektion 55
Standardisierung 119, 201
–, betriebsinterne Herstellungsanweisungen 118
– der Herstellung 28
–, Herstellungsvorschriften 118
–, NRF 120
–, Online-Plus-Angebot 121
–, Qualitäts-Checklisten 121
Standardrezepturen 1990 (SR 90) 118
Standgefäße 43, 237
Staphylococcus aureus 35, 37, 40, 53, 286
Staphylokokken 36
Stärke 138, 141
Statements
–, Hazard 174
–, Precautionary 174
Staubschutzmaske 171
Steinkohlenteer 82, 93, 96f., 103, 145, **191**, 204, 255, 271
Steinkohlenteerlösung 82, 96f., 101ff., 107f., 129, 135, 145, 158, **191**, 204
Steinkohlenteerspiritus 96f., 103, 129, 135
sterile Arzneimittel 45, 69
Sterilfilter 60, 257
Sterilfiltration 60, 257
Sterilisation 43, 46
Sterilität 177
Straßenkleidung 39
Sulfonamide 93
Suspensionszubereitungen 210
Systemparameter 201

## T

Tabellen für die Rezeptur 120
Tagat® S2 102
Take-home-Versorgung 295
Talk 178
Talkum 42, 113, 141f., 258
Tannin 101f., 129, 134
Tara-Modus 217, **222**, 242
Teamschulung 30, 56, 70, 323, 326
Teebaumöl 94
Teedrogen 41f.
Teilchengröße 176f., 179, 202, 210, 227, 268, 273
Teilchengrößenbestimmung 177
Testosteron 82
Testosteronpropionat 82
Tetracainhydrochlorid 101
Tetracyclinhydrochlorid 101
Δ9-Tetrahydrocannabinol s. Dronabinol
Therapiekonzept 28, 76, **79f.**, 83, 159
Thesit® 129
Thiomersal 92, **156**
Thymol 101
Tierarzneimittel **6**, 310
–, Herstellung 6
–, Nutzung von Standardzulassungen 7
–, Zulassung 6
Titandioxid 141
TOC-Wert 58, 64
TopiTec® 200
Tragant 138
Tretinoin 83, 108, 111f., 158, 192, 204, 225f., 292
Tretinoinlösung 135
Triamcinolon 112
Triamcinolonacetonid 79, 83, 108, 111ff., 158, 178, **193**, 204, 214, 249
Triamcinolonderivate 79
Trichloressigsäure 121, 271
Triclosan 49, 83, 101f., 108, 134, 149f., 153, 158, **193**, 204, 209
Tricolamin 92
Triethanolamin 92, 207
Triglyceroldiisostearat

– DAC 132, 138
– Ph. Eur. 128, 130
Trinkwasser 56, 58f.
Triphenylantimon(V)-Sulfid 93
Trockenschrank 255, **258**
Trometamol 112, 208
Tropfentabelle nach DAC 248
Tropfermonturen 297, 299, 327
Tropfglas 289
TUBAG-System 203
Tubenfüllgerät 299
Tumenol® Ammonium 97
Tween® 102
– 20 127
Typenschild 215

## U

Umkehrosmose 58
Umschlagpasten 142
Undecylensäure 93
Unguator® 200
Unguentum Cordes® 117
Unterbrechung der Herstellung 42
Unterricht 324
Unterweisung des Personals 16
Unverträglichkeiten s. Inkompatibilität

## V

Validierung 65, 268
Vaselin 202, 206, 209, 244
–, gelbes **124f.**, 131
–, weißes **124f.**, 133, 135, 141
Venena 312
Verkehrsfehlergrenze 218
verlängerte Rezeptur 309
Verordnungsfähigkeit 1
Verschreibungspflichtig 308
Vier-Augen-Prinzip 40, 241, 263f.
Viren 47ff.
Viskosität 179
Vollständigkeit der Verordnung 159
Vorratsbehältnisse 115
Vorschriftensammlungen, standardisierte 118
–, Arzneibücher 119

–, Neues Rezeptur Formularium 119

## W

Waagen **220**, 229, 240, 326
–, Arten 214
–, Aufstellung 219
–, Dämpfung 221
–, Einwaagekorrektur 223
–, Genauigkeit 217
–, Hilfsanzeigeeinrichtung 217
–, Kalibrierung und Justierung 220
–, Kenngrößen 215
–, Minimaleinwaage 217
–, Verkehrsfehlergrenze 218
–, Wägemodus 217, 221, 223
Waagrechttropfer 297
Wachs, gebleichtes 124, 141
Wachs, gelbes 124, 130
Wägefehler 218f.
Wägetechniken 326
Wärmeempfindlichkeit 179
Wärme, Zufuhr von 109, 114, 135, 202, 206, 210, 213, 254, 271
Warnhinweis 305, 310
Waschbecken 44
Wasser 56f.
–, demineralisiertes 38, 60
–, destilliertes 61f.
– für Injektionszwecke 58, 63, 65
– für pharmazeutische Zwecke 57, 69, 326
– –, Aufbewahrung 62
– –, Herstellung 59
– –, industriell hergestelltes 65
– –, Verwendbarkeit von 63
–, Gefäße zur Lagerung 63
–, gereinigtes 57f., 63
–, hochgereinigtes 59, 65
–, Trink- 56
Wasserbad 69, 206, 220, 233, 244, 254
–, Reinigung 44
Wasserhaltige hydrophile Salbe DAB 101f., 107, 117, 123, 125, 133f., 145, 148, 157

Wasserhaltiges Carbomergel DAB 123, **140**, 157, 208
Wasserhaltiges Liniment SR DAC (NRF S.40.) 135f., 157, 208
Wasserhaltige Wollwachsalkoholsalbe DAB 99, 103, 123, **132**, 157
Wasserkeime 62
Weiche Salbe DAC 123, **131**, 145
Weiche Zinkpaste DAB (NRF 11.21.) 141
Weißes Vaselin 122
Weithalsglas 288
Weizenstärke 141
Wiederholungsprüfung 115
Willesche Lösung 89
Wirkoptimum 110f.
Wollwachs 103, 130f., 271
– Ph. Eur. 128
Wollwachsalkohole 103, 125
– Ph. Eur. 128
Wollwachsalkoholsalben 125
– DAB 103, 117, 119, 122, **125f.**, 132, 206, 244f.
– SR DAC 122, **125**, 131
–, Wasseraufnahmefähigkeit 125
–, wasserhaltige 123, 145
–, –, SR DAC 131

## Z

Zersetzung 99
Zertifikat 115
Zinkleim DAB 123
Zinkoxid 83, 107f., 113, 121, 126, 137, 141f., 157f., 178, **194**, 204
Zinkoxidöl DAC (NRF 11.20) 142
Zinkoxidschüttelmixtur DAC (NRF 11.22.) 142
Zinkpaste DAB 141
Zinksalbe 122
– DAB 126
Zinksalze 108
ZL-Ringversuch 160
Zubereitungen
–, mikrobiell anfällige 145

–, nicht mikrobiell anfällige 145
– zur kutanen Anwendung, flüssige 142
Zulassungswiderruf 86f., 92
Zuwaage-Modus 222

# Die Autorinnen

### Dr. Ulrike Fischer

Studium der Pharmazie an der Ernst-Moritz-Arndt-Universität in Greifswald, Erlangung des akademischen Titels Diplompharmazeut, Approbation 1996. Promotion an der TU Dresden zum Dr. rer. nat. 2003.

Langjährige Tätigkeit als angestellte Apothekerin in verschiedenen öffentlichen Apotheken.

2003 bis 2008 hauptberuflich tätig in der Ausbildung von PTAs, leitende Tätigkeit in der Weiterbildungsakademie Dresden gGmbH.

Seit 2008 Dozententätigkeit sowie Erstellung und Überarbeitung von Seminarunterlagen für die Sächsische Landesapothekerkammer.

Seit 2009 leitende Angestellte in der Abteilung Qualitätssicherung eines international führenden Herstellers von Impfstoffen

### Dipl.-Med.-Paed. Katrin Schüler

Ausbildung zur pharmazeutisch-technischen Assistentin an der Medizinischen Fachschule Dresden-Friedrichstadt von 1989 bis 1992.

Langjährige Tätigkeit in öffentlichen Apotheken Dresdens.

Im Jahr 2000 Abschluss als Fach-PTA für Ernährung beim Weiterbildungsinstitut für PTA in Saarbrücken.

Seit der PTA-Ausbildung Organisation von BVpta e.V.-Fortbildungsveranstaltungen in Dresden bis 2004.

2004 Wechsel an das Berufliche Schulzentrum für Gesundheit und Sozialwesen Dresden als Lehrkraft für den praktischen Unterricht im Fach „Galenische Übungen" in der PTA-Ausbildung. Zum selben Zeitpunkt Beginn des berufsbegleitenden Fernstudiums der Medizinpädagogik an der Humboldt-Universität Berlin. In Zusammenarbeit mit Frau Dr. Fischer Generierung der „7-Schritt-Methode" für die qualitätsgerechte Rezepturarbeit.

Seit 2008 Dozententätigkeit für die Sächsische Landesapothekerkammer.

2010 Erlangung des akademischen Grades Diplom-Medizinpädagogin, 2012 zweites Staatsexamen für den berufstheoretischen Unterricht.